CULTURA DE PAZ E EDUCAÇÃO PARA A PAZ:
OLHARES A PARTIR DA COMPLEXIDADE

NEI ALBERTO SALLES FILHO

CULTURA DE PAZ E EDUCAÇÃO PARA A PAZ: OLHARES A PARTIR DA COMPLEXIDADE

Capa	Fernando Cornacchia
Coordenação	Ana Carolina Freitas
Copidesque	Isabel Petronilha Costa
Diagramação	DPG Editora
Revisão	Anna Carolina G. de Souza

Dados Internacionais de Catalogação na Publicação (CIP)
(Câmara Brasileira do Livro, SP, Brasil)

Salles Filho, Nei Alberto
    Cultura de paz e educação para a paz: Olhares a partir da
complexidade/Nei Alberto Salles Filho. – Campinas, SP: Papirus,
2019.

Bibliografia.
ISBN 978-85-449-0329-2

1. Cultura de paz 2. Educação 3. Morin, Edgar, 1921– 4. Paz
5. Pedagogia I. Título.

19-29674   CDD-370.115

Índices para catálogo sistemático:

1. Cultura de paz: Educação   370.115
2. Educação para a paz   370.115

Cibele Maria Dias – Bibliotecária – CRB-8/9427

1ª Edição – 2019

Exceto no caso de citações, a grafia deste livro está atualizada segundo o Acordo Ortográfico da Língua Portuguesa adotado no Brasil a partir de 2009.

Proibida a reprodução total ou parcial da obra de acordo com a lei 9.610/98. Editora afiliada à Associação Brasileira dos Direitos Reprográficos (ABDR).

DIREITOS RESERVADOS PARA A LÍNGUA PORTUGUESA:
© M.R. Cornacchia Editora Ltda. – Papirus Editora
R. Barata Ribeiro, 79, sala 316 – CEP 13023-030 – Vila Itapura
Fone: (19) 3790-1300 – Campinas – São Paulo – Brasil
E-mail: editora@papirus.com.br – www.papirus.com.br

SUMÁRIO

INTRODUÇÃO 7

1. COMPLEXIDADE E CULTURA DE PAZ: ELEMENTOS
   ENTRECRUZADOS NA CONSTRUÇÃO DA EDUCAÇÃO PARA A PAZ 19

   Edgar Morin: Construção da epistemologia da complexidade 24

   Princípios da teoria da complexidade: Elementos objetivos
   na construção do método 32

   Aspectos introdutórios: O método e a relação com a cultura de paz 39

   Antes de falar em paz: As revoluções da sociedade em movimento e
   suas implicações na construção de modelos de violência ou de paz 72

   A paz por ela mesma! 98

2. OS SABERES DA EDUCAÇÃO E DA EDUCAÇÃO
   PARA A PAZ À LUZ DA COMPLEXIDADE 131

   A educação na perspectiva da complexidade de Edgar Morin 136

   Educação para a paz na relação com a complexidade 172

   Limites e aberturas da educação para a paz: Complexidade
   e delineamento das cinco pedagogias da paz 220

3. EDUCAÇÃO PARA A PAZ NO CONTEXTO EDUCACIONAL: AS CINCO PEDAGOGIAS DA PAZ COMPLEMENTARES E INTEGRADAS À COMPLEXIDADE 233

Transversalidade e transdisciplinaridade da educação para a paz na perspectiva da complexidade: Algumas questões 238

Pedagogia dos valores humanos 244

Pedagogia dos direitos humanos 266

Pedagogia da conflitologia 290

Pedagogia da ecoformação 312

Pedagogia das vivências/convivências 338

Elementos integrativos das cinco pedagogias da paz 366

CONSIDERAÇÕES FINAIS 377

REFERÊNCIAS BIBLIOGRÁFICAS 385

INTRODUÇÃO

Paz! Uma palavra curta que tende a um consenso relacionado a coisas ou situações boas, positivas, entre outras questões relacionadas a uma ideia de bem, como oposição ao mal. Tal perspectiva denota uma dimensão ligada a inúmeros valores como altruísmo, respeito, tolerância, bondade, generosidade, harmonia etc. Esses atributos conferem à paz uma dimensão que deve ou deveria fazer parte do cotidiano das pessoas. Porém um traço definidor da humanidade em diferentes tempos, espaços e momentos históricos é justamente o oposto: a violência, que conduz as práticas e as relações entre pessoas, grupos, países e até mesmo a relação com o planeta. Violências de múltiplas formas, das diretas às indiretas, visíveis ou invisíveis, das agressões à pobreza, passando pelas guerras e pela falta de alimentos, em dimensões consideradas dramáticas e contraditórias.

Assim, onde figura essa pretensa paz? Ela existe concretamente? É mera utopia diante de realidades tão cruéis? A paz tem seu refúgio nas religiões? Mas e a intolerância religiosa que gera tanta violência? A paz nasce no coração das pessoas? Isso é possível? Logo, a paz acaba como uma ideia distante, sem sentido para a realidade humana. Estamos destinados, portanto, a uma cultura de violência, de fatalidades, de guerras entre países, entre pessoas, de violências encerradas em nossa vida como seres humanos, sociais e históricos? Tais questões foram algumas dentre tantas que nos provocaram ao longo dos últimos anos, como ser humano e educador, ao perceber a escalada da violência nas instituições de ensino, nos projetos sociais, nas práticas cotidianas. Com esses questionamentos, desenvolvemos projetos profissionais dentro da área chamada de *cultura de paz*, com seu desdobramento pedagógico denominado de *educação para a paz*.[1]

Outra questão que nos motivou na construção desta obra, que é resultado de tese de doutorado realizada no Programa de Pós-graduação em Educação da UEPG, sob orientação da professora doutora Silvia Christina de Oliveira Madrid, foi certo receio do mundo acadêmico, que coloca os estudos sobre a cultura de paz e a educação para a paz, no contexto brasileiro, como algo ainda frágil, utópico ou inespecífico ou, numa expressão, como algo "menor", sem espaço como objeto de pesquisa. Ao mesmo tempo, tal desconfiança traz argumentos justos, provocando a necessidade de pensar um objeto mais definido, ocasionando discussões que explicitem se a cultura de paz e a educação para a paz seriam temas, disciplinas escolares, conteúdos ou apenas um conjunto de práticas escolares. Questiona-se sobre uma fundamentação teórica para a cultura de paz e a educação para a paz, alegando falta de profundidade ou apontando um conjunto de atividades mais ingênuas do que críticas nas escolas. Porém, no Brasil, temos cerca de uma década de práticas escolares e educacionais tematizando a paz, bem como estudos e publicações que procuram dar visibilidade ao tema. Por isso, vemos a necessidade de essa demanda ser reconhecida pela educação superior, tanto no ensino como na pesquisa e extensão. Sendo assim, a pesquisa de base sobre esse campo emergente é o caminho fundamental.

---

1. Iniciamos com um projeto de pesquisa intitulado "Configurando elementos teóricos e práticos da educação para a paz" (2004-2006) que buscou pesquisas e práticas pedagógicas referentes à prevenção de violências, educação em valores humanos, mediação de conflitos e ações que poderiam ser classificadas como pertencentes ao espectro de uma cultura de paz na escola. Os dados do projeto de pesquisa nos remeteram ao universo dos estudos da cultura de paz como paradigma do século XXI e da educação para a paz como sua vertente pedagógica. Para dar visibilidade a tais questões, propusemos o projeto de extensão Núcleo de Estudos e Formação de Professores em Educação para a Paz e Convivências, da Universidade Estadual de Ponta Grossa (NEP/UEPG), em funcionamento desde 2008 e com ciclo institucional aprovado até 2018, com a intenção de construir elementos pedagógicos da educação para a paz com os professores da educação básica, buscando as pontes entre a teoria e as questões do cotidiano educacional. A metodologia do NEP/UEPG foi construída em duas perspectivas: 1) grupos de estudos com número reduzido de professores, aprofundando as questões da educação para a paz; e 2) outra dimensão na formação de professores por meio de cursos, palestras e oficinas, com menor aprofundamento teórico, mas voltadas para a intervenção em projetos escolares cotidianos. Atualmente as ações do NEP/UEPG já estão reconhecidas em alguns municípios da região de abrangência dessa universidade, fazendo parte das políticas públicas de educação.

Ao configurar o livro, fazemos uma distinção básica e fundamental, que será aprofundada no desenvolvimento dos capítulos. A cultura de paz e a educação para a paz são ideias/conceitos diferentes, embora essencialmente complementares. Como cultura de paz, discutiremos o grande campo de atividades humanas que levam em conta um mundo melhor, mais humano, solidário, justo e sustentável. Portanto, a cultura de paz cabe e vale para todos os seres humanos. Ao mesmo tempo, há uma dimensão inespecífica nessa definição, pois, se a cultura de paz envolve "todas" as coisas positivas, alguém pode ser contrário a ela? Por isso, discutiremos as violências[2] que constituem uma das maiores demandas da humanidade em geral, e também dos países, cidades, comunidades, escolas etc. Nesse quadro, defendemos a educação para a paz como a vertente educacional da cultura de paz. Um campo construído e pensado com ações pedagógicas voltadas ao esclarecimento sobre a cultura das violências em seu processo de mudanças para uma cultura de paz. Assim, argumentamos neste livro que a educação para a paz é um campo de ensino que pode e precisa ser estudado, devidamente articulado com a cultura de paz, para que sejam definidos seus aspectos básicos, devidamente claros e dotados de perspectiva e possibilidades para pensar o universo educacional.

Esses argumentos não estão no vazio teórico, pois existe, objetivamente, uma teoria fundamentada da educação para a paz, vinda de quase cinco décadas na Europa e que tomou contornos metodológicos na Espanha nos últimos trinta anos. Ao mesmo tempo, não há, em grande parte do Brasil, aprofundamento na discussão da teoria da educação para a paz com princípios educacionais mais amplos. Assim, boa parte das práticas educacionais referentes ao tema ainda são difusas e constituem-se em ações pedagógicas sem grande potencial gerador de mudanças na forma de pensar os problemas humanos atuais, repletos de violências, além de não reconhecer a importância das convivências escolares para a busca de mudanças nesse cenário. Assim, discutimos que, embora a educação para a paz possua um corpo de conhecimentos já desenvolvido, tais saberes devem ser rediscutidos à luz de dimensões teóricas amplas, para aproximá-los de realidades presentes no contexto escolar e relacioná-los às dimensões culturais, econômicas, sociais e educacionais que compõem a diversidade em nosso país.

---

2. Em diversos momentos no decorrer da pesquisa, nossa opção foi utilizar o termo "violências", no plural, entendendo que ela se manifesta de inúmeras formas, desde a violência direta, passando pela indireta, que são refletidas cotidianamente nas famílias, nas instituições sociais, também na pobreza, na miséria e nas guerras.

Para encontrar esse quadro teórico amplo, percorremos caminhos próximos à psicologia, à sociologia e à filosofia. Todos esses campos contribuíam nas análises iniciais do projeto, mas sempre deixavam algum ponto em aberto. Explicamos esse fato esclarecendo que a perspectiva da cultura de paz e da educação para a paz envolvem aspectos objetivos como os entendimentos das violências estruturais e violências diretas, que são fruto de questões relacionadas aos diferentes valores humanos. Mas, ao mesmo tempo, os valores humanos remetem à questão dos direitos humanos, entendidos como caminhos para as questões sociais amplas, relacionadas à democracia e à liberdade. Os valores e os direitos humanos em sua construção adotam, inevitavelmente, a perspectiva dos conflitos, inerentes aos seres humanos em sociedade e com valores universais e relativos. Esse exemplo mostra claramente que a abordagem da cultura de paz e da educação para a paz não pode ser respondida a contento, se ambas forem relacionadas apenas à psicologia ou à sociologia.

Além disso, ligadas à cultura de paz, existem várias questões referentes ao meio ambiente e à sustentabilidade, especialmente em documentos recentes da Organização das Nações Unidas (ONU). Assim, a própria complexidade que envolve a cultura de paz, também nas questões filosóficas, faz com que a educação para a paz precise incorporar essa relação indivíduo-espécie-sociedade-planeta, que supõe uma ecoformação humana como integração dos valores humanos, dos direitos humanos e dos conflitos. Além disso, para supor alguma transformação, é necessário esclarecer sobre as vivências/convivências humanas, que são aglutinadoras dos aspectos citados. Dessa forma, seguimos com base na percepção decorrente do problema colocado, em que a educação para a paz é entendida como o campo de conhecimentos/experiências que, para se aproximar da ideia de cultura de paz, se nutre de campos integrados e complementares que pretendem redimensionar as ações humanas e as práticas pedagógicas dentro de uma perspectiva complexa.

Essa configuração passa a ser exaustivamente pensada à luz do conjunto de nossas reflexões e experiências profissionais e na definição dos caminhos do livro. O caminho que se abre como possibilidade está no pensamento de Edgar Morin, um epistemólogo do pensamento complexo, que traça elementos constitutivos da teoria da complexidade como forma de leitura e vivência no mundo. Com Morin (2015, p. 57), adotamos como premissas: "Quando falamos da crise da educação, o que vem primeiro à mente são os aspectos impressionantes, em todos os sentidos do termo, da violência na escola". Além disso, "nesse caso, é preciso admitir que a crise do ensino é inseparável de uma crise de cultura" (*ibidem*).

Portanto, ao nos aprofundarmos nas questões da teoria da complexidade, percebemos que ela poderia – em seu conjunto e não em seus fragmentos – ser o pano de fundo no qual a cultura de paz e a educação para a paz pudessem ser discutidas de maneira coerente, em suas dimensões amplas, entre o ser humano, a sociedade e a natureza. Ainda com Morin (*ibidem*, pp. 64-65), confirmamos essa perspectiva:

> Não devemos, não podemos isolar essa crise da educação de uma crise de civilização, da qual ela é um componente: degradação das solidariedades tradicionais (grande família, vizinhança, trabalho), perda ou degradação do supereu de pertencimento a uma nação, ausência de um supereu de pertencimento à humanidade, individualismo cuja autonomia relativa é menos responsável do que egocêntrica, generalização dos comportamentos incivis, a começar pela ausência de saudação e de cortesia, compartimentalização dos escritórios, dos serviços, das tarefas em uma mesma administração ou empresa, ausência generalizada de religações, desmoralizações ou angústias do presente e do futuro.

A partir dessas relações complexas, concordamos que os problemas da civilização, no excesso de valorizar a objetividade, relegaram a subjetividade a algo desnecessário de se pensar ou discutir em vários níveis, entre eles a educação e a escola. Portanto, diante dos esgotamentos humanos, sociais e ambientais nestas duas primeiras décadas do século XXI, a vertente crítica, da "luta de classes", precisa encontrar-se de maneira rápida com a perspectiva complementar e também crítica, mas que aponta para "a colaboração e a cooperação entre classes". A objetividade perante os problemas humanos precisa alimentar-se da subjetividade, na qual a emoção passa a ser elemento importante para as mudanças necessárias. Assim, a perspectiva da complexidade aponta para o ser humano integrado nas diferentes dimensões de sua existência, não se perdendo no relativismo, mas buscando as conexões entre os elementos que compõem sua vida. Como diz Morin (2015), a busca por essas mudanças seria bem mais que uma reforma ou uma revolução, mas uma metamorfose na forma de conceber a humanidade.

Com base nessas reflexões, encaminhamos esta obra na seguinte direção: a educação para a paz como caminho pedagógico do movimento de cultura de paz, pensada à luz do paradigma da complexidade, tendo como elemento central o objeto de pesquisa: educação para a paz, como componente educacional de uma cultura de paz, na perspectiva da teoria da complexidade de Edgar Morin. Tratamos desse objeto, realçando as relações com a cultura de paz e a educação com viés da complexidade. Nesse percurso, o argumento que construímos como questão central, tratado como o problema da pesquisa é: Quais os pressupostos teóricos que fundamentam a educação para a paz, como componente educacional de uma cultura de paz, na perspectiva da teoria da complexidade de Edgar Morin?

Neste ponto, consideramos a advertência cuidadosa de Minayo (2001, p. 17): "Nada pode ser intelectualmente um problema se não tiver sido, em primeiro lugar, um problema da vida prática". Nosso problema prático são as violências e convivências humanas, pensadas em relação à educação, que superam as "brigas na saída" para todas as suas dimensões, desde as relações de convívio, clima escolar e conflitos, ligados aos processos de convivência.

Ao expormos as questões essenciais a tratar neste livro, a opção que adotamos como característica metodológica é de um estudo de caráter qualitativo, exploratório, utilizando a pesquisa bibliográfica como instrumento fundamental. Optamos por essa perspectiva, recorrendo ao pressuposto fundamental da pesquisa exploratória ou ensaística que, segundo Vasconcelos (2002, p. 158),

> constitui uma pesquisa temática, porém com foco mais amplo e aberto para a investigação de fenômenos e processos complexos e principalmente pouco conhecidos e/ou pouco sistematizados, ou passíveis de várias perspectivas de interpretação, sejam eles teóricos, culturais, sociais, técnicos, históricos, etc.

Nessa perspectiva, reconhecemos que questões reflexivas fundamentais como o paradigma da complexidade caminham lado a lado com problemas de ordem diretamente prática, como o caso das convivências e violências no contexto educacional. Nesse particular, em relação às convivências e às violências que afetam a educação, examinamos diferentes questões ao longo da pesquisa. A partir dos aspectos apresentados até o momento, que procuram justificar a pertinência deste estudo, temos como objetivos desta obra:

Objetivo geral – Construir um referencial de análise da educação para a paz como caminho pedagógico da cultura de paz, sustentado no pensamento complexo de Edgar Morin.

Objetivos específicos – Discutir a cultura de paz na relação com o paradigma da complexidade proposto por Edgar Morin; relacionar a educação para a paz ao conjunto da discussão sobre a educação na complexidade, evidenciando os "sete saberes para a educação do futuro", sugeridos por Edgar Morin; propor um entendimento da educação para a paz a partir de cinco componentes interconectados, as *cinco pedagogias da paz* (*pedagogia dos valores humanos, pedagogia dos direitos humanos, pedagogia da conflitologia, pedagogia da ecoformação* e *pedagogia das vivências/convivências*).[3]

Esses objetivos procuram o refinamento da discussão sobre a metodologia que seguimos ao longo da obra, com base em Moreira e Caleffe (2008), que tratam três dimensões: a primeira é a questão ontológica que diz respeito à essência do fenômeno estudado, à natureza do ser. Pensamos fundamentalmente no ser humano que constrói e reconstrói sua própria história, num movimento dialógico entre o pensado, o sentido e o vivido. A segunda questão refere-se à natureza do conhecimento ou aos pressupostos epistemológicos, que para esses autores (*ibidem*) implicam duas posturas: a primeira mais rígida e objetiva e a segunda menos rígida e subjetiva, o que enseja dois paradigmas básicos, o positivista e o interpretativo. Durante a produção, caminhamos para um paradigma que tem a visão do conhecimento que articule, com coerência, dimensões de objetividade e subjetividade, tanto em relação ao objeto de pesquisa como à perspectiva do próprio pesquisador diante dos dados coletados. Disso decorre uma terceira questão, que é a metodologia propriamente dita. Isso cabe na definição de Moreira e Caleffe (*ibidem*, p. 62) sobre o pesquisador interpretativo como sendo aquele que

> é capaz de interpretar e articular as experiências em relação ao mundo para si próprio e para os outros. Ele não está à parte da sociedade como observador, mas constrói ativamente o mundo em que vive. Não vê seus atributos e comportamentos como ontologicamente externos a si mesmo; só pode conhecer a realidade social por meio do seu entendimento subjetivo.

Certamente, a partir dessas reflexões, reafirmamos que os estudos da paz necessitam ser empreendidos com base em princípios da complexidade, sob

---

3. No contexto da discussão sobre as *cinco pedagogias da paz*, utilizaremos o termo *pedagogia* no sentido de Paulo Freire, assim descrito por Streck, Redin e Zitkoski (2008, p. 312): "O significado de pedagogia é mais bem compreendido no contexto do conceito de práxis, no qual Freire tensiona dialeticamente a ação e a reflexão. A pedagogia se situa no âmbito dessa tensão, em que a prática e a teoria estão em permanente diálogo. Nesse sentido, pedagogia refere-se a práticas educativas concretas realizadas por educadores e educadoras, profissionais ou não". Portanto, a noção de pedagogia segue a ideia de práticas pedagógicas devidamente fundamentadas e contextualmente localizadas.

o risco de não conseguirem aprofundar-se nas relações entre microdimensões e macrodimensões, entre saberes e fazeres relativos às práticas pedagógicas escolares, entre violências e não violências, entre a paz, a não paz e as novas possibilidades decorrentes destas. Os estudos sobre violências não têm conseguido responder à pergunta sobre como promover a paz, uma vez que são tipologias de violência diferentes, às quais se atribuem causas diversas e passíveis de tratamentos particulares, conforme o caso. Os estudos da paz, ao pensar no oposto, apenas uma "paz distante da vida", desconsideram os processos violentos que se constituem na própria justificativa da cultura de paz, e sem os quais fica improvável definir ações concretas na vida e no planeta. Nesse caso, a paz perde a possibilidade de se estabelecer como campo de estudos, tornando-se um modismo dos discursos "bem-intencionados". Nisso, encontro apoio novamente na teoria da complexidade de Edgar Morin (2013a, p. 37):

> O método aqui se opõe à conceituação dita "metodológica" em que ela é reduzida a receitas técnicas. Como o método cartesiano, ele deve inspirar-se em um princípio fundamental ou paradigma. Mas a diferença é justamente o paradigma. Não se trata mais de obedecer a um princípio de ordem (eliminando a desordem), de claridade (eliminando o obscuro), de distinção (eliminando as aderências, as participações e as comunicações), de disjunção (excluindo o sujeito, a antinomia, a complexidade), ou seja, obedecer a um princípio que liga a ciência a uma simplificação lógica. Trata-se, ao contrário, de ligar o que estava separado através de um princípio de complexidade.

Por isso, nossa argumentação é constituída, passo a passo, com a definição alongada do próprio objeto da obra, a educação para a paz na perspectiva da teoria da complexidade em Morin (2005, 2007, 2008, 2011a, 2012a, 2013a) – a complexidade que encontra as relações objetivas e subjetivas nos fenômenos de convivência, desde seus aspectos filosóficos até seu desenrolar na educação. Assim, cremos que a opção pela pesquisa teórico-reflexiva, com desenvolvimento focado em pesquisa bibliográfica, será decisiva para trazer novas perspectivas ao objeto de pesquisa, contribuindo, ao mesmo tempo, para pensar sua teoria e sua prática pedagógica. Aqui, cabe a perspectiva de Gil (1994, p. 39) que diz:

> A pesquisa bibliográfica tem sido utilizada com grande frequência em estudos exploratórios ou descritivos, casos em que o objeto de estudo proposto é

pouco estudado, tornando-se difícil a formulação de hipóteses precisas e operacionalizáveis. A sua indicação para esses estudos relaciona-se ao fato de a aproximação com o objeto se dar a partir de fontes bibliográficas. Portanto, a pesquisa bibliográfica possibilita um amplo alcance de informações, além de permitir a utilização de dados dispersos em inúmeras publicações, auxiliando também na construção, ou na melhor definição do quadro conceitual que envolve o objeto de estudo proposto.

Da mesma forma, concordamos com Vasconcelos (2002, p. 159) ao referir-se à pesquisa teórica: "Trata-se de colocar o objeto de pesquisa e a própria problemática teórica e/ou conceitual de um determinado campo específico". Em nosso caso, o próprio objeto "educação para a paz" só tem sentido se observado na perspectiva complexa, englobando a relação com violências, convivências, conflitos, direitos humanos, valores humanos etc. Portanto, a pesquisa teórica vai às fontes bibliográficas e volta os olhares para as reflexões educacionais, buscando um contexto amplo, num conjunto de argumentos significativos ao campo estudado.

Conforme Demo (2000, p. 20), a pesquisa teórica é "dedicada a reconstruir teoria, conceitos, idéias, ideologias, polêmicas, tendo em vista, em termos imediatos, aprimorar fundamentos teóricos". Assim, é uma forma de pesquisar que é orientada no sentido de repensar teorias, quadros de referências, condições explicativas da realidade, polêmicas e discussões pertinentes, como, neste caso, a cultura de paz e a educação para a paz, no conjunto de questões amplas. Por isso, concordamos que a pesquisa teórica não implica imediata intervenção na realidade, mas é igualmente importante, pois seu papel é decisivo na criação de condições para a intervenção.

Considerando esse conjunto de observações, o livro está organizado em três capítulos que passamos a considerar. No primeiro, aprofundamos a discussão sobre o pensamento da complexidade juntamente com a discussão sobre a cultura de paz. Fazemos uma abordagem da teoria da complexidade, no pensamento de Edgar Morin, a partir dos seis volumes de sua obra *O método* (2005, 2007, 2008, 2011a, 2012a, 2013a). Paralelamente, discutimos as perspectivas da paz por um duplo aspecto, de acordo com conceitos amplos, para desmistificar o entendimento do senso comum, e, em seguida, apresentamos tópicos de suas dimensões mundiais, na América Latina e no Brasil, pelo foco de políticas internacionais. Isso evidencia a paz como um tema/conceito em evolução no cenário mundial e que está no contexto da complexidade.

No segundo capítulo, serão apreciadas as perspectivas educacionais do pensamento de Morin (2011b, 2012b, 2012c), onde tratamos as dimensões relacionadas à educação do século XXI, explicitando os "sete saberes para a educação do futuro". Na continuidade, discutimos os fundamentos conceituais e metodológicos da educação para a paz, tomando como referência autores relevantes da área, especialmente espanhóis, de onde vêm os estudos mais sistematizados desse movimento. Com isso, sustentamos aspectos fundamentais para relacionar teoria e prática da educação para a paz nos espaços educacionais, à luz do paradigma da complexidade.

Como desdobramento dos primeiros capítulos da pesquisa, propomos, no terceiro, a discussão e a construção das *cinco pedagogias da paz*, estruturadas a partir das questões decorrentes dos capítulos iniciais. Nesse momento, observamos a dupla questão sobre transversalidade e transdisciplinaridade como postura para abordar a educação para a paz na lógica da complexidade. Ao mesmo tempo, são cruzados elementos da educação na perspectiva da complexidade com a construção das: *pedagogia dos valores humanos*, *pedagogia dos direitos humanos*, *pedagogia da conflitologia*, *pedagogia da ecoformação* e *pedagogia das vivências/convivências*, buscando sua especificidade e complementaridade. Desse conjunto de informações, abrem-se possibilidades interessantes de análise do objeto desta pesquisa.

Em maio de 2018 foi aprovada a lei federal n. 13.663, que alterou o artigo 12 da Lei de Diretrizes e Bases da Educação Nacional (LDB) – lei n. 9.394/96. A alteração incluiu medidas de combate à violência e de promoção da cultura de paz nos estabelecimentos de ensino. Com isso, foram inseridos dois incisos, com a seguinte redação:

> IX – promover medidas de conscientização, de prevenção e de combate a todos os tipos de violência, especialmente a intimidação sistemática (bullying), no âmbito das escolas;
> X – estabelecer ações destinadas a promover a cultura de paz nas escolas.

Essa inclusão representa mais de uma década de discussão sobre as violências e convivências nas escolas. Questões como agressão, *bullying* e até assassinatos nos estabelecimentos de ensino colocam em destaque a qualidade das convivências no ambiente escolar. Destacamos que, anteriormente à mudança na LDB, já havia espaço para os temas da violência e da cultura de paz no Plano Nacional de Educação (PNE) 2014-2024 – lei n. 13.005/14 –, com a seguinte redação:

> (...) garantir políticas de combate à violência na escola, inclusive pelo desenvolvimento de ações destinadas à capacitação de educadores para detecção dos sinais de suas causas, como a violência doméstica e sexual, favorecendo a adoção das providências adequadas para promover a construção da cultura de paz e um ambiente escolar dotado de segurança para a comunidade.

Portanto, o PNE oportunizou que os estados e municípios, ao organizarem seus próprios planos estaduais e municipais (até 2016), discutissem os temas em suas próprias agendas. Nesse caminho também cabe destacar a aprovação da lei n. 13.185, em 2015, que instituiu o Programa de Combate à Intimidação Sistemática (*Bullying*) em território nacional.

Como vemos, os anos recentes sistematizam demandas educacionais importantes para evidenciar o papel das convivências escolares no sentido da prevenção das inúmeras formas de violência e intolerância nas escolas. Chamamos atenção especial para a temática da cultura de paz, perspectiva essencialmente pedagógica, que ainda precisa ser construída efetivamente nos espaços educacionais.

É sobre isso que este livro se debruça, em discutir a complexidade e as possibilidades da cultura de paz como perspectiva educacional e a educação para a paz como possibilidade pedagógica de pensar a paz na educação. A partir da pesquisa, busca-se ampliar o olhar da discussão sobre a paz na sociedade e na educação para mostrar que não se trata de uma palavra bonita, mas de uma tomada de atitude consciente, coerente e corajosa para fortalecer a resiliência das instituições educacionais diante dos problemas atuais – estruturais e ideológicos – do país. Nesse sentido, caminhamos na reflexão.

1
COMPLEXIDADE E CULTURA DE PAZ: ELEMENTOS ENTRECRUZADOS NA CONSTRUÇÃO DA EDUCAÇÃO PARA A PAZ

Complexidade. Pensamento, teoria, paradigma. A vida, a sociedade, o planeta. Sistemas dotados de alta complexidade. Uma organização por vezes desorganizada. Fluxos de idas e vindas, contradições, múltiplas alternativas e diversas possibilidades. Complexidade desde a organização celular, da vida biológica até as relações sociais e os arranjos políticos mundiais. Tudo em ligação e religação constante, por mais improvável e difícil que possa parecer. A fragmentação do conhecimento pela ciência clássica trouxe avanços tecnológicos jamais vistos, mas não conseguiu avançar tanto em termos humanos, sociais, perante injustiças, desigualdades e degradação das relações humanas. No século XXI, ainda reproduzimos muitas violências que acreditávamos que estariam superadas pelo desenvolvimento científico.

Os aspectos aqui tratados compõem uma parte do pensamento de Edgar Morin (2005, 2007, 2008, 2011a, 2012a, 2013a), filósofo francês considerado o teórico que estruturou as bases para o que se conhece como complexidade, chamada por alguns de "teoria", por outros de "paradigma" ou ainda de "pensamento". Na perspectiva desta pesquisa, cabem esclarecimentos no que tange à ideia sobre um possível "paradigma" da complexidade com base no estudo da teoria da complexidade de Edgar Morin. Quando optamos por relacionar nosso tema de estudo à noção de complexidade, a partir do pensamento de Edgar Morin (2013a), precisamos apontar de onde estamos percebendo tal dimensão. Uma primeira questão a observar é explicitada por Veiga-Neto (2002, p. 35), que diz:

> Paradigma é uma dessas palavras meio mágicas; uma dessas palavras que, como um abracadabra, pode servir para tudo e, nesse caso, acaba servindo para quase nada. Mesmo nesse mais amplo conjunto de saberes que se convencionou denominar Ciências Humanas, ela tem sido muito usada como moeda forte, capaz de conferir àquele que a pronuncia um bom aumento de seu capital simbólico. No campo da Pedagogia, por exemplo, a expressão paradigmas do conhecimento é recorrente e, em geral, usada por discursos que pensam se colocar numa posição acima para poderem se referir a – e tematizar sobre – outros a partir de um metaparadigma, que se pretende mais abrangente e, por isso, melhor.

Com isso, afirmamos de antemão que não assumiremos um "paradigma da complexidade" apenas como rótulo, mas que seja adequado em reflexão ao que nos é importante: a noção de cultura de paz e a construção de uma ideia pedagógica concreta de educação para a paz. Cabe aqui nossa distinção básica, para argumentar ao longo da pesquisa: entender a cultura de paz como um conjunto de práticas humanas e sociais, composta pelas questões relacionadas às vivências e às convivências, pautadas na construção conjunta de valores humanos positivos, que alimentam constantemente os direitos humanos e que tenham como prática de vida os processos de mediação e restauração dos conflitos e o princípio da sustentabilidade do meio ambiente e da cidadania planetária. Isso significa que uma cultura de paz pauta-se por solidariedade, generosidade, respeito às diferenças, baseadas na escuta e no diálogo, evitando formas violentas de viver e conviver.

Como educação para a paz, entendemos os processos pedagógicos nos quais os elementos (conhecimentos e práticas) da cultura de paz são integrados e entrecruzados, gerando uma unidade na complexidade, com objetivos educacionais/humanos pautados na construção de atitudes cotidianas dentro de perspectivas que denominaremos como as *cinco pedagogias da paz – pedagogia dos valores humanos, pedagogia dos direitos humanos, pedagogia da conflitologia, pedagogia da ecoformação* e *pedagogia das vivências/ convivências* – sendo pensadas à luz da educação. Entendemos que a educação para a paz pode ser praticada na educação formal, na não formal e na informal, ou seja, entendemos que as questões tratadas servem para qualquer forma de educação institucionalizada. Ressaltamos aqui que, no decorrer dos dois primeiros capítulos, não explicitaremos as cinco pedagogias de forma direta, e sim as bases de reflexão que nos levam a elas, bem como sua integração.

Como discutiremos ao longo deste livro, a noção de complexidade remete ao amplo entendimento das relações entre os diversos componentes que se apresentam no contexto da cultura de paz e da educação para a paz. Isso quer dizer que a qualidade na definição e na articulação de tais componentes é o que confere confiabilidade à análise. Veiga-Neto (2002), ao falar sobre a polissemia do termo "paradigma", diz que muitas vezes ele não é pensado a fundo, o que causa simplificações sobre seu entendimento. O autor afirma que muitos pesquisadores se negam a se aprofundar em determinadas questões e discussões, assegurando estarem em paradigmas diferentes. Neste caso, entendemos que a educação para a paz, como um ramo pedagógico da cultura de paz, possui uma complexidade que pode ser investigada com rigor a partir de diferentes perspectivas ou paradigmas. São caminhos que percebem as diferentes formas de violência em suas relações com a psicologia, a sociologia e a filosofia. Da mesma maneira, muitos estudos sobre a paz, a cultura de paz e a educação para a paz, assim como sobre os conflitos e a mediação de conflitos, também têm propriedade e são claros em suas dimensões. Além disso, a temática ambiental, redimensionada como educação ambiental, cidadania ambiental, ou ainda ecoformação, também figura como elemento-chave nessa articulação, todos transpassados por questões relacionadas às vivências e às convivências humanas, permeadas por valores humanos e direitos humanos, em suas dimensões igualmente complexas.

Por esse motivo, é preciso nos situarmos e mostrarmos nosso ponto de partida em relação à dimensão paradigmática desta pesquisa, não como forma de disputar maior grau de cientificidade, mas para evidenciar as bases nas quais concebemos a abordagem ao tema. Nisso há uma variabilidade de modelos, padrões e caminhos reflexivos e metodológicos, que, em cada contexto, permitem entender e buscar novas perguntas e respostas a determinado tema. Veiga-Neto (*ibidem*, p. 40), apoiado em Thomas Kuhn, diz que

> "paradigma funciona como uma imagem de fundo, qual uma imagem de um quebra-cabeça" a partir da qual se vê e se compreende aquilo que se pode ver e compreender do mundo. Não somos livres para ver e compreender qualquer coisa, de qualquer maneira senão a partir dos "esquemas" dados por um paradigma.

Assim, o paradigma funciona como uma fonte dos métodos e das próprias perguntas possíveis – e respectivas respostas – numa dada comunidade científica.

Um paradigma funciona, portanto, como uma "imagem de fundo", ou "pano de fundo", onde serão plasmadas as impressões e desdobramentos da pesquisa. Trata-se de uma perspectiva de mundo, com algumas marcas próprias no entendimento das relações humanas, socioeconômicas, culturais e ambientais. Naturalmente, um paradigma, justamente por suas marcas, traz inúmeras possibilidades de perguntas, que serão diferentes conforme paradigmas de origens diversas e, igualmente, ensejarão respostas distintas.

Veiga-Neto (2002) ainda discute que nas ciências naturais existem consensos mais uniformes e implícitos, na comunidade científica, sobre um paradigma, garantindo uma constância nos caminhos e desdobramentos do campo científico. Já nas ciências humanas, não há, nos diferentes campos, o que ele chama de "um acordo paradigmático unitário", sendo necessário explicar sempre de que estamos falando e quais são os instrumentos que adotamos para as análises. Para Veiga-Neto (*ibidem*, p. 45), essa dimensão "é tão mais importante na medida em que uma mesma palavra pode assumir – e, de fato, assume – sentidos bem diferentes, de paradigma para paradigma, e de teoria para teoria, dentro de um mesmo paradigma".

Por isso, em nosso caso, uma das premissas está em esclarecer o sentido da articulação dos termos "cultura de paz" e "educação para a paz" em suas bases e da articulação com a perspectiva da complexidade, para que a análise seja possível em virtude do que procuramos evidenciar. Isso é fundamental ao processo de pesquisa, pois situa o pesquisador, reconhecendo a complexidade que compõe o conhecimento científico. Nesse sentido, Tarozzi (2011, p. 104) contribui dizendo:

> A adoção de um paradigma ou outro nunca é eticamente neutral e o mesmo pode-se afirmar sobre as escolhas metodológicas. A escolha da pergunta da pesquisa é influenciada pelos vínculos éticos, pelas convicções ideológicas, religiosas, políticas, morais de quem realiza a pesquisa, que, em base a estas, é levado(a) a formular a pergunta de um modo que não é neutral nem objetivo.

Portanto, há essa necessidade de discutir o termo "paradigma" não apenas conceitualmente, mas mostrando que são esquemas para o refinamento e o cuidado necessários para abordar temas de pesquisa, isto é, problemas tratados à luz de um conjunto de reflexões, ou a chamada "imagem de fundo". Além disso, conforme Tarozzi (2011), desde a pergunta ou perguntas iniciais da pesquisa já estão em jogo as convicções do pesquisador, não só na dimensão acadêmica, como também suas perspectivas sobre o ser humano, o mundo e a sociedade. Assim, de antemão, já podemos dizer que o próprio contexto, ou paradigma que adotamos, já traz em si uma dimensão complexa, mesmo não sendo explícita como tal. Para esse autor (*ibidem*, p. 100):

> A transposição de um tema em uma pergunta de pesquisa é uma questão muito complexa e debatida. Toda vez que se reduz uma complexidade corre-se dois riscos: a simplificação e a parcialidade. (...) Nessa passagem corre-se risco de formular uma pergunta de pesquisa viável, clara, bem comunicável aos comitentes ou ao (à) orientador (a), coerente com a literatura, mas ao mesmo tempo prejudicada e preconceituosa. A retirada da desordem de uma área de pesquisa pode significar, como os teóricos da complexidade mostraram muito bem (MORÍN, 1990), refugiar-se na convicção fácil da existência de uma ordem superior que supervisione a complexidade do real e considerar este o objeto do conhecimento científico. Qualquer tipo de redução nunca é neutral.

Edgar Morin (2008, p. 259), ao analisar a obra de Thomas Kuhn – *expert* da discussão sobre paradigma –, diz que o autor tratava inicialmente o termo "paradigma" como "descobertas científicas universalmente aceitas", e depois de uma revisão passa a entendê-lo como "o conjunto de crenças, dos valores conhecidos e das temáticas comuns aos membros de determinado grupo". Assim, o termo tem sentido forte, mas também vago. Do mesmo modo, nessa discussão, o autor (*ibidem*, p. 261) propõe que

> um paradigma contém, para todos os discursos que se realizam sob o seu domínio, os conceitos fundamentais ou as categorias-mestras de inteligibilidade, ao mesmo tempo que o tipo de relações lógicas de atração/repulsão (conjunção, disjunção, implicação ou outras) entre esses conceitos e categorias. Assim, os indivíduos conhecem, pensam e agem conforme os paradigmas neles inscritos culturalmente. Os sistemas de idéias são radicalmente organizados em virtude dos paradigmas.

Considerando tais argumentos, utilizaremos o termo "paradigma da complexidade", ou "abordagem da complexidade", não como grande vertente de mudança nem como categoria de totalidade fechada. Ao contrário, como paradigma que visa à complexidade, procuramos a ligação e a religação de pensamentos dispersos e aparentemente antagônicos, reorganizando-os pela perspectiva da cultura de paz e da educação para a paz. Nesse caso, nos interessam os mais novos arranjos reflexivos, novos questionamentos e outras posições que serão dadas pela literatura em função do encaminhamento da pesquisa. Relembramos a questão-chave desta pesquisa, que é fazer as pontes entre a cultura de paz e a educação para a paz, tendo como baliza o pensamento complexo de Edgar Morin, por meio do qual pretendemos construir reflexões e argumentos que possam ser acolhidos no contexto educacional brasileiro de nosso tempo, não apenas como enfrentamento da violência, mas como marca positiva das convivências, da vida em comum e da reorganização do conhecimento em relação a essas questões.

Edgar Morin: Construção da epistemologia da complexidade

Como dito, esta obra concentra-se no paradigma da complexidade, com foco na teoria da complexidade de Edgar Morin, por considerá-lo o teórico que estabeleceu as bases para esse modelo. Há em Morin uma particularidade considerada por alguns pesquisadores como falta de consistência ou de generalização do conhecimento. Discordamos de ambas as afirmações. Primeiro, pensar complexidade é justamente entender a caminhada histórica de Morin, como sua vida e obra confundem-se, como teoria e prática de vida, em momentos históricos marcantes, serviram para formar seu pensamento. Além disso, a construção dos conceitos fundamentais da teoria da complexidade, embora gestados ao longo de décadas, torna-se realidade no início dos anos 1970, já com a maturidade intelectual de Morin, que engloba inúmeros pensadores dos séculos anteriores, propondo tanto aprofundamento quanto alongamentos, integrando-os com estudos atuais sobre cérebro-mente-máquina. Disso, surge a perspectiva da complexidade de Morin, um esforço intelectual que o afasta de rótulos e classificações acadêmicas fechadas, marcado por um autodidatismo que vai das artes e do cinema à filosofia, à sociologia, à antropologia, às neurociências e à biologia do conhecimento.

Este estudo não tem a intenção de aprofundar-se na biografia do autor, mas apontar alguns aspectos cronológicos de sua vida que contribuem para a análise de sua obra. Seguiremos os pontos descritos por Petraglia[4] (2011), que

---

4.   Izabel Petraglia, na obra *Edgar Morin: A educação e a complexidade do ser e do saber* (2011), apresenta uma biografia completa de Morin, fazendo relação com seus livros, marcados por

estuda a vida e a obra de Morin. Esse grande pensador tem feito da longevidade, ainda com vasta produção intelectual, seu grande presente para a humanidade, particularmente para a educação e a ciência. Uma longevidade que lhe tem permitido rever e aprofundar questões de sua obra e difundir com consistência suas questões sobre o pensamento complexo.

Nascido em 8 de julho de 1921, em Paris, Edgar Nahoum (adotou o codinome Morin no período do exército), filho de imigrantes judeus espanhóis, teve uma infância solitária. Uma marca sempre presente em sua vida e obra foi a morte da mãe, quando ele tinha apenas nove anos. Por isso, ainda na infância, procura escrever seus primeiros ensaios sobre a vida. Ao entrar na adolescência, se interessa pela política e ao mesmo tempo pela cultura com leituras variadas, tanto filosóficas como artísticas, como teatro e cinema. Entre 17 e 20 anos vê a República na França desintegrar-se com a Segunda Guerra Mundial, o que o leva a se filiar ao Partido Comunista. Na sequência, ingressa na universidade, matriculando-se em cursos diversos – história, geografia, direito, ciências políticas, sociologia e filosofia (Petraglia 2011).

A autora (*ibidem*) ainda destaca que, ao terminar os estudos superiores (em 1942), tendo acumulado diferentes saberes filosóficos, históricos, sociológicos, entre tantos, Morin alista-se como combatente voluntário na Resistência das forças francesas que enfrentavam o nazismo (inicialmente como tenente, mais tarde como representante do Estado-Maior e depois como chefe da assessoria de comunicação e imprensa do governo militar francês na Alemanha). Em 1946, ainda na Alemanha, lança seu primeiro livro chamado *O ano zero da Alemanha*, no qual faz uma análise da tentativa e da necessidade de reconstrução do país após o nazismo, buscando entender os motivos e as questões culturais envolvidos na guerra.

Desses aspectos iniciais, destacamos sobre Edgar Morin: 1) uma imensa curiosidade por compreender a vida e o ser humano; 2) uma vitalidade acadêmica igualmente plural, passando por inúmeras áreas; 3) a coragem de, voluntariamente, conhecer a realidade da guerra pelo lado "de dentro", e não apenas teoricamente; 4) estudar, descrever e publicar um livro com suas observações logo após a guerra, analisando inúmeros aspectos, humanos, sociais e econômicos daquele momento dramaticamente histórico da humanidade.

---

sua história de vida e estudos teóricos. Cabe ressaltar que Petraglia fez seu pós-doutoramento em Paris, tendo contato direto com Edgar Morin, o que faz com que suas informações tenham sido observadas pelo próprio.

Ainda seguindo os apontamentos de Petraglia (2011), após a guerra, Morin retorna para a França, onde continua os estudos e a produção literária. É expulso do Partido Comunista por divergir do stalinismo (1951), quando percebe os limites e as contradições dos regimes totalitários e do comunismo. Nesse mesmo ano, passa a integrar o Centro Nacional de Pesquisa Científica da França (onde atuou até 1989). Nessa caminhada torna-se mestre (1961) e doutor (1970) em pesquisa. Nos anos 1950 e 1960 dedica-se a estudos culturais, especialmente ao cinema, buscando a relação entre imaginário e real, encontrando muito alimento reflexivo no âmbito da revista *Arguments*, que dirigiu de 1957 a 1962. Nesse percurso, porém, não deixa suas reflexões sobre política, sociologia e a busca do pensamento complexo, especialmente pela diversidade e qualidade dos estudos difundidos pela revista. Uma mudança importante em sua trajetória se dá quando passa a integrar um grupo de estudos chamado "grupo dos 10" (1968-1975), com cibernéticos e biologicistas, vivendo e lecionando algum tempo nos Estados Unidos. A participação nesse grupo deu a Morin as bases decisivas para seus estudos sobre a complexidade.

De 1977 a 2002, Morin constrói a obra *O método* em seis volumes. Não obstante, continua com sua produção ativa que orbita nas questões do método e da complexidade. Evidenciamos que, nesse período, a discussão sobre o pensamento complexo ganha visibilidade, e a produção de Edgar Morin é bastante intensa, com diversos parceiros e em diferentes áreas do conhecimento. Em todas elas, Morin procura sempre articular suas questões centrais sobre o ser humano em várias dimensões (econômica, social, cultural, espiritual). Sobre o pensamento de Edgar Morin, construído ao longo de várias décadas, é importante reconhecer o que ele próprio examina em *Meus filósofos* (livro publicado em 2011 na França e em 2013 no Brasil), as principais influências teóricas em sua vida.[5] Nesse percurso, o pensamento a seguir demonstra a necessidade de Morin pela complexidade do ser e do saber:

---

5.   O livro é uma proposta de Jean Tellez, diretor da Éditions Germina, sugerindo a Edgar Morin que esclareça mais sobre seus mestres fundamentais ao longo da vida e da obra. É interessante observar que o livro aponta os nomes e Morin estabelece as relações com as ideias ou conceitos básicos desses autores. Um fato importante é que Morin não se deixa endurecer pelos conceitos ou ideias, pois, desde sempre, procurou a reflexão e a aproximação das contradições que percebia nesses autores, sem excluí-los de sua própria construção.

Com isso, fui estimulado a elaborar um pensamento apto a reconhecer e afrontar incessantemente as contradições, em situações onde o pensamento "normal" não vê senão alternativas, e a descobrir minhas verdades em pensadores que se alimentam de contradições: Heráclito, Pascal, Hegel, Marx. Da mesma forma, eu me sensibilizaria com a filosofia chinesa do Tao, a "Via" exposta no *Tao Te King* atribuído a Lao Tsé, eu integraria a concepção dos princípios internamente contraditórios, e ao mesmo tempo complementares do yin (o negativo, o feminino, a sombra, o frio) e do yang (o positivo, o masculino, o sol, a claridade, o calor) na *unidualidade* do ser (noção que se impôs a mim).

Além disso, Morin fala da influência que recebeu por meio da leitura de escritores russos, particularmente Dostoiévski, de onde diz ter percebido a complexidade do ser humano, especialmente na obra *Crime e castigo*. Vemos nesse caminho pela literatura relacionada às artes e à espiritualidade que Morin nunca deixou de ser um otimista em relação à vida e, especialmente, em relação à complexidade da vida. Isso provavelmente resulta da experiência da morte da mãe e sobre pensar sua vida. Além disso, ao estudar na Sorbonne (1939), adquiriu conceitos fundamentais para sua trajetória, com Georges Lefebvre. Assim, o marco decisivo de sua trajetória humana e intelectual, logo em seguida à universidade, foi ter participado da Segunda Guerra Mundial, quando seus estudos sobre Marx e Hegel, este último que iluminou suas ideias sobre contradição e complementaridade, segundo ele próprio, fizeram-no entender Voltaire, Rousseau, Kant, Kierkegaard, com perspectivas filosóficas diferenciadas.

Para Morin (2014), o conjunto de tantas leituras refletidas pelas experiências de vida o fez buscar a articulação entre filosofia, ciência, literatura e poesia, sem defini-la como complexidade. O Quadro 1, a seguir, indica aspectos encontrados por Morin na obra *Meus filósofos* (2014), onde deixa claro que seus mestres, entre tantos outros não elencados no livro, não são todos filósofos de formação, os quais foram assim definidos por terem, em vários sentidos, iluminado o seu pensamento. Esclarecemos que o Quadro 1 não trabalha com a linearidade das leituras, pois o próprio Morin não se preocupa com isso, pois são estudos revistos ao longo de sua vida e obra. No entanto, procuramos colocar os períodos aproximados para situar o leitor.

QUADRO 1. INFLUÊNCIAS NA FORMAÇÃO
DO PENSAMENTO DE EDGAR MORIN

PERÍODO	"FILÓSOFO"	REFLEXÕES
Perene ao longo da vida	Heráclito de Éfeso (535 a 475 a.C.)	Assume o princípio da contradição presente em vários aspectos do pensamento de Heráclito como "viver de morte e morrer de vida", "acordados, eles dormem" e "o Bem e o Mal são uma coisa só": "O reconhecimento de duas verdades contraditórias nos projeta de uma visão redutora, unilateral e maniqueísta" (Morin 2014, p. 22).
Não determinado	Buda (Sidarta Gautama) (563 a 483 a.C.)	Adquire a noção da impermanência, que aponta para a necessidade de regeneração dos ciclos da vida e da própria humanidade: "A necessidade de viver bem, tanto consigo mesmo quanto na relação com os outros, de superar o divórcio entre o espírito e o corpo expressa um apetite em ser melhor" (Morin 2014, p. 37).
Não determinado	Jesus (33 d.C)	Percebe a importância do princípio do perdão e do amor, como condições importantes na convivência humana: "Reside aí o núcleo de minha própria fé que, sem ser cristã, se reconhece no Jesus que perdoa a mulher pecadora. De modo apaixonado, acredito na possibilidade do arrependimento, da redenção, da virtude do perdão" (Morin 2014, pp. 40-41).
Anos 1940 (aproximado)	René Descartes (1596-1650)	Entende, mas busca reinterpretar o *cogito* cartesiano "penso, logo existo", tentando ampliar a noção de existência: "Trata-se da qualidade de sujeito que nos torna capazes de refletir sobre nós mesmos, não apenas refletir sobre as ideias e objetos, mas de refletirmos nós mesmos no espelho de nosso espírito. Possibilidade admirável, mesmo se estiver exposta a muitos riscos de erros e ilusões" (Morin 2014, p. 50).
Desde os 15 anos de idade	Michel de Montaigne (1533-1592)	Sensibiliza-se com a noção de imersão em si mesmo na busca da condição humana. De Montaigne, Morin (2014, pp. 45-47) internaliza a expressão "cabeça bem-feita", presente em várias de suas obras: "Nele, adquire forma a soberania do espírito livre, que não apenas observa o mundo, os costumes, o homem, mas observa a si próprio e sabe que carrega em si o mistério da humana condição" e "conhecer não é chegar a estabelecer verdades totalmente certas, é saber que existem o inconhecível e o inconcebível, é dialogar com a incerteza".
Perene ao longo da vida	Blaise Pascal (1623-1662)	Em Pascal, encontra outra premissa fundamental de sua vida e obra, a noção do "bem-pensar" como base da ética e da moral, na união entre fé, razão, dúvida e religião: "Em Pascal, a oposição entre a ordem absurda da fé e a ordem empírica-racional da ciência acompanha-se de uma complementaridade dialógica de uma e de outra. Fé, dúvida, razão, religião se reencontram, se entrecombatem e se alimentam uma da outra" (Morin 2014, p. 54).
Estudos universitários e os anos de guerra e da Resistência	Baruch Spinoza (1632-1677)	Na obra *Tratado teológico-político*, Spinoza procura reconduzir a mensagem da *Bíblia* na perspectiva de um conteúdo ético. Além disso, apontar para um Deus imanente e não transcendente é uma ideia que seduz Morin (2014, p. 64), que afirma: "A rejeição do ódio, a profunda necessidade de amor, de amizade, de fraternidade são para mim os germes essenciais da ética. Encontro todos eles em Spinoza, em seu sentido da tolerância, em seu horror da violência e das perseguições".

Estudos universitários e os anos de guerra e da Resistência	Jean-Jacques Rousseau (1712-1778)	Morin assume ideias-chave para seu pensamento com Rousseau: a noção de "ensinar a viver", como reencontro com a natureza humana, e, em pleno Iluminismo, Rousseau afirma a importância do "povo", num momento em que o conhecimento erudito era altamente considerado. Aí um princípio igualmente revolucionário: "Rousseau forneceu a ideia fundamental da natureza concebida como um todo vivo, vital, com o qual o homem deve buscar harmonia e reconciliação. Essa ideia de reencontrar uma relação umbilical perdida com a natureza e, ao mesmo tempo, reencontrar nossa própria natureza é extraordinariamente nova e moderna" (Morin 2014, p. 68).
Estudos universitários e os anos de guerra e da Resistência	Georg Wilhelm Friedrich Hegel (1770-1831)	Aprofunda-se na dialética, pressupondo as contradições e o antagonismo, porém procura avançar na noção de dialética para "dialógica", termo que considera assumir a totalidade como fragmentada e inalcançável: "Nele vi um pensador que enfrenta as contradições. Eu mesmo vivia dilacerado nas contradições; a fé, a dúvida, a esperança, o desespero. Eu vivia também, na contradição própria aos anos de guerra e resistência, entre viver e sobreviver" (Morin 2014, pp. 77-78).
Estudos universitários e os anos de guerra e da Resistência	Karl Marx (1818-1883)	Percebe a importância do conceito de "práxis", como elemento integrativo entre filosofia, ciência e ação. Faz uma crítica ao materialismo histórico como determinista e mecânico. Discorda de Marx em suas questões de fundo, ao caminho da complexidade da sociedade: "Ao combater os mitos em nome da racionalidade, o próprio Marx se perdeu no mito da luta de classes e da sociedade sem classes. Ele não se deu conta que as relações de classes são dialógicas, ou seja, que elas são relações de antagonismo e, simultaneamente, de cooperação, nas quais, sem dúvida, o antagonismo pode se manifestar em luta de classes, mas a cooperação pode traduzir-se também em ações comunitárias, solidárias e em negociação" (Morin 2014, p. 99).
A partir do ensino médio	Fiódor Mikhailovich Dostoiévski (1821-1881)	Com a literatura russa, Morin percebeu as angústias do ser humano. Ressalta a obra *Crime e castigo* de Dostoiévski como exemplo: "No final das contas, foi nele que encontrei, mais aguçado, doloroso e violento do que em qualquer outro lugar, inclusive nos outros escritores russos, o tormento das almas dilaceradas, as instabilidades profundas da identidade, os momentos de verdade e amor, o insondável mistério dos seres humanos e da vida. Ele revela a virtude dos excluídos e malditos" (Morin 2014, p. 106).
Estudos universitários	Valentin Louis Georges Eugène Marcel Proust (1871-1922)	Fortalece ainda mais a compreensão humana numa perspectiva complexa, citando Proust em seu livro *Em busca do tempo perdido* no qual aponta que a simultaneidade é um traço da vida, onde: "(...) oferece uma fantástica visão das possibilidades da linguagem, associando desdobramento linear/sequencial e expressão de simultaneidade, dos desordenamentos, dos circuitos retroativos e recursivos intrínsecos aos pensamentos e sentimentos" (Morin 2014, p. 109).
A partir de 1951	Sigmund Freud (1853-1939)	Com Freud, Morin encontra diversos aspectos importantes da psicanálise que agregou ao seu pensamento, especialmente na relação indivíduo/sociedade/espécie. Destaca sobre Freud: "Ele concebe a ideia extraordinariamente profunda de que o indivíduo é constituído de uma dialética construtiva entre o universo pulsional-biológico (o Id), a instância autoritária do Supereu e o centro de autorreferência e de consciência, que é o Eu. Este último configura-se emergindo do Id" (Morin 2014, p. 118).

Especialmente entre 1957 e 1962 como diretor da revista *Arguments*	Escola de Frankfurt (Adorno, Horkheimer Marcuse e Bloch)	Da escola de Frankfurt, Morin destaca o trabalho de Adorno, nas premissas: "A totalidade é a não verdade". Mais uma vez fica clara a questão de que abordar a perspectiva complexa não quer dizer abordar a totalidade. Além dessa questão, a discussão sobre racionalização e racionalidade também é feita por Morin. "A racionalização é a lógica fechada, demencial, que opera se aplicando unilateralmente ao real, e quando o real não se submete a essa lógica, nega-se o real, coloca-se nele um fórceps para que ele a obedeça" e "a diferença importante é que a razão é aberta, ela reconhece no universo o não racionalizável, ou seja, a presença do desconhecido e do mistério. Ela integra o autoexame, a dúvida, a incerteza, os limites do próprio conhecimento racional" (Morin 2014, pp. 123-124).
A partir de 1945 (aproximado)	Martin Heidegger (1889-1976)	Noção da ideia do progresso técnico como controle do mundo pela razão: "(...) Heidegger me ajudou a compreender que era necessário pensar os problemas da humanidade planetariamente, que os tempos modernos devem ser pensados sob o ponto de vista do nascimento e desenvolvimento da era planetária" (Morin 2014, p. 128).
Final dos anos 1960 (aproximado)	Henri Bergson (1859-1941)	Agrega a noção da vida como "impulso vital", como auto-organização biológica do ser humano. Isso aponta para um não determinismo: "Bergson soube reconhecer a criatividade no cerne da história, situando-se na contracorrente dos biólogos de seu tempo, impregnados de determinismo biológico ou de darwinismo" (Morin 2014, p. 131).
Anos 1960 (aproximado)	Gaston Bachelard (1884-1962)	Com Bachelard, Morin aprofunda a ideia de que o "simples é sempre o simplificado". Aponta que as teorias precisam ser expostas sempre à complexidade e que não devemos "reduzir as complexidades à simplicidade, mas sim traduzir a complexidade em teoria" (Morin 2014, p. 134).
Anos 1960 (aproximado)	Jean William Fritz Piaget (1896-1980)	O caráter transdisciplinar dos estudos de Piaget, que "compreendeu profundamente que havia um isomorfismo estrutural entre a organização viva e a organização cognitiva, que as condições do conhecimento, incluindo as categorias intelectuais e os dados *a priori*, têm suas fontes nos princípios fundamentais da organização viva" (Morin 2014, p. 135). Morin considera que as questões de Piaget o levaram e pensar em construir uma epistemologia da complexidade.
Final dos anos 1960 – início dos anos 1970 (aproximado)	Três teorias (ideias em Henri Atlan, Heinz von Foerster, Erwin Schrödinger, Ilya Prigogine, Niels Bohr, entre outros)	Morin chama este período como sua "revolução californiana", quando leciona nos Estados Unidos. Sua convivência com teóricos das ciências naturais, com ênfase em biologia e cibernética o faz acessar três teorias: 1. A teoria dos sistemas: o todo é mais do que a soma das partes; 2. A teoria da informação: ordem – desordem e reorganização; 3. A teoria cibernética: estudo das máquinas autônomas. "Pude integrar e repensar essas três teorias para, finalmente, ir além delas e conceber uma teoria da organização como auto-eco-organização, o que, simultaneamente, permitiu que eu elaborasse os princípios metodológicos de um pensamento complexo" (Morin 2014, p. 139).
Final dos anos 1950 (aproximado)	Popper, Holton, Kuhn e Lakatos	Desses epistemólogos, a noção principal é a discussão sobre o valor da ciência, entre uma ciência vazia de sentido, ou conectada às realidades e aos tempos históricos. Para Morin (2014, p. 152), eles ajudaram "a compreender que as teorias científicas são sempre limitadas e provisórias e, além disso, apoiam-se nos fundamentos da incerteza".

Anos 1960 (aproximado)	Edmund Gustav Albrecht Husserl (1859-1938)	Apreende a noção da ciência sem a consciência de si mesma. Por isso, Morin (2014, p. 152) sempre valorizou a relação de múltiplas áreas no entendimento das questões da vida, do homem, da sociedade e do planeta: "(...) a filosofia tem necessidade da ciência, produtora de fantásticos avanços do conhecimento, mas a ciência precisa da filosofia para compreender-se a si mesma, precisa de um conhecimento que saiba observar o observador e não perder de vista seu enraizamento na vida, na humanidade, nos problemas fundamentais existenciais".
Anos 1940 (aproximado)	O surrealismo	Como grande movimento cultural do século XX na Europa, Morin (2014, p. 156) diz que o surrealismo aponta para o entrecruzamento de poesia, pensamento e vida: "O surrealismo significa não apenas que é necessário reconhecer a parte de poesia que o real comporta, mas também que a poesia é muito mais do que um mero luxo literário, é uma verdade para ser vivida".
Início dos anos 1970 (aproximado)	Ivan Illich (1926-2002)	Illich aponta ideias sobre o "mal-estar psíquico", a "civilização da convivialidade" e dos "aparelhos ideológicos do Estado". Diz Morin (2014, p. 163): "Diferente de Illich, penso que não é necessário suprimir instituições como a escola, a saúde, mas sim transformá-las. Isso requer uma reforma profunda de civilização. É preciso desburocratizar, religar as instituições, romper com a falsa racionalidade técnica e gestionária que oculta, em todos os aspectos da vida humana, o que não pode ser calculado e nem manipulado, o sofrimento, a felicidade, a alegria, o amor".
Adolescência	Ludwig van Beethoven (1770-1827)	Como admirador das artes e da cultura, Morin aponta que a arte/música em seu sentido original é pulsante no ser humano. Ao falar sobre suas sensações ao ouvir Beethoven, Morin (2014, p. 165) descreve: "Era a gênese, o nascimento do cosmo em meio ao caos, com tudo que isto comporta de energia colossal, e que lança, em seguida, a aventura da vida com alternância de ternura, doçura, violência, loucura, recomeço".
Juventude (aproximado) Perene ao longo da vida	Immanuel Kant (1724-1804)	Considera Kant como um dos grandes filósofos, mas faz uma ressalva: "Kant identificava apenas a profunda marca organizacional do espírito humano nos fenômenos, sem conceber a possibilidade de um circuito recursivo/generativo entre a organização do espírito e a organização do mundo conhecível, circuito esse que, de fato, se desenvolveu no decorrer da evolução biológica, na qual o cérebro se formou e se desenvolveu" (Morin 2014, p. 170).

Fonte: Morin (2014).

O Quadro 1 procura mostrar algumas perspectivas desenvolvidas por Edgar Morin sob a iluminação de seus "filósofos". Igualmente são apontados filósofos, sociólogos, compositores, religiosos, antropólogos, escritores, psicólogos, biólogos, físicos, entre diversos mestres que contribuíram com a formação de seu pensamento. Percebemos, em grande parte das questões, uma tentativa de interligação, de interconexão e de entrecruzamento de perspectivas contraditórias que, aos poucos, vão gerando uma nova abordagem ou *O método* de Edgar Morin, que procura ser mais do que a soma de partes, é uma construção baseada em elementos claros e analíticos, como veremos a seguir.

Essa apresentação inicial contribui para o delineamento de nosso método de pesquisa, uma vez que no caminho dos "filósofos" de Morin encontramos a complexidade necessária para iniciar o percurso dentro da cultura de paz e da educação para a paz. Vejamos: uma mudança de sentido para a cultura de paz necessita de conhecimentos da sociedade, da filosofia, mas também é formada pela dimensão da contradição e da crítica, alimentadas pelas dimensões culturais, artísticas de diferentes povos, grupos ou comunidades. Esse ser e esse conhecer complexos se dão à luz da auto-eco-organização, que demanda um conhecimento de si, do outro e das relações com a natureza. Todo esse contexto nos empurra para a necessidade de, ao tratar de cultura de paz e educação para a paz, buscar uma abordagem complexa.

Princípios da teoria da complexidade: Elementos objetivos na construção do método

Uma investigação de natureza teórico-reflexiva, como desta obra, supõe pensar de forma ampliada seu método. Entendemos que se trata de muito mais do que técnicas estabelecidas para a coleta de dados e os arranjos teóricos que sejam coerentes no discurso. Como ressaltam Moreira e Caleffe (2008), três questões são importantes nesse caminho. A primeira, ontológica, diz respeito à essência do fenômeno estudado, à natureza do ser. Em nosso caso, pelo exposto ao longo da discussão, pensamos fundamentalmente no ser humano que constrói e reconstrói sua própria história, num movimento dialógico entre o pensado, o sentido e o vivido, ou seja, numa dimensão de complexidade.

A segunda questão refere-se à natureza do conhecimento ou aos pressupostos epistemológicos, que para Moreira e Caleffe (*ibidem*) implicam duas posturas: a primeira, objetiva e mais rígida e a segunda, subjetiva e menos rígida, o que enseja dois paradigmas básicos, o positivista e o interpretativo. Mais uma vez, nossa tendência é caminhar para um paradigma que tem a visão do conhecimento que inclua (com atenção e rigor científico) a dimensão de subjetividade, que supõe a possibilidade do envolvimento do pesquisador com o objeto de pesquisa. Disso decorre uma terceira questão, que é a metodologia propriamente dita. Nesse caso, para Moreira e Caleffe (*ibidem*, p. 44), os pesquisadores que "postularem uma abordagem mais subjetiva, que vêem o mundo social como mais suave, pessoal e criado pelo homem, selecionarão técnicas como observação participante, história de vida etc.".

Cabe aqui ressaltarmos que as ideias apresentadas têm origem nos próprios caminhos pessoais e profissionais. Pessoais no sentido dos valores e das atitudes na vida pessoal que influenciam opções e decisões em vários aspectos. Mariotti (2000) discute que a complexidade não fica limitada a um conceito ou a estruturas definitivas, pois se alimenta de fatos da vida natural, social e de um sistema de pensamento que é abrangente, porém flexível. Para o autor (*ibidem*, p. 38), esse pensamento abrangente é, obviamente, aberto às incertezas, ao erro, aos conflitos, às transgressões. E ainda:

> Corresponde à multiplicidade, ao entrelaçamento e à contínua interação da infinidade de sistemas e fenômenos que compõem o mundo natural. Os sistemas complexos estão dentro de nós e a recíproca é verdadeira. É preciso, pois, tanto quanto possível, entendê-los para melhor conviver com eles.

Nesse sentido, vale dizer que todas as relações da nossa vida, micros e macros, são multidimensionais. Ao contrário do que se habituou a dizer, a complexidade não é toda essa perspectiva no sentido unitário. Ao contrário, é uma tendência relativa à harmonia, mas concretizada e essencialmente enraizada também nos conflitos, nas contradições e nas aproximações humanas. Argumentamos nesse sentido, pois, ao falarmos em paz, a palavra dá essa ideia inicial de fraqueza da diversidade e da complexidade perante um mundo violento. Porém, é justamente o oposto (e complementar); que a paz seja reconhecida como processo de contradições e complexidade. Para isso é interessante observarmos o termo apontado por Morin (2011b, p. 38), que diz:

> *Complexus* significa o que foi tecido junto; de fato, há complexidade quando elementos diferentes são inseparáveis constitutivos do todo (o econômico, o político, o sociológico, o psicológico, o afetivo, o mitológico), e há um tecido interdependente, interativo e inter-retroativo entre o objeto de conhecimento e seu contexto, as partes e o todo, o todo e as partes, as partes entre si. Por isso a complexidade é a união entre a unidade e a multiplicidade.

Aqui vale destacar e reafirmar o que foi dito da discussão sobre a paz pela perspectiva complexa. Como Morin (2011b), entendemos que pensar com complexidade acarreta não separar termos em relação à análise. Ao mesmo tempo, isso não impede de distingui-los para conseguir relacioná-los. Pensar o todo não exclui discutir e relacionar suas partes distintas. É necessário encontrar o complexo dessa relação sobre cultura de paz na contradição sobre as violências humanas, mas ao mesmo tempo pensar no seu contrário, que é a não violência ou a paz, e, com isso, encontrar o processo mediador, nesse caso os conflitos humanos causadores de violências ou paz. Como dizem com propriedade Paderes, Rodrigues e Giusti (2005, p. 5): "A Teoria da Complexidade não se confunde com o pensamento de contexto. Não se trata de situar um fato, fenômeno ou processo num contexto. Trata-se de buscar conexões, relações e contradições em relação ao social".

A respeito da teoria da complexidade, podemos estabelecer alguns "princípios-diretrizes" que nos guiarão na reflexão da cultura de paz. Os princípios, definidos como operadores cognitivos do pensamento complexo são sintetizados por Moraes e Valente (2008) com base em seus estudos sobre Edgar Morin. Para eles, os operadores cognitivos "são os instrumentos ou categorias de pensamento que nos ajudam a pensar e a compreender a complexidade e a colocar em prática esse pensamento" (*ibidem*, p. 35).

Os operadores cognitivos são:

1. *Princípio sistêmico-organizacional*: o todo retroage sobre as partes, portanto só funciona adequadamente quando as partes funcionarem bem como partes. Assim, problemas sociais precisam ser abordados de forma ampla, pois os fragmentos não dão conta de soluções sustentáveis. Considerando a Física Quântica, que diz que observador, objeto observado e processo de observação compõem a totalidade em termos de energia, matéria e informação, podemos supor, apoiados em Moraes e Valente (*ibidem*, p. 36) que "o pesquisador, o objeto pesquisado e o método utilizado estão também imbricados de tal maneira que, conscientes ou não, a conduta do pesquisador influencia a conduta do objeto pesquisado e vice-versa". Portanto, parece fundamental que uma pesquisa reconheça os contextos, as redes que se apresentam e que perceba o objeto nos diferentes tempos-espaços. Assim, para Moraes e Valente (*ibidem*, p. 37):

> (...) o princípio sistêmico-organizacional revela-nos a inseparabilidade de tudo aquilo que tece a realidade de nossa existência. Essa compreensão traz consigo a necessidade de se ter a complexidade e seus respectivos operadores cognitivos como um dos pressupostos articuladores do pensamento humano no desenvolvimento da pesquisa. Justifica também a importância, todo e qualquer objeto relacionalmente, ou seja, no sentido de compreender as relações contextuais, que o englobam e, ao mesmo tempo, o restringem.

Para pesquisar cultura de paz e educação para a paz, esse operador cognitivo é fundamental, pois contribui para pensarmos sobre os momentos históricos, as violências sociais e individuais, diferentes culturas e formas de convivência, ou seja, entendermos que pensar a paz envolve inevitavelmente uma dimensão complexa em termos de intervenção (ações de segurança pública e projetos escolares, muitas vezes urgentes, mas que, em contrapartida, sem reflexão profunda tendem a reproduzir questões de senso comum). Além disso, ao falarmos em cultura de paz, surgem crenças religiosas, valores universais, prevenção de violências e toda uma gama de possibilidades de discursos, que requerem pontos de convergência. Portanto, é importante reconhecermos a relação todo/parte e observarmos as relações analítico-sintéticas nos processos de pesquisa que apontem para a dimensão da complexidade.

2. *Princípio hologramático*: refere-se ao entendimento de que o todo está inscrito na parte e, dessa forma, a sociedade está presente no indivíduo (linguagem, cultura), assim como o todo se constitui pela interação das partes (nem reducionismo, nem holismo). Aqui destacamos que não há mais como pensarmos somente a lógica de opressores e oprimidos, por exemplo, mas em intercâmbios pela informação e conhecimento. A ideia de holograma serve para entendermos a figura tridimensional na qual todos os elementos da realidade estão presentes, como processos de cultura de paz e das violências e convivências humanas. Assim, como o indivíduo representa uma sociedade, a sociedade também está representada no indivíduo, mas variando de acordo com percepções particulares. No caso da cultura de paz, podemos supor a Paz em diferentes perspectivas, seja pelas guerras, pelas religiões ou ainda pela superação da pobreza. Portanto, é uma necessidade aproximar diferentes perspectivas.

3. *Princípio retroativo*: as causas agem sobre os efeitos e os efeitos sobre as causas. O sistema complexo consegue manter uma dinâmica adequada entre continuidade e ruptura; ao mesmo tempo em que conserva suas estruturas essenciais, adquire novas propriedades de adaptação e modificação do entorno. Para discutir cultura de paz, entendemos que o sistema não se modifica de fora, se auto-organiza, porque está composto por elementos com capacidade de aprender, ou seja, não podem existir modelos hegemônicos para pensar a paz, e sim uma abordagem na complexidade que envolve as situações conflituosas entre pessoas, grupos e organizações e a forma e como isso se dá. Por isso é necessário, segundo Moraes e Valente (2008) buscarmos causas mais amplas e observarmos um maior número de interações dos componentes de uma

análise, pois pode haver desdobramentos novos e imprevisíveis no processo de pesquisa. Esse princípio rompe com a causalidade linear.

4. *Princípio recursivo*: onde os produtos e os efeitos são produtores e causadores do que se produz. O indivíduo produz a sociedade e é produzido por ela, por meio da linguagem, da cultura etc. Esse princípio fomenta uma causalidade circular que "está presente nas interações sujeito/meio, sujeito/ objeto, educador/educando, em todos os fenômenos, eventos e processos" (*ibidem*, p. 40). O princípio recursivo é importante para analisarmos a cultura de paz e a educação para a paz, porque a recursividade de diferentes níveis e perspectivas pode gerar novos sistemas emergentes. Isso contribui no argumento de que a paz, em suas relações com as violências, convivências e conflitos, nos diferentes espaços relacionais, pode ter efeitos e possibilidades de mudanças sociais.

5. *Princípio dialógico*: podemos considerar a dialogia como a possibilidade de aproximação daquilo que é aparentemente antagônico, mas que é complementar. O dialógico é composto das inter-retroações constantes entre os mundos físico, biológico e social. Superar as dicotomias é fundamental nos processos dialógicos. Em relação à cultura de paz, tal princípio é importante por atuar nas diversas tentativas de dicotomizar paz e violência, paz e guerra, paz e conflito, que devem ser entendidos como complementares, para se chegar a novas construções. Segundo Moraes e Valente (*ibidem*, p. 42):

> O pesquisador é parte do todo que ele pretende explicar, pois a complexidade nos diz que não existe dicotomia entre o sujeito e sua realidade. Consequentemente, o pesquisador está enredado em suas próprias metanarrativas e delas participa com toda sua inteireza, com sua corporeidade e, portanto, com suas emoções, desejos, afetos e sua história de vida.

A discussão da cultura de paz, por implicar posicionamentos por vezes contraditórios no entendimento de convivências, violências e conflitos, requer o *princípio dialógico*, que procura manter a coerência e evitar análises apenas emocionais, embora as considere.

6. *Princípio da auto-eco-organização*: trata-se do operador cognitivo que prevê a relação autonomia/dependência que diz que "o sujeito só pode ser autônomo a partir de suas relações em um determinado contexto no qual vive e de seus fluxos nutridores" (*ibidem*). Isso demonstra que todos os movimentos de uma dada cultura estão diretamente alimentados por essa mesma cultura, sejam

movimentos perenes que mantêm e reproduzem perspectivas, sejam os que vão para caminhos opostos, reagindo a esse próprio contexto já estabelecido. Nesse sentido, os autores (*ibidem*) dizem ainda:

> Existe, portanto, uma relação autonomia/dependência, segundo a qual toda autonomia é inseparável de sua dependência. Essa relação é que introduz a idéia de auto-eco-organização, de criação de suas próprias estruturas e de novas formas de comportamento a partir das interações desenvolvidas.

Esse princípio, em referência à cultura de paz e à educação para a paz, é interessante na medida em que não podemos supor uma paz, ou cultura de paz descolada de sua dependência com outras noções como violências, convivências, conflitos, espiritualidade, entre tantas. Portanto, a autonomia nesse caso estaria presente na maneira de analisar o fenômeno em suas relações, buscando novas possibilidades.

7. *Princípio de reintrodução do sujeito cognoscente*: é o princípio que resgata e reintroduz o sujeito, como autor de sua história, no processo de construção do conhecimento. Nesse sentido, são valorizados os processos de autorreferência e histórias de vida do pesquisador. Isso faz com que experiências e vivências realizadas pelo pesquisador, referentes à cultura de paz e à educação para a paz, sejam aspectos a serem considerados no desenvolvimento da pesquisa. Levando em conta esse processo de valorização do sujeito cognoscente, Moraes e Valente (*ibidem*, p. 46) dizem:

> Dessa forma, o meio, ou o contexto, não é independente dos sujeitos que nele habitam. Não é algo pré-dado, pré-determinado, na medida em que não podem ser separados do que os organismos são ou do que eles fazem. Consequentemente, em pesquisa, pesquisador/objeto/realidade estão co-implicados e evoluem juntos.

Fundamentalmente as questões referentes ao método, pelo Paradigma da Complexidade, encaminham as análises para os seguintes argumentos de forma entrelaçada: razão e emoção, sensível e inteligível, real e imaginário, razão e mitos, ciência e arte. Por isso, entendemos que aprofundar a discussão sobre a educação para a paz em si e na sua relação com a reflexão sobre a cultura de paz nas escolas, na educação em geral, é parte do momento histórico em que as violências de toda ordem estão naturalizadas, tidas como normais entre seres humanos, estruturas, para a nossa própria sobrevivência.

Considerando essa análise, afirmamos que o conhecimento sobre a educação para a paz pode construir um caminho sistematizado de informações conceituais e dinâmicas vivenciais que levem em conta os valores humanos, os direitos humanos, os conflitos, as convivências e a ecoformação como campos passíveis de observação na prática escolar cotidiana, de maneira estruturada e pedagógica. Essa é a matéria-prima para a problematização, a reflexão e o repensar das práticas.

Outro aspecto a ser observado é que os argumentos das propostas pedagógicas relacionadas à paz, justamente pela falta de percepção da complexidade e da valorização da diversidade como princípio, ficam ligados a questões superficiais, como promessas de mundo melhor, de harmonia universal etc. Sem desconsiderar tais finalidades, trata-se de trazer à pauta uma discussão consistente sobre as relações entre valores, direitos, conflitos e sua interface com violências e paz, além das convivências pautadas por uma cultura de paz.

A grande utopia ou esperança está na possibilidade de ampliar o conhecimento das questões relativas à cultura de paz e à educação para a paz como princípio básico para atitudes intencionais em relação à prevenção das violências e qualificação das convivências escolares. O projeto coletivo é obviamente um futuro melhor. Para isso, interesse, curiosidade e esperança são três dimensões proporcionadas pela discussão da educação à paz. Nesse caminho, deve haver também um encantamento ou reencantamento pelas questões da educação e das convivências na escola. Assim:

> Ao considerar o critério da coerência entre falar e fazer, podemos aproximar algumas questões significativas na constituição do corpo de conhecimento da EP, pois a discussão sobre a violência estrutural e as mazelas sociais não pode ignorar a importância dos afetos, da ludicidade, da inteligência emocional, que por sua vez não podem deixar de lado os dados quantitativos sobre as diversas violências. A discussão sobre a paz é feita por muitos e diferentes atores e com perspectivas diferentes, com formas diversas de pensar a vida e a educação. (Salles Filho 2008, p. 106)

A partir dos pressupostos iniciais adotados, especialmente na construção do método em razão do objeto, e considerando a pesquisa teórico-reflexiva sobre cultura de paz e educação para a paz com base na complexidade, nos apoiaremos particularmente nos estudos de Edgar Morin (2005, 2007, 2008, 2011a, 2012a, 2013a), especificamente nos seis volumes de *O método* (1977-

2002). Mesmo considerando que outros pesquisadores compõem o cenário da discussão da complexidade, optamos em analisar detidamente tais obras, pois percebemos que há pouca referência desse acervo teórico mesmo entre os que discutem ou defendem ideias nesse sentido.

Aspectos introdutórios: O método e a relação com a cultura de paz

> *Os seis volumes de O método expõem esse ponto central: não existe o conhecimento de um objeto, não existe objetividade sem a tentativa de autoconhecimento do sujeito cognoscente.*
> Morin (2014, p. 87)

A opção em transitar pela obra de Edgar Morin, especialmente *O método*, em seus diversos volumes, foi para obter maior clareza dos fundamentos que levaram o pesquisador a propor as bases para uma ideia de educação para o século XXI. Ao ter acesso às obras e à dimensão que poderia conferir ao nosso objeto de pesquisa, aceitamos a perspectiva da pesquisa teórica para aprofundarmos uma reflexão sobre caminhos da cultura de paz e da educação para a paz. A partir do acervo pesquisado, de elementos *a priori* dispersos, com campos até de certa forma já estruturados, talvez cristalizados e sem interfaces com outros arranjos conceituais possíveis, percebemos que as noções de cultura de paz e educação para a paz poderiam trazer uma articulação positiva e necessária para que pudéssemos articular partes e todo, preservando características das partes, mas colocando-as em sintonia com o todo, entendendo que o todo também se volta à estrutura das partes para retroalimentá-las.

O conjunto de *O método* foi estruturado em seis volumes ao longo de quase três décadas. A longevidade de Edgar Morin seguramente tem contribuído para a fecundidade de suas análises. Todos os volumes foram publicados originalmente na França, entre 1977 e 2002. Em nossa pesquisa, utilizaremos as edições traduzidas pela editora Sulina, publicadas entre 2005 e 2013 no Brasil.

Considerando as datas originais das publicações, o conjunto da obra inicia com *O método 1: A natureza da natureza* (1977) abrindo a reflexão de Morin, no qual ele discorre sobre questões relacionadas aos conceitos de ordem, desordem e organização. A partir da complexidade da física moderna e a noção de sistemas, o autor introduz as bases do que chama de pensamento complexo. Em *O método 2: A vida da vida* (1980), Morin aprofunda seus estudos e engloba mais elementos ao que chama de auto-eco-organização, apontando para a importância da complexidade viva e que busca sua organização. Nesse volume, já aproxima argumentos sobre a vida humana de maneira mais profunda. Já em *O método 3: O conhecimento do conhecimento* (1986), o foco está no conhecimento humano, passando por discussões atentas à biologia, especialmente sobre o cérebro, mas também abrindo espaço para pensar sobre os mitos, a espiritualidade e a consciência. Podemos cogitar que essa trilogia inicial fecha uma dimensão mais dedicada aos fundamentos do pensamento complexo.

Na sequência, Morin (1991) lança *O método 4: As ideias – Habitat, vida, costumes, organização*, obra em que discute temas culturais, do mundo da diversidade e como as formas de viver apresentam caminhos emaranhados pelas diferentes formas de ver e viver o mundo. Em seguida, no livro *O método 5: A humanidade da humanidade – A identidade humana* (2001), Morin trata daquilo que designa como "enraizamento cósmico", retomando algumas discussões sobre espécie, referentes à tríade indivíduo/sociedade/relação com o outro.

Nesse quinto volume, o autor apresenta questões relacionadas aos traços culturais como dimensões fundamentais para as convivências humanas. No último livro, *O método 6: Ética* (2002), Morin expõe outras preocupações – ao deter-se em temas como ética da religação, autoética, antropoética, balizados pelo que chama de "pensar bem", aponta uma forma de conectar-se com a complexidade no sentido positivo.

Este capítulo vai relacionar as questões da complexidade, apontadas por Edgar Morin, com a cultura de paz, que já definimos basicamente como um conjunto de fatores complexos na humanidade, de forma global e local. Além disso, apontaremos pistas para o capítulo seguinte, que vai aprofundar a questão da educação para a paz como caminho educacional para a construção de uma cultura de paz. Para a análise de *O método*, utilizaremos a cultura de paz relacionada ao pensamento de Morin como paradigma a ser construído. O termo "educação para a paz", como campo pedagógico da cultura de paz, embora apareça algumas vezes como complemento, será tratado no próximo capítulo.

O método 1: A natureza da natureza e a cultura de paz

Para Edgar Morin, a relação inicial e necessária ao pensamento complexo é a ideia de organização, presente em todas as dimensões de vida. A perspectiva para isso é o termo "organização", expresso por Morin (2013a, p. 123) da seguinte forma:

Sabemos hoje que tudo o que a antiga física concebia como elemento simples é organização. O átomo é organização; a molécula é organização; o astro é organização; a vida é organização; a sociedade é organização. Mas ignoramos tudo do sentido deste termo: organização.

Por isso, ao propor *O método 1: A natureza da natureza*, em seu primeiro volume (França, 1977; Brasil, 2013), Morin estuda os caminhos da ciência contemporânea, especialmente no fluxo de avanços e recuos que a superespecialização trouxe à forma de conceber o universo, o homem e as relações. É importante destacarmos que Morin não faz crítica à ciência propriamente dita, mas à forma hegemônica como o pensamento fragmentado se cristalizou no entendimento humano. Como afirma o autor (2013a, p. 158):

Não se trata de subestimar os sucessos espetaculares obtidos pela pretensão "reducionista": a busca do elemento primário levou ao descobrimento da molécula, depois do átomo, depois da partícula, a busca de unidades manipuláveis e de efeitos variáveis permitiu manipular todos os sistemas pela manipulação de seus elementos. A contrapartida é que a sombra se estendeu sobre a organização, que a escuridão recobriu as complexidades e que as elucidações da ciência reducionista foram pagas com o obscurantismo. A teoria dos sistemas reagiu ao reducionismo, no e pelo "holismo" ou ideia do "todo". Mas, acreditando ultrapassar o reducionismo, o "holismo" de fato operou uma redução ao todo: de onde vem não apenas a sua organização enquanto organização, sua ignorância da complexidade no interior da unidade global.

Como se vê, obviamente, o progresso da ciência é fundamental, mas sua ênfase reducionista promove um descolamento de questões básicas à humanidade, num duplo sentido: primeiro como princípio, quando as descobertas científicas podem transformar-se na própria destruição dos seres vivos (tecnologia da guerra); segundo, na própria socialização do avanço científico (o não acesso aos medicamentos pelas classes populares). Como aponta Morin (*ibidem*), uma tentativa de resistência a essa fragmentação se deu pela busca de uma abordagem holística, que para ele incorreu no mesmo erro, ao abdicar do reducionismo em favor da ideia de totalidade, nesse caso ignorando que esse todo é composto pelo intercâmbio das partes, de suas interconexões e propriedades que se relacionam. Nesse contexto, Morin (*ibidem*, p. 158) aponta para a concepção que defende o pensamento complexo, dizendo:

> A concepção que se destaca aqui nos situa de imediato além do reducionismo e do "holismo", apelando para um princípio de inteligibilidade que integra a parte da verdade incluída em ambos: não deve haver aniquilamento do todo pelas partes, das partes pelo todo. Importa então esclarecer as relações entre partes e todo, em que cada termo remete a outro.

Essa questão inicial é pertinente para a discussão sobre uma cultura de paz. O binômio fragmentação/totalidade (no sentido de abordagem holística) é muito utilizado. Grande parte das "questões da paz" aparece sob o rótulo do "holismo", onde se prega o retorno à essência do ser humano e do planeta, abdicando de posicionamentos mais incisivos em relação aos problemas diretos da humanidade. Embora tal forma de conceber a vida seja fundamental e alimente ideias de paz, ela pode ser limitadora ao buscar espaço em estruturas formais como a escola.

Assim, ao defender a relação fundamental entre partes e todo, Edgar Morin constrói a perspectiva de complexidade. Não há mais justificativa para separar os avanços científicos do desenvolvimento humano. Evoluir em tecnologia não é necessariamente melhorar em todos os aspectos da humanização. Mesmo com os avanços, as carências e mazelas multiplicam-se, guiadas pelas desigualdades sociais, pelo fundamentalismo religioso, pelo racismo, pelo machismo, entre tantas formas de divisão, além dos problemas ambientais gerados pelo lixo e pela poluição decorrentes da tecnologia. Nesse caso, os fragmentos (das áreas de conhecimento científico) podem ser pensados em função de um todo, embora sejam reconhecidos em sua particularidade em relação ao todo. Isso descarta uma noção de totalidade simples e apresenta a importância da ideia de recursividade, assim descrita por Morin (*ibidem*, p. 159):

> É que, na verdade, mais do que envio mútuo, a inter-relação que liga a explicação das partes à do todo e vice-versa é de fato um convite a uma descrição e a uma explicação recursivas: a descrição (explicação) das partes depende da do todo que depende da das partes, e é no circuito: parte-todo, que se forma a descrição ou explicação.

É nessa dimensão que o todo passa pelas qualidades emergentes das partes. Uma visão globalizante do todo não explica as partes. "O todo só funciona enquanto todo quando as partes funcionam enquanto partes. O todo deve ser relacionado à organização. O todo, enfim e, sobretudo, traz em si conflitos, sombras e cisões" (*ibidem*, p. 160). Portanto, o pensamento complexo parte da premissa de que é impossível simplificar as relações e conexões entre diferentes partes e sistemas, não de maneira mecânica ou necessariamente manipulável, mas nas contradições e complementos entre as certezas e incertezas, entre avanços e recuos da sociedade, entre os fenômenos crescentes da diversidade cultural e os motivos decrescentes da biodiversidade do planeta. Do homem que chega à Lua ao homem que morre de fome, do progresso da tecnologia ao esgotamento sem precedentes dos recursos naturais, a ciência e a humanidade precisam encontrar pontos de equilíbrio. A proposta de Morin (2013a) está nessa noção de complexidade.

Do mesmo modo, uma cultura de paz pode encontrar na ideia da complexidade uma articulação importante para seu desenvolvimento. Não há apenas uma boa intenção na cultura de paz, há um conjunto de implicações que apontam para questões éticas e morais sobre a sustentabilidade da vida e do planeta, que requerem a reflexão sobre os direitos humanos, como conjunto de perspectivas em movimento para entender a igualdade e a liberdade. Ainda cabem as reflexões direcionadas aos valores humanos, pois das suas definições e contradições são construídos e explicitados os direitos humanos e os valores de convivência em culturas tão diferentes pelo mundo. Por essa diferença cultural é que se coloca a conflitologia, como campo de conhecimento, sendo um dos aspectos centrais de uma cultura de paz, pois a mediação de conflitos é condição *sine qua non* para encontrar perspectivas comuns na diversidade característica da humanidade. Além dos aspectos citados, ainda nos deparamos com o conjunto das questões do meio ambiente, no sentido de uma ecoformação, vivendo um momento no qual a preservação da vida em todas as suas formas é elemento que deve ocupar lugar de destaque nas agendas local e global, sob o risco de termos danos irreparáveis à própria existência humana.

Como vimos, são muitas as áreas que estão na base da cultura de paz como elemento ou paradigma em construção no século XXI. Porém, cada uma das áreas citadas – direitos humanos, valores humanos, conflitologia e ecoformação – possui suas especificidades e condiciona formas de viver e conviver baseadas em conjuntos de ideias, ações e práticas. É exatamente nesse ponto que o pensamento complexo e a teoria da complexidade de Edgar

Morin são pertinentes, pois pensar a cultura de paz como totalidade, sem aprofundamento nessas áreas, desconsidera sua história e seu desenvolvimento, o que não é viável como uma construção concreta. Em contrapartida, é igualmente claro que as áreas, tratadas de maneira fragmentada, não estão dando conta dos desafios humanos que se sobrepõem nas últimas décadas da humanidade. Como declara Morin (*ibidem*, p. 182),

> é certamente necessário conhecer os princípios simples de interações das quais derivam as inúmeras combinações, ricas e complexas. Precisamos então ser capazes de perceber e conceber as unidades complexas organizadas. Infeliz e felizmente, a inteligibilidade da complexidade demanda uma reforma do entendimento.

Também para a cultura de paz precisamos dessa reforma no entendimento. Ela não é apenas um rótulo dos organismos internacionais, tampouco uma grife de políticas públicas ou projetos sociais. É um novo entendimento, denso, complexo, que articula diferentes saberes e, ao mesmo tempo, se reorganiza em novas formas de viver e conviver do ser humano.

O método 2: A vida da vida e a relação com a cultura de paz

Na sequência de sua obra, *O método 2: A vida da vida* (França, 1983; Brasil, 2005), Morin levanta a perspectiva de que a ciência sempre esteve ligada à ideia pura de bondade, de defender a vida, num suposto "bem" ou uma "busca da paz". Mas ao longo da história, ao nos depararmos com guerras, exploração e tantas situações contrárias a esse pressuposto, é necessário assumir o seguinte pensamento de Morin (2005, p. 76):

> (...) tudo o que nos aparece como "bondade natural", sob outro ângulo, apresenta-se como barbárie natural. As grandes solidariedades são, de fato, tecidas de servidão, alienação, exploração. Se a servidão é o que impede um ser vivo de realizar as suas próprias finalidades, se a exploração é a obrigação imposta a um ser vivo de consagrar seus recursos energéticos e organizacionais em benefício de outros seres ou entidades que o coagem, se a alienação é a perda de controle, de si em benefício do que lhe é estranho, então, cada ser vivo é, de certa maneira, subjugado, alienado, explorado (...).

Aqui, o olhar de Morin (2005), direcionado à questão científica, remete às contradições do avanço da ciência e a relação entre custo-benefício humano, social, planetário, que vai desde a exploração dos recursos naturais até a desigualdade ao usufruto dos benefícios da própria ciência. Por aqui passam também as questões ambientais mais profundas, como a pesquisa com animais (seres vivos), alterações no código genético, indústria de medicamentos, indústria de armas etc. Nesse fluxo das contradições, Morin (*ibidem*, p. 77) observa que os "antagonismos, sem deixar de ser antagonismos, tecem complexidades. A desorganização, sem cessar de ser desorganização é, ao mesmo tempo, reorganização".

Supor uma cultura de paz é, primordialmente, supor tais contradições. "A vida da vida" como subtema do segundo volume de *O método* procura justamente abrir essa discussão, que não podemos partir de uma perspectiva ideal do ser humano e acreditar apenas em uma bondade natural. Mesmo considerando-a, é inevitável reconhecer que ela estará em conflito com outras situações, mais duras, difíceis, desiguais, nas quais a violência estará em perspectiva, e devemos, justamente nesse momento, superá-las como novos elementos. Ao considerarmos que esses antagonismos, em seu conjunto, reorganizam o todo e também as partes, podemos entender que só conseguiremos supor avanços nos grandes temas/problemas atuais quando fizermos as diferentes áreas do conhecimento realizarem trocas mais intensas. Trocas que avancem da correlação de áreas, como a química e a física já o fazem (interdisciplinar), que cresçam além das diferentes áreas atuando em conjunto (multidisciplinar), que se apoiem no extrapolar de muitas áreas para a suposição de novos arranjos (transdisciplinar) e que, especialmente, consigam dialogar com o cotidiano da humanidade, não para dar grandes respostas, mas a cada vez, melhorar os entendimentos de um mundo complexo, pois, de acordo com Morin (*ibidem*, pp. 81-82),

> são justamente a incerteza e a ambiguidade, não a certeza e a univocidade que favorecem o desenvolvimento da inteligência (...) ao mesmo tempo, esses mesmos seres complexos, mamíferos, primatas e, sobretudo humanos, que requerem de algum modo a perturbação para a sua realização, têm, em contrapartida, uma necessidade cada vez maior de serem cercados de calor afetivo, primeiro, na infância (cuidados, atenção, carícias, abraços maternais), na sua juventude (a fraternidade dos jogos, a proteção dos adultos) e depois, na espécie *homo*, toda a vida (amor, amizade, ternura).

Vemos que a preocupação de Morin (2005) não é destinada puramente ao desenvolvimento da ciência, mas de como ela pode encontrar equilíbrio com o ser humano e a natureza. Fica claro que a incerteza e as contradições são inevitáveis aos seres humanos, que a busca por grandes certezas e padrões estão na base de tantos problemas entre pessoas e países, entre homem e natureza. Em contrapartida, das contradições emergem dimensões fundantes da natureza humana: o cuidado, o afeto, a amizade, que coabitam nossa vida cotidiana, que nos fazem encontrar motivos para viver e conviver em comunidade, com os pares, nos amores e nas dores, na razão e na emoção como dimensões existenciais fundamentais. Nisso se insere o pensamento de uma cultura de paz, que não é passiva, ao contrário, é uma dimensão a ser vivida e a ser aprendida nos processos de uma educação para a paz.

O reconhecimento de que os seres humanos são complexos, entre intelectualidade e emoções, não significa, nesse caso, tomá-los dentro do princípio de ideal de que existem "bons" e "maus", e sim enraizados em elementos culturais, em seu tempo, com as múltiplas variáveis que se entrecruzam. Nesse ponto, Morin (2005) mostra as formas de os humanos travarem embates, especialmente no mundo das ideias, que podem gerar mudanças na sociedade. Para Morin (*ibidem*, p. 104), aquele que "possui uma ideologia também é possuído por ela. Pois, como os deuses, as ideologias não são unicamente dependentes e instrumentais, mas também possessivas e exigentes". Essa noção é importante na medida em que as ideias, teorias ou interpretações podem ter significados diferentes ou até inversos segundo a "ecologia mental" (que seria a ideologia ampliada) na qual estão presentes. Por isso, concordamos que "as idéias, as teorias não existem fora da vida mental que as anima. Precisam ser incessantemente regeneradas, re-geradas; precisam de eco-co-organização" (*ibidem*). Essa vida mental é dada pelas condições humanas cuja base "é constituída por interações em que jogam (simultânea ou alternadamente) o egoísmo, o altruísmo, a necessidade dos outros, a rejeição dos outros, a competição, a ameaça, a atração, a comunhão" (*ibidem*, p. 270). Portanto, segue o autor dizendo: "(...) sempre, apesar dos conflitos, rivalidades, lutas entre sujeitos, a comunidade ressurge, intervém logo que a [*sic*] irrupção exterior ou ruptura interior. Por isso, mesmo a unidade social conhece altos e baixos, quentes e frios" (*ibidem*, p. 271).

Tal discussão é muito importante ao falar de cultura de paz, pois avança do entendimento de uma "paz única" como modelo, em realidades diametralmente opostas. Assim também não há um "fim único" de cultura de paz, pois, em alguns contextos, os direitos do meio ambiente podem ser a referência básica e, em outros, o direito à alimentação representa o pilar principal na construção de uma cultura de paz. A vida humana é, portanto, um complexo de múltiplas determinações que permeiam a natureza e os indivíduos, em dimensões objetivas, subjetivas e intersubjetivas. Nesse caminho, uma questão comparativa fica clara: a complexidade, assim como a cultura de paz, não é pronta e acabada, ao contrário, ambas devem ser pensadas à luz do entendimento de inúmeros fatores em jogo. Logo, só poderemos pensar avanços se refletirmos com Morin (*ibidem*, p. 368):

> Não podemos considerar como solução emancipadora uma sociedade sem conflitos nem antagonismos internos, pois nada é mais obtuso, subjugador, sujeitante do que uma sociedade que pretende anular os seus conflitos e antagonismos (...). Então, como considerar uma sociedade cujo jogo dos antagonismos e conflitos não produziria dominação/submissão, isto é, sujeição e exploração?

Pelos argumentos até aqui, vemos que a perspectiva da complexidade traz em seu bojo o conflito como elemento inevitável. Conflitos entre pessoas, grupos, sociedades e entre todos eles. Cabe dizer que tais conflitos não precisam necessariamente ser compostos por oposições irreconciliáveis, mas como um entrelaçamento que pode gerar outras formas de organização. Como afirma o autor (*ibidem*, p. 402):

> Os "sistemas vivos" e o sistema da vida no seu conjunto (ecossistema, biosfera) dão ao termo complexo um sentido pleno: *plexus* (entrelaçamento) vem de *plexere* (entrelaçar). O complexo – aquilo que está entrelaçado em conjunto – constitui um tecido estreitamente unido, embora os fios que o constituíam sejam extremamente diversos (...) temos de compreender simultaneamente, por um lado, a unidade da vida que parte da sua radicalidade (celular) e chega à sua totalidade (biosfera), e, por outro lado, entre a radicalidade e a totalidade, a desordem e o fervilhar de diversidades, pluralidades, heterogeneidades, concorrências, antagonismos, interdevorações e autodevorações.

Nessa afirmação, vemos como um pensamento de cultura de paz é muito próximo ou nutre-se dos mesmos elementos da complexidade, ou é a própria acepção do termo, uma vez que o ser humano, em sua individualidade, na coletividade e no meio ambiente estará sempre coexistindo com questões contraditórias porém entrelaçadas, que envolvem fenômenos físicos, emocionais, sociais, econômicos e ecológicos. Ainda nesse conjunto da totalidade complexa, entendida em todas as dimensões da vida, Morin chama a atenção para o termo *polemos*, que traz a ideia de conflito, concorrência ou antagonismo que julga adequado para conceber a dimensão complexa. Assim, a busca é pela convergência nas divergências, não como síntese, mas como novas posições a integrar o pensamento, a supor outras ideias, perspectivas e, especialmente, novas perguntas e questões para as situações humanas, como expressa Morin (*ibidem*, p. 435):

> O esforço de complexidade é aleatório e difícil. A estratégia do pensamento complexo deve utilizar as forças contrárias (antagonismo, contradições), mas sempre com o risco de se deixar submergir por elas; deve utilizar as forças não-direcionais (acaso) para o seu próprio desenvolvimento, mas ainda com o risco da dispersão e da derivação. Deve, incessantemente, recordar-se de que só pode desenvolver-se de modo multidimensional e multipolarizado.

Conforme os argumentos de Morin (2005) são colocados, podemos dizer que o pensamento complexo não se trata de um novo paradigma ou teoria no sentido tradicional, de convencimento por um lado e na crítica vazia a outras posições. Trata-se de buscar os fios entrelaçados (*plexus*) das diversas perspectivas, sem vislumbrar uma integração harmoniosa, mas, ao contrário, uma integração baseada nos conflitos, tecida nas diferenças inevitáveis entre pessoas, povos, culturas e modelos da vida humana. Tal caminho é fundamental, inclusive, para avançar em algumas direções relacionadas aos direitos humanos, valores humanos, conflitologia, ecoformação, tecnologia e especialmente nas relações humanas (vivências/convivências). A complexidade, assim como a cultura de paz, entendida por uma visão ingênua de totalidade, aceitará uma ideia de harmonia universal passiva. Defendemos que aceitar a complexidade é pensar mais profundamente nas relações e contradições do mundo e da vida. De acordo com Morin (*ibidem*, p. 494):

> As qualidades da hipercomplexidade, fraternidade, amor, consciência, são portadoras de respostas para os problemas de desunião, desintegração, degradação, desordem, mas não constituem uma solução, no sentido de uma panacéia universal duradoura. Não são virtudes ditáveis e programáveis. As injunções "amemo-nos, sejamos fraternais, sejamos inteligentes, sejamos conscientes" não têm, enquanto tais, nenhum efeito, senão deplorável. Também não são fórmulas capazes de tornar *ipso facto* obsoletas as dominações, sujeições, poderes, estados... Estes não são simples excrescências parasitárias que bastaria extirpar. São constituintes essenciais dos seres societais e teremos de lidar com eles ainda durante muito tempo (...) Pior: é possível que uma nova

grande barbárie se deflagre e que tenhamos de abandonar toda a esperança de hipercomplexidade. Mas, mesmo então, amor fraternal, inteligência consciente, sempre que forem ativos, constituirão não só a verdadeira resistência, mas o recurso permanente na luta interminável contra a crueldade.

Observamos que há uma valorização de qualidades positivas no pensamento de Morin (2005), sem com isso deixar de considerar as relações contraditórias entre os diferentes sistemas, as diferentes conjunturas e os diferentes contextos nos quais os processos humanos ocorrem. Isso é fundamental em duas perspectivas. A primeira é que não é possível ignorar múltiplas determinações, ao menos em relação a pensar em problemas humanos e sociais. A segunda é que, ao considerar os diversos entrecruzamentos nas ações humanas, devemos guardar um distanciamento entre possíveis maniqueísmos, de buscar certezas e relações simples para questões que sempre apresentam mais elementos. Portanto, enfatizamos a busca por uma cultura de paz e, por consequência, uma educação para a paz, que terão sentido se estiverem imbricadas às diferentes realidades das violências, dos conflitos cotidianos, que dão o tom às relações humanas, políticas, ao mesmo tempo em que a espiritualidade e as emoções também sejam aspectos considerados. Podemos concordar com o que diz o autor (*ibidem*, p. 495):

> Temos de adquirir uma única certeza: não existe um estado ideal a alcançar e depois a conservar. Esta certeza simples é, porém, complexa, pois quebra, irremediavelmente, todas as certezas simples. Deve quebrar para sempre o mito da solução final e do futuro radioso. Não há solução final da questão social, não há reconciliação definitiva do homem com a natureza e consigo próprio, não há futuro radioso que poria termo a todos os nossos males existenciais. Haverá sempre possibilidade de regressão, fracasso, ruína, desintegração; haverá sempre renascimento dos fermentos da desigualdade, da sujeição, da exploração.

Portanto, não há uma única cultura de paz a buscar, existem as inúmeras formas de essa cultura ser construída e estabelecida nas diferentes famílias, comunidades, cidades e países, nos processos globais que são redimensionados a cada tragédia ambiental, a cada atentado terrorista, a cada criança morta por desnutrição, em cada violência doméstica, nas muitas injustiças e desigualdades humanas. Uma cultura de paz não é só ponto de chegada, é ponto de partida quando valores e direitos humanos são redimensionados, quando os conflitos são validados como elementos essenciais para as mudanças, quando a relação entre ser humano e natureza ultrapassa a "defesa do meio ambiente" para uma verdadeira ecoformação, que reoriente o sentido de campos de estudos fragmentados, que precisam da perspectiva transdisciplinar, sobre a qual partilhamos o pensamento de Arnt (2010, p. 111): "Entendo transdisciplinaridade como uma postura perante o conhecimento, indo além da disciplina, articulando Ciências, Artes, Filosofia e Tradições, reconhecendo a multidimensionalidade humana".

Vemos, assim, que tanto a complexidade quanto a intenção de uma cultura de paz precisam dessa articulação que aproxime as áreas do conhecimento humano, das ciências às tradições, e que encontrem outras e novas conexões do ser humano "com a natureza, com o outro, consigo mesmo, alicerçando a ética, ampliando as suas potencialidades humanas, na busca do bem comum" (*ibidem*), numa expressão: na construção de uma cultura de paz.

Nos dois volumes iniciais de *O método*, entendemos que "não há certezas" ou, dito de outra forma, os caminhos que apontamos, tanto pelas ciências naturais, como humanas e sociais, são reflexo de nosso tempo e estão ligados aos momentos sociais particulares das sociedades, que ao mesmo tempo se relacionam com culturas que resistem ou são superadas, impregnadas por momentos econômicos, crises políticas, ameaças à vida e à sobrevivência do planeta.

O método 3: O conhecimento do conhecimento e a relação com a cultura de paz

Continuando a caminhada pelos estudos de Morin, *O método 3: O conhecimento do conhecimento* (França, 1990; Brasil, 2012), discute dimensões mais aprofundadas da ciência em sua ligação com outros aspectos, especialmente os relacionados ao cérebro, para justificar a necessidade de ligação ou religação de saberes.

Nisso, Morin (2012a, p. 31) diz que, ao contrário da ciência tradicional, o que chama de "conhecimento do conhecimento" vai pensar as bases do próprio conhecimento, ou como se produz, adquire e compartilha o conhecimento. Tais bases não seriam unicamente pensar epistemologicamente, mas também entender as bases fundamentais das possibilidades e dos limites de diferentes áreas que estão relacionadas na própria constituição do conhecimento. Como diz o autor (*ibidem*, pp. 31-32):

> Nesse sentido, o conhecimento do conhecimento não poderá dispensar as aquisições e os problemas dos conhecimentos científicos relativos ao cérebro,

à psicologia cognitiva, à sociologia do conhecimento etc. Mas estes, para terem sentido, não poderão dispensar a dimensão epistemológica: o conhecimento dos componentes biológicos, antropológicos, psicológicos, culturais não poderia ser privado de um conhecimento derivado sobre o próprio conhecimento.

Digamos que o pensamento complexo vai precisar de uma epistemologia de conjunto, que avança dos pressupostos epistemológicos de áreas de conhecimento, não os desconsiderando, mas colocando-os em jogo com o conjunto dos diferentes aspectos dos objetos do conhecimento. Ao estender essa reflexão, Morin (2012a) abre a dimensão de questões muito importantes ao conceber o conhecimento, que vão da ligação das questões do "espírito", passando por condicionantes biológicos e culturais. Nesses aspectos temos elementos interessantes para o processo de cultura de paz, uma vez que estamos argumentando que a paz não é elemento dado, mas construído entre variantes objetivas, subjetivas e interobjetivas. Vamos observar o próximo argumento do autor (*ibidem*, pp. 85-86) quando diz:

> O espírito, que depende do cérebro, depende de outra maneira, mas não menos necessariamente, da cultura. É preciso que os códigos linguísticos e simbólicos sejam gravados e transmitidos numa cultura para que deem a emergência do espírito. A cultura é indispensável para a emergência do espírito e para o desenvolvimento total do cérebro, os quais são indispensáveis à cultura e à sociedade humana, as quais só existem e ganham consistência nas e pelas interações entre os espíritos/cérebros dos indivíduos. Enfim, a esfera das coisas do espírito é e continua inseparável da esfera da cultura: mitos, religiões, crenças, teorias, ideias. Essa esfera submete o espírito, desde a infância, através da família, da escola, da universidade etc., a um *imprinting* cultural; influência sem volta que criará na geografia do cérebro ligações e circuitos intersinápticos, isto é, seus caminhos, vias, limites.

Essa afirmação mostra como a abertura ao pensamento complexo pode apontar para novas organizações do conhecimento que valorizem o conjunto das interações. Quando Morin (2012a) diz que o espírito só consegue ser percebido no caldo cultural e social no qual ganha significado e que isso tem dimensões apropriadas pelo cérebro, vemos que questões fragmentadas na ciência (biologia do conhecimento, antropologia, história, filosofia etc.) estão todas interligadas no sujeito e em suas relações. Muitas vezes, as questões da paz e da cultura de paz são relacionadas à espiritualidade (religiões, crenças, cultos etc.). Ao olhar para essa relação mais enraizada, o que chama de *imprinting*, o autor (*ibidem*) dá uma contribuição-chave para a cultura de paz, que ela não pode prescindir exatamente da espiritualidade, mas uma espiritualidade construída e reconstruída pelas gerações e pelas mudanças.

Tal questão é de grande utilidade para a cultura de paz, pois é exatamente pela dimensão estática de muitas doutrinas religiosas que surge o fundamentalismo, quando esse enraizamento é tão profundo que impede que as mudanças naturais e inevitáveis da humanidade permitam as reorganizações. O limite disso são as "guerras santas". Pensar a subjetividade da espiritualidade articulada com questões culturais mais objetivas é uma situação que pode contribuir com os estudos da paz, pois dá visibilidade a um conjunto de vivências e convivências claras, observáveis que traduzem a dimensão "divina" nas ações humanas, que aqui entendemos como transcendência nas percepções, concepções e ações. Na própria academia, onde é comum discutir, discordar e tentar impor certo grau de importância para um ou outro tipo de abordagem, seja macro ou micro, objetiva ou subjetiva, afirmando alguma como mais importante ou necessária que a outra, podemos entender a espiritualidade como um dado a ser considerado e acolhido. Ao mesmo tempo, estudos da macrodimensão nas análises sociais amplas são fundamentais, assim como os estudos de caso, na microdimensão, desvelam aspectos igualmente necessários. O que ainda está em construção são as pontes consistentes entre as diferentes áreas, normalmente fechadas em seus fragmentos, eventos, congressos, em suas certezas. Mas acreditamos no que diz o autor (*ibidem*, p. 102):

> Por isso, não basta constatar que a dominância de um hemisfério privilegia um tipo de conhecimento (abstrato ou analítico, por exemplo) e inibe outro (concreto ou sintético, para continuar no mesmo tipo de exemplo) complementar e antagônico. Deve-se ver também que a sobredeterminação cultural dá, ao mesmo tempo que os papéis do masculino e do feminino, um tipo de educação dominante para cada sexo (privilegiando, por exemplo, o abstrato e a técnica aqui, o concreto e a estética ali) e assim inscreve a sua marca, profunda, no funcionamento íntimo da inteligência e do conhecimento. Uma sobredeterminação cultural que favorece a complementariedade (isto é, atenua a dominância de um dos hemisférios) tende a favorecer a abertura da inteligência e o enriquecimento do conhecimento nos dois sexos; em contrapartida, uma sobredeterminação que impõe o fechamento, a ruptura, a hierarquia de papeis sociais rígidos tende a atrofiar ou mutilar a inteligência e o conhecimento nos dois sexos.

Análises da psicologia são necessárias aos objetos de conhecimento. Da mesma forma, a sociologia inscreve o coletivo nos sujeitos. A antropologia resgata a ancestralidade e a história da formação de crenças e valores. O cérebro é o encontro de todas essas dimensões, relacionadas e encarnadas num corpo-indivíduo presente numa ecologia, ambiente físico que pode condicionar, ao mesmo tempo que pode recriar formas e ações, dependendo do jogo do conhecimento possível, disponível e das trocas relacionais e simbólicas no sentido do que é chamado de organização, desorganização, auto-eco-organização, dentro do pensamento complexo. Nesse processo, a consciência ganha papel importante e é descrita por Morin (2012a, pp. 135-136):

> A consciência é inseparável do pensamento, que é inseparável da linguagem. A consciência é a emergência do pensamento reflexivo do sujeito sobre si mesmo, sobre as suas operações, ações. Como vimos, a natureza da linguagem oferece a possibilidade reflexiva que permite a todas as operações do espírito tornarem-se objetos de consciência. Assim se constitui um nível de reflexividade no qual a consciência pode atingir o seu apogeu e, por sua vez, desenvolver a reflexividade do pensamento sobre ele mesmo, o qual a desenvolverá em retorno.

Teremos, assim, uma consciência sobre a paz? Sobre uma cultura de paz ou da necessidade de uma educação para a paz? Por isso a ressalva de Morin (2012a) é importante quando diz que as dimensões animal e individual, além de espiritual e cultural, do homem são fundamentais para, mediadas pela linguagem, pelo pensamento e pela construção da consciência, aproximar todas as esferas da atividade humana. Mesmo assim, sabendo da complexidade que compõe a vida, os indivíduos e suas relações, vemos a dificuldade de isso transformar-se em novas formas de viver. A educação aparece como um dos elementos importantes nesse contexto, na medida em que pode ser um espaço apropriado para que o conhecimento seja refletido. Ao mesmo tempo, há que se reconhecer que essa mesma educação foi construída por fragmentos de áreas e subáreas do saber humano, logo, que precisam entrar em conflito, supondo outras possibilidades. Caso contrário, manteremos as mesmas abordagens reducionistas e parciais que já mostraram sinais de esgotamento (depredação do meio ambiente, violência urbana, guerras civis, entre tantas). Como diz Morin (*ibidem*, p. 218): "(...) a consciência poderia e deveria atingir níveis superiores de elucidação, de investigação e de complexidade. Poderia e deveria agir melhor e retroagir sobre as nossas ações e comportamentos".

Podemos dizer, portanto, que a complexidade nos dá bases para uma consciência sobre a paz, na medida em que permite entender com mais propriedade a articulação de áreas que a compõem, que justamente se ocupam de seu contrário, que são as violências de todas as formas e dos conflitos, que são elementos articuladores entre perspectivas de paz e violências. Temos os valores humanos, como campo que vai perceber as relações subjetivas e interobjetivas, visando às convivências. Ao mesmo tempo temos os direitos humanos, que de alguma forma propõem um conjunto de direitos universais, que estão em constante revisão, de acordo com as mudanças na humanidade. Temos a conflitologia, como campo que vai reorientar os conflitos como elementos necessários para as novas construções. Não menos importante, temos a ecoformação, como uma subjetividade planetária, uma ligação não apenas espiritual, mas como elemento cósmico, científico, atômico, matéria e energia presentes no universo e na vida. O "conhecimento do conhecimento", como aponta Morin (2012a), é fundamental para construir um pensamento estruturado da cultura de paz, que nos dará perspectivas para construir uma educação para a paz.

Os três primeiros volumes de *O método* mostram algumas questões para as quais devemos nos atentar: primeiro que a ciência clássica, mesmo com todos os avanços, deixou como legado a fragmentação não apenas das áreas, mas da forma como os indivíduos observam o mundo e sua própria vida, mirados pelas dimensões próximas e concretas e afastando-se das possibilidades de transcendência e avanços significativos na humanidade. Outro ponto importante é a busca das relações entre diferentes campos de conhecimento (biologia, filosofia, sociologia) em dimensões articuladas. Convém lembrar que a complexidade, em Morin, não desqualifica a ciência clássica, mas critica seu fechamento nos guetos acadêmicos. Há a necessidade de emergir métodos, campos, perspectivas que avancem na (re)união de saberes, nas interconexões mais profundas das diferentes áreas. Assim, de acordo com Morin (*ibidem*, p. 256),

> o conhecimento dessa complexidade não exige apenas a atenção às complicações, às sobreposições, às inter-relações, aos riscos que tecem o próprio fenômeno do conhecimento, mas requer bem mais que o sentido das interdependências e da multidimensionalidade do fenômeno cognitivo e bem mais do que a capacidade de enfrentar os paradoxos e as antinomias que se apresentam ao conhecimento desse fenômeno. Exige o recurso a um pensamento complexo capaz de tratar da interdependência, da multidimensionalidade e do paradoxo. Em outras palavras, a complexidade não é problema somente de objeto de conhecimento, mas também questão de método de conhecimento apropriado ao objeto.

Ao expor essa multidimensionalidade que compõe o pensamento complexo, Morin reforça suas questões de fundo. Sabemos que não obstante o avanço científico e o conjunto de toda amplitude tecnológica, da qual dispomos na atualidade, ainda padecemos com inúmeros problemas humanos e sociais, que dilaceram relações humanas, ceifam vidas e destroem o planeta. O que dizer sobre mortes por falta de água e comida? Problemas de desnutrição e saneamento básico que atuam sobre a qualidade de vida de milhões de seres humanos? O grande número de conflitos (guerras) por fanatismo nas crenças de toda ordem? Não menos importantes, as microviolências nas famílias, nas questões de gênero, contra a infância, mortes ligadas ao trânsito, ao tráfico de drogas, às milícias? A morte gradativa do planeta pela exploração descomedida de recursos naturais, a falta de definição sobre matrizes energéticas, além das catástrofes ambientais que afetam especialmente as populações mais pobres? Enfim, para os inúmeros problemas das relações humanas, entre povos e no seio da mundialização de economia e cultura, surgem múltiplos fatores que, de antemão, relegariam a ideia de cultura de paz à utopia das mais ingênuas que pudéssemos supor.

Por outro lado, nossa intenção é abordar a cultura de paz e introduzir a educação para a paz como caminho pedagogicamente estruturado para discutir de forma integrada tais aspectos, não com academicismo fechado, mas no encontro e na religação de caminhos minimamente urgentes, necessários, viáveis e possíveis. Portanto, expandir os horizontes com coerência e criatividade, sem aproximações superficiais, mas com atenção mobilizada à amplitude dos fenômenos, pode trazer olhares que contribuam para a qualificação e estruturação de áreas importantes na atualidade.

O método 4: As ideias – Habitat, vida, costumes, organização e a relação com a cultura de paz

Aprofundando-se em sua produção, em *O método 4: As ideias – Habitat, vida, costumes, organização* (França, 1991; Brasil, 2008), Morin (2008, p. 19) apresenta imediatamente seu entendimento de cultura, dizendo:

> A cultura, que caracterizava as sociedades humanas, é organizada/organizadora *via* o veículo cognitivo da linguagem, a partir do capital cognitivo coletivo dos conhecimentos adquiridos, das competências aprendidas, das experiências vividas, da memória histórica, das crenças míticas de uma sociedade. Assim

se manifestam "representações coletivas", "consciência coletiva", "imaginário coletivo". E, dispondo de seu capital cognitivo, a cultura institui as regras/normas que organizam a sociedade e governam os comportamentos individuais. As regras/normas culturais geram processos sociais e regeneram globalmente a complexidade social adquirida por essa mesma cultura. Assim, a cultura não é nem "superestrutura" nem "infra-estrutura", termos impróprios em uma organização recursiva onde o que é produzido e gerado torna-se produtor e gerador daquilo que produz ou gera. *Cultura e sociedade estão em relação geradora mútua*; nessa relação, não podemos esquecer as interações entre indivíduos, eles próprios portadores/transmissores.

Como argumenta Morin (2008), a cultura é um processo com múltiplas faces recursivas, ou seja, compõe-se de regras e normas que geram comportamentos. Os comportamentos, que podem ser reproduzidos ou desviantes da norma estabelecida, criam e recriam outros comportamentos. Portanto, diz-se que a cultura e a sociedade possuem essa relação mútua. Isso é fundamental no sentido de que, mesmo integrado e dependente em vários sentidos de uma cultura, o indivíduo tem possibilidade de libertar-se para outras perspectivas, pois sempre haverá uma autonomia relativa, em maior ou menor grau, no interior das diferentes culturas. Para o autor (*ibidem*, p. 26), "isso seria ignorar que toda cultura está vitalmente aberta ao mundo exterior, de onde tira conhecimentos objetivos, e que conhecimentos e idéias migram entre as culturas".

Para nosso estudo, a definição de cultura é fundamental para discorrermos sobre a cultura de paz no sentido de que não há uma superioridade, na teoria da complexidade, das estruturas macro ou micro. Isso quer dizer que existe a relação mútua e que pode ser alterada ou regenerada. Assim, uma cultura de paz não pode ser explicada como um grande fenômeno com um capítulo final, que seria uma paz universal, muito menos ser fragmentada em pequenas ações ou gestos isolados que promoveriam uma paz individual, escondida e sem protagonismo. Indivíduos em interação são importantes na qualidade das relações que estabelecem, logo podemos dizer que uma educação para a paz, como campo pedagógico da cultura de paz, poderia interferir justamente nos padrões de convivência, repensando normas e regras, debatendo violência, não violência, conflitos, direitos humanos, valores humanos, meio ambiente, entre várias possibilidades de ampliação/diferenciação nesse capital cognitivo, permitindo sua transversalidade em vários aspectos: relação escolar, familiar, comunitária, entre as diversas formas de conviver cotidianamente.

Além disso, é necessário concordar com Morin (2008, p. 97) quando diz:

> A consciência de que todo conhecimento sofre não apenas uma determinação egocêntrica, mas, também, determinações genocêntricas (identidade familiar), etnocêntricas (identidade étnica), sociocêntricas (identidade nacional), *civilizaciocêntricas* (identidade de filiação a uma civilização), sendo que essas determinações podem ser conflituais em um mesmo espírito (...).

Essa é outra condição objetiva que afeta formas de cultura e que, muitas vezes, não parece ser considerada em análises mais profundas no fenômeno da paz e da violência. As percepções de violência e de não violência são entrecruzadas pelas relações familiares a partir da forma como as pessoas desenvolvem suas convivências. Isso também é condicionado às características étnicas e aos grupos de referência, entre outros fatores. Naturalmente, isso faz com que haja a reprodução de modelos sociais ou algumas rupturas na medida em que existem os conflitos entre as diferentes dimensões. Nessas possibilidades abrem-se espaços importantes para supor uma cultura de paz por meio da educação para a paz.

Nesse sentido, percebemos o quão difícil, se não improvável, é encontrar consensos e harmonia de fato nas sociedades. Especialmente na medida em que caminhamos, nas décadas finais do século XX e iniciais do século XXI, com culturas cada vez mais mescladas, abertas por um lado, mas com resistências de outro. Seguramente, o argumento de que uma cultura de paz é construção a partir de contradições e conflitos é verdadeiro. Consenso que é imposto, fruto do medo e da repressão, não é duradouro, pois seu tempo é proporcional ao poder de coerção e a esgotamentos humanos. Já o consenso que nasce dos conflitos, da mediação entre diferentes pontos de vista, numa postura convergente, objetivando a superação de situações frágeis aos indivíduos e às sociedades tende a ser aceito e compartilhado com mais vigor e sustentabilidade. Essa repressão também se dá no campo da "intelectualidade das ideias" como propõe o subtítulo do volume 4, onde as mudanças dependerão de terreno fértil, como diz Morin (2008, p. 97):

> A consciência, portanto, de que um conhecimento, idéia ou pensamento novo constitui-se sempre, seja contra a pressão social (*imprinting*/normalização), seja em uma zona de baixa pressão social, seja ainda em um ponto de colisões/ agitações de regras ou de imperativos contraditórios; o novo necessita de condições socioculturais imediatamente não repressivas para não ser destruído e,

depois, se o desvio transforma-se em tendência, cria as condições socioculturais para o seu desenvolvimento.

Novas formas de apreender o pensamento e as mudanças objetivas são, de certo modo, subversivas, nascidas de alguma pressão ou necessidade social, requerendo um espaço mínimo para sobreviver inicialmente, para, em seguida, iniciar seu desenvolvimento. Logo, é correto afirmar que novos conhecimentos quase sempre são frutos de contradições e conflitos com o estabelecido, não necessariamente como confronto, mas como avanços e possíveis superações. Pensar efetivamente em cultura de paz prescinde das contradições e complementos entre valores humanos e direitos humanos, conflitologia e ecoformação. Esse caminho precisa ter consistência para ser fortalecido. Isso demanda esforços de diferentes níveis. Na pesquisa, com reflexão conceitual e levantamento de dados; no ensino, com projetos efetivos e de continuidade. Isso pode contribuir para gerar um caminho possível ao desenvolvimento da educação para a paz. A respeito dos arranjos conceituais e possíveis em determinadas condições, o autor (*ibidem*, p. 180) exemplifica contando o caso da teologia da libertação na América Latina:

> Assim, um conflito radical opôs a grande religião da salvação celeste e a religião da salvação terrestre. Por causa das visões de mundo contrárias e das mensagens de salvação idênticas, mas concorrentes, marxismo e cristianismo combateram-se em todos os continentes. Contudo, caso extraordinário da química própria às idéias, a analogia entre cristianismo e marxismo pôde, localmente, em certas condições históricas, sociais, culturais, realizar uma simbiose que substituiu o duelo mortal, especialmente na América Latina.

Esse exemplo dá uma boa medida do benefício da articulação de conhecimentos aparentemente irreconciliáveis que podem encontrar pontos de aproximação, outras portas de abertura e assim regenerar a cultura. O princípio dialógico próprio do pensamento da complexidade é necessário no caminho de organizar pensamentos que parecem antagônicos. Em relação à cultura de paz, a interconexão de saberes aproxima diferentes perspectivas, como no exemplo anterior. Além disso, o diálogo com o mundo, com as diferentes realidades é mediado pelas vivências, ideias, teorias e crenças que temos sobre a própria vida. O diálogo, como princípio, é a chave para processos de mediação de conflitos, que por sua vez compõem um caminho para convivências com mais qualidade e mecanismos preventivos às violências. Ressaltamos que o aprofundamento do diálogo não requer unicamente argumentos científicos, mas pode e deve agregar impressões subjetivas, ou alongadas da vida do ser humano, como nos diz Morin (*ibidem*, pp. 308-309):

> Não podemos passar sem uma concepção de mundo e do homem, isto é, sem uma filosofia. Não podemos passar sem idéias, tampouco sem poesias, músicas, romances, para compreender nosso ser-mundo, ou seja, para conhecer. Não podemos dispensar a ética. Os nossos valores não podem, claro, ser provados empírica e logicamente, mas a nossa lógica e o nosso conhecimento empírico podem dialogar com eles.

Podemos dizer que a cultura, que ganha sentido pelas normas e regras, construídas coletivamente, nos consensos e contradições entre indivíduos e grupos, e que, ao mesmo tempo, influencia os próprios indivíduos e gera mudanças seguintes e sucessivas, é a grande possibilidade de supor uma cultura de paz como caminho, não como dogma, verdade ou discurso vazio. A educação para a paz, como caminho pedagógico para a cultura de paz, só é possível com a incorporação do diálogo que aproxima códigos culturais diversos que, ao estarem próximos, requerem já de início humildade, tolerância e respeito, valores que contribuem para convivências.

O método 5: A humanidade da humanidade – A identidade humana e a relação com a cultura de paz

A obra *O método 5: A humanidade da humanidade – A identidade humana* (França, 2001; Brasil, 2007) é o penúltimo livro do conjunto de reflexões de Edgar Morin sobre os elementos para pensar uma abordagem dos fenômenos humanos. Nesse caminho, a noção de humanidade também é tomada em sua complexidade e analisada em seus aspectos contraditórios e complementares. Isso aparece no fragmento de Morin (2007, p. 18) que diz:

> O conhecimento do humano deve ser, ao mesmo tempo, muito mais científico, muito mais filosófico, e, enfim, muito mais poético do que é. Seu campo de observação e de reflexão é um laboratório muito amplo, o planeta Terra, na sua totalidade, no seu passado, no seu futuro e também na sua finitude, com seus documentos humanos que começaram há seis milhões de anos. A Terra constitui um laboratório único onde, no tempo e no espaço, manifestaram-se as constantes e as variações humanas – individuais, culturais, sociais: todas as variações são significativas, todas as constantes são fundamentais. Os casos extremos, como Buda, Jesus e Maomé, Hitler e Stalin, permitem compreender melhor o ser humano. A escravidão, o campo de concentração, o genocídio e, finalmente, todas as desumanidades são reveladores de humanidade.

Nesse volume, as noções de cultura são retomadas por Morin (*ibidem*, p. 44): "conjunto de hábitos, costumes, práticas, *savoir-faire*, saberes, normas, interditos, estratégias, crenças, idéias, valores, mitos que se perpetua de geração em geração, reproduz-se em cada indivíduo, gera e regenera a complexidade social". A cultura tem o papel de acumular, conservar e renovar o ser humano e a vida em sociedade. Nessa análise, o conceito de *noosfera* é apresentado como a "esfera das coisas do espírito, saberes, crenças, mitos, lendas, idéias, onde os seres nascidos do espírito, gênios, deuses, idéias-força, ganham vida a partir da crença e da fé" (*ibidem*). Tal noção é importante ao pensar a cultura de paz, pois ela tem uma vertente muito relacionada aos campos subjetivos, normalmente esquecidos pelas ciências clássicas.

Quando optamos por discutir a cultura de paz e inserir a educação para a paz como possibilidade em educação, sabíamos da existência de dificuldades que precedem sua reflexão. Uma delas é a não relação objetiva entre estudos, mesmo que de excelente qualidade, entre questões voltadas ao indivíduo, à sociedade e à própria espécie. Muitas teorias apontam para o ser humano, ora biológico, ora social ou psicológico, outras absolutizam suas análises na sociedade, a partir de categorias como trabalho, consumo, mais atualmente sobre o ócio e o lazer, pensando nas classes sociais.

Outras perspectivas que vão surgindo com mais vigor se relacionam aos novos conhecimentos sobre o cérebro humano – as neurociências –, que mostram como o ser humano pode desenvolver novos potenciais e relações. Além disso, perspectivas mais amplas percebem o ser humano como parte do cosmo, como dimensão do universo, expressão do meio ambiente e da natureza. Queremos reafirmar que não advogamos uma tese que seja aberta a um "relativismo" irresponsável em relação à ciência estabelecida. Porém, acreditamos que há, sim, uma relatividade necessária ao reconhecermos que as múltiplas determinações e perspectivas são fruto de momentos históricos e reflexos da caminhada humana. Reconhecer essa evolução com avanços e recuos também é papel da ciência, assim como analisar tais condições é importante para olhares mais compreensivos sobre as aparentes diferenças das áreas da ciência que atuam com objetos imbricados. É o que afirma Morin (*ibidem*, p. 55):

> Indivíduo, sociedade, espécie são, assim, antagônicos e complementares. Imbricados, não estão realmente atrelados; há a perplexidade da morte entre o indivíduo efêmero e a espécie permanente; há o antagonismo do egocentrismo

e do sociocentrismo. Cada um dos termos dessa trindade é irredutível, ainda que dependa dos outros. Isso constitui a base da complexidade humana.

Com base nisso, podemos supor concretamente que qualquer perspectiva que conceba a cultura de paz como meta não pode pautar-se em uma certeza ou uma verdade. Trata-se de um fenômeno com muitas determinações de ordem biológica, social e ambiental que se sintetizam pela cultura e sua incorporação aos indivíduos. O autor (*ibidem*, p. 54) aponta essa humanidade dos homens como intrincada. Como vimos, podemos conhecer a humanidade do homem tanto pelo bem (Gandhi e outros) como pelo mal (Hitler e outros).

Outro aspecto relevante é o entendimento do mecanismo biológico do desenvolvimento cerebral, que não é apenas físico, mas cultural, espiritual, complexo em humanidade:

> O cérebro humano integra a) o paleocéfalo, herdeiro do cérebro réptil, fonte de agressividade, do cio, das pulsões primárias; b) o mesocéfalo, herdeiro do cérebro dos antigos mamíferos, em que o hipocampo liga o desenvolvimento da afetividade e da memória a longo termo; c) o córtex que, muito modesto nos peixes e nos répteis, hipertrofia-se nos mamíferos até englobar todas as estruturas do encéfalo e formar os dois hemisférios cerebrais. Além disso, o ser humano possui um neocórtex extraordinariamente desenvolvido que, "mãe da invenção e pai da abstração" (MacLean), é o centro das aptidões analíticas, lógicas, estratégicas, atualizadas plenamente graças à cultura. (*Ibidem*, p. 54)

Como vemos, o cérebro, como hipermáquina, processa diferentes aspectos relacionados à concepção de mundo, desde mitos, ritos, gastronomia, artes, crenças, formas de relacionar-se com a vida e a morte, de entender a política, enfim, uma quantidade plural de engendrar simbolismo e lógica, muitas vezes em conflito interno e à base de contradições externas. Tais diferenças reforçam sensibilidades para tal ou qual caminho, evidenciam concepções de mundo, de ser humano, de planeta, influenciam valores, fazem emergir espiritualidade ou sua negação, atuam na maneira de pensar a vida e sua continuidade, ou destruição.

Isso faz Morin (2007) afirmar que há necessidade de vínculo entre unidade e diversidade das culturas. Uma identidade natural construída, mas uma abertura vital à diversidade, no mínimo como reconhecimento, pois culturas diversas carregam elementos que podem ser incompreensíveis para outras culturas, o que quase sempre é espaço de conflitos, desentendimentos, violências, guerras e mortes. Ao mesmo tempo, redefinir tais perspectivas pode conduzir à cultura de paz, como elemento criado a partir da mediação das diferenças e conflitos.

Como vemos em "a humanidade da humanidade" as questões tratadas aproximam-se mais das práticas culturais e das dimensões relacionais cotidianas. Na medida em que o homem vive seu tempo e sua história, apropria-se e tem a possibilidade de reconstituir-se e gerar outros padrões, normas e realidade, ou seja, um possível paradigma. Um paradigma que só existirá como expressão de uma unidade que valorize diversidades, pois, até então, historicamente temos um modelo que fragmentou conhecimentos e práticas humanas (paradigma cartesiano) e outro que buscou uma relação direta com a totalidade (paradigma holístico), sem evidenciar construtivamente a relação entre partes. Portanto, continuamos acreditando que o pensamento complexo ou um paradigma da complexidade é possível, desde que observadas as ressalvas de Morin (*ibidem*, p. 66):

> A diversidade das culturas, a diversidade dos indivíduos entre eles e a diversidade interior dos indivíduos não podem ser compreendidas nem a partir de um princípio simples de unidade nem a partir de uma plasticidade mole, modelada pelas culturas ao sabor das circunstâncias. A unidade humana não pode reduzir-se a um termo, a um critério, a uma determinação (nem somente genética, cerebral, mental, cultural). Devemos conceber uma unidade que garanta e favoreça a diversidade, uma diversidade inscrita na unidade. A unidade complexa: unidade da diversidade, diversidade da unidade, unidade produtora da diversidade, diversidade produtora da unidade; é a unidade de um complexo gerador.

Outra vez reforçamos que uma cultura de paz, em nossa abordagem, não está baseada nessa "plasticidade mole", como um sonho ou utopia, embora se alimente deles. É uma articulação de dimensões objetivas e subjetivas, fortemente relacionada às questões da tolerância e do respeito à diversidade.

Entender que a diversidade é constituída por individualidades significa reconhecer que há uma relação fundamental entre pessoas, que precisa ser valorizada em igual medida aos condicionantes ideológicos, comunitários, sociais e culturais amplos. Essa relação caminha em fluxos de complementação ou contradição de perspectivas, de posicionamentos e formas de viver a vida. O que pode, aparentemente, ser contrário e desconexo, ganha força pelo sentido da integração, uma vez que todos, ao final das contas, constituem o mesmo planeta, a mesma moradia, em espaços mais ou menos privilegiados, mais ou menos acolhedores ou cerceadores para a realização humana. Como esclarece o autor (*ibidem*, p. 77):

> Outro significa, ao mesmo tempo, o semelhante e o dessemelhante; semelhante pelos traços humanos e culturais comuns; dessemelhantes pela singularidade individual ou pelas diferenças étnicas. O outro comporta, efetivamente, a estranheza e a similitude. A qualidade de sujeito permite-nos percebê-lo na semelhança e dessemelhança. O fechamento egocêntrico torna o outro estranho para nós; a abertura altruísta o torna simpático. O sujeito é por natureza fechado e aberto.

Consideramos que o reconhecimento do outro requer entendê-lo tanto nas dimensões objetivas quanto subjetivas, buscando a relação intersubjetiva. Isso fica claro quando buscamos a interface entre aspectos biológicos e socioculturais, mediados pelo sistema nervoso, que codifica informações e devolve na forma de relações humanas e com o ambiente. Portanto, pensar em cultura de paz é abrir outras dimensões relacionadas ao corpo, ao universo simbólico expresso pela ludicidade, pela espiritualidade que compõe o universo subjetivo, ao lado dos direitos humanos, da busca de cidadania e da mediação de conflitos, voltados para as questões objetivas da existência humana, presentes, por oposição nas mazelas sociais, em violências estruturais e diretas.

Ao argumentar que a afetividade permite um avanço nas relações humanas, abre-se à cordialidade na identificação com o outro, caminhando para a compreensão. Porém, pensando na vida em longo prazo, de civilizações e culturas ao longo dos séculos, Morin (2007) diz que todas as guerras e problemas não destruíram a espécie humana, mas que todo o progresso da ciência pode levar a isso. A esse respeito, o autor (*ibidem*, p. 128) expressa:

> A demência não conduziu a espécie humana à extinção. Contudo, quanta destruição de culturas, de sabedoria, de obras de arte! Quantas civilizações aniquiladas! Quanto tempo parece ter sido desperdiçado em ritos, cultos, embriaguez, delírios e sobretudo intocáveis ilusões. A despeito de tudo isso, as civilizações produziram filosofia e ciência, sendo que o desenvolvimento técnico, depois científico, foi retumbante; a humanidade dominou a Terra. Mas, inversamente, a despeito e por causa do progresso técnico retumbante, a loucura humana é mais mortífera do que nunca, com possibilidades de destruição e mesmo uma possibilidade de aniquilamento da humanidade nunca antes do século XX conhecida. Somente as energias nucleares liberadas pela razão científica e o desenvolvimento descontrolado da racionalidade técnica poderiam, paradoxalmente, levar a humanidade a desaparecer.

Essa reflexão permite considerar que os progressos científicos e tecnológicos da humanidade não trazem, por si mesmos, uma humanização crescente. Os fluxos entre violências e não violências parecem cíclicos ao longo da história humana, com características inconstantes e por motivos e origens diferentes, mas sempre como desdobramento da agressividade, natural do ser humano, mas levada a níveis intoleráveis que extrapolam a civilidade e as normas básicas de convivência para o desenvolvimento humano efetivo. O que podemos relacionar ao pensamento complexo, nesse sentido, é o entendimento de que as convivências com o outro, numa característica de cultura de paz, precisam sintonizar-se ao fluxo da violência e da paz, das noções de subjetividade e objetividade e das questões racionais e emocionais.

Sobre a humanidade, outro ponto importante a destacar é que grande parte do universo cultural tem o peso do Estado, pelas formas de convivências permitidas ou não pelos elementos constitutivos deste. O Estado, por vários mecanismos, também legitima formas de violência para justamente inibir as próprias violências. Assim, corre-se o risco de que Estados forjem algumas qualidades de "paz" justamente pelo medo ou pela violência, fato muito comum nas ditaduras e nos regimes totalitários, ao longo da história. Com isso, Morin (*ibidem*, p. 181) argumenta que a complexidade da sociedade pode ser elemento importante como princípio democrático e define como de baixa complexidade essas sociedades que comportam "dominação e exploração da sociedade pelo centro ou pela cúpula do poder". Logo, tais construções, por se pautarem em repressão e violência, interferem na subjetividade e intersubjetividade humanas, pois eclodem em posturas não solidárias, egoístas, pautadas no medo e na desconfiança, embora carreguem consigo sempre o sonho de mudança.

No contexto dessa reflexão, Morin (2007) dá pistas que provocam revisões a respeito dos contextos onde a cultura de paz está em processo de gestação. Surgem justamente em meio ao fundamentalismo religioso, à xenofobia, os desvios político-ideológicos, sendo ampliados pelos discursos e pelas relações entre populações. Dessa gestação nascem as trocas da diversidade, mesmo com tensões e conflitos, renascem princípios democráticos, enfim, tais fluxos tendem a equilibrar-se sendo mais abertos e renovadores das próprias estruturas. Porém, há uma ressalva: a baixa complexidade gera poderes autoritários que podem devastar perspectivas positivas de futuro; a alta complexidade pode ampliar a democracia, mas existem perigos, no entendimento do autor (*ibidem*, p. 191):

(...) a alta complexidade traz pluralidade, liberdade, tolerância, mas liberdade e tolerância favorecem os antagonismos e as desordens e, para além de um certo limite, as desordens e os antagonismos fazem regredir ou desaparecer a complexidade adquirida. O único antídoto à extrema fragilidade da alta complexidade é o sentimento experimentado de solidariedade, ou seja, de comunidade entre os membros de uma sociedade.

Essa questão traz uma realidade importante para o universo de discussão da cultura de paz, pois os mesmos valores que podem fazê-la crescer, em algum momento podem ser os aspectos que a façam ser reprimida e mais uma vez buscar sua reorganização. Tais fatos podem ser entendidos analisando-se a situação da Europa e do norte da África da atualidade, com migração em massa, gerando instabilidade à região. Reconhecemos que a cultura de paz tende a uma postura democrática, aberta e flexível, que lance um olhar ampliado para a vida, a sociedade e o mundo. É uma forma de perceber a necessidade de interligação ou religação de saberes, de conhecimentos, do macro e do micro, da diversidade e das múltiplas formas da convivência humana. Da mesma maneira, como ressalva Morin (2007), o antídoto à fragilidade da complexidade é o sentimento de solidariedade partilhada e compartilhada socialmente. Nesse caso, algumas contracorrentes que avançam mundialmente procuram contribuir, de forma direta ou indireta, para a busca dessa relativa unidade no encontro da complexidade. Segundo Morin (*ibidem*, pp. 232-233), são elas:

(...) a contracorrente ecológica, que o crescimento da degradação da biosfera só pode aumentar e que já constitui um dos motores da segunda mundialização; a contracorrente da resistência à invasão generalizada do quantitativo, que se dedica à qualidade em todos os campos, a começar pela qualidade de vida – essa corrente é fustigada pelas calamidades provocadas pela transformação dos animais de consumo em objetos industriais, pela degradação da alimentação deles em dejetos industrializados; a contracorrente da resistência ao primado do consumo padronizado, que se manifesta também na busca de qualidade ou de intensidade existencial ("consumição") ou, ainda, na frugalidade e na temperança; a contracorrente da defesa das identidades e das qualidades culturais, que se desenvolve em reação à homogeneização planetária; a contracorrente, ainda tímida, da emancipação da tirania onipresente do dinheiro, que busca contrabalançar através das relações humanas e solidárias, das trocas de serviços, fazendo recuar o império do lucro; a contracorrente da resistência à vida prosaica puramente utilitária, que se manifesta pela busca de uma vida poética, dedicada ao amor, ao deslumbramento, à paixão, à festa; a contracorrente, ainda tímida, que, em reação à explosão da violência, alimenta éticas de pacificação das almas e das mentes.

Como vemos, são muitas frentes a articular na perspectiva de uma cultura de paz. São muitos elementos constitutivos dessa cultura em construção. Se considerarmos que uma cultura de paz é diretamente relacionada a um trabalho organizado de educação para a paz, reconhecemos que a complexidade, mesmo com suas múltiplas faces, interfaces e dificuldades de organização, ainda é uma tentativa mais coerente perante uma sociedade que se perde em sua fragmentação, que se afunda em sua pluralidade, que não reage ante as certezas minúsculas às quais insiste em apoiar-se, como decreta o autor (*ibidem*, p. 242), ao concluir *O método 5*:

> O mundo está num estado de violência em que se defrontam as forças de morte e de vida, no que se pode chamar de agonia. Embora tornados solidários, os seres humanos continuam inimigos uns dos outros, e as explosões de ódios raciais, religiosos e ideológicos sempre acarretaram novas guerras, massacres, torturas, desprezo. Talvez uma nova forma de guerra tenha surgido em 11 de setembro de 2001, portadora de todos os perigos e de toda demência. Ainda não sabemos se vivemos apenas a agonia de um velho mundo, que anuncia um novo nascimento, ou a agonia mortal. Não conseguimos salvar a humanidade realizando-a. A humanidade não consegue parir a humanidade.

Esse é o mote no qual confiamos na perspectiva da complexidade para analisar a cultura de paz. De situações como o 11 de Setembro (2001) em Nova York, ou os atentados em Madri (2004) e Paris (2015) – citando os mais midiáticos –, estamos diante de outras demandas, de mudar olhares e práticas em vários sentidos de nossa humanidade. Existem algumas alternativas, uma delas é repensar a ética, como veremos.

O método 6: Ética e a relação com a cultura de paz

O método 6: Ética (França, 2004; Brasil, 2011) encerra o ciclo de mais de três décadas de construção do pensamento de Edgar Morin. Como nos volumes anteriores, não há tentativa de definir rigorosamente o termo, mas em analisá-lo em função dos desdobramentos humanos do fenômeno. Inicialmente, Morin (2011a, p. 27) diz:

> Os fundamentos da ética estão em crise no mundo ocidental. Deus está ausente. A Lei foi dessacralizada. O Superego social já não se impõe incondicionalmente e, em alguns casos, também está ausente. O sentido da responsabilidade encolheu; o sentido da solidariedade enfraqueceu-se.

A questão do individualismo é colocada como pano de fundo dessa afirmação, pois, à medida que os laços sociais perdem sentido, existe uma fragmentação nas relações. Essa questão é fundamental no cenário de discussão sobre a cultura de paz. Naturalmente, uma dimensão ética enfraquecida, ou seja, uma reflexão e prática diminuídas sobre o valor das ações sociais individuais e coletivas, supõe uma ruptura de perspectivas relacionadas à fraternidade, à solidariedade e à generosidade, uma vez que os valores dominantes passam a girar em torno do individualismo, do consumo e do egocentrismo.

Perante as demandas atuais, no que tange às relações humanas e ao desenvolvimento do indivíduo, existe a necessidade de encontrar outras formas de conceber a dimensão ética. Uma ética pelo planeta, pela vida e que seja conectada à própria sustentabilidade da existência humana. Morin (*ibidem*, p. 29) declara assim o desafio:

> A desintegração social, o crescimento de todo tipo de corrupção, a onipresença dos atentados à civilidade e o desencadeamento da violência suscitam a demanda ingênua de uma "nova ética" para ocupar o vazio que já não pode ser preenchido pelo costume, pela cultura, pela cidade.

Com isso, supomos essa dimensão de uma reorientação paradigmática, ao menos no sentido de transcender as formas tradicionais de entender os contextos humanos. Quando Morin (2011a) fala de costumes, cultura, entre outros temas, sempre o faz mostrando que estes são codeterminados pelas relações estabelecidas pelas pessoas. Disso entendemos que novos padrões, como os estabelecidos ao discutir uma cultura de paz, podem ser mais coerentes para o enfrentamento de problemas/demandas atuais. Uma ética no sentido da complexidade estaria fortemente marcada pela ideia de "religação" de uma busca de aproximação entre as diferenças que separaram povos, nações, ideologias e que fragmentaram o conhecimento. A esse respeito, destaca o autor (*ibidem*, p. 16):

> A ética é, para os indivíduos autônomos e responsáveis, a expressão do imperativo da religação. Todo ato ético, vale repetir, é, na realidade, um ato de religação, com o outro, com os seus, com a comunidade, com a humanidade e, em última instância, inserção na religação cósmica.

Essa religação, como princípio, leva a pensar que a complexidade, na aproximação com uma cultura de paz, avança na intenção de superação de certa ingenuidade da "harmonia" como expressão final da paz, mas que, ao mesmo tempo, reconhece e enaltece valores humanos de convivência. São valores que podem refundar estruturas, pensamentos e práticas humanas que, ao mesmo tempo, consideram as contradições e as dificuldades de superação de formas e valores opostos, que só poderão se dar a partir de enfrentamentos de pensamentos, discursos e ações transformadoras. Supor que uma cultura de paz seja uma condição "natural" do desenvolvimento humano é, como vimos em outros momentos, um discurso a ser superado, pois, ao longo daquilo que se convencionou chamar de desenvolvimento, temos visto o crescimento de muitas outras mazelas humanas.

No seio da cultura de violências, nos esvaziamentos humanos e nas contradições sociais é que encontraremos as bases e fundamentos de uma cultura de paz e da construção de uma educação para a paz, que estarão conectadas ao quadro complexo da multiplicidade de cenários da vida. Reafirmamos que novos padrões de convivência são necessários ao enfrentamento do individualismo, da evolução da cooperação, da solidariedade e do respeito à vida. Para isso é necessário um ingrediente anterior que promove a mobilização para questões maiores, como a vida coletiva comunitária e social, bases de mudanças políticas, por exemplo. Isso é expresso por Morin (*ibidem*, p. 36):

> Em nosso mundo de homens, no qual as forças de separação, recolhimento, ruptura, deslocamento, ódio, são cada vez mais poderosas, mais do que sonhar com a harmonia geral ou com o paraíso, devemos reconhecer a necessidade vital, social e ética de amizade, de afeição e de amor pelos seres humanos, os quais, sem isso, viveriam de hostilidade e de agressividade, tornando-se amargos ou perecendo.

Logo, há uma necessidade praticamente vital, social e ética nas questões da amizade, da afeição e do amor, como nos apresenta Morin. Assim, a ética no sentido da complexidade apoia nossa reflexão ao reintegrar valores humanos em seu pensamento de avanço da humanidade. Cabe relembrar que os valores "sozinhos", em discursos descolados dos problemas sociais, da declaração das violências, das convivências que reproduzem fragmentos de raiva, de desunião, de intolerância, não promovem mudanças. Morin (2011a) expressa isso como um "desvio ético", quando belos discursos, como liberdade e fraternidade, podem levar justamente a resultados opostos. Para ele, os desvios éticos decorrem de insuficiência de senso crítico e da falta de um entendimento ampliado sobre o mundo e as pessoas. Isso fica evidente na reflexão do autor (*ibidem*, p. 57):

> No caso em que seja precioso obedecer a uma pluralidade de finalidades éticas (valores), devemos enriquecer e complexificar as estratégias considerando os antagonismos inerentes às finalidades que nós estabelecemos. Assim, no que diz respeito à trifinalidade Liberdade-Igualdade-Fraternidade, devemos, conforme as épocas, dar prioridade a uma, sem esquecer as demais. A prioridade é assim a liberdade numa ditadura; igualdade onde a desigualdade impera; e hoje, na desintegração da solidariedade, seria a fraternidade, que por ela mesma favorece a liberdade e reduz a desigualdade. A ética política deve integrar esses três termos num circuito recursivo em que cada um contribui a regenerar o conjunto. É capital relembrar que tudo o que não se regenera, degenera.

A ideia de "re-gerar" ou "regenerar" no pensamento de Morin (2011a), já discutida anteriormente, reforça a tese de que não há uma grande e nova mudança de paradigma que transmute violências em paz, sem que haja muito esforço em relações humanas, em conflitos sobre aspectos da justiça social, da preservação do planeta nessa religação pensada. Assim, não se parte de um sujeito essencialmente bom, que seria o baluarte da pretensa paz, mas do sujeito concreto, enraizado na sociedade que caminha em fluxos de violência e não violência, mas que tem optado pelos padrões da primeira.

Sobre isso, o autor (*ibidem*, p. 65) destaca: "A antropologia complexa reconhece o sujeito humano na sua dualidade egocêntrica/altruísta, o que lhe permite compreender a fonte original de solidariedade e de responsabilidade". Esse ponto é interessante, pois, ao reconhecer que os seres humanos carregam suas contradições e ambiguidades, e que elas são fruto de uma rede complexa de papéis sociais, contextos culturais, tempos históricos e pulsões, desejos e ações, supor o discurso de cultura de paz só tem sentido se pensado à luz da dialógica, da recursividade, pois o todo retroage sobre as partes e vice-versa, reconstituindo, regenerando situações. Como estamos argumentando, o processo educacional é fundamental nesse caminho.

Uma nova ética não estaria em função de ações apenas individuais ou políticas. Elas estão em diversos níveis, sistemas, que se dizem independentes, mas que, inevitavelmente estão relacionados. Aqui reside um ponto importante, que é a construção de uma ética da compreensão. Essas ligações são bem apresentadas por Morin (*ibidem*, p. 86):

Não são apenas as relações entre nações, povos, religiões, ideologias, mas também as relações entre indivíduos numa mesma família, num mesmo povoado, num mesmo edifício, numa mesma empresa, que são atingidas pelo câncer dos mal-entendidos e das animosidades, maledicências, inimizades. Não há somente fanatismo, dogmatismo, imprecações e fúrias, há também a incapacidade de compreender a si e ao outro.

Quando observamos os discursos clássicos de cultura de paz, que remetem aos valores universais, precisamos asseverar um pensamento oposto, desconfiar não de intenções políticas destes, mas dos desdobramentos que deles decorrem no cotidiano das pessoas, nas relações entre pares, nas comunidades, nas cidades. Na dificuldade diária de entender e de operar os ditos valores universais, de vivê-los efetivamente, ou de conseguir adaptá-los a suas convivências diárias, as pessoas consideram-nos atributos utópicos, destinados a religiosos ou pessoas que detêm alguma forma de poder (econômico, político etc.).

A ética da complexidade como construção de solidariedade, justiça, consciência e cooperação não ignora o contrário, que também há falta de solidariedade, injustiças, inconsciência e egoísmo nos indivíduos e sociedades. É exatamente aqui que ela ganha importância na perspectiva de uma "autoética", que seria a ética para si que desemboca na ética para o outro. Uma autoética integraria o indivíduo em sua observação sobre a vida, o retorno sobre si mesmo para compreender-se e corrigir-se. Seria um esforço para exercitar um "pensar bem" (Morin 2011a), pois: "A ética complexa reconhece a complexidade do bem e a complexidade do mal" (*ibidem*, p. 185).

Quanto ao "bem" e ao "mal" fica o entendimento que perpassa os volumes de *O método*, concebendo o bem como tudo que gera crescimento, desenvolvimento, avanço em humanização, solidariedade, esperança, espiritualidade a serviço da vida e do planeta; e o mal como tudo que destrói, prejudica a humanização, fere, afasta, desune, gera desesperança e tristeza. Ao reconhecer que bem e mal compõem a condição humana, a cultura de paz passa a ter significado concreto como possibilidade de interagir com tais perspectivas, olhando-as como complementares e a ser pensadas de maneira integrada. Assim, a paz seria dimensionada na integração/oposição entre dimensões da violência e da não violência. Como analisa Morin (2011a, p. 87) e é nosso argumento para este livro:

Não se trata de forma alguma de alcançar uma sociedade de harmonia na qual tudo seria paz. A "boa sociedade" só pode ser uma sociedade complexa que abraçaria a diversidade, não eliminaria os antagonismos e as dificuldades de viver, e que comportaria mais religação, compreensão, consciência, solidariedade, responsabilidade (...). Será possível?

Ao buscar a resposta se seria possível uma sociedade nesse sentido, Morin (2011a) aponta para o que chama de fechamento egocêntrico, que para ele tem sido um dos motivos mais decisivos para a violência humana. Como ressalta: "O ódio espalha-se por um nada, um esquecimento, um raspão de carros no trânsito, uma distração de alguém, um olhar, um favor não feito, a inveja da reputação de um colega, um mínimo incidente" (*ibidem*, p. 188).

Traçando paralelos nas questões relacionadas à violência, alguns fatos são apresentados e revelam que precisamos considerar que a fragmentação do conhecimento, a superespecialização e a organização da sociedade moderna também criam novas formas de violências, na medida em que pretendem criar modelos individualistas e segregacionistas, como percebe Morin (*ibidem*, p. 189):

A ferocidade nas relações entre indivíduos, grupos, etnias, religiões e raças continua assustadora. As antigas barbáries que se desencadearam desde o começo da história humana voltaram a agir e aliaram-se com a barbárie civilizada em que a técnica e a burocracia, a especialização e a compartimentação intensificam a crueldade pela indiferença e pela cegueira; a dependência em relação ao dinheiro, a independência graças ao dinheiro e o poder do dinheiro generalizam e ampliam a avidez impiedosa.

Para Morin, por meio de solidariedade, amor, religação, clareza das muitas vítimas da crueldade podemos resistir aos cenários contraditórios e violentos da atualidade. Assim, o principal embate da ética é a dupla resistência à crueldade do mundo e à crueldade humana. Podemos, então, ter esperança? Ao esboçar uma resposta, ele diz (*ibidem*, p. 198):

A ética complexa é de esperança ligada à desesperança. Conserva a esperança quando tudo parece perdido. Não é prisioneira do realismo que ignora o trabalho subterrâneo minando o subsolo do presente, a fragilidade do imediato, a incerteza encoberta pela realidade aparente; rejeita o realismo trivial que se adapta ao imediato, assim como o utopismo trivial que ignora os limites da realidade. Sabe que há um possível ainda invisível no real.

A cultura de paz é essa esperança ligada à desesperança. Não fica aprisionada pelos discursos fatalistas que insistem em dizer que as tendências atuais de homem e sociedade não podem mudar de perspectiva. Ao mesmo tempo, reage aos discursos de "bondade original" dos seres humanos, não como impossibilidade, mas no reconhecimento das contradições próprias às quais estão submetidos em sua vida. Assim, o princípio hologramático, próprio para pensar a complexidade, nos leva a crer que há um virtual inscrito nas partes e no todo. Uma virtual cultura de paz sendo gestada nas angústias relacionais, nas convivências entristecidas e fugazes, nas violências explícitas, implícitas, diretas e estruturais, provocadas a cada segundo pela autoética, pela necessidade urgente e vital do "pensar bem".

Considerando essa possibilidade, haveria outra virtual (já em curso) forma de viver e conviver em educação, uma educação para a paz, que contribuiria para pensar pedagogicamente formas de superação de problemas globais e locais, nos Estados e nas pessoas, fundado na ética da compreensão. Para Morin (2011a, p. 170), "tal sistema de educação poderia e deveria desempenhar um grande papel civilizador. Reforma da educação e reforma do pensamento estimular-se-iam num círculo virtuoso".

Antes de falar em paz: As revoluções da sociedade em movimento e suas implicações na construção de modelos de violência ou de paz

Ao falarmos do fenômeno das violências, normalmente pensamos apenas na agressão física direta entre pessoas. É necessário entendermos que o cenário é muito mais amplo. Para a reflexão da violência, é importante considerarmos os movimentos da sociedade e suas formas de organização e auto-organização na dimensão das relações humanas e sociais. Por isso, nesta reflexão, discutiremos as mudanças da sociedade como elementos de configuração de violência, paz, conflitos e convivência. Nesse sentido, discutiremos diferentes dimensões relacionadas às convivências humanas, pensando em como redimensioná-las no sentido da cultura de paz.

Justificamos que a construção desta obra utiliza a noção de violência de forma ampliada e geral, uma vez que a questão-chave passa por apontar os caminhos da cultura de paz e da educação para a paz. Da mesma forma, compreendemos que existe uma lógica, ainda que complexa, em entender e afirmar a cultura de paz e a educação para a paz como campos de conhecimento em construção, que demandam uma perspectiva transdisciplinar, mas cujo entendimento é muito mais relacionado aos contextos de produção do que às classificações fechadas. De qualquer modo, cabe explicitar como entendimento fundamental a noção de violência estrutural (indireta) como aquela que acontece na vida em sociedade e a violência direta, aquela em que o ataque se dá de pessoa para pessoa (ou a qualquer ser vivo). Portanto, há uma complementaridade nessas duas formas, uma vez que a condição social, especialmente da desigualdade social, é geradora de grande parte da violência. Galtung (*apud* Jares 2002) fala que essa violência é estrutural quando não há um ator definido, quando a estrutura já assumiu formas de poder e possibilidades desiguais entre as pessoas. Já a violência direta é contra algum ser vivo, quando o objetivo é ferir ou aniquilar.

Neste momento, consideramos relevante o trabalho de Jurjo Torres Santomé (2013), professor espanhol que, em seus estudos sobre currículo escolar e justiça social, apresenta vários pontos relevantes para pensarmos a sociedade atual. Assim, nos apoiaremos em seus estudos para refletir sobre questões relacionadas aos processos de violência e de não violência, fazendo relações complementares com as questões da complexidade, nos encontrando novamente com Edgar Morin, em algumas obras, com maior ênfase em *A via para o futuro da humanidade* (2013b). É importante dizer que Santomé (2013) tem uma postura que pode ser considerada como inserida em uma tendência crítica, porém, com uma abertura para muitas fontes diferenciadas, ressalvando sua preocupação. Nesse sentido, o autor (*ibidem*, pp. 11-12) diz:

> Em um mundo cada vez mais despolitizado e um tanto apático, corremos o risco de cair em um multiculturalismo anedótico, exclusivamente limitado a incluir pílulas de informação descontextualizadas para dar a sensação de prestar atenção à diversidade. Esta é uma estratégia na qual é muito fácil cair quando se faz referência a dados, imagens isoladas e confusas, bem como distorcidas da história, cultura e situação atual de alguns grupos culturais marginalizados ou pertencentes a minorias sem poder.

O autor inicia sua reflexão justamente apontando para o cuidado em se tomar uma dimensão ampla, de totalidade, como falar ingenuamente em um mundo melhor ou mais inclusivo. Santomé (*ibidem*) alerta para o fato da despolitização, ou desmobilização no sentido coletivo e solidário, que gera apatia. Nisso, podemos fazer uma primeira conjectura relacionada à cultura de paz. Quanto mais nos desmobilizamos uns dos outros, das preocupações coletivas, mais tendemos à individualidade perigosa, aquela que percebe o outro como inimigo, que separa em certo e errado, em classes, raças, partidos, grupos religiosos, entre tantos. Esse é um dos passos iniciais geradores dos conflitos, que, se não mediados satisfatoriamente, desembocarão nas violências. O tecido social que não tem a mínima possibilidade coletiva, como articulação das diferenças, está fadado à violência estrutural.

Aqui cabe o primeiro complemento de Morin (2013b, p. 54), quando diz que "a ação política sempre baseou-se em uma concepção do mundo, do homem, da sociedade, da história, ou seja, em um pensamento". Exatamente isso é que está em jogo na perspectiva da complexidade, não fragmentar o ser e o saber a tal ponto que comprometa o ser humano integrado à sua própria vida e à sua história. São necessários outros "óculos", ou tirar tantos deles, para perceber que a cultura de paz está na base dessa transição paradigmática de modelo, ao observar elementos antes separados, agora em maior integração, basicamente o indivíduo, a natureza, a espécie, a sociedade e a humanidade.

Nesse cenário, ganha peso o papel da educação, em todas as formas, nos sistemas formais e não formais, que reconheça as mudanças ou as revoluções atuais como forma de educar não apenas para o presente, mas para o conjunto das transformações incessantes, ou podemos dizer, uma educação para uma auto-eco-organização. Assim, Santomé (2013, p. 12) se posiciona dizendo:

> Uma educação que abra portas, que gere otimismo no presente e perante o futuro também requer uma tarefa prospectiva que, por sua vez, exige que se tenham presentes as mudanças que estão acontecendo em nossas sociedades e as oportunidades que se abrem, assim como os perigos que as ameaçam, para poder imaginar com um pouco mais de rigor o mundo do futuro e, consequentemente, as prováveis necessidades dos alunos que hoje estão nas salas de aula.

Uma visão prospectiva, como desse pesquisador, contribui para que os fenômenos sociais atuais sirvam de bases para olhar adiante, evitando respostas simples e soluções imediatas que desconsiderem tantas possibilidades futuras nas configurações humanas e sociais. Considerando esse contexto, Santomé (2013) vai tratar das questões urgentes a pensar na realidade atual, o que chamará de "revoluções", elencando as seguintes: a revolução nas tecnologias da informação e comunicação, na ciência, na estrutura das populações das nações, na economia, na política, nos valores, entre outras.

Iniciamos refletindo sobre a *revolução nas tecnologias da informação e comunicação*. Santomé (*ibidem*) analisa que, sobretudo a partir dos anos 1970, podemos presenciar o nascimento da era digital, que ao mesmo tempo incorpora novos elementos da física, depois das neurociências, gerando a explosão atual que presenciamos. A vasta tecnologia trouxe novos descobrimentos úteis para a saúde, indústria, transporte e lazer. Porém, junto a esse aumento de possibilidades e alternativas, existem outros e novos problemas, especialmente relacionados à desigualdade nas oportunidades de acesso a tais possibilidades. Morin (2013b) complementa dizendo que, além disso, vimos que o desenvolvimento capitalista acabou com as redes de convivialidade, ao transformar tudo, inclusive a vida, em mercadoria. Além disso, a partir de tantas perspectivas, é importante uma delas que seja analítica, como aponta Santomé (2013, p. 27):

> Frente ao crescimento dos meios de comunicação, do número de portais na internet destinados a oferecer todo tipo de informação, à complexidade das redes sociais que crescem constantemente em número de pessoas que se relacionam entre si, urge uma educação destinada a transformar a subjetividade de quem participa e recorre a estes meios para se informar e comunicar. Tornar-lhes conscientes de que não devem se contentar em ser espectadores passivos e silenciosos, mas se transformar em autênticos cidadãos, seres humanos capazes de expressar, opinar e avaliar toda a informação à qual têm acesso.

Esse será um ponto importante sobre a discussão da cultura de paz, uma vez que a informação e a comunicação tendem a pautar a vida de grande parte das pessoas, mas justamente pela alienação e pelas análises simples feitas sobre problemas complexos, que requerem respostas mais adequadas. Grandes grupos de comunicação possuem ideologias e mensagens com interesses específicos, por isso pautam notícias de formas diversas e tendenciosas. Os índices de violência apresentados fora de contexto contribuem para o medo e a sensação de insegurança, quando muitas vezes estão sob relativo controle. Assim, um telejornal utiliza um tempo muito maior para falar da violência, de crimes e tragédias, destinando um tempo quase inexistente para noticiar alguma ação positiva, solidária ou que promova o bem e possa ter impacto de mobilização positiva da sociedade.

Nesse quadro, o movimento está além da busca óbvia pela transparência da informação comunicada, mas no entendimento das perspectivas de pessoas e grupos, nos interesses em afirmar certa ideia, ou um conjunto de práticas ou políticas. A violência estrutural está intimamente ligada à forma como as informações chegam às grandes massas. Portanto, em relação a essa grande revolução informacional, precisamos buscar uma abordagem crítica e complexa. Santomé (*ibidem*, p. 29) apresenta a seguinte perspectiva, dizendo:

> É preciso que estejamos muito conscientes de que o conhecimento é informação refletida, valorizada, sistematizada e posta em ação para produzir ou contribuir para a melhoria dos processos e das atividades científicas, tecnológicas, econômicas, culturais etc.; o melhor caminho para a construção de uma sociedade mais justa, equitativa, humanista e solidária.

Portanto, ao acolhermos que a comunicação e a informação estão cada vez mais ditando fluxos do mundo e da vida, reconhecemos que a forma de tratá-la deverá ser cada vez mais aprofundada, desmistificando padrões, questionando os formadores de opinião "clássicos" e realmente valorizando questões como justiça, humanidade e solidariedade. Com base nesses critérios, poderemos supor que essa revolução na comunicação também traga aspectos novos e importantes para a interação, a colaboração e a aprendizagem significativa. Nessa revolução, não há como impedir o acesso às tecnologias, pois já estão incorporadas à vida, assim como é muito difícil aceitar que apenas a regulação de tais fontes seja a solução. Usá-la, refletir sobre ela e trabalhar com essa gama crescente de informação e comunicação dos últimos anos, de forma coerente, crítica e não preconceituosa, poderá colaborar decisivamente com novos olhares.

Nessa revolução da informação e da comunicação, temos alguns aspectos a considerar no contexto das violências. O primeiro refere-se ao acesso aos bens tecnológicos que possibilitam apreender maior número de saberes. Quanto maior poder aquisitivo, maior possibilidade de melhores recursos e formas de conexão mais rápidas, seguras e ilimitadas. Isso quer dizer que as populações de menor poder aquisitivo serão prejudicadas nesse sentido, não só nos lares como especialmente nos espaços educacionais. Em que pese que inúmeras escolas públicas e projetos sociais tenham seus laboratórios de informática (ou nome similar), as escolas privadas possuem aparelhos mais modernos, como lousas digitais. Isso será determinante para o sucesso de algum sistema de ensino? Não! Mas faz diferença? Sim! A pergunta é complexa para uma resposta trivial, e o que precisamos aceitar é que a tecnologia é muito positiva e importante, embora não seja o único aspecto da educação para o século

XXI que busca qualidades humanas nas pessoas. A esse respeito, do limite da revolução da tecnologia da informação e da comunicação, Morin (2013b, p. 207), com base na teoria cibernética, analisa as máquinas e seus efeitos na vida e diz que a "verdadeira 'sociedade de informação' baseia-se na capacidade de integrar as informações em um conhecimento pertinente". É necessário estar atento e entender a lógica da tecnologia que nos desumaniza, para poder supor uma cultura de paz.

Na sequência de seu estudo, Santomé (2013) aponta as *revoluções científicas* como outro ponto para entender as demandas sociais atuais. Para isso, o autor (*ibidem*, pp. 44-45) apresenta suas reflexões iniciais, dizendo que:

> Atualmente, o paradigma da complexidade reúne especialistas de diversas disciplinas e áreas do conhecimento que propõem a peremptoriedade de adotar novos marcos teóricos, metodológicos e, consequentemente, uma nova epistemologia que facilite o surgimento de teorias e explicações mais abrangentes da realidade e geradoras de maiores níveis de justiça social. A partir destes novos modelos podemos entender melhor a complexidade do que acontece e do que observamos no mundo e, consequentemente, somente assim podemos elaborar, colocar em prática, orientar e avaliar modelos de intervenção mais eficazes em todos os âmbitos da sociedade; ou seja, modelos sociais educativos, políticos, de saúde, industriais, culturais, ambientais etc., com maiores probabilidades e níveis de eficácia.

Um aspecto observado por Santomé (2013) diz respeito à mercantilização da ciência, que pode afastar os investimentos nas ciências humanas e sociais, evidenciando o suporte nas pesquisas em outras áreas, enfatizando o paradigma da fragmentação. Nesse cenário, podemos dizer que ganham em *status* as ciências relacionadas às guerras e à violência. As guerras entendidas como o tráfico de drogas, a violência entre gangues, a violência no trânsito, a familiar, entre tantas. Mas como ficariam os projetos que evidenciam a cultura de paz como alternativa aos contextos das violências como forma de prevenção? Seriam menores?

Essa é outra dimensão que mostra como diferentes paradigmas ou modelos de pensar o mundo e o ser humano apontam para estratégias práticas diferenciadas na abordagem dos problemas. Assim, uma cultura de paz ancorada em processos educacionais (educação para a paz) precisa de uma abordagem de complexidade, que vá às causas das questões humanas e sociais, para entendê-las sem preconceitos, para que a atuação sobre elas sejam além de suas consequências, mas também nos contextos, nas causas, na prevenção e em sua regeneração.

A violência estrutural é uma dessas questões, pois, ao sabermos de menores infratores da periferia, o julgamento baseado na lógica do "ganhar e perder" é evocado pelas respostas rápidas, simples, preconceituosas que dizem que o problema será resolvido com a prisão dos infratores. Já um olhar na complexidade, entende que deter os menores infratores está previsto em lei e deve ser cumprido. Porém, igualmente, sabemos que a maioria dos menores infratores vêm de contextos difíceis, famílias empobrecidas e violentas, proximidade ao tráfico e abandono dos estudos. Se alguns podem considerar ingenuidade pensar em educar para a paz, consideramos ingenuidade ainda maior o não entendimento de que, se não houver uma construção de trabalho integrado entre as políticas públicas de educação, saúde, segurança, além da sociedade civil organizada, pouco ou nada adiantará ao menor infrator sair da detenção e voltar à mesma sociedade, à mesma família, à sua vida anterior, enfim. Sobre esse ponto, Santomé (2013, pp. 48-49) apresenta uma reflexão provocativa ao nosso estudo, dizendo:

> No momento atual, o desenvolvimento da indústria militar está sendo beneficiado por duas grandes sinergias. A primeira é a sinergia entre três das grandes revoluções científicas do nosso século: a da física quântica, da informática e da biotecnologia, que está levando a uma verdadeira transformação na maneira de intervir em nosso mundo; tanto quanto nos desenvolvimentos e aplicações destes saberes como na própria conceitualização do que é a vida no planeta e na galáxia. Ao mesmo tempo em que são inúmeros os benefícios potenciais desta linha de trabalho, seus perigos também são reais. Outra importante sinergia é a que resulta da confluência da genética, da robótica e da nanotecnologia no âmbito da medicina. Logicamente, cada uma dessas tem um potencial incrivelmente benéfico para todos os seres vivos deste planeta, mas também não podemos fechar os olhos para quem trata de orientar as pesquisas nesses campos para obter lucros e vantagens para o âmbito militar e destrutivo.

Como vemos, mesmo que a indústria bélica, voltada à pesquisa militar, também tenha avançado no conhecimento pela pesquisa de ponta com materiais e produtos, que tem utilidade em outras áreas (micro-ondas, câmeras digitais, computadores e a própria internet), insistimos na questão: Por que tanta criatividade e tecnologia para a guerra? Para a violência? Essa exposição de Santomé (2013) lembra muitos dos apontamentos frequentes da obra de Edgar Morin (2011b), quando, sobre os "sete saberes necessários à educação do futuro", fala das "cegueiras do conhecimento", afirmando que o conhecimento é grande, mas a mudança do mundo segue pequena, pois dependemos de uma reorientação na discussão dessas questões. As pessoas, os alunos são bombardeados, através dos meios de comunicação, pelas diversas mazelas humanas. Os problemas sobre o clima, os conflitos armados, o terrorismo, as drogas, a sexualidade, entre outros, estão na busca de um conhecimento na complexidade que contribua para novas leituras de mundo, nesse caso, mais inter-relacionadas. Do contrário, seguimos presenciando a barbárie humana como meros espectadores enquanto isso não nos afetar diretamente. Por isso, é necessário o reconhecimento de que a complexidade é um elemento a ser considerado, que aproxima os pensamentos de Santomé e Morin, particularmente na questão da ciência. Isso fica explícito nas palavras de Santomé (2013, pp. 50-51) com o seguinte posicionamento:

> O conhecimento mais interdisciplinar que está sendo construído na atualidade demanda um sistema escolar capaz de educar para aprender a se mover neste tipo de marcos de complexidade; para ensinar a conviver com a incerteza que acompanha este modo de pesquisar, desenvolver e aplicar o conhecimento e as tecnologias que dele se derivam. As revoluções científicas em curso exigem ensinar os alunos a assumir riscos, tomar decisões, implementar iniciativas, aceitar o acaso, responder ao inesperado e ao imprevisto. Além disso, são necessários modelos de ensino e aprendizagem que ajudem as crianças a serem mais reflexivas, a saberem julgar e avaliar as tarefas e estratégias que estão envolvidas; uma educação que promova a cooperação e o trabalho em equipe, que faça com que se torne rotina pensar nos demais e em como ajudá-los etc., dimensões que a educação mais tradicional tem descuidado.

Aspectos como ensinar a condição humana, ensinar a cooperação e ensinar a incerteza são saberes da educação para o século XXI presentes também nesse pensamento de Santomé (2013), que coaduna com Morin (2012a e 2013). Nesse contexto, falar em cultura de paz é reconhecer movimentos que se construam/reconstruam, que sejam gerados e "re-gerados" pelo conjunto dos valores humanos, universais e locais, pela construção dos direitos humanos, em constante movimento e crescimento, pelas diferentes formas de atuar positiva e construtivamente nos conflitos pessoais e coletivos, nas práticas naturais/ambientais que estão na base da ecoformação, além de supor a convivialidade, tanto nas vivências individuais como nas convivências coletivas.

Reconhecemos que a reprodução dos modelos violentos de homem e sociedade é resistente e persiste tanto no imaginário quanto nas ações das pessoas, sobretudo as mais adaptadas a esse modelo, mas também sabemos que é um modelo que, sem alterações, não serve mais para o mundo do século XXI. Um modelo de ciência e educação violentas só poderá fomentar a violência na sociedade, um contra o outro, nos jargões como "eu me esforcei" ou "ele é um vadio", quando as situações de nascimento, infância, entrada na escola e nas oportunidades são completamente diferentes.

Portanto, supor a cultura de paz e uma educação para a paz numa perspectiva complexa é considerar tais contradições, não aceitar pseudoconformismos como castas e classes sociais, muito menos acreditar que a oração que resigna deixa de buscar força para melhorar realidades sociais perversas. Ao contrário, supor uma cultura de paz é valorizar a paz legítima, construída nas relações humanas coletivas e que aproximam a maior parte dos humanos, uma vida digna, feliz, gentil, solidária e, especialmente, promotora de sentido para cada um e todos.

Na sequência do estudo das "revoluções", Santomé (2013) fala da *revolução na estrutura das populações, das nações e dos Estados,* em que o autor discute algumas mudanças significativas nos sistemas de produção, a urbanização, reconfigurações no mundo do trabalho e as cidades modernas como novas formas de viver. Assim, com a estruturação das cidades, novas formas de viver e conviver são reorganizadas. Espaços menores, tempos diferentes, objetivos educacionais redimensionados, tudo começa a ter novas formas. Obviamente que, numa visão aligeirada de um processo que se desenvolve há muitos séculos, no mundo e no Brasil, podemos considerar que efetivamente as cidades têm uma organização representada no exposto pelo autor (*ibidem,* p. 53) a seguir:

> Nas cidades convivem pessoas de muitas origens geográficas e culturais, o que costuma criar, em várias ocasiões, problemas de comunicação, coesão e convivência, especialmente quando, como resultado das políticas que ali são aplicadas, se formam grupos diferenciados que evidenciam a precarização do trabalho e a discriminação. Compartilhar zonas para viver pode vir acompanhado de um aumento da tensão e dos conflitos nesses espaços urbanos, na medida em que este fenômeno não vem acompanhado de uma redução das diferenças entre as distintas classes e grupos sociais no momento do ingresso no mercado de trabalho e das possibilidades de se beneficiar de oportunidades similares ao resto dos serviços culturais de saúde e de lazer.

Com base nesse relato, podemos refletir que muitas das violências ditas "urbanas" têm origem nos conflitos sociais não mediados nem tratados adequadamente. Nesse sentido, as cidades, independentemente de sua população, desde os milhões até poucos milhares de habitantes, configuram-se de forma semelhante e os dados de violência são muito parecidos, se vistos proporcionalmente. Portanto, entender o movimento das cidades, especialmente no Brasil das últimas décadas, com a urbanização crescente, o aumento das malhas urbanas, do *boom* imobiliário e de todos os problemas advindos com esse "desenvolvimento", é essencial numa abordagem que considere a cultura de paz como um indicador necessário. A cidade que cresce, mas que não é pensada, que não trata bem o meio ambiente, que não pensa em políticas de sustentabilidade é, por si só, um local de violência! Uma cidade onde trabalho e lazer não encontram mecanismos equilibrados, onde centro e periferia são mundos distintos só pode ser espaço de violência. Onde o trânsito não flui, existe a violência dos acidentes e das agressões, além da poluição excessiva.

Não bastassem esses argumentos, também presenciamos as grandes "alternativas" de futuro, como construir zonas residenciais de alto padrão afastadas ou "revitalizar" os centros das cidades, que são formas de manter a segregação entre quem pode pagar e quem não pode pelas boas alternativas. De qualquer modo, as cidades são um caldeirão fundamental a ser observado nos estudos da paz. Somado a isso, Santomé (*ibidem*) diz que entre os grandes desafios dos novos processos de urbanização estaria o planejamento de políticas de justiça redistributiva, ou seja, equidade nos recursos para aproximar as oportunidades a todos e ao mesmo tempo qualificar a participação social, na busca de reconstrução das cidades. E, como diz Morin (2013b, p. 69),

> a cidade é englobada pela aglomeração, conjunto informe destinado a populações segregadas em guetos pobres e guetos ricos. Certamente, a cidade resplandece com suas luzes, néons, vitrinas, cinemas, espetáculos, concertos mas sofre cada vez mais as devastações da anonimização.

Não só a ideia de cidade (comunidade, localidade) é importante para redimensionar cultura de violências e cultura de paz, como é fundamental por seus desdobramentos nas convivências, nos conflitos, nas atitudes de violência, de amizade, de afeto entre tantas que ocorrem nos lares, esquinas, praças, nas vielas do tráfico, em toda a diversidade em suas completudes e incompletudes. Essa é a *revolução nas relações sociais*, como diz Santomé (2013, p. 70):

> Nunca antes no passado existiu tal confluência de mobilizações em torno de cada um dos principais eixos sobre os quais se tem produzido a exploração

e dominação de grupos sociais e povos inteiros: a classe social, o gênero, a raça, a opressão nacional, as necessidades especiais, a sexualidade, as crenças religiosas etc. Porém também não podemos ignorar o papel de outras numerosas mobilizações intelectuais, sociais e políticas forjadas em séculos anteriores e que, por sua vez, também servem de apoio às que vêm sendo desenvolvidas ao longo do século XX e do presente.

As relações sociais compõem uma das maiores preocupações do século XXI, especialmente no que diz respeito a encontrar novos sentidos e pertencimentos às famílias, que agora recebem uma dimensão ampliada e também mais complexa. Aqui é pertinente a ressalva já realizada anteriormente sobre a noção de "resgate" de valores ou das "famílias de antes", supondo que eram melhores ou perfeitas, em comparação com as atuais, "desestruturadas" ou "falidas". Como diz a própria complexidade, existe o princípio da auto-eco-organização, que são as novas organizações construídas cotidianamente a partir das necessidades de adaptação do homem ao mundo, à natureza e à sociedade.

Obviamente que as mudanças nas relações sociais são inevitáveis, algumas delas com menor tensão e outras que se chocam com perspectivas e valores seculares, gerando conflitos e muitas vezes violência. O que ocorre é que, ao longo da segunda metade do século XX e início do XXI, as mudanças, antes lentas e geracionais, passam a ser aceleradas, a mídia lança músicas, celebridades instantâneas surgem e desaparecem em poucos meses, as chacinas viram manchetes de segunda linha pela frequência, sempre menos importantes que a final do campeonato de futebol ou as telenovelas. A vida acontece entre os amores e as dores, o trabalho e as festas, que caracterizam a *noosfera*, o espaço do todo subjetivo do ser humano. Nesse espaço de mudanças e representações sociais, a família também reage com novas configurações, como aponta o autor (*ibidem*, p. 76):

> À medida que o século XX avança também vai se tornando mais nítida a separação entre sexualidade e reprodução. A família já não é considerada uma estrutura exclusivamente destinada a ter e a criar filhos. Nem mesmo a sexualidade é contemplada somente sob o prisma da heterossexualidade. Neste período da história, as conquistas obtidas pelos movimentos progressistas, mas em especial pelos movimentos feministas e de homossexuais, lésbicas e transexuais, deixam patente uma grande variedade de modelos de família em que todos já não aceitam o modelo patriarcal que servia de pano de fundo à família tradicional.

Essa é uma discussão fundamental no universo da cultura de paz, pois tratará de questões que envolvem tabus, regras rígidas, religiosidade, que, efetivamente, são deflagradoras de conflitos e violências sociais. Em países como o Brasil, onde tais conquistas surgem bem mais recentemente que na Europa e na América do Norte, ainda são temas polêmicos, não obstante os avanços no debate e nas leis.

Um país que ainda convive com índices muito altos de violência contra a mulher nos casamentos tradicionais contrasta com legislação que acolhe a união homoafetiva. Dessa forma, a homofobia é clara, não só nos boletins de ocorrência como no dia a dia da liberdade dos direitos civis dos cidadãos. Igualmente, a xenofobia emerge em alguns pontos do país, com movimentos que visam separar regiões, criando nações independentes. Tudo isso fruto de interpretações distorcidas do que é democracia, tolerância e respeito aos direitos humanos. Nessa linha de argumentação, diz o autor (*ibidem*, p. 80):

> Ao longo do século XX, os homens têm precisado aprender a se relacionar com as mulheres de igual para igual; e as pessoas adultas com as crianças, como consequência de seus novos direitos conquistados. Mais recentemente, foram legalizados e tornados visíveis os novos tipos de famílias, fruto do reconhecimento de outros tipos de sexualidade e de outras maneiras de se relacionar; algo que está obrigando a revisão de todas as normas e leis que não contemplavam estas situações em seu desenvolvimento, assim como os conteúdos de muitas áreas do conhecimento científico e popular com os quais tem sido justificada boa parte das discriminações que as pessoas que se encontram nestas situações sofrem.

Concordamos com o exposto e complementamos com o argumento de Morin (2013b, p. 329): "A reforma da vida é a base sobre a qual deveriam convergir todas as outras reformas, e aquela que, ao mesmo tempo, deveria irrigar todas elas". Assim, aos poucos vamos aprendendo, ao conversar com pessoas idosas, com pessoas com deficiências, a acolhê-las, a dialogar com a diversidade e a valorizar mais os seres humanos do que as "convenções sociais clássicas". Em uma cultura de paz, é necessário entender como se dão as violências familiares, sejam com pais casados ou separados. Será a madrasta sempre a pessoa má e o padrasto sempre o estuprador? Serão os afrodescendentes mais violentos, já que são a maioria dos encarcerados no país? O que dizer da violência psicológica causada na criança vítima de alienação parental, impelida na quase totalidade dos casos pela mãe? Como podemos ousar dizer qual o melhor tipo de família para atender às demandas tão contundentes do século XXI, na formação humana? Respostas prontas na forma de verdades psicológicas ou sociológicas são limitadoras, por isso precisamos da complexidade.

As "certezas" das décadas passadas deram vez às incertezas do agora, mas não a incerteza que imobiliza; ao contrário, a que nos faz protagonistas de novas decisões em favor da vida, do ser humano e do planeta. Os diálogos intergeracionais serão cada vez mais bem-vindos e necessários, pois todos têm a aprender com os demais, ao longo de toda a vida. Portanto, a revolução nas relações está na forma como nos relacionaremos com pessoas de diferentes formas de viver, que em muitos momentos divergem dos nossos modelos. A resposta a isso é tolerância e respeito às diferenças. Mas fazer isso acontecer socialmente requer um trabalho pedagógico de não violência, de mediação de conflitos e de discussão profunda de valores humanos, o que está no espaço da educação para a paz.

A próxima dimensão é a *revolução econômica* em que Santomé (2013) vai analisar a noção de globalização como um fenômeno que perpassa todas as sociedades, nos diversos continentes, de forma direta ou indireta. Para esse autor (*ibidem*), o conceito de globalização já foi visto como positivo, pois ensejava uma ideia de interconexão entre países e povos. Porém, nas últimas décadas, quando empregado especialmente pela política e economia, passa a apoiar um discurso dito neoliberal, que reforça as desigualdades sociais e desmobiliza as diferentes nações. Isso é explicado por Santomé (*ibidem*, pp. 88-89) da seguinte maneira:

> Não convém aqui ignorar que a globalização neoliberal exige e provoca uma maior uniformidade no consumo das pessoas e uma maior homogeneização dos mercados. Este modelo de economicismo explica um processo que não para de avançar: o da uniformização e da padronização. Um exemplo dessa uniformização e homogeneização dos gostos e hábitos de consumo são os produtos que as grandes produtoras culturais de cinema, televisão, histórias em quadrinhos, músicas, *videogames* etc., lançam ao mercado. Busca-se e constrói-se um modelo de consumidor genérico que, não importa onde viva, consuma os produtos das multinacionais Nike, McDonald's, GAP, Coca-Cola, Nintendo, Adidas, Disney, Nokia, Apple etc.

Não nos interessa aqui fazer uma discussão do processo de globalização, de economia global e nem dos mercados emergentes. Interessa-nos o que o modelo globalizado de consumo oferece de potencial para a violência e como isso pode marcar a construção de uma cultura de paz. De início já podemos dizer que a homogeneização do consumo gera padrões que podem ser adquiridos por poucos, apenas. Esse fenômeno é clássico, quando pessoas furtam, assaltam para obter dinheiro ou produtos da moda. Menores se juntam ao tráfico para poder ostentar marcas caras como símbolo de *status* e poder. Atualmente, o furto de celulares com maior qualidade tecnológica é altíssimo, porque se trata de um ícone de consumo entre jovens. Portanto, a primeira violência é a da possibilidade ou não de aquisição do bem de consumo.

Porém, existem outras formas de violência associadas a esse fenômeno. Uma delas é o simbolismo do ter ou não tais produtos, outra é adquirir produtos falsificados e contrabandeados a custo baixíssimo, produzidos em situações irregulares, com utilização de trabalho escravo e de mão de obra infantil, sonegação de impostos e toda uma rede de criminalidade ligada aos produtos ditos "piratas". Além disso, cria-se toda uma cultura de "levar vantagem" em adquirir produtos baratos, ilegais, o que faz com que as pessoas que agem de maneira correta na forma da lei pareçam "bobas" ou "ingênuas".

Efetivamente, o fenômeno da globalização, no desdobramento do consumo, está no caminho de múltiplas formas de conflitos e violências. Uma cultura de paz passa a ser necessária para discutir padrões, prioridades, percepções sobre a necessidade de "ter" as coisas com a dimensão do "ser" uma pessoa que pode avaliar seus padrões e necessidades. Não se trata de dizer não ou recusar as dimensões individuais e a aquisição de bens materiais que geram alguma forma de conforto e bem-estar. Mas isso é diferente de consumir frequentemente os lanches de marcas famosas e engrossar a fila da obesidade mundial, por exemplo. Santomé (2013, p. 90) exprime bem essa questão:

> Os novos modelos neoliberais exigem, e, portanto, favorecem o surgimento de uma nova fórmula de moralidade, tanto entre os consumidores e clientes como entre os produtores. Esta variante do capitalismo global exige um novo ser humano, com uma psicologia adequada, capaz de alterar sua escala tradicional de valores e de aceitar e introduzir como norma uma cultura de egoísmo, de ambição e da busca de seus próprios interesses pelos meios que sejam; fazendo desaparecer de seu núcleo de preocupações as necessidades e os interesses dos "outros".

Nesse contexto, até mesmo valores como paz, solidariedade, gentileza podem soar como modismos ou produtos a ser consumidos, mesmo que tenham uma "boa intenção". Imagens, símbolos de paz em camisetas ou ainda o consumo de "práticas da paz", como meditação, ioga, entre outras também compõem um mercado a ser discutido em face das realidades que enfrentamos hoje. Esse "mercado espiritualista", relacionado a figuras como Mahatma Gandhi, líder político e espiritual indiano, e Sidarta Gautama (Buda), faz com que a imagem de paz seja "comprada como estilo" por muitas pessoas, sem efetivamente associá-la ao autoconhecimento, com a ideia de ser "zen", expressão que remete à harmonia interior e à melhoria individual. Tais questões compõem efetivamente o universo da cultura de paz na essência, mas não na dimensão apenas do consumo das práticas. Como diz Morin (2013b, p. 140), precisamos de um pensamento que "ultrapasse o economicismo".

Outra mudança que apontamos, seguindo Santomé (2013), é a *revolução ecológica*, que passa a ser investigada como desdobramento do consumo excessivo e irresponsável, como forma de violência. Parece-nos uma violência invisível, mas absolutamente ligada aos processos de globalização e consumo que prejudicam a preservação da vida do planeta. O meio ambiente, palco da preocupação na organização das cidades e das relações sociais, também figura na questão do consumo no que tange ao esgotamento de recursos naturais, na exploração e na destruição do planeta, na ideia de que o mais importante é lavar o "meu carro", limpar a "minha rua" e proteger a "minha casa".

O meio ambiente é frequentemente lembrado quando se fala em cultura de paz, especialmente em desenhos que mostram um mundo "bonito", com pessoas e famílias felizes. Podemos, portanto, elencar a temática da ecologia ao contexto da educação para a paz, mas absolutamente transpondo essa visão limitada ao "mundo perfeito". Trata-se de encontrar os problemas fundamentais ao processo de sustentabilidade e que podem garantir que as mudanças caminhem no sentido de superar a dicotomia existente entre o ser humano e o planeta Terra. Essa relação é central nos estudos da complexidade, tanto que Morin (2012b) elenca a "identidade terrena" como um dos saberes da educação para o século XXI. Em concordância com isso, Santomé (2013, p. 113) acrescenta:

> Atualmente, existe um consenso na urgência de estabelecer um novo modelo de relações do ser humano com seu meio natural. Todo mundo começa a estar consciente das mudanças climáticas ou, em outras palavras, da irracionalidade com a qual o ser humano interage com o meio ambiente; de como os modelos de produção dominantes, à medida que enriquecem algumas pessoas, contribuem para destruir nosso planeta, originando a extinção de espécies de todo tipo, inclusive a vida de muitas pessoas.

A discussão da cultura de paz, numa perspectiva de complexidade, não exclui a dimensão da espiritualidade e muito menos da visão dialógica sobre os fenômenos da ecologia e do meio ambiente. Pode ser limitado pensar a paz apenas da perspectiva da ecologia pessoal, como igualmente da harmonia de todos os seres com o universo, sem discutir a impossibilidade disso. Em contrapartida, temos todos os problemas que afetam a natureza, os seres vivos e o próprio planeta. Porém, o discurso que compara quem é a "favor" ou "contra" o cuidado com a natureza e a preservação do planeta também não é produtivo.

Assim, poderíamos dizer que a cultura de paz, ao abordar a questão ecológica, deve em primeiro lugar questionar a própria relação do imaginário do "mundo perfeito" para os problemas de sustentabilidade da vida e do planeta. Isso não se faz apenas nos discursos, mas no olhar atento ao cotidiano e aos cuidados consigo mesmo, com os outros e com o todo. Aqui, Morin (2013b, p. 103) coloca uma questão-chave:

> As vias para se responder à ameaça ecológica não são apenas técnicas; elas necessitam, prioritariamente, de uma reforma do nosso modo de pensar para englobar a relação entre a humanidade e a natureza em sua complexidade e conceber as reformas de civilização, as reformas de sociedade, as reformas de vida.

Mesmo que a sensação seja de insistência nos argumentos, voltamos a enfatizar que uma cultura de paz pensada no foco da educação para a paz, como tema transversal nos processos pedagógicos, nos projetos escolares e programas sociais, não é a "salvação" para todos os problemas, conflitos, convivências e violências da humanidade. Por outro lado, constitui-se num tema gerador especialmente rico e articulador de diferentes dimensões tratadas isoladamente, mesmo com grande boa vontade, nos espaços educacionais. Ainda é muito comum observarmos projetos de "meio ambiente" ligados apenas ao plantio de árvores e hortas comunitárias, que são feitos há mais de uma geração e não vão a fundo na discussão da relação entre o ser que planta e o que é plantado, o ser que cuida e o desdobramento disso para as próximas gerações. Essas são as grandes questões a serem tratadas pedagogicamente. Aqui, mais uma vez, Santomé (2013, p. 120) aponta com propriedade:

> Frente a uma humanidade em estado de emergência planetária, dada a gravidade da poluição e da degradação dos ecossistemas, a aceleração das mudanças climáticas, a exploração irracional e terrivelmente injusta dos recursos naturais, a

perda da diversidade biológica etc., agora se pretende que os sistemas educativos também colaborem nesta tarefa de formar um novo mundo ecologicamente sustentável. Consequentemente, urge promover uma educação que contribua para a construção de uma sociedade mais viável para a humanidade. Portanto, é necessário integrar os princípios, os valores e as práticas do desenvolvimento sustentável em todos os níveis do sistema educativo, em todas as facetas da educação e da aprendizagem.

Finalmente, cabe reforçar a relação direta entre o consumo e o meio ambiente. Não há que se "resgatar" um homem natural de séculos passados, vivendo no campo etc. Já vimos que precisamos reconhecer o passado, mas olhar o presente para pensar e planejar o futuro, um futuro do amanhã, do presente cotidiano, em processos auto-organizadores. Não há um futuro dado, pronto, com data marcada. Existem as construções que podem ser vislumbradas à luz da cultura de paz, em que a sensibilidade e a coerência de argumentos tenham o mesmo valor; ou vistas pela cultura de violência, em que a predação do meio ambiente é inevitável e será amenizada com mais tecnologia e não com o cuidado essencial e a educação para o meio ambiente. Como esclarece Santomé (2013), precisamos fazer com que na infância haja um aprendizado para que o cuidado com a sustentabilidade do planeta seja entendido, percebendo a interconexão entre os seres vivos – sejam plantas, sejam animais, sejam minerais, seja água – e o trabalho, o lazer e a cultura – numa palavra, a ecoformação.

Na sequência, o autor (*ibidem*) fala da *revolução política* como outro elemento relevante para entendermos a relação com as possibilidades presentes e futuras. Mesmo que acreditemos que dentro dos sete saberes propostos por Morin (2013b), o "ensinar a compreensão" deva fazer parte desse mundo da política, como colaboração e reconhecimento positivo das diferenças, sabemos que ainda é necessária uma grande caminhada nesse sentido. Desde a política na participação cidadã até a política da organização dos sistemas, ainda damos os primeiros passos no Brasil. Regime militar recente, abertura política em estágios iniciais, falta de clareza sobre funções legislativas, participação em políticas internacionais, tudo o que aponta para a necessidade de entendimento mais claro e profundo projetando uma educação política. Santomé (2013, p. 136), a esse respeito, diz:

> Se admitirmos que a política é o conjunto de discursos, propostas e ações que afetam a vida das pessoas e que respondem à reflexão de como é e como deveria

ser nossa vida e nossos modelos de convivência, a educação política se torna um objetivo urgente. O grau em que essas reflexões, decisões e ações serão democráticas ou não estará relacionado com as possibilidades e condições que os cidadãos tiveram de participar.

Se a maior participação popular com mais consciência é importante, deve haver um esforço para que os espaços educativos sejam férteis em trabalhar com pontos de vista contrários. Deve-se pensar em suas complementaridades, com argumentação de qualidade, com o entendimento do conflito como elemento importante para a construção de consensos adequados para a maioria. Assim, podemos dizer que a educação para a paz possui uma perspectiva também de educação para a política, de entendimento da política, especialmente nos mecanismos de equidade, de participação, do debate das ideias e da abertura ao modelo de participação ativa nos próprios caminhos de sua vida. Além disso, nessa reflexão sobre a política entram em cena os fatos históricos que compõem o país, desde sua origem, com todo o seu desdobramento na atualidade. Nisso, não escaparemos da história das violências – como o etnocídio dos indígenas nativos, visando ao nosso "desenvolvimento"; os séculos de escravidão e o genocídio de populações africanas sequestradas e que foram a mão de obra do país por gerações; o regime militar que levou o Brasil ao obscurantismo dos direitos humanos e ao processo de engenharia da corrupção, que só após 50 anos começa a ser desvelado; a desigualdade entre ricos e pobres, senhores e escravos, patrões e trabalhadores, reproduzida na formação cultural do país e muitas vezes ainda presente na mente e nas práticas sociais na atualidade. Política, democracia e cidadania são construídas no debate de ideias, pautadas pelos fatos históricos.

Isso faz, mais uma vez, com que o paradigma da cultura de paz fuja ao senso comum e à ideia de passividade, avançando para o cenário de uma área de saber que possui uma reflexão e uma discussão que aprofundem questões humanas sérias e urgentes. Nisso, outras perspectivas são igualmente importantes, para além da política partidária do país, posto que as políticas internacionais também afetam as relações entre países, blocos e regiões do planeta. A política que se aproxima dos países africanos, com seus graves problemas sociais, a Europa, com a economia estagnada, um Leste Europeu com conflitos recentes, a política Norte-Sul do mundo, os conflitos perenes no Oriente Médio, entre tantos outros, geram desdobramentos nas relações de cultura de paz e a reprodução das violências. Isso é descrito por Santomé (2013, p. 142):

Trata-se de ajudar as novas gerações a construir um conhecimento melhor e mais objetivo das realidades dos Hemisférios Norte e do Sul e de suas interdependências; dos processos de exploração com os quais o Norte se enriquece, enquanto o Sul se empobrece. Este conhecimento vai ser fundamental para a promoção de um mundo mais justo baseado na cultura do respeito mútuo, da igualdade e da solidariedade.

A grande revolução da política seria, nesse caso, uma reinvenção das próprias perspectivas da política, baseada na ideia de consensos para um bem maior, e não dissensos por vaidades ou "certezas" dos fundamentos doutrinários que inviabilizam qualquer forma de negociação e sínteses. Por fim, acreditamos que a cultura de paz, com o viés da complexidade, pode ser gestada com propriedade em países como o Brasil, onde a diversidade, o multiculturalismo, as desigualdades sociais e também os problemas cotidianos das violências e do aprendizado da democracia apontam para o crescimento da humanidade e da humanização, a fim de avançarmos na qualidade das buscas e superações. A esse respeito, encontramos em Morin (2013b, p. 81):

> A democracia é um sistema frágil que crises graves podem arruinar e que demanda um longo enraizamento histórico para se consolidar. As crises nas democracias preparam o terreno para as ditaduras, mas, felizmente, as crises das ditaduras preparam o terreno para as democracias, fato presenciado em inúmeras nações da América Latina.

Poderíamos supor que a cultura de paz no Brasil, no contexto da América Latina, seria uma construção viável para todos os países que pretendem libertar-se das amarras políticas e culturais orientadas ao eurocentrismo? Seria o processo pedagógico da educação para a paz, com vertente crítica e orientada pela complexidade uma nova revolução nos espaços educacionais, como um tema gerador/transversal significativo? São os argumentos que estão em jogo ao longo dessa caminhada. A respeito dessa questão, vamos mais uma vez acreditar como Santomé (2013, pp. 153-154), que assim se manifesta:

> (...) países com governos progressistas na América Latina, África e Ásia estão dando passos importantes para criar modelos de sociedade mais humanistas e com maiores parcelas de justiça social, a fim de serem mais eficazes em suas políticas de desenvolvimento e ao mesmo tempo estender seus modelos sociais e econômicos a outros países submetidos a políticas neocoloniais ou claramente neoliberais.

O próximo tema-chave apontado por Santomé (2013) é a *revolução estética*, que apresenta as mudanças em vários campos, da pintura à arte digital, passando por cinema, quadrinhos, escultura, desenho, fotojornalismo, entre tantas possibilidades. Chama de revolução, e talvez esta uma das mais observáveis, pois migrou de uma ideia clássica, em que a estética era aventura para poucos eruditos, chegando à valorização de um universo de elementos diferenciados, multiculturais, com as mais diferentes expressões dos mais variados grupos, um verdadeiro mosaico integrador de sentimentos, impressões, histórias e caminhos percorridos pelos diferentes grupos e povos, ao longo de suas convivências e fruições.

Ao respeitarmos as diversas formas da estética, entendendo-a como a sensibilidade de diferentes culturas, valorizamos a beleza da criação humana, seu poder emancipatório, as críticas que a arte pode imprimir à sociedade, as reivindicações, a piada como denúncia dos problemas, as cores e as formas como expressão da sensibilidade e, ao mesmo tempo, como criação de sentidos, inclusive de novos sentidos. Ainda que Santomé (*ibidem*) não entenda dessa forma, nos permitimos incluir, no rol das atividades estéticas, as práticas corporais e esportivas, que também são formas de expressão e sensibilidade. O esporte, no caso o futebol, no Brasil, apresenta relações culturais importantes, além da estética dos gestos esportivos. Temos inúmeros exemplos também do envolvimento do esporte em momentos políticos diversos, desde sua utilização como apoio ao regime militar no país, como em processos de abertura, com atletas posicionando-se politicamente. Uma grande competição internacional traz uma gama de elementos estéticos, assim como uma peça de teatro ou um grupo de dança.

Para a cultura de paz e sobretudo para a educação para a paz, os elementos estéticos constituem desdobramentos fundamentais, uma vez que as reflexões sobre as convivências, as violências e os conflitos humanos são apresentadas e tematizadas em músicas, desenhos, *slogans*, murais, cartazes, todos procurando refletir sobre as relações amplas na sociedade. Desse modo, também competições esportivas, repensadas à luz das atividades cooperativas ou do congraçamento da cultura da participação esportiva, podem oferecer elementos ricos para o ensino de solidariedade, respeito e integração entre as pessoas. Quanto a isso, Santomé (2013, pp. 153-154) afirma que "a educação destinada ao desenvolvimento da sensibilidade converte as pessoas em artistas, em seres humanos muito sensíveis a detectar todas as transformações e conflitos do mundo". Como complemento à importância da cultura, arte e estética com o foco da complexidade, que, por meio de livros, músicas, tradições marcam a vida humana, Morin (2013b, p. 61) diz:

> A civilização ocidental pode e deve propagar o que tem de melhor: a tradição humanista, o pensamento crítico e o pensamento autocrítico, os princípios democráticos, os direitos da mulher, da criança e do homem. As sociedades tradicionais mantêm uma relação com a natureza, um sentido de inclusão no Cosmo, laços sociais comunitários que devem conservar, mesmo introduzindo nela o que existe de melhor no Ocidente.

Com a diversidade de tantas culturas singulares, com as mestiçagens genéticas e culturais ao longo da história e com a facilidade da informação do século XXI, temos um terreno muito fértil para que a cultura e a estética aproximem mais o ser humano de sua identidade planetária, contribuindo para comprometer nossa geração e as próximas com um sentido estético plural, que represente o acolhimento das diferenças, a fruição da história apresentada por múltiplas linguagens e especialmente ampliando nossos olhares e leituras sobre o mundo e a vida. Como bem coloca o autor (*ibidem*, pp. 79-80), a estética "não é um luxo; as emoções suscitadas pela beleza diante da natureza, da arquitetura, das obras de arte, são parte integrante da poesia da vida". Toda a prosa e a poesia da vida carregam os valores de determinados grupos, comunidades, países. Isso é o que veremos a seguir.

A *revolução nos valores* também ocupa a reflexão de Santomé (2013), que discute as mudanças na forma de perceber os valores, fruto do acúmulo das mudanças e inovações que nos levam a rever ideias e perspectivas – muitas delas que pareciam eternas. Boa parte dessa revolução nos valores está relacionada a uma série de perspectivas vinculadas aos direitos humanos e aos princípios subjacentes às conquistas de grupos sociais do século XX ao início do XXI.

De maneira geral, podemos dizer que a educação em valores é um dos elementos essenciais da educação para a paz no processo de construção de uma cultura de paz. Abordar pedagogicamente os valores humanos, tanto os bons valores quanto os contrários, discutindo-os não como receita, mas como uma construção oriunda das relações humanas e sociais cotidianas, faz com que se amplie a visão, como já dito em vários momentos, do "resgate de valores" para uma pedagogia dos valores humanos. O mundo não está mais violento apenas pela revolução nos valores. Como vemos, os estudos de Santomé (*ibidem*) apresentam um panorama com inúmeras revoluções, que no conjunto apontam para uma sociedade em crise, na qual os conflitos são parte integrante e devem ser entendidos como oportunidade para o desenvolvimento humano. Portanto, não atribuir peso aos valores, tanto para a cultura de violência como para a cultura de paz, é negar as conexões com as demais questões da sociedade, ciência, educação, entre tantas.

Assumir que os valores humanos não são acabados ou imutáveis é acreditar no potencial humano para reconstruí-los, redefini-los ou redimensioná-los nas situações sociais atuais. É fato que as novas configurações familiares, urbanas, as mudanças no mercado de trabalho, na economia, nas tecnologias, na política entre tantas que perpassam a vida atual, alteram a percepção sobre os valores. Isso é difícil, por vezes perigoso, mas inevitável! O que ocorre é que as mudanças sempre desestabilizam, forçam as pessoas a readaptar-se, e elas têm formas diferentes de se relacionar com tais mudanças. A aceitação não se dá apenas pelos preconceitos, mas também pelas posições sociais e profissionais em determinado momento, que tendem a marcar as opiniões e os pontos de vista.

Porém, considerando toda a dimensão que verificamos neste tópico, mais uma vez acreditamos na reflexão de Santomé (2013, pp. 163-164):

> É preciso aceitar a pretensão de que o século XXI deve ser o século da justiça social, da paz, da compreensão e da solidariedade global e trabalhar com isso. Nosso século deve se caracterizar pela empatia e compaixão, mas no sentido etimológico da palavra: sofrer juntos, compreender o estado afetivo e emocional do outro; seguir uma via que facilite aprender a valorização dos demais como iguais e o respeito a eles. Portanto, é preciso dar maior ênfase à educação das emoções, à compaixão como meio de fomentar a ajuda e à compreensão do outro. Esta educação por meio da empatia deve ser convertida em uma política da educação destinada a formar as gerações multiculturais de hoje. As instituições escolares devem ser espaços nos quais todas as pessoas que ali interagem percebem e se sentem tratadas com carinho, afeto e amor, algo que facilitará a diminuição do espírito de rivalidade e de concorrência dentro do qual muitas escolas têm educado as gerações atuais.

Sobre essa questão dos valores, Morin (2013b) discute como eles afetam a vida humana em todos os sentidos. A sociedade competitiva, com seus ideais de vitória a qualquer custo, e as sociedades tradicionais, que valorizam o cuidado essencial, precisam ser repensadas juntas. O estágio atual da humanidade não regressará a outros tempos, mas pode se eco-organizar de outras formas, regenerando alguns valores universais, assim como práticas sociais e comunitárias que contribuam para a contenção de tantas mazelas atuais. Assim, a reforma dos valores e da própria vida sugere "a paz da alma, o relaxamento, a reflexão, a busca de outra vida que responde ao que se encontra atormentado, sufocado em nosso interior" (*ibidem*, pp. 334).

Além dos valores, temos ainda como um dos aspectos relevantes nos estudos de Santomé (2013) a *revolução nas relações de trabalho e no tempo de lazer*. Mesmo que o autor já tenha examinado as mudanças no Estado, nos processos de urbanização, na economia, na política, entre outros, a relação entre tempo de trabalho e tempo de lazer também pauta as discussões sobre o presente e o futuro da sociedade. De acordo com Santomé (*ibidem*), mesmo considerando as crises no mercado de trabalho, as limitações decorrentes da economia global e os problemas sociais em vários continentes, o tempo de lazer, como complementaridade, precisa ser alvo dos estudos atuais na vida das pessoas.

O lazer, que passa a ser considerado não mais como mero "descanso", mas como um tempo privilegiado para o aprendizado de novas habilidades, valores e conhecimentos, mesmo preservando a essência da fruição, mostra que ele pode constituir-se em elemento importante nas reflexões sobre cultura de paz. Observamos atualmente que existe muita violência nos tempos de lazer no século XXI. Isso ocorre entre jovens e famílias, nas cidades, onde as convivências humanas se dão muito ligadas às drogas lícitas e ilícitas, à falta de opções culturais interessantes ou ainda à falta de recursos para desfrutar de um lazer mais qualitativo, quando falham as políticas públicas nesse setor.

Como diz Morin (2013b), pode-se perpetuar uma tentativa de resistência ao sistema, como uso do álcool, por exemplo, para esquecer os problemas da vida, porém essa mesma resistência acaba alimentando o próprio sistema do qual se tenta fugir. É o que ele chama de resistência que colabora com o sistema. Portanto, pensar as relações de trabalho e lazer, particularmente no que se refere às populações mais frágeis economicamente, é uma tarefa importante, à medida que vai articular as convivências humanas às formas mais positivas de relacionamento, proporcionando novos elementos criativos e necessários ao avanço na qualidade da vida e das relações.

Os tempos de trabalho e lazer precisam ser reinventados na perspectiva complementar, e não só de equilíbrio entre o bem (lazer) e o mal (trabalho). O trabalho deve cada vez mais aproximar-se da satisfação e da alegria. Dessa forma, o lazer não seria algo para se livrar do trabalho, mas um tempo a ser aproveitado com mais tranquilidade e harmonia. Talvez, com o aprofundamento dessas questões, possamos acreditar numa sociedade futura menos entrecortada por tempos "disso" ou "daquilo", como contrários, mas como dimensões igualmente importantes para a própria vida. Tempos de trabalho e de lazer são determinantes para pensar as convivências, logo, para entender o ser humano. Como escreve Santomé (2013, pp. 174-175):

> Ainda que em um momento como este, de forte crise no mercado de trabalho, possa parecer que se preocupar com o tempo de lazer é demonstrar certo cinismo, na realidade devemos continuar prestando atenção a esta parcela do tempo, pois do contrário seguiríamos caindo em um simplismo injusto, ao considerar que somos unicamente uma amálgama de *homo economicus* e *homo consumens*. É lógico que a primeira preocupação da grande maioria das pessoas – manter o posto de trabalho atual ou encontrar um emprego e, se possível, com alguns vislumbres de estabilidade – se converta na preocupação principal. Porém também na disponibilidade de tempo para o lazer, situações de injustiças continuam sendo manifestadas. Assim como continua existindo uma diferença de salário entre homens e mulheres, existe também uma diferença muito significativa no tempo livre disponível e no tempo de lazer para cada sexo.

Ao finalizar suas reflexões sobre as revoluções atuais na sociedade, Santomé (*ibidem*) analisa as *revoluções na educação*, que fundamentalmente requerem modificações na legislação, nos modelos pedagógicos, nos conteúdos, entre várias outras. Por isso, é fundamental que as mudanças em educação sejam sempre pensadas com o complexo entendimento social e das mudanças necessárias à humanidade. Isso requer refletir que não há grande transformação nos processos de curto e médio prazos. O que precisamos é ampliar análises que contribuam para pensar melhor as práticas e os conhecimentos relevantes para o desenvolvimento não só do aluno individualmente, mas de suas relações convivenciais e comunitárias. Esse autor (*ibidem*, p. 183) faz uma dura crítica nesse sentido:

> É a ausência de políticas educativas bem elaboradas junto à resistência de muitas escolas a aceitar essas urgências e incumbências que faz com que muitas instituições se tornem estanques, como espaços fossilizados; inclusive, fortemente ancoradas em um passado irreal, o qual adocicam e encaram como uma época dourada, maravilhosa, frente a um presente que, por não entenderem, vivem de forma decadente e sem interesses. A esse pano de fundo é preciso somar as frequentes denúncias nos meios de comunicação mais sensacionalistas que, sem incluir dados empíricos significativos, insistem em dizer que os níveis de

ensino estão caindo, que os alunos se esforçam cada vez menos, que são mais violentos, que carecem de valores ou que são imorais, etc.

Interessante observarmos como todas as "revoluções" aqui discutidas aparecem integradas no contexto escolar. Por isso, é imprescindível ficarmos atentos às dinâmicas da sociedade, da política, da economia, da cultura, da religião, entre tantas que geram movimentos de tensão e conflito, que estarão na base das lutas sociais e nas novas formas de encaminhar as situações. São esses conflitos sociais que podem gerar alterações na legislação ou nas recomendações educacionais.

Entendemos que tal discussão ganhará corpo à medida que forem desmistificados termos e conceitos. Conforme vamos construindo argumentos, percebemos que a complexidade não é algo que deva assustar. Ao contrário, olhar as questões da humanidade e da sociedade, dentro de perspectivas amplas, nos dá a sensação de possibilidade de mudanças, que são difíceis, mas presentes no cotidiano e ao longo da vida, sem uma vã esperança de um futuro iluminado. O futuro está nos passos do presente, compreendendo este presente e seus desdobramentos, ou os modelos, os paradigmas nos quais nos espelhamos.

A educação para a paz, como campo pedagógico da cultura de paz, é um desses modelos que permitem entender que a relação eu-outro-mundo precisa ser revisitada em padrões mais solidários, mais humanizadores, menos violentos, tanto nas atitudes relacionais diretas quanto nas questões sociais amplas, que atualmente são geradoras de conflitos e violência, de acordo com o que temos discutido ao longo deste capítulo. Nisso, como fala Santomé (2013, p. 217):

> Dada a complexidade do mundo em que vivemos atualmente, não podemos pensar na educação sem supor que a formação deve ser contínua, ao longo de toda a vida da pessoa. Da mesma forma, é preciso levar em conta que as instituições e os espaços escolares perderam a exclusividade, o que está dando lugar a novos modelos de instituições de ensino nas quais existe uma grande interdependência de inúmeras redes e espaços extraescolares a esta atividade de formação.

Pelas questões colocadas, não cabem mais apenas os discursos "oficiais", que apresentam somente uma ou duas formas aceitas de viver em sociedade. Cada vez mais, e no futuro, a demanda por relações entre as gerações será crescente e criará laços mais solidários, em vez dos preconceitos vivenciados atualmente. Esse cenário faz com que as instituições escolares estejam cada vez mais sintonizadas às comunidades, criando efetivamente as redes de conhecimento, de caráter plural e democrático. A educação do século XXI não pode mais ficar apenas à mercê dos sistemas e conteúdos de ensino, mas abrir-se, com coerência, para o mundo exterior, encontrando as demandas da realidade.

Nos argumentos de Santomé (2013) encontramos muitas questões pertinentes à cultura de paz. Nossa opção, como temos afirmado ao longo desta pesquisa, é encontrar referências não habituais para a discussão do tema. Nesse caso, optamos em não trabalhar com massa de dados sobre a violência e nem apontar suas causas diretas. Apoiados nas reflexões desse autor (*ibidem*), mediadas por Edgar Morin e na construção de argumentos integradores, trouxemos uma perspectiva de que o próprio desenvolvimento da humanidade dá origem a novos problemas e que muitas das violências que temos cotidianamente estão relacionadas às questões estruturais.

No dia a dia das instituições escolares e educacionais de forma geral, as violências diretas nos ocupam o tempo, pois precisamos resolvê-las imediatamente, nos utilizando das normas escolares, da legislação e até da polícia. Ao mesmo tempo em que nos parece termos resolvido o problema, sabemos que foi utilizada a repressão e que isso apenas estanca, momentaneamente, as situações de conflitos e tensão. Respiramos profundamente e aguardamos a próxima situação extrema. Teremos algum tempo de paz, uma trégua. Pensando nesse cotidiano que atravessa grande parte das escolas do país é que a intenção da educação para a paz, apoiada na perspectiva das *cinco pedagogias – pedagogia dos valores humanos, pedagogia dos direitos humanos, pedagogia da conflitologia, pedagogia da ecoformação e pedagogia das vivências/convivências –*, práticas lúdicas e restaurativas, promotoras da vida nas escolas, é uma alternativa mais que viável, se não absolutamente necessária para a educação brasileira no século XXI.

Como fecha Morin – que terá espaço no Capítulo 2, quando analisaremos os "sete saberes necessários à educação do futuro" –, com seu pensamento educacional: "A reforma introduziria os problemas vitais, fundamentais e globais ocultados pela fragmentação escolar" (Morin 2013b, p. 194). Nisso estão os elementos fundamentais da busca pela paz, de uma cultura de paz e da construção de uma educação para a paz que possa contribuir no contexto educacional.

A paz por ela mesma!

Ao longo deste capítulo construímos argumentos que pretendem colocar o complexo da cultura de paz como um possível paradigma para o século XXI. Isso se dá ao introduzir o pensamento de Edgar Morin como uma possibilidade privilegiada de análise, ao não estabelecer "certezas" predefinidas, mas buscar a integração em fatos e fenômenos. Disso já podemos elencar: 1) a cultura de paz não pode ser entendida apenas por fragmentos de práticas ou de discursos; 2) uma cultura de paz pode ser uma intenção global, mas que requer considerar todo o complexo do entrecruzamento entre as noções de indivíduo-espécie-sociedade, além da relação entre ser humano e saber científico; 3) paz não é apenas um estado pleno de harmonia, mas um processo construído entre razão, emoção, práticas sociais, dimensões culturais, espirituais, entre tantas, devidamente situadas em contextos retroalimentados pela objetividade e pela subjetividade humanas; 4) a cultura de paz se faz na intersubjetividade, na convivialidade, supondo assim a importância de processos de ensino e aprendizagem, que chamamos de educação para a paz.

Ao estabelecermos esses pontos, como marco demonstrativo da cultura de paz, vemos como ela é um fenômeno complexo e com inúmeros desdobramentos na vida individual, na vida social e nos grupos, e intencionamos caminhar por perspectivas que demonstrem que a violência em si não é o grande alvo dos estudos da paz, e sim as relações humanas, sociais, culturais, ecológicas e planetárias entrecruzadas nas vidas micro e macro.

Até este momento, tratamos da relação da cultura de paz com toda essa complexidade, e, a partir de agora, pensaremos com base em argumentos específicos sobre a paz como elemento geral, no imaginário e em suas características básicas. Isso servirá para apontarmos questões clássicas e pertinentes sobre a noção de paz. Será importante, uma vez que ao longo da pesquisa falamos de uma abordagem diferenciada, dialógica, mas que só pode ter credibilidade se discutida à luz das ideias originais sobre a paz. Iniciamos com uma reflexão feita por Defourny (2006, p. 13):

> Sem dúvida, paz e liberdade são condições indissociáveis para a instauração de sociedades mais justas e equitativas. Se, por um lado, é preciso reconhecer que ainda estamos distantes dessa aspiração universal, por outro, não podemos aceitar que as violências, em todas as suas formas, implícitas ou explícitas, neutralizam-se. Estou seguro de que, pela via da educação, da cultura e dos direitos e deveres humanos para todos, conseguiremos reconstruir nossas

instituições, blindando-as por mentes verdadeiramente democráticas, de maneira a protegê-las contra quaisquer tentativas que possam reduzir a condição humana.

A ideia inicial de Defourny (2006) relaciona a paz e a liberdade como inevitáveis à melhoria da sociedade. Tais virtudes estariam na base da democracia que, por sua vez, deve promover a condição humana. Esses são princípios fundamentais à cultura de paz e à educação para a paz: a cultura de paz como a disseminação de que a paz precisa ser querida, desejada pelos povos, e a educação para a paz como estratégia pedagógica para apresentar, discutir, apreender habilidades cognitivas, sociais e humanas para atuar em sociedade.

No mesmo caminho, Ricoeur e Wiesel (2006, p. 33) dizem que "apesar de todas as catástrofes, a guerra e a paz não deixam de construir um par", o que reafirma que não será possível uma paz plena e sustentável sem historicidade, sem conflitos e sem convivências mais humanizadoras, surgidas nas situações de tensão e violências. Isso faz os autores (*ibidem*, p. 34) afirmarem:

> Com efeito, a paz, finalmente, é mais do que a ausência ou a suspensão da guerra; é um bem positivo, um estado de felicidade que consiste na ausência do temor, na tranquilidade para aceitar as diferenças. O estado de paz deve ser imaginado como o oposto exato do medo da morte violenta que suscita todas as formas de ataque antecipado.

Quanto mais as condições sociais e humanas estiverem em desequilíbrio, não apenas em relação às guerras, mas nas situações de pobreza e miséria, nossa abertura para o outro será prejudicada, a empatia, relegada e o confronto, mais naturalizado.

Mesmo que o enfoque dessa análise sejam as guerras entre nações, podemos igualmente dizer que tais ataques antecipados estão presentes de diversas formas. Nas escolas com o *bullying*, no trabalho com o assédio moral, em família na violência contra crianças, mulheres e idosos, e em todos os setores da sociedade. A violência pensada, planejada e levada a cabo é uma das formas que demonstra a necessidade de o ser humano ampliar pensamentos e sentimentos menos competitivos, agressivos, destrutivos, violentos. Aqui, como já expresso anteriormente, dizemos que, se conseguimos pensar, planejar e executar tão bem a violência em nossa vida, podemos igualmente aprender a fazer isso com a paz. Mas não mais com qualquer coisa de paz, sem reflexão, sem diálogo sobre significado, sem atitudes mais determinadas. Sobre isso reflete Eco (2006, p. 33):

> A paz universal é como o desejo da imortalidade; apesar de ser tão forte, não vemos a possibilidade de satisfazê-lo. É por isso que as promessas da imortalidade foram transferidas, para depois da morte, pelas religiões. A paz, no plano local, em diferentes regiões do globo, seria como o gesto do médico que sara uma ferida: não uma promessa de imortalidade, mas, pelo menos, uma forma de adiar a morte.

Adiar a morte, ou viver a vida, essa noção de paz universal como algo que não conseguimos pegar, sendo uma utopia, é a contradição que afasta alternativas pedagógicas concretas nos espaços educacionais. Valores humanos, direitos humanos e meio ambiente são todos temas urgentes que devem ser abordados na atualidade. Porém, analisados isoladamente não oferecem argumentos necessários para as mudanças que requerem. É comum ouvirmos pessoas criticando pelos excessos militantes que atuam com os direitos humanos ou o meio ambiente. Do outro lado, os militantes defendem que precisam ser radicais para chamar a atenção ao tema. Mas o que há em comum entre direitos humanos e meio ambiente, por exemplo? Cuidado, atenção, respeito e preservação são todos valores essenciais. Por isso, mesmo reconhecendo que há a necessidade de estudos e intervenções específicos nessas áreas, também precisamos aceitar que há um espaço de encontro entre elas. Esse espaço é o da educação para a paz, com seus predicados no diálogo, nos valores, na mediação de conflito e especialmente na não violência. Sobre isso, vejamos a reflexão de Colombo (2006, p. 75):

> A cultura da paz nada tem a ver com o desejo de que nos deixem em paz. Ela é ativa, militante, exemplar, impelida à pregação, mas dispõe de um número reduzido de argumentos e conceitos, proferindo, sobretudo, um certo número de negações. Eis por que o pacifismo utilizado na área política é, frequentemente, um modo de negar um acontecimento não-desejado. Na esfera moral, oferece um percurso único: em nome da recusa do combate, entregamo-nos ao inimigo. Por sua vez, na esfera da religião, torna-se a aceitação de um valor absoluto, por mais ilógico e desvantajoso que seja.

Assim, temos a noção de que uma cultura de paz não pode mais ser entendida como passividade, pelo contrário, é engajada. De outro lado, Colombo

(2006) apresenta uma fragilidade que é a argumentação limitada, surgindo apenas como a negação da violência. Por isso, precisamos apontar caminhos, de forma coerente, entendendo as violências e, ao mesmo tempo, pensando em como alterar esses caminhos para a pacificação individual e social.

Assim, é fundamental entendermos as violências e não apenas declará-las, como temos feito tradicionalmente. Insistimos que apontarmos os dados sobre as diferentes formas de violência, sem analisarmos a complexidade que envolve as relações humanas e os contextos sociais, contribui muito pouco para pensarmos alternativas para sua prevenção e superação. Mesmo considerando que muitas ações são empreendidas, que há esforços das políticas públicas, o enfrentamento às violências ainda tem sido muito aquém das demandas apresentadas na sociedade. Com uma formulação diferenciada sobre a paz, o autor (*ibidem*, p. 76) diz:

> Se pretendermos ter uma concepção da cultura da paz, devemos aceitar que a paz começa antes de qualquer ameaça de guerra. Na educação das crianças. Nas relações entre meninos e meninas. Na ideia de cooperação que toma o lugar da ideia de competição; em uma ideia diferente de praticar esportes. Em uma nova forma de pensar a meritocracia, a hierarquia, a seleção, a eliminação. Em uma nova maneira de formular a entrada maciça das mulheres na vida ativa da sociedade em um momento em que prevaleçam as condições masculinas. A paz começa com a aplicação de medidas prévias. Com uma diplomacia radicalmente diferente, com uma visão radicalmente diferente das fronteiras, da própria ideia de fronteira. Com uma concepção diferente de associações e das instituições internacionais, assim como dos mecanismos e dos sistemas de mediação, compromisso, escuta, formas de expressão, modalidades de pedir, de obter, de renunciar, de doar, de aceitar, de respeitar. Para toda esta ação, serão necessários os dados de uma cultura que, para começar a existir, deve ter sido preparada com antecedência; caso contrário, o pacifismo não passa de pura e simples mutilação da realidade.

Corroborando essa argumentação de Colombo de que a paz deveria começar antes de qualquer ameaça de guerra, vamos construindo questões relativas à cultura de paz e à educação para a paz. É preciso uma nova cultura que reveja muitos pressupostos nos quais temos acreditado, e que aconteçam as mudanças citadas anteriormente, que procuram valorizar algumas microrrevoluções em germinação e visibilidade, como as mudanças nas cidades, na cultura, nas relações, nos valores, na economia e na política, que rejeitam as formas clássicas e apontam mudanças. A economia da globalização que germina na contradição à economia informal, as cidades poluídas onde germinam ciclovias, uma cultura plural na qual resiste a periferia declarando a violência, os valores humanos de solidariedade e gentileza que germinam nas boas práticas religiosas e movimentos sociais a partir do esgotamento das relações violentas e a muitas políticas públicas afirmativas e enfrentamento à corrupção, que quebram atrasos históricos e seculares de favorecimento às elites.

Os motivos apresentados remetem a uma paz ativa, em construção e não como um produto final, como ainda muitos a percebem. Nesse sentido, há que se construir, aprimorar, informar e propagar com mais vigor as experiências relacionadas à cultura de paz e às práticas pedagógicas da educação para a paz. O universo da cultura de violência é de tal forma enraizado que tem uma força cotidiana da qual muitas vezes não conseguimos nos desvencilhar, e tal motivo faz com que acreditemos que as "coisas da paz" estejam muitos distantes. Isso é relatado por Dorfman (2006, p. 171):

> Por que será que o número dessas histórias de paz é tão reduzido, além de ser tão difícil transmiti-las? Apesar ser proclamada por todo mundo como desejável, será possível que a paz seja, de fato, tão inatingível no nosso planeta, precisamente porque nós, seres humanos, temos mais habilidade para imaginar a discórdia do que para imaginar a harmonia? Será a natureza espetacular e dramática da guerra que exerce tal fascínio sobre nosso imaginário coletivo e individual? Será inevitável sermos seduzidos e arrastados para o fundo dos turbilhões de violência que nos submergem, independentemente do lugar onde estivermos, ao ponto de preferirmos, quase sempre, as histórias de guerra àquelas que, muitas vezes, são representadas como insípidas histórias de paz? Esta deverá ser sempre evocada como algo pouco apaixonante, nada além da ausência escancarada de hostilidades, um enfadonho intervalo entre batalhas sensacionais a serem recomeçadas desde que possível?

O fato de a cultura de violência ter a hegemonia, não absoluta na sociedade, mas nos meios de comunicação de massa, nos discursos mais conservadores, geralmente das elites que detêm poderes econômicos e políticos, faz com que argumentos a favor da cultura de paz soem ingênuos e deslocados de uma dita realidade, a do enfrentamento, dos vitoriosos a qualquer preço, ou seja, de uma reprodução de modelos sociais.

Esse caminho, de alguma forma, ganha força pelos entendimentos tradicionais de algumas áreas do conhecimento, já analisadas neste capítulo, as quais possuem muita importância, mas, quando vistas isoladamente, podem desfocar inúmeros problemas humanos ao não encontrarem interconexões. Observemos os exemplos apontados por Kriegel (2006, pp. 178-179):

> O que nos diz o sociólogo? Que a violência é o produto derivado e inelutável da modernização e do sentimento trágico que toma conta dos homens diante do mundo que perderam, a saber: o equilíbrio da vida familiar, tribal, aldeã das comunidades de pequeno porte que lhes serviram de berço; e, agora, encontram-se desamparados, errantes atomizados, infelizes, sem referências nem filiação nas metrópoles anônimas. A violência é o presente envenenado da urbanização selvagem. O que nos diz o antropólogo? Ele torna ainda mais esmagador o peso do caráter inelutável da violência, obrigando-nos – para a nossa vergonha – a evocar a longa duração da hominização. A conexão direta dos dois cérebros, analisada pelos especialistas das ciências cognitivas, deve datar do período em que o homem foi caçador-coletor. O que nos diz o psicólogo? Ele cimenta, definitivamente, esta fenomenologia da violência para construir a totalidade da nossa psique, através do destino das pulsões. A violência – ao lado da pulsão de morte, para além do princípio do prazer – continua sempre presente. Portanto, a violência é inelutável e volta continuamente.

Eis aqui uma das questões que levam à adoção da complexidade como linha de condução de nossa abordagem da educação para a paz. Embora saibamos que as diferentes áreas têm procurado novas perspectivas conceituais e metodológicas, ainda é muito forte o entendimento de que possíveis especialistas dariam conta de resolver as questões da violência. As análises amplas ficariam a cargo dos sociólogos, que apontam para uma construção social pragmática e negativa, ao passo que as situações micro ficariam a cargo dos psicólogos, como profissionais responsáveis em solucionar todos os problemas entre as pessoas.

Essa perspectiva é recorrente também na área educacional, em que grande parte dos educadores afirma a necessidade de dois profissionais nas escolas e instituições educacionais: assistente social e psicólogo. O primeiro com a responsabilidade de fazer algo pelas famílias dos alunos e o segundo para sanar problemas emocionais destes. Claro que uma equipe multidisciplinar em um trabalho articulado poderá avançar muito, porém não é essa discussão que está em jogo, e sim um pedido de socorro implícito nessa necessidade de mais pessoas para socializar as angústias dos conflitos e violências constantes, enfim, as tais revoluções colocadas por Santomé (2013), já discutidas aqui.

Portanto, uma tendência para a cultura de paz representa mudança de perspectiva quando procuramos entender que o olhar amplo sobre a vida, o homem e a sociedade é importantíssimo como forma de abordagem, para, a partir disso, intercambiar as áreas específicas em projetos comuns e de desenvolvimento humano e social. O que sabemos é que não funcionam mais eventos isolados, ao estilo de "ações globais", quando, num dia do ano, inúmeras secretarias municipais e empresas oferecem serviços de "cidadania" que vão desde cortes de cabelo até exames oculares e confecção de documentos. Não somos contra o tipo de evento em si, mas ao fazer alusão à cidadania, podemos dizer que o evento só apresenta tal demanda porque, de fato, as ações de cidadania não estão dando conta destas. Portanto, o que tem sido feito ao vislumbrar uma ideia de paz social, seria um arremedo da ideia de paz. É o que escreve Droit (2006, p. 209): "Por que se deve 'imaginar a paz'? A resposta é bastante simples: porque ela não existe. Ou, então, não é satisfatória, é demasiado precária, insuficientemente delimitada, como já foi sublinhado. Portanto, a paz deveria ser repensada, retomada, baseada em novos alicerces".

Novos alicerces são as formas alongadas de entendermos a paz, que não são novas em si, mas que encontram e ultrapassam as fronteiras para encontrar os caminhos da violência, que são caminhos da cultura, dos conflitos, dos valores humanos, das convivências que criam modos de ser e atuar nas situações-limite dos relacionamentos individuais e coletivos. Na leitura mais atenta às violências diretas e indiretas encontramos os contrapontos de não violência, ou da paz, que não são objetivamente o contrário, e aí reside o maior erro estratégico das ações da paz.

Cultura de paz é um processo de construção, de caminhada, e não de "enfrentamento" da cultura de violência. Até porque a cultura de paz será operacionalizada em ações pedagógicas da educação para a paz pelos seres humanos, não perfeitos e iluminados, mas pelas pessoas vivendo na mesma sociedade, nas comunidades, exercendo sua cidadania, sendo exploradas, participando de movimentos sociais; pelos intelectuais, trabalhadores, pelos alunos nas escolas, com todas as diferenças e valores positivos ou não. Ou seja, a cultura de paz realmente capaz de gerar as mudanças tão esperadas só será forjada no cotidiano impregnado de sensações e emoções e precisa sim, ao menos nestes nossos tempos, de ações planejadas em todos os espaços educacionais possíveis de adentrar. Portanto, mesmo as questões teóricas precisam de ares novos, precisam deixar as questões da paz apenas como desdobramento espiritual, mas apontando tal dimensão na articulação com outras frentes de reflexão, ligadas às práticas humanas cotidianas.

Todas essas questões são indicativas de que não há possibilidade de "competição" entre conceitos de violência e paz – não é essa a finalidade –

e de que são dimensões intercambiáveis, preenchidas por altos e baixos da humanidade, das sociedades, dos diferentes grupos. Mesmo que consigamos em algum tempo tender a uma cultura de paz, isso não nos habilita a falar de alguma paz eterna, mas de uma paz "sustentável", capaz de manter padrões, prática e valores da não violência com maior perenidade, criando formas de ser e conviver mais preventivas, mais satisfatórias às realidades pretendidas pelos discursos.

Aqui também se destaca outra dificuldade, particularmente das questões da cultura de paz e da educação para a paz como campos de conhecimento em construção; sobretudo no Brasil, ainda está em sistematização um corpo de conhecimentos mais sólido e organizado que dê sustentação a elas. Isso não inviabiliza as pesquisas, os projetos e as práticas educacionais que crescem a cada ano em quantidade e qualidade. Ao contrário, toda essa informação precisa ser tratada com atenção, além de tentarmos encontrar suas pontes e aproximações. Que as questões tratadas sob esse "guarda-chuva" estão florescendo de inúmeras práticas humanas e educacionais relacionadas no país é inegável, mas, em contrapartida, a construção das pontes entre as diversas experiências levará a cultura de paz e a educação para a paz à consistência necessária para servirem como base de motivação e interesse de grupos maiores de educadores.

Enfatizamos que, nesse percurso, o maior erro será o de tentar "unificar" práticas de paz, como receita especial para acabar com a violência. Sabemos que dentre os aspectos mais caros à paz estão a diversidade, o multiculturalismo e as dimensões subjetivas dos seres humanos. Logo, propostas de educação para a paz do Oiapoque, no Amapá, e do Chuí, no Rio Grande do Sul, terão suas particularidades. Por isso, falamos em bases, reflexões ou integração conceituais necessárias a essa caminhada. Como sabiamente diz Droit (2006, p. 216): "Abandonaremos nossa nostalgia de uma primavera, assim como o sonho de retorno a uma serenidade primordial; pelo contrário, conviria decidir que nos dirigimos para a paz".

Os fundamentos apontados pelos teóricos neste tópico refletem sobre a paz na dimensão filosófica. Na sequência, apresentaremos questões que discutem aspectos da paz no foco das políticas internacionais, em que a veremos como um elemento de busca de novos caminhos. Num primeiro momento, traremos argumentos do Centro Internacional de Investigação e Informação para a Paz (Ciiip) da Universidade para a Paz das Nações Unidas e que apresentam processos de violência e paz na América Latina e depois argumentos relacionados à Comissão de Consolidação da Paz (CCP), órgão criado em 2005, na ONU, que contou com a presença ativa do Brasil em sua criação e que, pela primeira vez na história da ONU, preocupou-se com questões de reconstrução de países envolvidos em guerras, focalizando pessoas, construções comunitárias, economia informal e cidadania, sendo o Brasil um protagonista nesse sentido, em virtude de suas experiências, práticas e políticas sociais das últimas décadas.

De início, o Ciiip (2002, p. 21) apresenta a visão ampla da violência:

> Da perspectiva de análise da paz não se considera apenas a hostilidade declarada como violência, mas também outros fenômenos e dinâmicas sociais. Nesse sentido, é investigado como contribuem para a violência, de um lado, os fenômenos bélicos e, de outro, a pobreza, as carências democráticas, o nível de desenvolvimento das capacidades humanas, as desigualdades estruturais, a deterioração do meio ambiente, as tensões e conflitos étnicos, o respeito aos direitos humanos.

Conforme nossa argumentação ao longo da pesquisa, a violência tem amplos desdobramentos, que vão desde as guerras, passando pela pobreza, pelo respeito aos direitos humanos, além de vários fatores. Em todos esses casos, Galtung (*apud* Ciiip 2002, p. 24) contribui afirmando que "a violência está presente quando os seres humanos são persuadidos de tal modo que suas realizações efetivas, somáticas e mentais ficam abaixo de suas realizações potenciais". Logo, as violências em várias formas surgem quando as pessoas ou grupos ficam, de alguma forma, limitados no exercício de seu potencial, sua cidadania, sua realização como ser humano.

Ainda de acordo com o Ciiip (2002), o grau de visibilidade das violências ajuda a entendê-las, por isso a importância de determinar o caráter violento das diferentes práticas sociais e institucionais. Além disso, outro argumento relevante é o fato de, nas últimas décadas, muitos grupos sociais à margem das sociedades terem começado a se organizar e visibilizar seus problemas e as violências presentes. Nesses grupos, fundamentalmente, estariam as mulheres e os grupos étnicos. A partir do critério da visibilidade das violências, o Ciiip (*ibidem*) identificou cinco tipos de violência, presentes em maior ou menor grau, mas constantes na América Latina. Mesmo não buscando especificidade no tratamento destas, cabe seu registro como forma de conhecimento e abordagem. Um bloco que comporta características sociais, econômicas e políticas semelhantes ao longo da história e especialmente nas últimas décadas, passando por regimes militares, aberturas políticas e econômicas, governos democrático-populares entre outras. De acordo com o Ciiip (*ibidem*, pp. 33-34), as violências podem ser assim descritas:

> *Violência coletiva:* é o tipo que se produz quando a sociedade coletivamente, ou por meio de grupos significativamente importantes, participa ativa e declaradamente da violência direta. (...) *Violência institucional ou estatal:* é o tipo exercido pelas instituições legitimadas para o uso da força quando, na prática de suas prerrogativas, impedem a realização das potencialidades individuais. (...) *Violência estrutural:* instituída dentro de uma estrutura, se manifesta como um poder desigual e, consequentemente, como possibilidade de vida diferente. (...) *Violência cultural:* é o tipo de violência exercido por um sujeito reconhecido (individual ou coletivo), caracterizado pela utilização da diferença para inferiorizar e da assimilação para desconhecer a identidade do outro. (...) *Violência individual:* sua característica fundamental é ter origem social e se manifestar de um modo interpessoal. Incluem-se aqui os chamados fenômenos de segurança civil, tais como as violências anômica, doméstica e contra as crianças, que implicam a violência direta.

A violência coletiva e a violência institucional ou estatal seriam aquelas com maior visibilidade, pois desencadeiam as violências diretas, entre pessoas, de forma objetiva. Já as violências estrutural e cultural são menos visíveis, pois se engendram no imaginário, no simbólico, mesmo que com igual grau destrutivo, sobretudo quando sustentadas por muito tempo, pois afetam a liberdade e a autonomia. Essas formas de violência, normalmente, não constam na pauta de discussão, muitas vezes entendidas como "problemas sociais", mas efetivamente são violências amplas que estarão na base das violências diretas. A pobreza, a miséria são terrenos férteis para a ruptura do tecido social, dos valores de convivência positiva, abrindo espaço para a criminalidade. Já a violência individual, manifestada de forma interpessoal, é chamada semivisível, e é ela que precisa ser visibilizada com urgência.

Nesse sentido, para o Ciiip (2002) a ideia de visibilizar a violência permite construir uma percepção da cultura de paz mais sensível aos diferentes tipos de relações humanas, sociais e mundiais que surgem na humanidade, pois são desdobramentos da vida em sociedade. Para o contexto de uma educação para a paz nos espaços educacionais, o conceito de visibilidade é fundamental, pois provoca as violências silenciosas, que podem estar presentes nas instituições educacionais e escolares, nas práticas pedagógicas e no currículo oculto, em que histórias de vida, relacionamentos entre alunos, conflitos, *bullying* e demais violências estão vivos no cotidiano.

Na sistematização dos conhecimentos para os estudos da paz, o Ciiip (*ibidem*) apresenta uma tipologia dos conflitos, que vimos neste capítulo como determinante para entender a lógica da educação para a paz: os conflitos como elementos-chave presentes no cotidiano das pessoas; e a violência ou a paz como desdobramentos dos conflitos, tratados e mediados adequadamente – no caso da paz –, e dos conflitos não sanados – que eclodem nas diversas violências. A CCP alerta para o fato de existirem várias classificações para os conflitos, mas de maneira geral são inicialmente descritos por três tipos de conflitos armados, de acordo com Ciiip (*ibidem*, p. 44):

> *Conflitos pelo controle do Estado:* as lutas protagonizadas pelos movimentos revolucionários, as disputas das elites pelo poder ou movimentos de descolonização são exemplos dessa categoria. (...) *Conflitos pela formação do Estado:* se referem à própria natureza do Estado e geralmente envolvem regiões específicas de um país que luta por diferentes graus de autonomia, pelo direito de decidir, por meio de um *referendum*, a possibilidade de cindir-se, ou por uma honesta e transparente sucessão. (...) *Conflitos diante do fracasso do Estado:* a luta aqui ocorre pela ausência de controle efetivo do governo.

Conflitos armados na atualidade estão ligados a controle, formação e fracasso referentes ao Estado e se fazem presentes em diferentes continentes, com maior ou menor grau de destruição. Já no caso da América Latina, Doom e Vlassenroot (*apud* Ciiip 2002) identificam quatro tipos dominantes: conflito de legitimidade, de desenvolvimento, de identidade e de transição, assim descritos pelo Ciiip (*ibidem*, pp. 46-47):

> Os *conflitos de legitimidade* são aqueles decorrentes da fragilidade dos sistemas democráticos, seja pela participação política reduzida, seja por uma distribuição desigual das condições de bem-estar. (...) Os *conflitos de desenvolvimento* são aqueles cuja origem reside na distribuição desigual dos recursos e, consequentemente, acabam criando uma distância cada vez maior entre ricos e pobres. (...) *Conflitos de identidade* são aqueles que se referem a grupos que lutam para proteger sua identidade. Suas raízes se encontram nas diferenças étnicas, tribais e linguísticas, responsáveis pelas lutas entre os grupos, ou entre um grupo e poder central. (...) Os *conflitos de transição*, por último, se referem, de acordo com a descrição de Fisas, às "lutas entre forças rivais (com interesses divergentes) pelo poder em momentos de transição ou de mudança política".

Além desses conflitos muito presentes na América Latina, a CCP também alerta para os conflitos ecológicos, relacionados ao conflito de desenvolvimento, pois estão na busca da noção de sustentabilidade, com a valorização da segurança ambiental. É um tema mundial, mas que ainda requer muita discussão na América Latina e no Brasil, especificamente. Os conflitos étnicos, ligados ao conflito de identidade, também compõem, para o Ciiip (2002), um importante elemento na dimensão da América Latina, pois dão visibilidade à situação da violência gerada pelos enfrentamentos nos processos de ocupação de terras públicas e privadas no sentido de ter sua cultura e identidade preservadas. Nesse caso, os processos de aculturação de grupos minoritários, especialmente indígenas, também representam uma forma de violência cultural.

O Ciiip (*ibidem*), ao sistematizar uma tipologia de violência e conflitos, utilizando o critério de visibilidade das ações violentas, contribui significativamente para pensar a educação para a paz, uma vez que a visibilidade é fruto de situações concretas em que a violência acontece. Como argumentamos ao longo da pesquisa, é dessa educação para a paz que falamos, sendo nascida dos fenômenos da violência e sustentada por argumentos coerentes, motivados pela esperança na construção de uma cultura de paz.

O que dizem os organismos internacionais sobre a paz

Adotamos algumas definições básicas em relação à cultura de paz com a percepção que se deu a partir do "Manifesto 2000 por uma cultura de paz e não-violência", da Organização das Nações Unidas para a Educação, a Ciência e a Cultura (Unesco), esboçado por um grupo de ganhadores do Prêmio Nobel da Paz. Em suas discussões, foram sugeridos seis pontos fundamentais a serem considerados para todos os povos: *respeitar a vida*; *rejeitar a violência*; *ser generoso*; *ouvir para compreender*; *preservar o planeta*; e *redescobrir a solidariedade*. Com base nesse documento, a Assembleia Geral das Nações Unidas declarou o período de 2001 a 2010 como a "década internacional por uma cultura de paz e não violência para as crianças do mundo". Mesmo após esse período, a ONU continua apoiando e divulgando tais perspectivas, uma vez que a violência precisa ser permanentemente enfrentada.

Observando os princípios do Manifesto 2000, vemos que a cultura de paz é ampla e pode estar presente em todos os momentos de nossa vida, não como fato dado, mas como construção a partir das relações nas famílias, nas escolas, nos bairros, nas cidades e nos países.

O primeiro aspecto, que indaga se somos capazes de fazer algo para construir um mundo com mais justiça social e igualdade, é *respeitar a vida e a dignidade de cada pessoa, sem discriminação ou preconceito*. As desigualdades e as injustiças são tantas, que acaba sendo mais cômodo apenas nos revoltarmos sem nada fazer. Mas, de alguma maneira, precisamos aprender que a paz está em nossas mãos: a sociedade futura depende de nós. Com isso, cabe a cada um contribuir com a vida e cuidar dela, em seu aspecto pessoal, social e planetário. Aqui estão em jogo as relações humanas, com os animas, com as plantas e com todo o planeta. Podemos dizer que a paz *é o sinônimo de preservação de toda a vida. Logo, tudo que ameaça a vida das pessoas,* dos animais e do meio ambiente é violência e precisa ser evitado.

O segundo aspecto fala em rejeitar a violência – *praticar a não violência ativa, rejeitando a violência sob todas as suas formas: física, sexual, psicológica, econômica e social, em particular contra os grupos mais desprovidos e vulneráveis como as crianças e os adolescentes –*, lembrando que o primeiro princípio da ação não violenta é a não cooperação com tudo que é violento (humilhante, degradante e que machuca). Vejamos: em princípio, quando indagadas, todas as pessoas posicionam-se a favor da paz. Porém, na prática da vida, das relações sociais, isso não aparece concretamente. Portanto, ser da paz não está apenas no discurso e nas palavras, mas nas ações verdadeiras de nosso dia a dia. Podemos dizer que mais que a favor da paz, precisamos, sim, repudiar todas as formas de violência contra a vida e o planeta. Quando nos posicionamos contrários às violências de forma clara, estamos a favor da paz como não violência ativa. Com esse posicionamento, procuramos que nossas ações sejam efetivamente não violentas, ou, numa palavra, pacíficas.

No caminho da Unesco, temos o terceiro princípio da cultura de paz, o ser generoso: *ninguém é tão pobre que não tenha algo para dar; ninguém é tão rico que possa dispensar um sorriso amistoso*, o que significa compartilhar nosso tempo e nossos recursos materiais com espírito de generosidade, visando ao fim da exclusão, da injustiça e da opressão política e econômica. Quando falamos de generosidade, sabemos que ela não é um direito, também não é um dever, tampouco é regida por leis. Generosidade é obra da grandeza de caráter, um valor que nos humaniza e nos faz ver que, no essencial, somos todos semelhantes. Ser generoso requer entender também que, além das doações materiais, muito necessárias, podemos colaborar e compartilhar bons sentimentos, estabelecer boas relações, conviver com vistas ao crescimento coletivo, estimular o sentimento de empatia e criar laços de amizade e afeto com pessoas e grupos, criando vínculos fortes que evitarão muitos conflitos e violências. A paz é tanto iniciativa individual quanto coletiva, entre grupos, entre seres humanos.

O próximo ponto do Manifesto 2000 trata do ouvir para compreender: *defender a liberdade de expressão e a diversidade cultural, dando sempre preferência ao diálogo e à escuta do que ao fanatismo, à difamação e à rejeição do outro*. É fundamental entender que no diálogo não deve haver a tentativa de fazer prevalecer um ponto de vista em particular, e sim ampliar a compreensão dos envolvidos sobre os fatos, as ideias e os conflitos que se dão pelas diferenças de percepção. O diálogo é o caminho para o entendimento e para a tolerância, pois nos faz compreender melhor as diferenças que temos com os demais. Por mais que tenhamos nossas opiniões e razões, estas não podem ser impostas aos outros, pois isso também é uma forma de violência. Dialogamos, debatemos e até entramos em conflito a partir de nossos posicionamentos. Isso não é ruim, desde que feito com respeito, equilíbrio e responsabilidade. Quando tentamos "obrigar" os outros a concordar com nossas ideias, somos levados ao fanatismo e à violência e, dessa forma, só há espaço para "certo" ou "errado". Como sabemos, é no equilíbrio e no diálogo que encontramos um meio-termo para as convivências positivas e construtivas. A construção positiva na vida só será sustentável se feita com base na escuta e no diálogo, caso contrário será sempre uma violência imposta por uma das partes. Ouvir, compreendendo de fato, esse é o caminho. Lembramos que a arrogância originada da percepção estreita das coisas deu origem a atrocidades e barbáries como as formas de escravidão, as guerras e grande parte das violências ao longo da história.

Como diretriz importante e articuladora, temos o próximo ponto do Manifesto, que é preservar o planeta: *promover um comportamento de consumo que seja responsável e práticas de desenvolvimento que respeitem todas as formas de vida e preservem o equilíbrio da natureza no planeta* é outro desafio de todos neste século XXI. Mas preservar o planeta é muito mais que "plantar árvores" ou "economizar água". Além disso, trata-se de mudar toda a perspectiva do consumo, do excesso de bens materiais que esgotam os recursos naturais e que geram toneladas de resíduos e lixo a cada ano. A cultura do excesso passa pela alimentação, pelo vestuário, por produtos eletrônicos e automóveis, que são ícones de consumo da sociedade moderna. Uma mudança radical seria necessária, mas parece utópica. Portanto, precisamos procurar sentir mais a natureza, a vida e, especialmente, tudo aquilo que é prejudicial à vida e ao planeta e perceber o próprio corpo, a saúde, perante tanto consumo e tantos excessos (alimentares, medicamentosos etc.). Logo, preservar o planeta é um princípio ético e integrado à nossa própria existência futura, numa possibilidade de ecoformação efetiva.

Como último aspecto da cultura de paz, temos a noção de redescobrir a solidariedade: *contribuir para o desenvolvimento da minha comunidade, com a ampla participação da mulher e o respeito pelos princípios democráticos, para construir novas formas de solidariedade* no sentido de ser solidário, colaborando para o crescimento coletivo. Muitas pessoas confundem solidariedade com ajudar em campanhas ou fazer doações, apenas. É muito mais que isso, pois solidária é a pessoa que caminha junto, que pensa junto, que se preocupa com os destinos da sociedade e do planeta. A solidariedade nos faz pertencer a uma sociedade e não a uma multidão de vidas desagregadas e perdidas. Queiramos ou não, traçamos em conjunto a mesma história, a história humana. A solidariedade é também o alicerce que nos sustenta para enfrentar os conflitos que sempre fizeram parte da vida. Vale lembrar que a família e a comunidade são os espaços básicos e iniciais da solidariedade, nos quais podemos contribuir para melhorar. Neste princípio também está expressa a valorização da mulher, perante uma cultura machista global que vitimiza milhões de mulheres ao redor do planeta. Além disso, os princípios democráticos, a possibilidade de voz a todas as pessoas também são fundamentais para aprofundar a cidadania e a solidariedade.

Destacados os aspectos sobre a cultura de paz que reconhecemos como amplos e que envolvem processos complexos, podemos encontrar pontos centrais para pensar tais questões na educação e na escola. Isso se daria com a educação para a paz, que requer ser entendida como campo que demanda organização e sistematização. Considerando esse cenário e falando sobre o processo da educação para a paz na Espanha – que já tem um percurso de algumas décadas –, Jares (2007, p. 163) ressalta:

> (...) a educação para a paz "entrou" na universidade ainda mais tarde que nas demais etapas do sistema educacional. Ainda guardamos em nossa memória expressões de incredulidade, desconfiança e rejeição acerca da idoneidade ou da "cientificidade" desses estudos na academia.

Desse universo reflexivo sobre o Manifesto 2000, caminhamos para outra discussão pertinente na abordagem geral da cultura de paz, a criação da Comissão de Consolidação da Paz (*Peacebuilding Commission*) da ONU, uma ação internacional que transcende os próprios organismos internacionais, a conceituação tradicional da paz. Sobre a comissão, Neves (2009) comenta que foi estabelecida em 20 de dezembro de 2005, dentro do contexto de uma reforma geral da ONU,[6] com o objetivo de contribuir na consolidação da paz em países emergentes de conflitos. Na constituição dessa comissão, de acordo com o autor, o Brasil teve papel fundamental por sua tradição pacifista na política internacional, além de sua abordagem da paz como desenvolvimento social, um olhar moderno e atual. Diz Neves (*ibidem*, p. 10):

> Para o Brasil, a Comissão para Consolidação da Paz representa a confirmação do princípio de interdependência entre desenvolvimento e paz; a constatação de que, na ausência de atuação sistêmica na construção das bases sociais e econômicas que levam ao desenvolvimento, a paz não pode ser sustentada em países emergentes de conflitos ou tendentes a experimentá-los.

Interessante observarmos que desde a criação da ONU, após a Segunda Guerra Mundial, não havia previsão de atuação específica em relação ao desenvolvimento humano e social. Para Neves (2009), havia ajuda econômica interna e pregava-se a coesão social, porém os países da América Latina construíram uma experiência rica na obtenção de melhores condições de vida, em relação às pessoas, aos conflitos e à diversidade, elementos importantes na coesão social.

Além disso, o referido autor diz que, mesmo que não haja consenso em torno do termo *peacebuilding*, existe uma visão de muitos países, especialmente aqueles em desenvolvimento, de que a consolidação da paz precisa tratar o conflito em todas as suas formas – motivos geradores da guerra – e que, no pós-conflito bélico, devem ser pensadas por todos. Questões étnicas, religiosas, exclusão social, repressão devem ser tratadas na reconstrução do país. Assim, de acordo com Neves (*ibidem*, p. 20):

---

6. A Comissão de Consolidação da Paz não se criou como iniciativa individual e singular no âmbito das Nações Unidas. Sua criação deve ser examinada como parte de longo e intenso esforço de reforma da organização, realizado essencialmente com impulso de dois secretários-gerais, o egípcio Boutros Boutros-Ghali (1992-1996) e o ganense Kofi Annan (1997-2006). A comissão também corporifica a experiência acumulada das Nações Unidas no tratamento de situações de crises, conflitos e guerras e a evolução doutrinária no sentido do estabelecimento de relação entre segurança e desenvolvimento (*ibidem*, p. 89).

Na visão brasileira, não basta interromper a confrontação bélica e separar fisicamente os beligerantes; para assegurar-se de que a paz seja sustentável, é preciso buscar a resolução definitiva do conflito, o que depende da erradicação de suas causas profundas (a premissa também é válida para o caso de atuação preventiva, quando se buscaria evitar a intensificação de comportamentos violentos ou sua evolução para conflito armado).

Essa discussão é interessante, pois mostra que a paz, em nível macro, está atrelada a outros mecanismos além do fim das guerras, na continuidade e na recomposição das sociedades. Sabemos que, mesmo sendo uma proposição da ONU, nem todos os países estão abertos a essa comissão, mas ela aponta para novas perspectivas. Poderíamos dizer que a visão apresentada pelo Brasil, ao longo de sua presença na CCP, é uma visão na complexidade, que reflete sobre as conexões e não apenas sobre a guerra e seu término.

Cabe ressaltar o papel de países como o Brasil, que provocam outros olhares na política internacional, que reconheçam, ao contrário de países desenvolvidos, outras qualidades, outros valores de sociedade e novas dinâmicas da reconstrução social. A recomposição de estruturas organizacionais, recuperação de infraestrutura e retomada de processos econômicos, além do estímulo cultural local são elementos fundamentais. Neves (2009) analisa essas questões dizendo que os países desenvolvidos entendem que a construção da paz deverá ser apenas a partir da retirada das tropas. Já o Brasil defende uma atuação mais ampla e gradual, já a partir do término da intervenção, enquanto tropas de segurança ainda atuam, para acelerar a reorganização dos espaços e das pessoas.

Uma condição de paz, pelo terreno de políticas internacionais, aponta para uma noção de sustentabilidade de condições. Isso pode ser observado tanto no pós-guerra quanto nas situações imediatamente anteriores à eclosão de uma guerra, quando a CCP pode atuar na construção da pacificação social. Essa sustentabilidade de condições é requisito fundamental para não haver confrontos. Os direitos humanos e a democracia são pilares centrais nesse caminho. Isso nos permite concordar mais uma vez com Neves (*ibidem*, pp. 53-54) quando argumenta:

> As condições para uma paz sustentável podem variar caso a caso, mas geralmente incluem, nos países emergentes de conflitos, a reintegração social de ex-combatentes, a criação de instituições administrativas, judiciárias, de segurança e de proteção aos direitos humanos, o restabelecimento do estado de direito e de

serviços básicos essenciais – como saúde e educação – além do fortalecimento da sociedade civil e implementação de programas de capacitação e ocupação econômica. A experiência acumulada das Nações Unidas no tratamento de conflitos, em particular ao longo dos anos 90, demonstrou que, em que pese a ausência de conceito universal de *peacebuilding*, há certas atividades comuns aos processos de consolidação da paz, determinantes para o êxito do esforço empreendido pela comunidade internacional para prevenir a recorrência de conflito, particularmente em Estados institucionalmente falidos.

Reiteramos que, para as ações de construção da paz, de acordo com a CCP, deverá ser construída uma relação positiva com a população, uma aceitação do tipo de trabalho a ser oferecido. A ONU possui essa experiência, que, somada à dimensão da paz como construção em meio a finais de guerra ou zonas muito violentas, nos leva a argumentar no sentido de aproximação ao já dito sobre a educação para a paz, que, como área de conhecimento em construção, precisa apresentar mais elementos sólidos para sua estruturação.

A discussão iniciada aqui mostra que a ONU já vem empreendendo esforços para disseminar a cultura de paz há algumas décadas. Mas trata-se de uma forma de paz mais ligada ao hemisfério Norte, mais tradicional, mais conservadora, ainda fortemente baseada no binômio violência-paz. Já nos últimos anos, com a criação da comissão, a perspectiva de conflito passa a ter destaque central, e a noção de paz ganha amplitude. Cabe, então, lembrar que o contexto da guerra precisa ser pensado também como relação entre pessoas. É nisso que se apoia Neves (*ibidem*, p. 68) dizendo:

> Em última instância, o que provavelmente oferecerá legitimidade às atividades de *peacebuilding* será sua aceitação popular e a superveniência de dividendos da paz, perceptível para a população. É necessário examinar sempre, com cuidado, as realidades locais e valer-se da participação crescente de atores locais na identificação de prioridades e na execução de projetos, de forma não só a não agredir peculiaridades culturais locais, mas também a aproveitar a experiência e o conhecimento locais, muitas vezes negligenciados. Além de puramente ineficazes, certos esforços de consolidação da paz poderão ser rejeitados pela população, se percebidos como colonialismo cultural.

Em nossa discussão em favor de uma cultura de paz, um aspecto chama a atenção: a importância da presença dos atores locais na identificação e na estruturação de projetos que respeitem sempre a cultura local. Por isso, como já dito, não podemos acreditar em conteúdos universais para pensar uma única forma de paz. Talvez aqui resida a melhor contribuição dos elementos das políticas internacionais referentes à paz para uma cultura de paz. Aqui podemos encontrar elementos que apontem para a valorização da vida, das relações humanas e dos pontos ordenados por Morin (2011b) ao falar dos pilares da educação, como estar aberto às incertezas, compreender as diferenças, valorizar a identidade terrena e repudiar as "cegueiras do conhecimento".

Outro ponto desta discussão sobre a cultura de paz como paradigma desejável ao século XXI é quando Neves (2009) diz que os processos de consolidação da paz, com visão imediatista, muitas vezes não consideram os motivos dos conflitos que levaram às guerras. Com isso, tais conflitos ficam latentes e tendem a aflorar novamente assim que a pressão e as sanções internacionais são afrouxadas. Literalmente, se expressa Neves (*ibidem*, p. 71):

> Nesse contexto, se permanecem latentes, deficiências sociais, estruturas econômicas injustas, e intolerâncias étnicas e religiosas que determinaram o conflito ou o alimentaram – é grande a probabilidade de recorrência do conflito. Para além do alto custo em vidas humanas, tal hipótese alcançará inevitavelmente o mesmo resultado mencionado anteriormente – maior custo financeiro do estabelecimento da paz.

O mesmo raciocínio podemos ter em relação à cultura de paz, na qual as ações precisam ter esse alcance nas pessoas e que estas desejem pensar diferente nas situações de convivências e violências nos espaços educacionais. Portanto, projetos voltados à paz na educação não podem restringir-se, como ainda se vê muito nas escolas, a um *dia da paz* ou *semana da paz*, quando são feitos desenhos, apresentações artísticas, torneios esportivos, ou seja, múltiplas atividades como se, dessa forma, o entendimento de paz fosse alcançado.

Na discussão sobre a Comissão de Consolidação da Paz e a perspectiva brasileira, outra coisa que chama a atenção é a necessidade de tomada de posição. É preciso manter uma linha, nesse caso, pela tradição não belicista do país, aliada à sua vocação relacionada ao futebol como elemento altamente utilizado em países no pós-guerra, apresentando uma imagem conciliatória. Isso faz crer que seja um ingrediente positivo a mais para que a cultura de paz seja entendida mais rapidamente no país, especialmente nas reflexões conceituais e teóricas. A tomada de posição a que nos referimos vem nas palavras de Neves (*ibidem*, p. 122):

O Brasil encampou, portanto, a idéia de criar a Comissão, por seu mérito intrínseco – suprir a deficiência do sistema na prevenção de conflitos e na consolidação da paz pós-conflito – e pelo atrativo adicional de servir de elemento catalisador de reformas mais profundas. As atividades típicas de consolidação da paz, o investimento na sustentabilidade da paz – como combate à pobreza, ocupação econômica para os jovens, capacitação e reintegração social de ex-combatentes, promoção dos direitos humanos, combate ao tráfico de armas pequenas – faziam parte da posição brasileira no âmbito da negociação dos mandatos das operações de paz. Em seus dois últimos mandatos como membro eleito no Conselho de Segurança (1998-99 e 2004-05), em particular, essa evolução da posição brasileira é bastante nítida. Entre 2004-05, o país conseguiu reunir consenso suficiente no âmbito do Conselho para que questões relacionadas a desenvolvimento passassem a ser incluídas de forma sistemática, ainda que nem sempre com a mesma ênfase, nos mandatos das operações de paz.

Como analisa Neves (2009), a contribuição brasileira nas políticas internacionais da paz não se pretende decisiva, até por força histórica, política e econômica, mas representa elementos a serem pensados pela comunidade internacional em relação à restauração de relações diplomáticas bilaterais, seja por laços culturais, seja pela própria visibilidade como país em desenvolvimento. Ainda para o autor, a tradição brasileira não está no envio de grandes contingentes militares, mas em contribuir com práticas humanizadoras e socialmente positivas, como no caso do terremoto no Haiti, como destaca Neves (*ibidem*, p. 176):

> A experiência no Haiti demonstrou que o Brasil pode ampliar sua participação, sobretudo nas operações que incluam atividades de consolidação da paz, com mandato das Nações Unidas (ou de outro organismo internacional de que seja membro), inclusive mediante a contribuição de pessoal civil para áreas-chave, como a organização de eleições e mecanismos de proteção e promoção de direitos humanos.

Construir uma cultura de paz não é só pensar no contrário das guerras e tragédias, é reconstruir melhores condições também nas situações não ideais, na retomada dos direitos humanos, no esclarecimento sobre a necessidade de transmutar violências em não violências, em garantir aspectos fundamentais de sobrevivência e de convivência das populações. Ainda que de forma inicial, as políticas internacionais referentes à consolidação da paz nos provocam e nos ajudam a compreender as relações macro e micro e em como políticas sociais podem ser levadas a termo tendo a paz como referência fundamental. Nesse caso, Neves (*ibidem*, pp. 183-184) conclui:

> (...) o papel presente e futuro do Brasil na área da consolidação da paz e, especificamente no âmbito da Comissão para Consolidação da Paz assume duas vertentes: uma, de princípio, e outra, pragmática. A vertente de princípio consiste em promover consistentemente a percepção de desenvolvimento e segurança como conceitos interdependentes e a atuação equilibrada das Nações Unidas no trinômio segurança/reconciliação/desenvolvimento – o que se deve fazer não só na Comissão para a Consolidação da Paz, mas em todos os foros multilaterais, relacionadas direta ou indiretamente à questão da paz (incluindo os de proteção dos direitos humanos, desarmamento, ambientais, de comércio internacional, humanitários, culturais).

Na organização deste tópico, objetivamos estruturar uma linha de argumentação que envolvesse princípios gerais, aspectos conceituais e políticos referentes à paz. Quanto aos princípios gerais, nos remetemos à ideia de imaginar a paz quando propusemos algumas reflexões sobre a existência de uma noção de paz viável à cultura de paz. Vimos que diferentes autores propõem que a violência e os conflitos são dimensões intrínsecas às convivências humanas e, como tal, são elementos para supor uma reflexão sobre a cultura de paz.

Só podemos imaginar a paz se imaginarmos contraditoriamente ou, de forma complementar, o contrário da paz, as violências, os conflitos e as convivências. Não imaginá-las como oposição, mas como dimensões que flutuam na vida em sociedade. Obviamente que os pensamentos, a energia, enfim, as boas vibrações são elementos que a física quântica vai desvendando. Porém, argumentamos em dimensões mais concretas, materiais, nas quais noções de bem e mal dependem muito mais da forma como são entendidas e tratadas praticamente.

Num segundo momento, apontamos aspectos conceituais referentes a violência e conflito, baseados nos estudos da Comissão de Consolidação da Paz, refletindo em aproximação das questões presentes na América Latina, demonstrando que um critério importante nos estudos das violências é sua visibilidade, o que nos faz pensar em mecanismos de prevenção e educação. A terceira dimensão tratou de perceber, dentro de políticas da ONU, também de forma geral, como a paz, que durante algumas décadas do século XX foi tratada apenas como uma intenção, passou, no fim dos anos 1990 e começo do século XXI, a ser pensada a partir da noção de paz com sustentabilidade. Nesse sentido, repensar as próprias condições que levaram às guerras ou às mazelas sociais, além de encontrar não soluções rápidas, mas aquelas que mudem culturas, que abram novas possibilidades de vivências e convivências para os povos, entendidos como países ou grupos étnicos minoritários.

Ainda presenciamos que tais eventos também guardam certa diferenciação entre Norte e Sul, no sentido de as nações desenvolvidas atuarem de forma mais pragmática em relação às formas de tratar os conflitos, diferentemente das nações em desenvolvimento, que já possuem experiências exitosas nas questões mais profundas dos direitos humanos, no combate à fome e a outros problemas sociais.

De empréstimo desses argumentos, nos aproximamos de caminhos interessantes para supor a cultura de paz, especialmente em nosso contexto. Igualmente, nesse caminho, uma educação para a paz só pode ser entendida nesse universo complexo, no qual reflexões filosóficas, estudos regionais e internacionais baseados em perspectivas concretas da sociedade podem ser pensados em suas conexões. A construção de uma cultura de paz e da educação para a paz requer muito mais que uma boa intenção. Reconhecendo o alto valor disso, pode-se correr o risco de tornar essas boas intenções práticas que reproduzam desigualdades, que sejam a intenção eterna em "dar o peixe" pelo assistencialismo, pela codependência, ou pela continuidade de políticas assistencialistas que não libertam as pessoas. Se a pretensão é organizar um campo de estudos e de intervenção, fazem-se necessários posicionamentos sérios, coerentes, críticos e, ao mesmo tempo, fortemente relacionados à humanização e ao afeto.

Além disso, uma educação para a paz está no conjunto de elementos entrecruzados, como direitos humanos, valores humanos, mediação de conflitos, pedagogia da convivência, além de perspectivas do meio ambiente, entre tantos que sejam passíveis ao critério da visibilidade. Aqui podemos dizer ainda que a educação para a paz precisa dar visibilidade também aos elementos da paz, ao diálogo positivo entre as religiões, às convivências solidárias e gentis entre as pessoas, às ações do bem de caráter voluntário, enfim, a todas as dimensões não midiáticas que acontecem na vida cotidiana e que não estampam as páginas policiais.

Dizemos, ao mesmo tempo, que o protagonismo evidenciado pelo Brasil na Comissão de Consolidação da Paz na ONU é um fator que demonstra que as ações podem entrar em fluxos macro e micro, entre questões políticas internacionais e o almoço comunitário com vizinhos, entre ações bilaterais de países com dificuldades e parentes que se ajudam mutuamente. Depende de lá e de cá. São fluxos contínuos de construção de paz que precisam ser apresentados uns aos outros. Há que se visibilizar a paz, os avanços da paz, as práticas da paz nos espaços educacionais, a sistematização de tantas boas experiências para encontrarmos alguns caminhos comuns que contribuam para sua disseminação, seja no cotidiano escolar e dos projetos socioeducativos, como na formação de professores, na academia, seja especialmente nos espaços mais frágeis, com as pessoas que mais sofrem pelas violências, diretas ou indiretas, nos tapas, nos olhares, no medo, na dor, mas visando ao amor, ao abraço, a outros olhares, agora de acolhimento.

Educação para a cidadania global: Horizontes da cultura de paz para 2030

Além dos estudos já encaminhados, este tópico levanta as perspectivas mais recentes da ONU e da Unesco quanto à cultura de paz e à educação para o desenvolvimento sustentável (EDS). Os dois temas, paz e sustentabilidade, fazem parte da agenda da ONU e da Unesco há muitas décadas, e cada vez mais são reafirmados e caminham para a integração com maior vigor. Desde 2012 vemos um fortalecimento no debate sobre cultura de paz que precisamos considerar.

Essa integração surge, em termos documentais, a partir de 2014, com a explicitação do termo *educação para a cidadania global* (ECG) como fruto de grupos internacionais de trabalho e avaliação sobre duas dimensões desenvolvidas pela Unesco desde a década de 2000. A primeira, com a adoção da "década internacional por uma cultura da paz e não violência para as crianças do mundo" (2001-2010). A segunda, o mesmo caminho feito em relação à "década das Nações Unidas da educação para o desenvolvimento sustentável" (2005-2014).

É necessário entender que os movimentos da ONU e da Unesco pretendem o duplo sentido das ações – locais e globais. Podemos ainda entender que elas são mais que locais e globais ou vice-versa. Constituem-se em locais/globais inseparáveis, na medida em que o local está no global e o global é tecido pelo conjunto dos locais, tal como prevê a complexidade. A avaliação do percurso desses movimentos, somada à análise do avanço dos *objetivos de desenvolvimento do milênio* (ODMs),[7] foi decisiva para o pensamento

---

7. Também conhecidos como *8 jeitos de mudar o mundo*, os ODMs são um conjunto de metas firmadas pelos governos dos países-membros da ONU com a finalidade de tornar o mundo

sobre a ECG. Tal perspectiva, que compõe a Agenda da ONU para pós-2015, é assentada nos chamados "5 Ps" da sustentabilidade definidos pela ONU: pessoas, planeta, prosperidade, paz e parceria. De acordo com a própria ONU, podemos buscar ações concretas, entre 2015 e 2030, focadas nesses cinco pontos e em seus desdobramentos nas práticas sociais. Assim, vislumbra-se o seguinte, de acordo com a ONU (2015, p. 2; grifos nossos):

> *Pessoas:* Estamos determinados a acabar com a pobreza e a fome, em todas as suas formas e dimensões, e garantir que todos os seres humanos possam realizar o seu potencial em dignidade e igualdade, em um ambiente saudável. *Planeta:* Estamos determinados a proteger o planeta da degradação, sobretudo por meio do consumo e da produção sustentáveis, da gestão sustentável dos seus recursos naturais e tomando medidas urgentes sobre a mudança climática, para que ele possa suportar as necessidades das gerações presentes e futuras. *Prosperidade:* Estamos determinados a assegurar que todos os seres humanos possam desfrutar de uma vida próspera e de plena realização pessoal, e que o progresso econômico, social e tecnológico ocorra em harmonia com a natureza. *Paz:* Estamos determinados a promover sociedades pacíficas, justas e inclusivas que estão livres do medo e da violência. Não pode haver desenvolvimento sustentável sem paz e não há paz sem desenvolvimento sustentável. *Parceria:* Estamos determinados a mobilizar os meios necessários para executar esta Agenda através de uma Parceria Global para o Desenvolvimento Sustentável revitalizada, com base num espírito de solidariedade global reforçada, concentrada em especial nas necessidades dos mais pobres e mais vulneráveis e com a participação de todos os países, todas as partes interessadas e todas as pessoas.

Como fica claro, há uma abordagem complexa nesse caminho, pois não se abrem apenas uma ou duas frentes de atuação, tampouco se procura abordar vários temas sem relacioná-los. Existe uma dimensão que reconhece e entende que são inúmeras ações, com caminhos específicos (estudos, pesquisas, dados e metodologia de trabalho) para enfrentar cada um deles. Existem pessoas, grupos e organizações que se dedicam, por exemplo, ao trabalho humanitário no desenvolvimento de pessoas; outros grupos igualmente dedicam-se ao planeta, atendo-se mais diretamente às questões ambientais; e outros atuam ainda no fomento de parcerias locais e globais, na gestão de processos de empoderamento etc.

---

um lugar mais justo, solidário e melhor. O compromisso foi assinado na Cúpula do Milênio, em setembro de 2000, após reflexão e análise sobre os maiores desafios globais, e previu um conjunto de oito grandes objetivos, nas áreas da saúde, renda, educação e sustentabilidade, a serem alcançados pelas nações até 2015.

Mesmo reconhecendo essa complexidade, composta de inúmeros temas relacionados, concordamos com Morin (2013a) quando diz: "O todo é muito mais do que a forma global. Ele é também, nós o vimos, qualidades emergentes. Ele é mais: o todo retroage enquanto todo (totalidade organizada) sobre as partes". O que Morin (2013a) nos faz observar com esse argumento é que a ONU, ao propor ECG, não está buscando qualquer pensamento ingênuo de união de partes, que também envolveria a *educação para os direitos humanos* (EDH). Seria fácil descontruir a intenção da ECG dizendo que não há necessidade urgente de pensar na sobrevivência de baleias e golfinhos sendo que ainda temos milhões de crianças morrendo de fome no planeta. Ou, ainda, que é impossível pensar num mundo de paz e justiça se existem inúmeras guerras e violências de diversas formas na sociedade. Tais argumentos são de um mundo maniqueísta do século XX, em que a linguagem de oposição é predominante e a perspectiva do ganhar-perder é valorizada.

Ainda seguindo o argumento de Morin, vemos que o todo também tem sua organização, tal como as partes. Assim, o todo também pode interferir nas partes. Justamente nisso reside essa proposta da ECG, em ser articuladora de diferentes perspectivas que a própria ONU, sobretudo com a Unesco, desenvolveu historicamente e que até pouco tempo vinham separadas. Isso é explicitado pela Unesco (2015, p. 9) como uma mudança paradigmática:

> A ECG é um marco paradigmático que sintetiza o modo como a educação pode desenvolver conhecimentos, habilidades, valores e atitudes de que os alunos precisam para assegurar um mundo mais justo, pacífico, tolerante, inclusivo, seguro e sustentável. Ela representa uma mudança conceitual, pois reconhece a relevância da educação para a compreensão e a resolução de questões globais em suas dimensões sociais, políticas, culturais, econômicas e ambientais. Também reconhece o papel da educação em ir além do desenvolvimento do conhecimento e de habilidades cognitivas e passar a construir valores, habilidades socioemocionais (soft skills) e atitudes entre alunos que possam facilitar a cooperação internacional e promover a transformação social. A ECG aplica uma abordagem multifacetada e utiliza conceitos, metodologias e teorias já implementadas em diferentes campos e temas, incluindo EDH, educação para a paz, EDS e educação para o entendimento internacional. Como tal, visa a avançar suas agendas superpostas, que compartilham um objetivo comum de fomentar um mundo mais justo, pacífico e sustentável.

Ao falar em avançar em suas agendas superpostas, a Unesco reconhece o paradigma da complexidade como alternativa concreta na busca do esperado encontro entre ações relacionadas com as pessoas, o planeta, a paz, a prosperidade e as parcerias indispensáveis para essa construção. Portanto, as agendas dos diferentes processos que levam ao desenvolvimento sustentável precisam ser integradas de fato, para que as perspectivas pós-2015 sejam efetivamente construídas e que, finalmente, as amarras do século passado permitam construir uma visão diferenciada para o século XXI, com todos os problemas e as possibilidades decorrentes das mudanças recentes na vida, no mundo e no planeta. Isso representa mais determinação coletiva planetária no caminho da construção de um novo paradigma, o paradigma da complexidade, que na prática é expressa por uma nova ética, que é o "trabalhar pelo pensar bem", assim descrita por Morin (2011a, p. 63):

> "Trabalhar pelo pensar bem" reconhece a complexidade humana: não dissocia indivíduo/sociedade/espécie, essas três instâncias interligam-se, gerando-se reciprocamente, sendo fim e meio entre elas, mas, ao mesmo tempo, continuando potencialmente antagônicas. O indivíduo é *sapiens/demens, faber/mitologicus, economicus/ludens*, prosaico/poético, uno e múltiplo.

Portanto, ao propor a ECG, num movimento de integração entre a perspectiva da cultura de paz aproximando-se decisivamente do movimento da EDS, ao mesmo tempo em que considera a mudança das ODMs para os *objetivos do desenvolvimento sustentável*, a ONU e a Unesco sinalizam que o ser humano, para caminhar no sentido da cultura de paz, precisa envolver-se em dimensões objetivas e subjetivas, individuais e coletivas, racionais e emocionais, locais e globais na busca de soluções para os desafios postos no presente, sempre considerando experiências positivas já construídas e considerando tendências futuras. Um paradigma complexo, embora prescinda de muita disposição para movimentar-se, é seguramente uma das alternativas mais coerentes para nosso tempo.

Que a educação para a cidadania global passa a ser realidade nos documentos dos organismos internacionais é inquestionável. Que as múltiplas experiências construídas em diversos países (em todos os continentes) precisam ser consideradas é igualmente fato. Que muitas resistências e conflitos teóricos e práticas sociais se oponham a essa perspectiva é certamente verdadeiro. Porém, o que temos sob a denominação de ECG são movimentos locais e globais gestados ao longo de 15 anos, primeiramente relacionados à cultura de paz (2001-2010) e depois à EDS (2005-2014). O primeiro movimento é marcadamente relacionado às questões humanas e o segundo, orientado pelas questões ambientais/planetárias. Tais movimentos, crescentes na mesma proporção que as ações relacionadas às ODMs, foram os pilares para o que a Unesco (2015, p. 11) afirma atualmente:

> A UNESCO, a agência especializada da ONU para a educação, considera a educação para a paz e o desenvolvimento sustentável como o objetivo maior de seu programa de educação para os próximos oito anos, com cidadãos globais empoderados como um de seus objetivos.

Como deixa claro a Unesco, educar para a paz e para o desenvolvimento sustentável é seu pilar nos próximos anos. Porém, observa-se que foram construções distintas em muitos aspectos da prática, envolvendo objetivos diferenciados, metodologias próprias para ações e experiências concretas. O que se busca com a perspectiva da ECG é justamente a integração de ambas, a paz, com sua trajetória relacionada aos valores humanos, direitos humanos, entre outras áreas, e o desenvolvimento sustentável, marcado por ações ambientais, modelos de consumo e de preservação do planeta. Essa integração, já presente em muitas práticas educacionais e sociais ao redor do mundo, agora ganha a força conjunta nos documentos, nos conceitos e, por que não dizer, a força da esperança na diversidade, na multicultura e na construção de tempos melhores para a humanidade.

Nesse cenário, que busca elementos para subsidiar a perspectiva da ECG, temos a aproximação com a "Agenda 2030 para o desenvolvimento sustentável" da ONU, documento que apresenta os "17 objetivos de desenvolvimento sustentável", desdobrados em 169 metas a serem estimuladas pelos países-membros da ONU ao longo do período entre 2015 e 2030, em áreas estratégicas e cruciais para o desenvolvimento humano e do planeta, visando à construção de uma cultura de paz. Ressaltamos que os 17 objetivos estão estreitamente ligados aos princípios da sustentabilidade da ONU, já citados: pessoas, planeta, prosperidade, paz e parceria.

Para não restar dúvida de como os documentos da ONU e da Unesco seguem certa circularidade e coerência no período entre 2000 e 2015, relembramos os seis pontos do Manifesto 2000 da Unesco, já discutidos, que estão nas entrelinhas do texto: *respeitar a vida*, relacionado às pessoas e às convivências; *rejeitar a violência*, pensando na construção da paz; *ser generoso*, acreditando na prosperidade; *ouvir para compreender*, abrindo espaços às parcerias; *preservar o planeta*, mostrando preocupação com o meio ambiente e uma ecoformação; e *redescobrir a solidariedade*, que abrange o contexto do século XXI. Inegavelmente, as propostas da ONU, alinhadas à Unesco e às outras agências internacionais das diversas áreas, ganham densidade com a perspectiva da ECG, embasada pelas experiências da cultura de paz e da EDS dos últimos anos.

Para melhor compreensão, elencamos os objetivos para o desenvolvimento sustentável, que vêm sob o seguinte argumento geral da ONU (2015, p. 3):

> Nós resolvemos, entre agora e 2030, acabar com a pobreza e a fome em todos os lugares; combater as desigualdades dentro e entre os países; construir sociedades pacíficas, justas e inclusivas; proteger os direitos humanos e promover a igualdade de gênero e o empoderamento das mulheres e meninas; e assegurar a proteção duradoura do planeta e seus recursos naturais. Resolvemos também criar condições para um crescimento sustentável, inclusivo e economicamente sustentado, prosperidade compartilhada e trabalho decente para todos, tendo em conta os diferentes níveis de desenvolvimento e capacidades nacionais.

Mesmo que existam críticas aos documentos e às ações da ONU e da Unesco, afirmando que são utópicos, sem objetividade ou voltados ao favorecimento de determinadas ideologias, as consideramos críticas não aprofundadas sobre a história, os fundamentos e o contexto das ações desses organismos internacionais. De fato, tais instituições fomentam pactos mundiais pela humanidade e pelo planeta. São mediadoras de interesses, perspectivas e culturas muitos diferentes, o que torna sua missão ainda mais difícil e igualmente importante.

O que é comum a toda essa complexidade são as inúmeras formas de violência, das diretas (mortes e guerras) às estruturais (fome e miséria). A cultura de violência que segue avassaladora no século XXI é a prova de que falhamos na modernidade, pois com toda a tecnologia e todo o desenvolvimento em alguns aspectos, nos barbarizamos diante da necessária tarefa de cuidar da vida humana e do planeta. Assim, os 17 objetivos de desenvolvimento sustentável (ODS) representam, tanto para a educação para a paz quanto para a ECG, um conjunto de perspectivas que merecem ser examinadas e adequadas às práticas pedagógicas que tenham por finalidade promover a cultura de paz de maneira ampla.

Agora passamos a tecer comentários básicos sobre os objetivos e sua relação com a educação para a paz e a ECG.[8]

---

8.   No Capítulo 3, retomaremos e aprofundaremos a discussão sobre os objetivos do desenvolvimento sustentável da ONU, como elemento constituinte da *pedagogia da ecoformação*.

Iniciamos com o objetivo 1 – acabar com a pobreza em todas as suas formas, em todos os lugares –, que remete ao conjunto de políticas e ações humanitárias que sejam sensíveis às populações e aos grupos mais vulneráveis, numa clara perspectiva do respeito à vida. Em seguida, o objetivo 2 – acabar com a fome, alcançar a segurança alimentar e a melhoria da nutrição e promover a agricultura sustentável – aponta que, assim como a pobreza, a fome também é uma violência estrutural que ainda afeta milhões de pessoas. Acabar com a desnutrição e a fome e promover a sustentabilidade da produção de alimentos são caminhos de construção de uma sociedade de paz, considerando também o respeito à vida.

Na sequência, o objetivo 3 – assegurar uma vida saudável e promover o bem-estar para todos, em todas as idades – concentra-se na mortalidade por doenças, na falta de condições de acesso à saúde e pela desinformação, que devem ser combatidas com prevenção, educação e informação adequada. Educar para a paz e ECG pretendem educar para uma vida saudável, que permitirá níveis pessoais e coletivos maiores de existência plena. O próximo, objetivo 4 – assegurar a educação inclusiva e equitativa e de qualidade, e promover oportunidades de aprendizagem ao longo da vida para todos –, é evidenciado pela seguinte redação da ONU (2015, p. 22):

> (...) até 2030, garantir que todos os alunos adquiram conhecimentos e habilidades necessárias para promover o desenvolvimento sustentável, inclusive, entre outros, por meio da educação para o desenvolvimento sustentável e estilos de vida sustentáveis, direitos humanos, igualdade de gênero, promoção de uma cultura de paz e não violência, cidadania global, e valorização da diversidade cultural e da contribuição da cultura para o desenvolvimento sustentável.

Acreditamos que esse ponto é articulador de todos os objetivos, uma vez que a educação, tanto formal como não formal e informal, é espaço privilegiado para dialogar qualitativamente com a comunidade, além de promover novos conhecimentos para crianças, jovens e adultos. Não obstante todos os esforços em várias frentes, a educação é efetivamente um vetor de mudanças inestimável.

Em seguida, o objetivo 5 – alcançar a igualdade de gênero e empoderar todas as mulheres e meninas – fala da igualdade de gênero como uma busca constante em um mundo com forte domínio masculino. Educar para a paz passa por discutir essa questão com disposição, na prevenção à violência contra as mulheres. Avançamos ao objetivo 6 – assegurar a disponibilidade e a gestão sustentável da água e saneamento para todos; sobre isso, diz Morin (2013b, p. 117): "A água é parte constitutiva de todas as células e de todos os organismos vivos, trata-se de uma necessidade cotidiana para cada um de nós". Assim como o ar, a água é vida, portanto a garantia dela é construir paz, pois sua falta já é motivo de embates políticos, econômicos e sociais, infelizmente com dimensões crescentes.

Outras dimensões urgentes surgem com evidência, ligadas ao planeta e à sustentabilidade, como o objetivo 7 – assegurar acesso confiável, sustentável, moderno e a preço acessível à energia para todos –, que segue o caminho da produção de formas de energia alternativas, "limpas" e sustentáveis, valorizando novas tecnologias e diminuindo impactos ao ser humano. Igualmente, temos o objetivo 8 – promover o crescimento econômico sustentado, inclusivo e sustentável, emprego pleno e produtivo e trabalho decente para todos; promover a paz é supor um crescimento econômico com sustentabilidade, com avanços e segurança, que entende que onde imperam desemprego, subempregos ou instabilidade econômica é espaço de vulnerabilidade, desigualdade e violência.

Pensando nas convivências comunitárias positivas, temos outras categorias a analisar, como o objetivo 9 – construir infraestruturas resilientes, promover a industrialização inclusiva e sustentável e fomentar a inovação –, que reconhece muitas regiões do planeta carentes de infraestrutura mínima para garantir vida plena e saudável. A violência é característica presente em locais com pobreza extrema e infraestrutura precária. Alinhado ao anterior, temos o objetivo 10 – reduzir a desigualdade dentro dos países e entre eles –, afirmando que a desigualdade e as injustiças sociais destroem sociedades pacíficas, portanto a necessidade desse objetivo se dá pela reflexão e crítica aos modelos socioeconômicos atuais. No mesmo sentido, o objetivo 11 – tornar as cidades e os assentamentos humanos inclusivos, seguros, resilientes e sustentáveis – prevê cuidar das localidades, do impacto ambiental sobre elas, e também das populações mais vulneráveis. Repensar a vida nas cidades e a vida das próprias cidades é uma das grandes tarefas do século XXI.

Ainda na questão da sustentabilidade, do cuidado com o planeta, explicitamos outras quatro perspectivas, iniciadas pelo objetivo 12 – assegurar padrões de produção e de consumo sustentáveis –, que inclui atitudes relativamente simples, como reduzir drasticamente o desperdício de alimentos, além de prever o manejo de produtos químicos. O objetivo 13 – tomar medidas urgentes para combater a mudança climática e seus impactos – formula que, com legislação e fundos específicos para enfrentar os efeitos advindos das mudanças no clima, é possível avançar. Já o objetivo 14 – conservação e uso sustentável dos oceanos, dos mares e dos recursos marinhos para o desenvolvimento sustentável – visa assegurar o cuidado do oceano e das zonas costeiras a fim de preservar a biodiversidade e eliminar a pesca ilegal. Incluímos nessa perspectiva o objetivo 15 – proteger, recuperar e promover o uso sustentável dos ecossistemas terrestres, gerir de forma sustentável as florestas, combater a desertificação, deter e reverter a degradação da terra e a perda de biodiversidade –, que propõe atuar para a conservação dos ecossistemas do globo, com gestão sustentável e reparação de problemas ambientais já em curso.

Como encaminhamentos finais do documento da ONU, no objetivo 16 – promover sociedades pacíficas e inclusivas para o desenvolvimento sustentável, proporcionar o acesso à justiça para todos e construir instituições eficazes, responsáveis e inclusivas em todos os níveis – podemos observar a intenção a partir de suas metas iniciais; é expresso por alguns pontos de partida (ONU 2015, p. 35):

> 16.1 reduzir significativamente todas as formas de violência e as taxas de mortalidade relacionada, em todos os lugares; 16.2 acabar com abuso, exploração, tráfico e todas as formas de violência e tortura contra crianças; 16.3 promover o Estado de Direito, em nível nacional e internacional, e garantir a igualdade de acesso à justiça, para todos.

Nesse objetivo 16, constatamos que grande parte dos objetivos anteriores, mais do que nunca, requerem nos próximos anos as perspectivas de direitos humanos, igualdade em todas as suas formas e uma justiça local e global atuantes, para que os processos de conflitos, inclusive paradigmáticos, possam ocorrer em bom termo. Fechamos esta análise com o objetivo 17 – fortalecer os meios de implementação e revitalizar a parceria global para o desenvolvimento sustentável –, que explicita a necessidade de incentivar fortemente as parcerias entre os países, em transferência de tecnologia, experiência e financiamento, visando à construção do equilíbrio global.

Como vimos, a "Agenda 2030 para o desenvolvimento sustentável" é uma proposta internacional, firmada pelos países que participam da ONU. Trata-se de um documento robusto e denso que aponta para os grandes desafios dos próximos anos, na busca de um mundo mais equilibrado, justo e sustentável. O texto, por meio dos 17 objetivos e suas 169 metas, aponta para a sustentabilidade do ser humano (pessoas), do planeta, da prosperidade (como desenvolvimento dos povos mais vulneráveis), da parceria fundamental entre grupos e nações e para a construção de uma cultura de paz. Nesse contexto, a ECG surge como uma alternativa educacional que aproxima os dois pontos estabelecidos pela Unesco como prioritários para os próximos anos em suas ações: a educação para a paz e a EDS. Assim, podemos entender a percepção da Unesco (2015, p. 2) como:

> A ECG visa a equipar alunos de todas as idades com valores, conhecimentos e habilidades que sejam baseados e promovam o respeito aos direitos humanos, à justiça social, à diversidade, à igualdade de gênero e à sustentabilidade ambiental. Além de empoderar os alunos para que sejam cidadãos globais responsáveis, a ECG oferece as competências e as oportunidades de concretizar seus direitos e suas obrigações, com vistas a promover um mundo e um futuro melhores para todos. A ECG recorre à ajuda de muitas áreas correlatas, como educação para os direitos humanos, a educação para a paz e a educação para a compreensão internacional, e está alinhada aos objetivos da educação para o desenvolvimento sustentável (EDS).

Reafirmamos que a ideia da ECG é uma construção muito interessante, que precisa ser compreendida pelos países e pelos profissionais que desenvolvem ações educacionais visando a transformações positivas em suas comunidades, países e no planeta. Nesse sentido, concordamos com Morin (2012b, p. 38) quando diz que educação para a paz "não significa ensinar que a paz é uma coisa muito boa, mas significa ensinar a compreensão humana". Ou seja, a construção de uma cultura de paz é o encontro, o reencontro e a reconciliação entre os nacionalismos e fundamentalismos, e é isso que as propostas da ONU e da Unesco reforçam mais uma vez, para a agenda pós-2015.

"O futuro chegou." Com essa reflexão, Domenico de Masi discute sobre aonde chegamos como humanidade e para onde pretendemos ir. Ele diz que a falta de um modelo, diante da complexidade que se coloca, é um dos grandes problemas em nosso tempo. De Masi (2014, p. 728) escreve:

> A minha tese é que a nossa desorientação deriva da carência de um modelo universal, compartilhado, aderente à sociedade pós-industrial, que permita traçar as coordenadas de nosso presente e decidir com lucidez as rotas e os destinos de nosso futuro. O não modelo enfraquece os laços sociais e a tenacidade em buscar objetivos.

O que nos propusemos até então foi mostrar caminhos para nosso tempo. Certamente o agora, o tempo presente, é o "nosso tempo". Sabemos que, ao chegar para nossa existência terrena, o filme do mundo já está passando. Quando partimos desta existência, o filme continuará, ou seja, o que podemos fazer é viver com os desafios de nosso tempo. Isso significa acolher, entender, desdobrar, pensar e agir diante dos problemas locais e globais com mais protagonismo, maior proatividade, pautados na solidariedade, guiados por um pensamento crítico, porém amoroso.

A passagem do século XX para o XXI ainda está em curso, nossa visão não alcança mais o longo prazo, pois a cada ano vemos reconfigurações econômicas, sociais e planetárias que não poderíamos supor. O que temos em mãos para o presente é a construção de cenários mais inclusivos, mais humanos, com mais sustentabilidade, menos violentos – numa palavra, pacíficos. Para isso apontam as perspectivas da ONU e da Unesco. Seus documentos recentes não são meras intenções de boa vontade, uma vez que vêm apoiados em trabalhos anteriores, que podem ser vistos com clareza e continuidade. Ao propor a ECG como síntese da educação para a paz e EDS para os próximos anos, a Unesco demonstra seu papel articulador de um futuro melhor, com um modelo bem orientado com pistas claras para seu desenvolvimento.

A cultura de paz é a mudança paradigmática em curso na complexidade, a metamorfose de culturas de violência para outros modos de convivência, que acolhe as diferenças, os conflitos, que procura a mediação por meio do diálogo e do entendimento, que repudia a violência de diversas formas, que olha o planeta, a vida, o ser humano e a preservação de todos de maneira integrada e que, finalmente, venha a conceber e fazer da cidadania global uma alternativa viável aos problemas de nosso tempo. O futuro chegou e já está em construção rumo à cultura de paz, pois: "Tudo começa sempre com uma iniciativa, uma inovação, uma nova mensagem desviante, marginal, com frequência invisível aos contemporâneos" (Morin 2013b, pp. 41-42). A mensagem desviante, que acredita na mudança, está dada e vai acontecendo em todo o planeta; é só estar atento, olhar e ouvir com sensibilidade.

De posse desse conjunto de reflexões e argumentos, caminharemos para o Capítulo 2, entendendo a educação no pensamento complexo de Edgar Morin e os fundamentos que permitam supor a educação para a paz como elemento pedagógico concreto na construção de uma cultura de paz, ou ainda como uma educação para a cidadania global.

2
OS SABERES DA EDUCAÇÃO E DA EDUCAÇÃO PARA A PAZ À LUZ DA COMPLEXIDADE

Pensar a paz em nosso tempo significa, em primeiro lugar, ter de reconhecermo-nos como participantes de uma época na qual se tornou possível a autodestruição da humanidade, condição "conquistada" graças ao "desenvolvimento" do espírito bélico e ao exercício do que, na filosofia, consideramos uma racionalidade estratégica. Por outro lado, também caracteriza nosso mundo a pluralidade teórica e metodológica inerente ao pensamento pós-metafísico, decorrente do advento da ciência e dos conseqüentes "avanços" tecnológicos. Conscientes deste complexo contexto cultural e de suas conseqüências para nossa vida cotidiana, não podemos mais ignorar a importância que adquire em nossas vidas um processo de transformação cultural capaz de garantir as condições para a vida presente e futura, um processo que somente se tornará possível mediante a educação para a paz.
Guimarães (2005, p. 14)

Ao longo do primeiro capítulo, apresentamos um quadro amplo, argumentando sobre a relação entre complexidade e cultura de paz, tecida no conjunto de inúmeros elementos entrecruzados, tanto em questões objetivas como subjetivas. Tais conexões aprofundam-se nas ligações entre ciência, conhecimento, humanidade, educação e relações humanas cotidianas, carregadas de emoções, sensações e histórias de vida. Para a ciência do século XXI, não bastam apenas argumentos científicos demonstráveis pela estatística, particularmente nas ciências humanas. Em contrapartida, não cabe apenas a reconstituição de pequenos casos visando a alguma totalidade possível. Igualmente, serão importantes as duas perspectivas, as aproximações entre argumentos teóricos, entre perspectivas cotidianas, nos diferentes olhares estabelecidos para os temas que se constituem em demandas atuais de nosso tempo.

Nesse sentido, encontrar uma abordagem complexa na pesquisa apresenta maior complexidade do que declará-la. Porém, ao explicitar essa intenção, há a mobilização para entendermos, inicialmente, o que representa tal perspectiva, para em seguida constituirmos o artesanato necessário à construção que buscamos. Em nosso caso, uma abordagem complexa constitui o cerne do entendimento da cultura de paz e da educação para a paz com dimensões fundamentais nos processos de convivência, entre saber ser e saber conhecer nos espaços educacionais.

Neste segundo capítulo, o objetivo é argumentar na construção de uma abordagem complexa tanto para a educação quanto para a educação para a paz, que surja dos fenômenos sociais atuais e não de um "raio luminoso" ou na ideia de "fazer as pazes", como se fossem qualidades externas aos conflitos, convivências e violências escolares. Acreditamos que qualquer intenção pedagógica está relacionada às situações reais, sociais e humanas, vividas no universo complexo e, ao mesmo tempo, avalizadas pelo cotidiano das relações.

Para isso, a construção passa pela discussão da educação na perspectiva do pensamento complexo de Edgar Morin, especialmente a partir do que ele declara sobre os "sete saberes necessários à educação do futuro". Antes disso, faremos uma breve retrospectiva sobre o primeiro capítulo, que é importante para continuarmos. Sendo esta pesquisa de caráter teórico, exploratório e qualitativo, essa conexão requer um conjunto de informações e reflexões que precisam ser explicitadas na medida em que são arranjos conceituais relativamente recentes na literatura – tanto a educação para a paz como sua relação com a complexidade. Além disso, tal retomada pretende inserir argumentos sobre a educação e a educação para a paz, os quais serão tratados neste capítulo, uma vez que, até aqui, as questões foram mais amplas sobre cultura de paz, sociedade e conhecimento.

Retomamos os operadores cognitivos do pensamento complexo, apresentados no primeiro capítulo, pois eles servirão para balizar o conteúdo e as reflexões deste momento. Para Moraes e Valente (2008), os operadores são: o *princípio sistêmico-operacional*, que neste momento será importante para entendermos as relações do objeto com o contexto, ou da educação para a paz com contextos amplos nos quais pode acontecer e desenvolver-se. O *princípio hologramático* é o operador cognitivo que, neste momento da pesquisa, vai buscar as relações entre paz, violências, conflitos e convivências, valores e direitos humanos, meio ambiente, ou seja, não destinando a nenhuma delas a grande resposta, mas encontrando melhores perguntas e respostas mais adequadas ao contexto em que são retroalimentadas, nas relações amplas e miúdas, no sentido das relações cotidianas.

Outro operador cognitivo e essencial neste capítulo é o *princípio retroativo*, ou seja, em que as causas agem sobre os efeitos e os efeitos sobre as causas, o que permite dizer que a educação para a paz é uma causa, ou uma resposta para conferir à educação e à cultura de paz caminhos alternativos e positivos por superação, ou reativos por oposição, nos permitindo aventar que a ideia da paz pode não ser consenso ou necessariamente aceita sem questionamentos ou críticas.

O próximo operador cognitivo é o *princípio recursivo*, que é um dos mais importantes em nossa abordagem, pois, mesmo denotando uma impressão de "repetição" ou "vai-e-volta" no texto e nos argumentos, é justamente o que procura conferir ao objeto uma nova rede de possibilidades argumentativas, que circularmente possam desmistificar abordagens simples ou maniqueístas. Isso é fundamental para a educação e para a educação para a paz, pois, na diversidade que as caracteriza, não há modelos simples de abordagem que sejam absolutamente adequados. O *princípio dialógico*, como operador cognitivo, está no esforço em aproximar o que parece antagônico – nesse caso, as questões sociais, educacionais, psicológicas, sociológicas, que recortam abordagens da violência, paz e conflitos, aprofundadas nos valores humanos, direitos humanos, meio ambiente e outros temas, como se cada um deles, separadamente, constituísse uma ideia de paz. Aqui, com a tentativa de respeitar tais perspectivas, nos arriscaremos a buscar suas convergências mais profundas.

O *princípio da auto-eco-organização* é o operador cognitivo que diz que toda "autonomia é inseparável de sua dependência" (Moraes e Valente 2008, p. 42), ou seja, que a noção de paz, de educação e de educação para a paz só é possível ao entendermos seus condicionantes, ou a complexidade que as compõem. Auto-eco-organização significa o indivíduo que se forma e reforma, com suas vivências e convivências, dentro da sociedade planetária,

Cultura de paz e educação para a paz ■ 133

com todas essas áreas em integração constante. O último operador cognitivo é o *princípio de reintrodução do sujeito cognoscente*, que valoriza a experiência do sujeito na pesquisa. Em nosso caso, por se tratar de uma pesquisa teórica, mas fruto da reflexão profissional de quase uma década atuando com a temática pesquisada, consideramos nossa organização intelectual como relevante na proposição, na estruturação e na organização do estudo. No caso da educação e da educação para a paz, é assumir o ser humano além dos processos, dos conteúdos ou temas, valorizando o indivíduo e suas relações.

Nosso interesse não é descobrir uma grande verdade ou certeza para os estudos da cultura de paz e da educação para a paz nos espaços educacionais, mas projetá-las numa perspectiva complexa, que refute tentativas de transformá-las numa "matéria escolar" ou numa "prática salvadora" em momentos pedagógicos, como um tema transversal, que merece ser entendido nos diferentes contextos como forma de articulação de diferentes saberes, ou pedagogias, a serem discutidos adiante (as *cinco pedagogias da paz – pedagogia dos valores humanos, pedagogia dos direitos humanos, pedagogia da conflitologia, pedagogia da ecoformação* e *pedagogia das vivências/ convivências*) como estratégia para supor uma educação que efetivamente crie novas formas de relações e contribua na qualificação das convivências na educação atual, nos diversos e diferentes níveis e modalidades de ensino.

Aliados aos operadores cognitivos, retomamos também os argumentos centrais de Morin no conjunto de *O método*, igualmente para fazer a transição da cultura de paz para o universo da educação e da educação para a paz. *O método 1* possibilita valorizar e entender a importância da ciência avançada, mas que igualmente reconhece seus limites para salvar a humanidade pelo recrudescimento daquilo que chamamos de humanização. Como dissemos anteriormente, do homem que chega à Lua ao homem que morre de fome, precisamos reencontrar a humanidade. Uma das vias nesse reencontro é a educação – e também a educação para a paz. De *O método 2* relembramos a importância de aproximar razão e emoção como elementos inseparáveis se quisermos fazer qualquer análise que envolve os seres humanos no processo de humanização. Especialmente em relação ao entendimento sobre educação e educação para a paz como caminhos, não como produtos, entendemos a ciência, a humanidade, a razão e a emoção como dimensões flutuantes e retroativas, ou seja, que todas se conectem e produzam outras perspectivas.

Ao relembrar *O método 3*, reavivamos que o conhecimento do conhecimento é aquele que une na diferença, ou seja, que vê na ligação de saberes de diferentes áreas as possibilidades de aproximação como forma de avançar no conhecimento, não só da complexidade, mas das diversas áreas. Sendo o cérebro o espaço de encontro desses conhecimentos, e a vida o local onde se vivem esses conhecimentos, vemos que a educação é um espaço privilegiado para a complexidade ser explorada. Em educação para a paz, portanto, nos primeiros livros, *O método* traz para nossa reflexão: ciência, humanização, razão, emoção, conhecimento como religação de saberes e a educação como eixo fundamental em todo o processo do conhecer humano.

Em *O método 4*, vamos revisitar a ideia de que o conhecimento sempre será situado e influenciado pela cultura de forma ampla (família, etnia, identidade nacional, de civilização) e com muitas nuances por vezes contraditórias e não lineares, logo, não objetivas nas causas e efeitos. Tal noção é fundamental ao relacionar educação e educação para a paz, pois rompe com qualquer pensamento simples para resolver problemas. Se existem problemas de convivências, violências e relações nas escolas, além da limitação em relação aos conhecimentos, precisamos enfrentá-los em toda a sua complexidade. Já *O método 5* revigora a perspectiva da humanidade pela dimensão na *noosfera* como espaço de tudo o que é objetivo, subjetivo, intersubjetivo, mítico, espiritual. É nesse espaço que o ser humano habita como identidade humana, como espécie humana, como ser no mundo. Educação e educação para a paz compõem esse cenário de forma complementar e fundamentadas no fazer humano, preenchido da diversidade que o caracteriza. *O método 6* relembra a ética no sentido das relações mais verdadeiras entre as pessoas, na amizade essencial, na cooperação, na solidariedade e em todas as novas formas que tanto são faladas, mas que não encontram sustentação prática (ética) para obter sustentabilidade nas sociedades atuais. Portanto, ética do ser no mundo, diversidade e identidade humana em toda a sua plenitude são as pistas dos três últimos livros de Morin (métodos 4, 5 e 6), aos quais estaremos atentos ao empreender nossa caminhada do segundo capítulo, procurando dialogar entre a educação e a educação para a paz à luz da complexidade.

Neste capítulo, portanto, tratamos dos "sete saberes da educação", propostos por Edgar Morin (2011b), os quais apontam aspectos importantes à educação e passíveis de serem estendidos à educação para a paz. Antes de nos aprofundarmos nas questões, apresentamos rapidamente os "sete saberes". O primeiro trata das "cegueiras do conhecimento", no qual se discute até que ponto todo o desenvolvimento tecnológico do último século efetivamente tem contribuído para o bem-estar da humanidade. O segundo saber trata dos "princípios do conhecimento pertinente", em que as relações entre conhecimento e vida se tornam cada vez mais conectadas. Portanto, o conhecimento pertinente é aquele do cotidiano, das formas de viver, relacionar e conviver. Logo a complexidade precisa ser vista como alternativa de uma nova (re)união dos saberes.

O terceiro dos sete saberes é "ensinar a condição humana", entendido como a valorização da cultura de forma ampla (família, comunidade, sociedade) além do cérebro no processo de auto-organização do ser humano. Ensinar a condição humana requer entender o ser humano mergulhado em seu cotidiano, tanto na objetividade como na subjetividade, na razão e na emoção. "Ensinar a identidade terrena" é outro saber da educação na complexidade. Significa o reconhecimento do ser humano em sua dimensão mais terrena, ou seja, perceber suas relações com a cultura, com a natureza e com todos os seres vivos. Resumindo, sintonizado com a busca por uma cultura de paz.

O quinto saber é "enfrentar as incertezas", que está relacionado a acolher as dúvidas, os medos e as futuras projeções como características importantes no século XXI. Isso é necessário, pois enfrentamos e enfrentaremos inúmeros problemas sociais e mundiais nas próximas décadas, e não teremos respostas para todos eles. "Ensinar a compreensão" é outro dos saberes e aponta para a urgência do cuidado com o outro e com o planeta, particularmente na preservação da vida. Compreender que dependemos uns dos outros, tanto em conhecimento como em sentimento, nos aproxima da solidariedade como princípio de conduta. A "ética do gênero humano" é o último dos saberes elencados por Morin (2011a) e significa que a ética é condição fundamental para a existência humana. Não uma "ética profissional" descrita em documentos, mas das relações de solidariedade necessárias ao desenvolvimento humano. Afinal, os "sete saberes necessários à educação" estarão presentes ao longo do segundo capítulo de maneira implícita, procurando elementos de argumentação com base na bibliografia de referência. Tais saberes não são receitas ou indicadores, mas pistas para reflexão e encaminhamento das questões da educação para a paz.

A educação na perspectiva da complexidade de Edgar Morin

Ao ampliarmos o entendimento do pensamento complexo de Edgar Morin, passamos a analisar o universo educacional subjacente à complexidade. Reafirmamos que para esta obra, que pretende aprofundar a discussão de cultura de paz e educação para a paz, é necessário compreendê-la à luz do conjunto de espaços simbólicos, sociais, econômicos nos quais a vida se desdobra. Esse é o primeiro alerta e o primeiro pressuposto do entendimento da educação na complexidade, a não separatividade de geral e local, de contexto e ações pontuais, das dimensões macro e micro. Isso tem base na discussão levantada por Edgar Morin no primeiro volume de *O método*, quando aponta para o problema da fragmentação científica. No entanto, ao discutir especificamente a educação, Morin (2012b, pp. 17-18) expõe o seguinte:

> A grande separação entre a cultura das humanidades e a cultura científica, iniciada no século passado e agravada neste século XX, desencadeia sérias consequências para ambas. A cultura humanística é uma cultura genérica, que, pela *via* da filosofia, do ensaio, do romance, alimenta a inteligência geral, enfrenta as grandes interrogações humanas, estimula a reflexão sobre o saber e favorece a integração pessoal dos conhecimentos. A cultura científica, bem diferente por natureza, separa as áreas do conhecimento; acarreta admiráveis descobertas, teorias geniais, mas não uma reflexão sobre o destino humano e sobre o futuro da própria ciência. A cultura das humanidades tende a se tornar um moinho despossuído do grão das conquistas científicas sobre o mundo e sobre a vida, que deveria alimentar suas grandes interrogações; a segunda, privada da reflexão sobre os problemas gerais e globais, torna-se incapaz de pensar sobre si mesma e de pensar os problemas sociais e humanos que coloca.

Nesse sentido, entendemos que a ciência e a técnica consideram as humanidades como artigo de luxo, e as humanidades, por sua vez, consideram a ciência como uma grande quantidade de saberes fragmentados e sem utilidade. Tal perspectiva gera divisão e até conflitos entre muitos aspectos, em relação aos quais poderíamos avançar muito na história humana, como a aproximação entre razão e emoção, entre ciência e espiritualidade, que se tornam opostas, por vezes inimigas, sustentadas por paradigmas, bases filosóficas ou epistemológicas inegociáveis, irredutíveis e, infelizmente, incompletas na possibilidade de entender o mundo com mais atenção e equilíbrio.

Ao aprofundar a relação sobre a incorporação do conhecimento ao ser humano, Morin (2012b, p. 24) destaca com propriedade:

> Todo conhecimento constitui, ao mesmo tempo, uma tradução e uma reconstrução, a partir de sinais, signos, símbolos, sob a forma de representações, ideias, teorias, discursos. A organização dos conhecimentos é realizada em função de princípios e regras que não cabe analisar aqui; comporta operações de ligação (conjunção, inclusão, implicação) e de separação (diferenciação,

oposição, seleção, exclusão). O processo é circular, passando da separação à ligação, da ligação à separação, e, além disso, da análise à síntese, da síntese à análise. Ou seja: o conhecimento comporta, ao mesmo tempo, separação e ligação, análise e síntese.

Aqui, Morin (2012b) apresenta uma questão fundamental que servirá como baliza na discussão sobre a educação na perspectiva da complexidade. Inicialmente reconhece que o conhecimento comporta a separação e a ligação, ou religação. Isso quer dizer que não pode existir separação entre aquilo que é considerado ciência em fragmentos e o mundo das ideias e representações humanas. No limite, isso remete à importância da relação entre o que se chamava de paradigma cartesiano e o paradigma holístico. Entendidos por muitos, ou ainda por muito tempo, como paradigmas diametralmente opostos, quando um evidencia os avanços nas pesquisas com grande rigor e especialização e o outro com o olhar total para a vida humana, repudiando de certa forma o conhecimento fruto da fragmentação das análises superespecializadas, vemos que ambos precisam ser, podem ser e são complementares.

Essa questão é claramente observada na educação em todos os níveis de ensino, com maior ou menor grau de articulação. Podemos observá-la na educação das crianças menores, na qual a ludicidade e as práticas corporais são valorizadas, assim como as experiências da criança em desenvolvimento. Ao pensarmos em tais práticas, fundamentadas à luz da psicologia clássica aplicada à educação, já presenciamos disputas entre Jean Piaget, com a psicologia genética, e Lev Vygotsky, com o socioconstrutivismo. Mesmo que, no cotidiano escolar, tais pesquisadores sejam transmutados em relações interpessoais concretas, aprendizagens operatórias, zona de desenvolvimento proximal, entre outros conceitos criados por ambos – e por que não dizer da integração da afetividade, defendida com mais veemência por Henry Wallon –, todas as representações, os signos, as ideias, os relacionamentos e o próprio desenvolvimento da sociedade, com ciência, tecnologia, direitos humanos, apontam que novas abordagens precisam ser feitas, pois, efetivamente, as crianças, mesmo possuindo "aparelhos biológicos" praticamente iguais aos de algumas décadas atrás, a forma e as informações de entrada, processamento e saída são absolutamente diferentes em contexto e valorização.

Portanto, no caso de crianças menores, certamente se devem considerar os estudos clássicos, a união das diferenças teóricas efetivamente coerentes, fruto da ciência fragmentada para compor um quadro de perspectivas perante as demandas e os espaços-tempos atuais, quando entram em cena inúmeros outros fatores, como classes sociais, sistemas de governo, no que tange à forma de organização política, econômica e social, além da religiosidade, da formação cultural etc. Aqui voltamos ao argumento inicial relacionado às crianças menores, para as quais, no final das contas, são "toleradas" atividades práticas, lúdicas e corporais para o desenvolvimento da aprendizagem, por se dizer que é uma fase mais "concreta".

Na sequência considerada lógica da ciência da educação, chegaríamos à adolescência, na qual uma fase de abstração contribuiria para qualificar o aspecto intelectual do ser humano. Isso bastaria, não fosse a adolescência também uma fase concreta, em que a formação da personalidade é permeada por contradições biológicas, emocionais, relacionais, revistas em velocidade cada vez maior, com a tecnologia inventando ou reinventando formas de viver, amar, chorar e até aprender e estudar. Seguindo esse caminho, o que poderíamos dizer da educação de jovens e adultos? O que temos a relacionar além dos cálculos matemáticos, das interpretações de textos e das fórmulas de química e física? Isso sem nos aprofundarmos na educação focada na pessoa idosa, nos grupos especiais e com múltiplas realidades culturais e econômicas.

Não acreditamos que os especialistas poderão resolver todas essas questões, nem tampouco que um olhar amoroso e sensível, sem fundamentos pedagógicos, pode efetivamente gerar algum tipo de mudança nas pessoas, na sociedade e no planeta. A esse respeito, vejamos como Morin (2012b, p. 40) se posiciona:

> O ser humano nos é revelado em sua complexidade: ser, ao mesmo tempo, totalmente biológico e totalmente cultural. O cérebro, por meio do qual pensamos, a boca, pela qual falamos, a mão, com a qual escrevemos, são órgãos totalmente biológicos e, ao mesmo tempo, totalmente culturais. O que há de mais biológico – o sexo, o nascimento, a morte – é também o que há de mais impregnado de cultura. Nossas atividades biológicas mais elementares – comer, beber, defecar – estão estreitamente ligadas a normas, proibições, valores, símbolos, mitos, ritos, ou seja, ao que há de mais especificamente cultural; nossas atividades mais culturais – falar, cantar, dançar, amar, meditar – põem em movimento nossos corpos, nossos órgãos; portanto, o cérebro.

A afirmação acima, que sintetiza o pensamento de Morin (2012b) e o coloca em destaque no campo educacional, é efetivamente a integração entre elementos biológicos e culturais em nossas ações mais simples durante a vida.

A cultura imprime normas, regras e mitos à nossa forma de viver e conviver. A educação é diretamente influenciada por isso. Nesse sentido, podemos dizer que a maneira como normas, regras, mitos e valores são construídos, reconstruídos, redimensionados, revistos e modificados (ou não) é o espaço fundamental da educação. Logo, uma educação que promova reflexão, aprendizado, debate e formas de agir em relação às violências, convivências, conflitos e paz, demanda entender essa relação biológica e cultural, na medida em que ações violentas e não violentas são expressas nas duas dimensões, particularmente na agressividade (dimensão biológica) e também nas normas consentidas ou repudiadas em dada cultura (dimensão cultural).

Um exemplo disso se dá na questão da violência de gênero. Considerar que os homens são mais fortes e violentos biologicamente e, por isso, mais agressores que as mulheres é ignorar que tal manifestação de violência está calcada em um número enorme de "verdades" e "permissividades" culturais, que a aceitam veladamente. Isso é decisivo para pensarmos que o mundo das ideias alimenta-se das práticas sociais, particularmente relacionadas à violência ou à paz, pois ajuda a equilibrar nossa percepção, como diz Morin (*ibidem*, p. 54): "O aluno precisa saber que os homens não matam apenas à sombra de suas paixões, mas também à luz de suas racionalizações".

Entender a educação à luz da complexidade é perceber as amplas relações das questões da vida e do mundo, é repudiar a relação causa-efeito de forma simplificada, é posicionar-se, mas não a partir de um único prisma, verdade ou, ainda, sobre uma única doutrina. É reconhecer que as diferentes visões de mundo precisam ser colocadas na mesa, não para ser apenas comparadas, mas para encontrar seus pontos em comum, suas proximidades e não seus afastamentos. Ainda, a educação na complexidade aproxima ciência, técnicas, vida, sentimento, humanização dos saberes científicos. Assim, o contexto educacional passa da diminuta guerra dos fragmentos de mundo para a integração das diferenças vivas. As diversas áreas do conhecimento são provocadas a buscar respostas integradas, os conhecimentos ditos "absolutos" passam pelo crivo da reflexão, da proatividade do saber mais e com mais qualidade, inclusive pela integração de novas referências, como as neurociências. Reconhecer, como faz Morin (2012b) que há um "circuito" entre sociedade e escola, uma produzindo a outra, faz com que acreditemos que as mudanças que afetam uma também afetam a outra. Podem ser mudanças positivas ou negativas, mas afetam-se mutuamente.

Aos que apontam que a educação na complexidade seria utopia, Morin (*ibidem*, p. 101) diz: "É preciso saber começar, e o começo só pode ser desviante e marginal". Com isso, o autor está dizendo que toda e qualquer tentativa de mudança pode e vai sofrer críticas ou tentativas de sufocamento, na medida em que retira as pessoas e estruturas de suas "zonas de conforto". Isso é particularmente importante para a educação de maneira geral, e para a educação para a paz de modo específico. Em relação à educação discute-se a necessidade de mudança de olhares, de trazer mais a vida para a escola, de colocar lado a lado o conhecimento e as práticas humanas.

No caso da educação para a paz, como demanda exigida a partir da crescente violência no meio educacional, que tem como base as convivências e os conflitos, trataríamos de redimensionar inúmeras questões relativas às formas de violência, não apenas a direta, entre as pessoas, como também as estruturais, fruto das desigualdades sociais e das políticas públicas deficientes, como até adentrar o universo da violência institucional, o que seria abrir a própria "caixa-preta" do reconhecimento que as instituições educacionais também produzem formas relacionais violentas. Portanto, a dimensão "desviante ou marginal" estaria, no caso da educação para a paz, inclusive no próprio questionamento sobre como a questão da paz tem sido tratada pela educação de forma simplista, apoiada no senso comum de que a paz seria algo externo às pessoas, uma luz ou harmonia interior, quando, na verdade, é uma construção de relações não violentas, baseadas nos conflitos e na forma de redimensionar ações e atitudes violentas.

Nisso, encontram-se algumas "finalidades educativas" apontadas por Morin (2012b). A primeira, que ele chama "a cabeça bem-feita", é a capacidade de construir uma percepção e aptidão para organizar o conhecimento, ou seja, um olhar sensível e ao mesmo tempo objetivo e integrador, que não busca excluir e sim perceber as ligações entre dimensões que parecem desconectadas. A condição humana e o ensino da condição humana também se apresentam como uma finalidade educativa. Diz Morin (2012b, p. 103):

> Hoje, já não basta problematizar o homem, a natureza, o mundo, Deus; é preciso problematizar o progresso, a ciência, a técnica, a razão. A nova laicidade deve problematizar a ciência revelando suas profundas ambivalências. Deve problematizar a razão, opondo a racionalidade aberta à racionalização fechada; deve problematizar o progresso, que depende não de uma necessidade histórica, mas de uma vontade consciente dos humanos. A laicidade, assim regenerada, talvez criasse as condições para um novo Renascimento.

No caso de ensinar a condição humana, o objetivo principal é a problematização, como descrito anteriormente. Não podemos simplesmente aceitar, por exemplo, que o progresso seja sinônimo de industrialização sem questionar seu impacto na vida e na natureza. Também não podemos aceitar ingenuamente que um pseudoprogresso traga consigo a violência e fomente a desigualdade social. Nessas relações, Morin (*ibidem*, p. 115) fala da necessidade de haver uma conexão de perspectivas que em algum momento ficam prejudicadas em meio à polissemia dos termos, conforme expressa:

> Voltemos aos termos *interdisciplinaridade, multidisciplinaridade e transdisciplinaridade*, difíceis de definir, porque são polissêmicos e imprecisos. Por exemplo: a interdisciplinaridade pode significar, pura e simplesmente, que diferentes disciplinas são colocadas em volta de uma mesma mesa, como diferentes nações se posicionam na ONU, sem fazerem nada além de afirmar, cada qual, seus próprios direitos nacionais e suas próprias soberanias em relação às invasões do vizinho. Mas interdisciplinaridade pode significar também troca e cooperação, o que faz com que a interdisciplinaridade possa vir a ser alguma coisa orgânica. A multidisciplinaridade constitui uma associação de disciplinas, por conta de um projeto ou de um objeto que lhes sejam comuns; as disciplinas ora são convocadas como técnicos especializados para resolver tal ou qual problema; ora, ao contrário, estão em completa interação para conceber esse objeto e esse projeto, como no exemplo da hominização. No que concerne à transdisciplinaridade, trata-se frequentemente de esquemas cognitivos que podem atravessar as disciplinas, às vezes com tal virulência, que as deixam em transe. De fato, são os complexos de inter-multi-trans-disciplinaridade que realizaram e desempenharam um fecundo papel na história das ciências; é preciso conservar as noções chave que estão implicadas nisso, ou seja, cooperação; melhor, objeto comum; e, melhor ainda, projeto comum.

Portanto, a educação na perspectiva da complexidade deve preservar uma parte fechada, no sentido da garantia de cada área do conhecimento, e outra aberta, no sentido das conexões possíveis. Interessam-nos, particularmente, as questões da cooperação, objeto comum e de um projeto comum. Isso significa que, ao contrário da educação "dividida" em "verdades prontas" das diferentes disciplinas, agora passam a ter valor outras dimensões complementares, como a necessidade de olhar para um projeto comum de ser humano e planeta. Tal projeto só pode ser construído a partir da problematização do presente vinda de diferentes dimensões articuladas.

Uma escola não é apenas o conjunto das "matérias" (áreas de conhecimento). Tampouco a relação entre professor e aluno é a condição para determinar a função da escola. Nem o somatório burocrático e a legislação fazem desse espaço uma instituição educacional. Além desses condicionantes objetivos, precisamos somar a comunidade na qual a escola está inserida, com sua história, sua cultura, seus símbolos e as diversas características específicas que se engendram nessa construção. Também precisamos valorizar os aprendizados sociais e afetivos, fruto das convivências que se darão por meio da educação, da intersubjetividade que marca a vida humana. A educação é tudo isso, uma rede complexa de significados que precisam ser entendidos nas especificidades de suas relações, sob a pena de, ao pautar-se por apenas um dos aspectos, seja cognitivo, relacionado ao mercado de trabalho, ou afetivo-emocional, relacionado ao desenvolvimento dos valores para a vida, não realizar plenamente sua tarefa, a de contribuir com pessoas que detenham saberes e conhecimentos adequados e que possam fazer diferença positivamente para a humanidade.

Aqui residem as outras finalidades educativas apontadas por Morin (2012b), que são aprendizagem do viver, enfrentar a incerteza e aprendizagem cidadã, que estão profundamente relacionadas. Aprender a viver no sentido de que "nenhum conhecimento possa dispensar interpretação" (*ibidem*, p. 52). Com isso, provoca-se que uma aprendizagem do viver não comporta simplesmente o viver, mas o refletir, estar aberto ao contraditório, não se conformar com verdades acabadas. Isso é importante, pois traz a filosofia como centro de uma educação complexa, como maneira de provocar autonomia de pensamento e ação. É o que propõe Morin (2012b) para a aprendizagem desde a escola primária. Aprender a viver só é possível com o enfrentar a incerteza, outra finalidade educativa. De início, deve-se ter a clareza de que a "condição humana está marcada por duas grandes incertezas: a incerteza cognitiva e a incerteza histórica" (*ibidem*, p. 59) e que "conhecer e pensar não é chegar a uma verdade absolutamente certa, mas dialogar com a incerteza" (*ibidem*). Incerteza cognitiva pelos avanços das neurociências e da tecnologia que nos levam a perder a noção de como projetar o mundo adiante e a incerteza histórica, ao reconhecer que a história, em que pesem fortes condicionantes econômicos e culturais, é definida, muitas vezes, por ações e situações aleatórias, que também fogem das projeções e suposições sobre futuro. Mais uma vez, portanto, a autonomia é um dos traços fundamentais da educação na perspectiva da complexidade, como diz Morin (*ibidem*, p. 118):

> A autonomia de que falo não é mais uma liberdade absoluta, emancipada de qualquer dependência, mas uma autonomia que depende de seu meio ambiente, seja ele biológico, cultural ou social. Assim, um ser vivo, para salvaguardar

sua autonomia, trabalha, despende energia, e deve, obviamente, abastecer-se de energia em seu meio, do qual depende. Quanto a nós, seres culturais e sociais, só podemos ser autônomos a partir de uma dependência original em relação à cultura, em relação a uma língua, em relação a um saber. A autonomia não é possível em termos absolutos, mas em termos relacionais e relativos.

Se a autonomia não é possível em termos absolutos, vale dizer que em educação não existe a possibilidade de grandes sistemas unificadores e padronizados, sendo adequado pensarmos em indicações ou parâmetros básicos. Os alunos precisam dos contextos e da mesma forma dos saberes das áreas de conhecimento. Caso contrário, a autonomia é transformada em reprodução de padrões, normalmente os dominantes, elegidos por grupos que ditam formas de ser e viver. Por isso, considerar contextos e diferenças não é mais ser "contra" isso ou aquilo ou a "favor", no sentido estreito. Assim, emerge a aprendizagem cidadã como finalidade educativa no projeto de Morin: cidadania nos princípios da solidariedade e da responsabilidade em relação ao mundo, o que é chamado por Morin (2012b) de comunidade de destino, como uma identidade terrena, não mais marcada por linhas geográficas dos países, mas pelo entendimento das relações inevitáveis entre todos. Não uma relação direta, mas a interdependência, onde catástrofes ambientais, guerras, vírus mortais, desastres econômicos afetam muitos, por todo o planeta.

Finalmente, não podemos deixar de concordar com Morin (*ibidem*, p. 127) quando diz:

> Uma grande parte, a parte mais importante, a mais rica, a mais ardorosa da vida social, vem das relações intersubjetivas. Cabe até dizer que o caráter intersubjetivo das interações no meio da sociedade, o qual tece a própria vida dessa sociedade, é fundamental. Para conhecer o que é humano, individual, interindividual e social, é preciso unir explicação e compreensão.

Ao considerarmos a complexidade como ponto de partida, deparamo-nos com um "universo" de dimensões, ações e retroações, de alternativas e limites, das possibilidades criadoras às mazelas humanas e sociais, com a vida e a morte. Mesmo nesse cenário, Morin (2012b) aponta a importância das relações humanas como uma das possibilidades mais encantadoras e transformadoras da educação. Portanto, como diz ele, são as interações, entendidas à luz de explicações, compreensões, contradições, que "abrem a cabeça" ou produzem o que chama de "cabeça bem-feita", em que fundamentalismos, certezas egoístas, verdades absolutizadas, especialmente dos mais fortes contra os mais fracos, perdem o sentido e a força, dando espaço para outras verdades, mais racionais e também mais humanas e afetivas, que não querem ferir nem enfrentar, mas que buscam aproximar, intercambiar e encontrar os caminhos no que as une, e não no que as afasta. Esse é o princípio de uma educação complexa: todo e partes, valorizando suas diferenças, mas encontrando objetivos e projetos comuns, neste caso, ligados à nossa comunidade de destino: o planeta Terra. Exemplificamos isso apoiados em Morin (2012c, p. 38).

> Em uma comunidade, como a dos índios amazonenses, é muito grande o sentido de comunidade, de ligação uns com os outros. É na civilização ocidental que ela é reduzida, que é pequena. No dia em que reencontrarmos o sentido fundamental de comunidade que existe em várias civilizações antigas e tradicionais, mas readaptada ao mundo moderno atual, readaptada ao planeta terra, será possível falar em educação para a paz. A educação para a paz não indica que a paz é melhor que a guerra. Todos sabem disto. Mas o problema é que a paixão e a histeria política a poluíram. Como humanidade, estamos possuídos pelos nacionalismos e fundamentalismos. A educação para a paz não significa ensinar que a paz é uma coisa muito boa, mas significa ensinar a compreensão humana. Isso é uma coisa fundamental no caminho para a paz. Também é um berço de incertezas. Parece-me cada vez mais importante que a consciência das incertezas esteja crescendo. Crescem as incertezas em relação ao futuro da humanidade planetária. Incertezas reveladas pelas diversas crises provocadas pela mundialização, entre elas, a crise econômica. Crise do meio ambiente, onde os elementos climáticos fazem imigrar muitas populações. Hoje, são muitos os problemas de imigração. A incerteza está presente em todos os setores. Há também a incerteza em relação à vida pessoal, desde o momento em que se nasce. Felicidade, infelicidade, amor, ódio, nunca se sabe o que vai acontecer. Então, digamos que ensinar a conviver com a incerteza também é algo fundamental.

Fundamentalmente, a educação, na perspectiva da complexidade de Morin (2012c), é uma construção a partir de diferentes dimensões da vida humana e não apenas da escola. Ela também acontece na interconexão entre os saberes sobre a vida, o mundo e o conhecimento. A educação, na perspectiva da complexidade, rejeita fragmentos, rejeita uma educação descolada da vida, que só quer "transmitir conteúdos", que impõe medo ou apatia, seja pelo "poder" do conhecimento ou dos docentes. A educação na complexidade não propõe totalidades impossíveis, crenças na utopia da vida perfeita. Mas o que Morin (2011b, 2012b e 2012c) pretende, e, com isso, tem influenciado muitos educadores em vários países, é uma aproximação entre fragmentos e totalidade, não como somatório, mas como convergência, ou seja, a valorização do conhecimento científico clássico, porém reconhecendo seus limites na humanização. Em contrapartida, pretende valorizar a dimensão subjetiva do ser humano, a seara da afetividade e dos afetos, em processo de comunhão, de criação de novas formas de ver, perceber e ser.

Os sete saberes necessários à educação do futuro? Do presente?

> *Diante de um cenário educacional que, há séculos, privilegiou a formação disciplinar e especializada, necessitamos de um tipo de pensamento que seja uno e múltiplo, ao seu tempo, para dar conta dos fenômenos contemporâneos, cada vez mais abrangentes. Precisamos substituir um pensamento disjuntivo e redutor por um pensamento que seja complexo – complexus: o que é tecido junto. Um pensamento complexo religa os pensamentos racional-lógico-dedutivos aos mítico-mágico-imaginários, para a compreensão do mundo e da condição humana.*
> Petraglia (2012, p. 141)

Após a abordagem geral da perspectiva da complexidade na educação, traremos a discussão sobre os "sete saberes necessários à educação do futuro", defendidos por Morin (2011b) na obra original de 1999, escrita para a Unesco. Ao mesmo tempo em que apontaremos cada uma das dimensões, faremos pequenas inserções referentes a outra obra, que trata dos "sete saberes necessários à educação do presente" (Moraes e Almeida 2012), uma reflexão feita por diversos estudiosos, inclusive o próprio Morin, a partir de sua visita ao Brasil, em 2010, que marcou os dez anos do lançamento do primeiro livro.

Na obra de Moraes e Almeida (*ibidem*), os autores refletem sobre os dez anos de discussões sobre a educação na perspectiva da complexidade, no Brasil e na Europa, e quais os desdobramentos e as perspectivas para os anos seguintes. É importante destacar a importância do Brasil no cenário de discussão da educação na perspectiva da complexidade, particularmente com os educadores Edgar Assis de Carvalho (Pontifícia Universidade Católica de São Paulo – PUC-SP), Izabel Petraglia (Universidade Nove de Julho – Uninove-SP) e Maria da Conceição de Almeida (Universidade Federal do Rio Grande do Norte – UFRN).

Quando da presença de Morin no Brasil, na cidade de Fortaleza, diversas universidades nacionais e internacionais, conduzidas pela Universidade Estadual do Ceará (Uece) e a Universidade Católica de Brasília (UCB) encontraram consensos importantes, estabelecidos na "Carta de Fortaleza", um documento-síntese que, em linhas gerais, direciona para as seguintes questões: os sete saberes necessários elencados por Edgar Morin são um legado a ser promovido nas instituições educacionais nas próximas décadas; é necessário promover o pensamento complexo capaz de religar diferentes saberes ou dimensões da vida a partir de mentes abertas, escuta sensível e pessoas responsáveis com a transformação de si e do mundo; é fundamental criar espaços democráticos que sejam criativos, dialógicos, reflexivos, que viabilizem novas práticas pedagógicas, baseadas na ética, na paz, na justiça social e na solidariedade; faz-se necessária uma educação que valorize a condição humana formando pessoas para enfrentar os diversos desafios do agora e das próximas décadas, como as crises sociais, políticas, econômicas e ambientais; é preciso promover novas práticas pedagógicas fundamentadas na compreensão, na sensibilidade e na ética, que entendam diversidade cultural, pluralidade dos indivíduos e que, com todos esses ingredientes, construam um conhecimento multidisciplinar. Considerando as premissas elencadas, passemos à apropriação dos "sete saberes necessários à educação", na perspectiva de Morin, sempre guardando a reflexão de Petraglia (2012, p. 135) no enfoque da complexidade.

> O sujeito é um ser inacabado, que se constrói ao longo de toda a vida, na partilha e na solidariedade das relações de alteridade. É autônomo e dependente, dialogicamente. Experimenta sentimentos e emoções contraditórios. É egoísta e também altruísta; é racional e afetivo; prosaico e poético; lúdico; imaginário; estético. É infantil, jovem, adulto e velho em todas as idades e fases da vida. A afetividade é consequência da existência subjetiva do sujeito e é o que liga o *homo sapiens* ao *homo demens*, cujas manifestações o invadem, reciprocamente.

Assim, vamos caminhar, na percepção dos "sete saberes necessários à educação", propostos por Edgar Morin (2011b), procurando encontrar outras pistas para pensarmos a educação e considerarmos uma educação para a paz como alternativa às violências e convivências escolares. Uma educação no seio da complexidade caminha para construir novos padrões, mais relacionais, afetivos, redimensionando processos de ensinar-aprender-reaprender.

As "cegueiras do conhecimento": O erro e a ilusão

Ao principiar a reflexão sobre os "sete saberes", Morin (2011b) apresenta sua tese recorrente sobre um conhecimento que seja amplo, múltiplo, complexo.

Nesse caso, o autor aponta para a importância das emoções, da afetividade na construção e na produção do conhecimento humano ou mesmo em sua destruição. Fato é que não é possível descolar a emoção da razão, pois uma está intimamente ligada à outra, por declaração ou negação. Portanto, no século XXI, a educação precisa incluir decisivamente a dimensão emocional em suas práticas pedagógicas. Não mais como "ideia" ou "projeto isolado", mas como parte integrante do contexto escolar cotidiano. Ao reconhecer que todo conhecimento resulta das práticas sociais, podemos avaliar a proposição de Morin (2011b, p. 20), que diz:

> Poder-se-ia crer na possibilidade de eliminar o risco de erro, recalcando toda a afetividade. De fato, o sentimento, a raiva, o amor e a amizade podem-nos cegar. Mas é preciso dizer que já no mundo mamífero e, sobretudo, do mundo humano, o desenvolvimento da inteligência é inseparável do mundo da afetividade, isto é, da curiosidade, da paixão, que, por sua vez, são a mola da pesquisa filosófica ou científica. A afetividade pode asfixiar o conhecimento, mas pode também fortalecê-lo. Há estreita relação entre inteligência e afetividade: a faculdade de raciocinar pode ser diminuída, ou mesmo destruída, pelo déficit de emoção; o enfraquecimento da capacidade de reagir emocionalmente pode mesmo estar na raiz de comportamentos irracionais.

Diante dessa condição inevitável aos seres humanos, por que a insistência, nos discursos e práticas escolares, de situações que procuram, em vão, "varrer" as questões emocionais da educação? Mesmo com prováveis avanços, como a inclusão de alunos com necessidades educacionais especiais, a abertura ao sistema de cotas para alunos afrodescendentes, a discussão sobre homofobia e todas as formas de violência nas escolas, o que temos percebido é o aumento dessas violências. Seriam ondas de neoconservadorismo em meio à diversidade que surge com mais visibilidade? Seria o preconceito não dito, mas arraigado em padrões (práticas de vida) que reproduzem formas de viver e conviver que buscam a padronização das relações humanas?

Todas as "paixões" e tomadas de decisão, tanto na abertura quanto no fechamento de perspectivas, são permeadas pela dimensão emocional. Nesse caso, supor uma educação, especialmente uma educação para a paz, é considerar, como aspecto relevante, a dimensão relacional, seja na percepção intrapessoal com o conhecimento de si mesmo, seja na interpessoal, intersubjetiva, que é desdobrada nas relações cotidianas.

Para superar as "cegueiras do conhecimento", na constituição de uma educação para o século XXI que transcenda os vazios educacionais constituídos nos últimos séculos, é importante adotar a perspectiva da complexidade da educação, uma perspectiva que procura a religação de dimensões fragmentadas que separam razão e emoção, pensamento e sentimento, que burocratizam as instituições, transformam o mundo educacional e a própria vida numa massa de dados a ser comparada com outras realidades, outros países, acreditando que assim podemos nos "desenvolver" plenamente.

Adotar a perspectiva da complexidade é efetivamente difícil e trabalhoso, pois requer atenção, vigilância, capacidade de tolerância, diálogo e conhecimento; em contrapartida, o que temos é um modelo clássico de educação que não tem mais sustentabilidade diante do século XXI. Por isso, concordamos novamente com Morin (2011b, p. 23), que diz:

> A verdadeira racionalidade, aberta por natureza, dialoga com o real que resiste. Opera ao ir e vir incessante entre a instância lógica e a instância empírica; é o fruto do debate argumentado das ideias, e não a propriedade de um sistema de ideias. O racionalismo que ignora os seres, a subjetividade, a afetividade e a vida é irracional. A racionalidade deve reconhecer a parte de afeto, de amor e de arrependimento. A verdadeira racionalidade conhece os limites da lógica, do determinismo e do mecanicismo; sabe que a mente humana não poderia ser onisciente, que a realidade comporta mistério. Negocia com a irracionalidade, o obscuro, o irracionalizável. É não só crítica, mas autocrítica. Reconhece-se a verdadeira racionalidade pela capacidade de identificar suas insuficiências.

Ao reconhecer que os modelos educacionais são organizados pelos fragmentos, das áreas do conhecimento às esferas administrativas e burocráticas, não estamos propondo nenhuma revolução ou discurso ingênuo. Trazemos a discussão da teoria da complexidade de Edgar Morin justamente para lançar olhares integradores de várias dimensões já presentes no mundo do conhecimento e no mundo cotidiano, em universidades e templos religiosos, na mídia e nas confraternizações, nas práticas humanas e sociais.

Dicotomias como razão e emoção, acertos e erros, vencedores e perdedores não representam de fato a vida em sua complexidade. São construções, em geral, das instâncias que têm mais poder em determinado momento e constroem os discursos que se tornam hegemônicos. Por isso, é preciso trazer ao mundo e às instituições educacionais uma perspectiva integradora, um tema transversal, pautado na noção de paz como a mediação dessas perspectivas, com esclarecimento crítico, com amorosidade, com um olhar para o futuro, da vida com mais dignidade, com projeção de sustentabilidade, de direitos e de valores, com um olhar mais solidário, proativo e, especialmente, aberto à incerteza, como afirma Morin (*ibidem*, p. 29):

> Daí decorre a necessidade de destacar, em qualquer educação, as grandes interrogações sobre nossas possibilidades de conhecer. Pôr em prática essas interrogações constitui o oxigênio de qualquer proposta de conhecimento. Assim, como o oxigênio matava os seres vivos primitivos até que a vida utilizasse esse corruptor como desintoxicante, da mesma forma a incerteza, que mata o conhecimento simplista, é o desintoxicante do conhecimento complexo. De qualquer forma, o conhecimento permanece como uma aventura para a qual a educação deve fornecer o apoio indispensável.

Desintoxicar as teorias não quer dizer desvalorizá-las, tampouco descartá-las. Ao contrário, significa repensar e articular os saberes ao nosso tempo, com rigor crítico e com abertura a novos enfoques. Na educação, por exemplo, como mencionado ao longo deste livro, não temos mais tempo para persistir em enfoques de origem macro ou micro que disputem a razão maior dos problemas ou das possibilidades da educação. Pensamento sociológico e pensamento psicológico, teorias, metodologias, relações humanas, afetos, currículos e políticas educacionais devem acelerar suas imbricações, seus encontros e diálogos, não como fragmentos em comunicação, mas como uma relação em totalidade consciente e criadora. Assim, para Morin (*ibidem*, p. 30), "necessitamos civilizar nossas teorias, ou seja, desenvolver uma nova geração de teorias abertas, racionais, críticas, reflexivas, autocríticas, aptas a se autorreformar".

Enfrentar as "cegueiras do conhecimento" não será apenas com outros conhecimentos, igualmente míopes. É supor o ser humano como o elemento-chave em toda a sua complexidade, do pessoal ao profissional, do mundo do trabalho à espiritualidade, da seriedade ao lúdico, das violências à busca da paz, da necessidade da vida e do medo da morte. Acreditamos que isso se faz com a religação de saberes, mas sabemos que tal atitude demanda tempo, reflexões, pequenas mudanças. Por isso, supomos que a educação para a paz, como área de intervenção transversal pode ser, nestes anos, uma perspectiva articuladora, pois caminha na dialogia da vida da complexidade.

Os princípios do conhecimento pertinente

Como o segundo dos "sete saberes", Morin (2011b) aponta para a busca de princípios para um conhecimento pertinente, diante da gravidade dos saberes compartimentados em relação aos grandes problemas da humanidade na passagem do século XX para o XXI. Embora sejam problemas que afetam o indivíduo em sua vida direta, são questões transversais e multidisciplinares, na medida em que encontram fronteiras, pois são globais e planetários. Isso não faz referência apenas aos problemas ambientais diretos, que hoje mudam o clima em todo o planeta, afetando especialmente os mais pobres. Existem também questões intricadas da economia global que empurram países pobres aos abismos sociais, como a epidemia da fome e doenças na África, o tráfico de drogas que afeta países emergentes e a alienação predatória em relação ao consumo e à exploração dos recursos naturais pelos países ditos desenvolvidos.

Tal cenário, relacionado à globalização da informação, generaliza a sensação de que não há saída para o ser humano a não ser a adequação a este mundo e a este modelo. Cria-se uma paródia do que seja desenvolvimento. Remédios de alta tecnologia são criados para curar enfermidades que resultam do próprio "desenvolvimento", como depressão, câncer e cardiopatias, doenças crescentes da "modernidade". Enfrentar isso não é ir contra os avanços, mas discutir realmente até que ponto eles representam caminhos melhores para a humanidade. Não se trata de negá-los, mas entendê-los na complexidade, para inclusive relacionar-se melhor com eles e redimensioná-los. Escreve Morin (*ibidem*, p. 36):

> O conhecimento pertinente deve enfrentar a complexidade. Complexus significa o que foi tecido junto; de fato, há complexidade quando elementos diferentes são inseparáveis constitutivos do todo (como o econômico, o político, o sociológico, o psicológico, o afetivo, o mitológico), e há um tecido interdependente interativo e inter-retroativo entre o objeto de conhecimento e seu contexto, as partes e o todo, o todo e as partes, as partes entre si. Por isso, a complexidade é a união entre a unidade e a multiplicidade.

Buscar os princípios do conhecimento pertinente, portanto, não é a busca de verdades, mas a qualificação das perguntas e respostas, dos textos nos contextos, da vida presente nas estatísticas, é favorecer o diálogo no processo retroativo, ou seja, ir aos problemas, analisá-los considerando os diversos fatores em jogo, nos desdobramentos de ações humanas individuais, coletivas, políticas e planetárias. Para isso, o conjunto de conhecimentos da educação já presentes nos currículos escolares não precisa nem deve ser descartado, porém o fragmento das matérias escolares, despejadas na frente dos alunos como única e absoluta verdade deve ser repudiado cada vez mais no século XXI.

Como descreve Morin (2011b), o cérebro fica confinado aos estudos dos departamentos de biologia, ao passo que as dimensões sociais e psíquicas seguem para os departamentos de ciências humanas e as questões existenciais e emocionais ficam para os departamentos de filosofia e literatura. Assim, os problemas humanos se encerram em campos fechados, com respostas parciais que não atendem às necessidades de superação. Diz o autor (*ibidem*, p. 37):

> Nestas condições, as mentes formadas pelas disciplinas perdem suas aptidões naturais para contextualizar os saberes, do mesmo modo que para integrá-los em seus conjuntos naturais. O enfraquecimento da percepção do global conduz ao enfraquecimento da responsabilidade (cada qual tende a ser responsável apenas por sua tarefa especializada), assim como ao enfraquecimento da solidariedade (cada qual não mais sente os vínculos com seus concidadãos).

Essa é uma das questões que nos levam a acreditar que o pensamento complexo, como abordagem na educação e como alternativa para a discussão da educação para a paz, é um caminho a ser qualificado em reflexão e ação. Tomemos a questão da criminalidade na adolescência, que apresenta altos índices no Brasil. A explicação clássica diria que jovens "pobres e negros" são mais violentos e que devem ser presos, além da necessária redução da maioridade penal. Uma solução simples para um problema complexo. Sabemos que uma dimensão da questão envolve a família, não no sentido tradicional do termo, mas com seus novos arranjos, com pais divorciados, padrastos, madrastas, avós e tios. Isso é transpassado por inúmeras outras questões, como a economia, que tem a ver com empregos, os programas de transferência de renda, moradia, escola de qualidade, espaços de lazer, entre tantos outros. Além disso, a mídia, os processos de globalização e consumo, os fatores religiosos, políticos, culturais são o grande pano de fundo no qual as ações devem ser pensadas, de maneira transdisciplinar.

Não bastam apenas programas interdisciplinares, acreditando que as partes ligadas com outras partes levariam ao todo, pois, como vimos, o todo também interage com as partes. No caso do exemplo dos jovens, o trabalho com as famílias só tem sentido se forem buscadas as pontes com a escola. Da mesma forma, um adolescente que cumpre regime fechado, ou medidas socioeducativas, ao voltar para a escola e a família, encontrará um ambiente preparado para acolhê-lo? O mercado de trabalho o aceitará como aprendiz? Portanto, podemos supor que, por mais que os profissionais das diferentes áreas possam realizar um bom trabalho (professor, educador social, psicólogo, assistente social, juiz da infância, entre tantos), ainda existe grande possibilidade de o processo não funcionar para colaborar para a mudança de vida desse adolescente. Nesse caminho, ainda entram em cena questões subjetivas, como a relação do adolescente com a religiosidade, com a cultura local, com os amigos etc.

Aqui residem os limites contraditórios que devemos enfrentar ao optar pela complexidade. Os fragmentos, por melhor que sejam, perdem a noção do todo. Não afirmamos que exista em algum tempo futuro uma articulação perfeita de todos os aspectos, mas é fato que todos precisam reconhecer a complexidade e adotá-la como princípio de entendimento e objetivo de projetos comuns. Portanto, convém reafirmar o alerta de Morin (*ibidem*, p. 39) ao dizer:

> O princípio de redução leva naturalmente a restringir o complexo simples. Assim, aplica às complexidades vivas e humanas a lógica mecânica e determinista da máquina artificial. Pode também cegar e conduzir a excluir tudo aquilo que não seja quantificável e mensurável, eliminando, dessa forma, o elemento humano do humano, isto é, paixões, emoções, dores e alegrias. Da mesma forma, quando obedece estritamente ao postulado determinista, o princípio de redução oculta o imprevisto, o novo e a invenção.

Tal argumento é importante no universo dos estudos da paz e também em uma educação para a paz na medida em que os estudos, em parte, vêm do campo das violências e da massa de dados sobre elas. Assim, podemos medir a quantidade de violência observável em determinado local e período de tempo. Mas não conseguimos medir ou quantificar as violências não visíveis, ocultas nas casas e instituições. Mais difícil ainda é mapear a não violência ou a paz. Podemos dizer que estamos em paz apenas pela não existência de uma violência direta observável? Nesse caso, os locais onde não há ocorrências dentro dos padrões demonstrariam que há a paz? Ou, ainda, há paz em um local onde a repressão ou a ditadura imperam?

São questões que precisam constar na pauta das reflexões sobre pessoas, sociedades, instituições e escola, como espaço onde a socialização tem um lugar importante na formação do indivíduo. Nesse cenário, Morin (*ibidem*, p. 37) afirma:

> A educação deve favorecer a aptidão natural da mente em formular e resolver problemas essenciais e, de forma correlata, estimular o uso total da inteligência geral. Este uso total pede o livre exercício da curiosidade, a faculdade mais

expandida e a mais viva durante a infância e a adolescência, que com frequência a instrução extingue e que, ao contrário, se trata de estimular ou, caso esteja adormecida, de despertar.

Como vimos, trata-se de vislumbrar uma inteligência geral com a mediação dos conhecimentos na construção de novos significados para o próprio conhecimento e para sua utilização em contextos mais claros e com maior objetividade, valorizando a subjetividade e se aproximando dela. Há que se enfrentar uma falsa racionalidade, como diz Morin (2011b), composta por argumentos científicos que desprezam o ser humano com sua experiência, suas emoções, seus medos e suas alegrias. A educação que valoriza tais dimensões pode lançar novas e positivas contribuições para o mundo e a vida.

Uma educação para a paz, como espaço de acolhimento e tolerância à diversidade, que valoriza os conflitos como crescimento, que seja fundamentada na solidariedade e na ética, pode ser terreno fértil para a reflexão e o redimensionamento dos valores humanos, dos direitos humanos, da ecologia planetária e das relações pautadas na justiça social. Uma educação para a paz dependerá, assim como a educação, de uma inteligência que relacione, integre e transforme o conhecimento em práticas sociais, retornando os conhecimentos requalificados a partir das próprias práticas sociais.

Ensinar a condição humana

O terceiro saber eleito por Morin (*ibidem*) como necessário à educação é ensinar a condição humana em seus desdobramentos cósmico, físico, terrestre e humano. Assim, a condição humana buscaria a integração em vários níveis, como na integração entre cérebro, mente a cultura, entre razão, afeto e pulsão e entre indivíduo, sociedade e espécie. Logo, ao pensar na condição humana, buscamos enraizamentos, identidade, o que nos tornará indivíduos advindos de uma espécie, dotados da biologia que nos determina, porém perpassados por inúmeras dimensões que nos condicionarão de acordo com nossas histórias e experiências.

Dotados da individualidade, das diferenças, que parecem nos afastar, nos aproximamos nessa condição de seres de busca, num projeto que precisa ser de todos, ligado ao futuro de nossa própria espécie. Vale ressaltar que esse projeto não tem data definida, posto que é o presente construído que aponta para a tensão e os conflitos inerentes à vida e à convivência. Portanto, do lançamento da obra de Morin (1999) sobre os "sete saberes" até a presente data, duas décadas depois, acreditamos que a educação pensada para o futuro está viva nas tentativas, nos avanços e recuos, nas pequenas aberturas, nas práticas pedagógicas inovadoras que ainda vão encontrando espaços, mas que indicam que há uma convergência quanto à necessidade de outras bases para a educação, que aos poucos ecoam nas políticas educacionais e na sociedade, mesmo ainda sofrendo com as resistências da continuidade. Nesse quadro, temos a própria ideia da cultura de paz e da educação para a paz, que deixam o senso comum da primeira década do século XXI, para ser entendidas como uma área em crescimento e de possibilidade real de melhorias na educação. Reforça Morin (2011b, p. 43):

> A educação do futuro deverá ser o ensino primário e universal, centrado na condição humana. Estamos na era planetária; uma aventura comum conduz os seres humanos, onde quer que se encontrem. Estes devem reconhecer-se em sua humanidade comum e ao mesmo tempo reconhecer a diversidade cultural inerente a tudo que é humano.

Estamos enraizados, como espécie, como gênero humano, como seres sociais e também individuais, como cidadãos, pais, mães, filhos, seres da religião e do mundo do trabalho, também das alegrias das festas e tristezas do luto. Tudo isso se dá na interface (ou circuito) entre cérebro, mente e cultura. Não podemos prescindir dessa ideia para conceber uma educação na perspectiva da complexidade: o cérebro que opera a mente que dá consciência e a cultura que é meio, pois alimenta e retroalimenta o circuito.

A educação na complexidade coloca o cérebro em movimento a partir dos dados e das experiências vividas, que vão sendo apoiadas na consciência que advém das operações (quanto maior o número de experiências alimentando o cérebro, maior a capacidade de consciência), tudo isso ligado ao "caldo" cultural, que valoriza, desvaloriza, dá significado, cria mitos, símbolos etc. A educação carece do estímulo do cérebro, requer que haja consciência das informações e sua reorganização, além de precisar do meio cultural para obter significação. Lembrando que o homem nasce e vive em determinada cultura, o circuito relatado só tem sentido, ou a vida só pode ter sentido, na cultura. A esse respeito, Morin (*ibidem*, pp. 47-48) diz:

> O homem somente se realiza plenamente como ser humano pela cultura e na cultura. Não há cultura sem cérebro humano (aparelho biológico dotado de

competência para agir, perceber, saber, aprender), mas não há mente (*mind*), isto é, capacidade de consciência e pensamento, sem cultura. A mente humana é uma criação que emerge e se afirma na relação cérebro-cultura. Com o surgimento da mente, ela intervém no funcionamento cerebral e retroage sobre ele. Há, portanto, uma tríade em circuito entre cérebro/mente/cultura, em que cada um dos termos é necessário ao outro. A mente é o surgimento do cérebro que suscita a cultura, que não existiria sem o cérebro.

Seguindo no caminho do ensino da condição humana no aspecto do desenvolvimento humano, Morin (2011b) discute também a importância do entendimento mais detalhado do cérebro. Embora não aprofunde a discussão, percebemos a necessidade e a importância de a educação estar sintonizada com os avanços nas neurociências, que explicam, cada vez com mais adequação, o funcionamento do cérebro na relação com o mundo vivido.

Conforme o próprio Morin (*ibidem*) argumenta, pensar em complexidade não exclui o conhecimento científico, ao contrário, procura-se um conjunto de relações mais coerentes, que consigam situar melhor as formas de compreensão sobre o homem vivendo seu cotidiano, mergulhado em objetividade, subjetividade, intersubjetividade, com toda a força de sua razão, muitas vezes desconectada de sua emoção, ou na luta entre encontros e desencontros dos sentimentos e pensamentos. Ressalta o autor (*ibidem*, p. 48):

> Encontramos, ao mesmo tempo, uma tríade bioantropológica distinta de cérebro/mente/cultura: decorre da concepção do cérebro triúnico de MacLean. O cérebro humano contém: a) *paleocéfalo*, herdeiro do cérebro reptiliano, fonte da agressividade, do cio, das pulsões primárias, b) *mesocéfalo*, herdeiro do cérebro dos antigos mamíferos, no qual o hipocampo parece ligado ao desenvolvimento da afetividade e da memória a longo prazo, c) o *córtex*, que, já bem desenvolvido nos mamíferos, chegando a envolver todas as estruturas do encéfalo e a formar os dois hemisférios cerebrais, hipertrofia-se nos humanos no neocórtex, que é a sede das aptidões analíticas, lógicas, estratégicas, que a cultura permite atualizar completamente. Assim, emerge outra face da complexidade humana, que integra a animalidade (mamífero e réptil) na humanidade e a humanidade na animalidade. As relações entre as três instâncias não são apenas complementares, mas também antagônicas, comportando conflitos bem conhecidos entre a pulsão, o coração e a razão; correlativamente, a relação triúnica não obedece à hierarquia razão/afetividade/pulsão; há uma relação instável, permutante, rotativa entre essas três instâncias.

O reconhecimento do papel do cérebro integral em nossa vida abre indicadores importantes para a educação. Se os pensamentos e sentimentos, se nossa bagagem antropológica nos sustenta na biologia e na cultura, não é possível apostar numa educação que negue tais questões. Então, o que temos em muitas instituições educacionais é o que podemos chamar de "instrução" sobre algum conhecimento ou técnica. Nesse caso, não se justificaria esta obra.

Mas, ao considerarmos a educação formal como uma dimensão importante na formação da pessoa, não apenas na aquisição de conhecimentos específicos, mas como a própria ressignificação desse conhecimento para um projeto de mundo diferente, precisamos abrir a perspectiva da complexidade. A escola como espaço privilegiado de convivência de crianças e jovens, as instituições educativas de forma geral, os processos de educação ao longo de toda a vida, passam a figurar como instâncias onde é possível fazer mais a favor do presente e do futuro da humanidade. Não por meio de fórmulas mágicas ou "fazer mais que sua função", mas por olhar as relações amplas que existem entre os fenômenos que exercem influência sobre a escola.

A educação, nos ambientes formais e não formais, pode garantir a interlocução entre indivíduo, espécie e sociedade. Até porque tais relações são inerentes aos seres humanos e precisam, em certa medida, ser entendidas, vivenciadas, praticadas para serem assumidas como possibilidade de realização humana. Tal articulação, como indicador do ensino da condição humana é bem explicitada por Morin (*ibidem*, p. 49) que diz:

> No nível antropológico, a sociedade vive para o indivíduo, o qual vive para a sociedade; a sociedade e o indivíduo vivem para a espécie, que vive para o indivíduo e para a sociedade. Cada um desses termos é, ao mesmo tempo, meio e fim: são a cultura e a sociedade que garantem a realização dos indivíduos, e são as interações entre indivíduos que permitem a perpetuação da cultura e a auto-organização da sociedade. Entretanto, podemos considerar que a plenitude e a livre expressão dos indivíduos-sujeitos constituem nosso propósito ético e político, sem, entretanto, pensarmos que constituem a própria finalidade da tríade indivíduo/sociedade/espécie. A complexidade humana não poderia ser compreendida dissociada dos elementos que a constituem: *todo desenvolvimento verdadeiramente humano significa o desenvolvimento conjunto das autonomias individuais, das participações comunitárias e do sentimento de pertencer à espécie humana.*

Podemos utilizar a questão final, destacada por Morin (2011b), para pensar a educação como desenvolvimento integral que deve estimular as autonomias individuais, o envolvimento comunitário e o sentimento de pertença à espécie, calcado na ideia de uma cidadania planetária, que valoriza o cuidado essencial com a preservação da vida e das relações humanas de qualidade. Como vemos, o ensino da condição humana é um dos saberes articuladores fundamentais para a educação na complexidade.

Uma educação para a paz, nesse caminho, é um ponto de convergência entre as questões postas até aqui: unidade e diversidade, razão e emoção, relações macro e micro que valorizam tanto os olhares sociológicos e culturais quanto os individuais, biológicos e psicológicos. A reflexão teórica pode ter o mesmo valor da vivência da espiritualidade, num sentido complementar. As políticas públicas tendem a ser tão efetivas quanto mais explicitarem as pessoas que estão além dos números e estatísticas. A diversidade é fantástica como possibilidade das diferenças, mas só terá sentido se for conectada com a unidade, com a individualidade que nos caracteriza. Inevitavelmente, esse conjunto unidade-diversidade estará no universo dos conflitos, consensos, diálogos, debates e contradições, o que caracteriza uma educação para a paz como o processo privilegiado para questões de valores e direitos humanos, mediação de conflitos e construção de uma humanidade mais atenta e que enfrente melhor as situações de violência.

Respeito à diversidade, mas igual respeito à individualidade são aspectos que precisam ser entendidos na sociedade e na educação. Princípios de fato democráticos dependem desse respeito, que está ligado à tolerância ao que é diferente, pensa, se veste e vive de acordo com outros padrões. Nesse sentido, as reflexões e análises em profundidade sobre esse conjunto de valores de convivência é relevante nesta pesquisa. Por tudo isso, concordamos com Morin (2011, pp. 49-50), quando diz:

> Cabe à educação do futuro cuidar para que a ideia de unidade da espécie humana não apague a ideia de diversidade e que a da sua diversidade não apague a da unidade. Há uma unidade humana. A unidade não está apenas nos traços biológicos da espécie Homo sapiens. A diversidade não está apenas nos traços psicológicos, culturais, sociais do ser humano. Existe também a diversidade propriamente biológica no seio da unidade humana; não apenas existe unidade cerebral, mas mental, psíquica, afetiva, intelectual; além disso, as mais diversas culturas e sociedades têm princípios geradores ou organizacionais comuns. É a unidade humana que traz em si os princípios de suas múltiplas diversidades. Compreender o humano é compreender sua unidade na diversidade, sua diversidade na unidade. É preciso conceber a unidade do múltiplo e a multiplicidade do uno.

Ensinar a condição humana é o grande desafio da educação para o século XXI; a condição de ser no mundo, das relações cotidianas às esferas sociais amplas, no entendimento da dependência ou independência que pode pautar nossa vida. Isso só será viável se, em todos os campos, na formação de profissionais das diferentes áreas, avançar a percepção do esgotamento do modelo em que vivemos, um modelo hegemônico de vida baseado em tecnologia e ciência, mas que se distancia, ou desvia, de sentimentos e emoções.

Argumentamos que as instituições educacionais, por meio de projetos diferenciados e inovadores baseados na cultura de paz e com a educação para a paz como tema transversal, são importantes nesse caminho. Porém, para isso é fundamental que educadores passem a tais reflexões e a uma formação nesse sentido, assim como assistentes sociais e psicólogos, que atuam com as famílias dos alunos, também em projetos ou outros espaços sociais, como Centros de Referência de Assistência Social (Cras), igrejas, organizações não governamentais etc. Advogados e juízes, formados em questões da justiça restaurativa, poderão entender melhor os contextos e orientar, não só punir ou castigar. Profissionais da saúde com olhar na cultura de paz acreditam que a prevenção da violência é indicador de saúde e paz. Mesmo assim, particularmente, o profissional da intervenção educacional precisa de uma formação humana e técnica apropriada para promover reflexões diferenciadas. Tal formação e ação passam por algumas questões-chave, como apresenta Batalloso Navas (2012, p. 150):

> Se os problemas mais importantes da vida, da humanidade, do planeta e das pessoas, como sujeitos individuais e coletivos, são sempre globais, contextuais e relacionais, necessariamente teremos que buscar e encontrar estratégias, procedimentos, métodos e ações que nos permitam contextualizar, relacionar, vincular, conectar e religar saberes e conhecimentos e disciplinas. E é à educação, e especialmente a todas as suas instituições formais e não formais, privadas ou públicas, presenciais ou virtuais, que corresponde assumir a responsabilidade de construir uma "ecologia de saberes", já tendo como fim e meio a aprendizagem e o ensino da condição humana, já que, do contrário, dificilmente poderemos manifestar no cotidiano e concretizar que outro mundo é realmente possível e necessário.

Neste caminho seguimos encontrando, nos argumentos da complexidade, elementos para pensar a educação, para supor uma educação para a paz que aponte alternativas para contextos de violência de toda ordem, desde a estrutural que compreende a sociedade até as diretas, que matam e mutilam. A paz é um processo, e uma cultura de paz dependerá de uma educação para a paz.

Ensinar a identidade terrena

O quarto dos sete saberes elencados por Morin (2011b) é ensinar a identidade terrena, que implica situar o ser humano no contexto imediato às suas questões-limite da transição entre os séculos XX e XXI. Fiel à tese sobre uma ciência profundamente competente em descobrir detalhes, mas igualmente prodigiosa em relegar o humano a números e dados, Morin (*ibidem*, p. 61) relembra:

> O século XX foi o da aliança entre duas barbáries: a primeira vem das profundezas dos tempos e traz guerra, massacre, deportação, fanatismo. A segunda, gélida, anônima, vem do âmago da racionalização, que só conhece o cálculo e ignora o indivíduo, seu corpo, seus sentimentos, sua alma, e que multiplica o poderio da morte e da servidão técnico-industriais. Para ultrapassar esta era de barbárie, é preciso antes de tudo reconhecer sua herança. Tal herança é dupla, a um só tempo herança de morte e herança de nascimento.

Além da continuidade das guerras, fruto de fanatismos religiosos e a incessante busca de poderio econômico e político entre as nações, o mundo atual vem enfrentando outros tipos de ameaça, como a proliferação de novas doenças, que traz o medo de epidemias mortais. A poluição, os dejetos do "desenvolvimento" aliados às armas nucleares também compõem esse cenário de morte que nos acompanha cotidianamente.

Diante desse contexto complexo e assustador, obviamente uma educação para o século XXI não se justifica mais na reprodução e transmissão de um conhecimento que trouxe avanços de algum lado, mas igualmente protagonizou um esvaziamento da humanização, a deterioração de inúmeros valores humanos (ética, tolerância, fraternidade etc.) em nome de verdades marcadas unicamente pelo indicador econômico, que dividiram o mundo entre ricos e pobres, entre quem dita as regras e quem é explorado. A noção de um progresso infinito esbarrou nos milhões de mortos das guerras do século XX, na mortalidade infantil dos países pobres, no esgotamento do meio ambiente e, especialmente, na desumanização do ser humano. De maneira otimista e relembrando que a perspectiva da complexidade nasce das "entranhas" do cenário atual e não de um "pensamento puro e iluminado", Morin (*ibidem*, p. 63) destaca:

Se é verdade que o gênero humano, cuja dialógica cérebro/mente não está encerrada, possui em si mesmo recursos criativos inesgotáveis, pode-se então vislumbrar para o terceiro milênio a possibilidade de nova criação cujos germes e embriões foram trazidos pelo século XX: a cidadania terrestre. E a educação, que é ao mesmo tempo transmissão do antigo e abertura da mente para receber o novo, encontra-se no cerne dessa nova missão.

Esse argumento é fundamental para a educação, pois não busca jogar fora o que temos até então. Como já dissemos, a perspectiva da complexidade rompe com a noção idealizada de um "novo mundo" nascido de novas e grandes ideias. Ao contrário, é um exercício contínuo de observação, crítica, criatividade e adequação de novos olhares, considerando contextos ampliados, negando a fragmentação simplista que reduz os problemas a soluções óbvias e totalmente ineficazes.

Uma educação na perspectiva da complexidade, pelo olhar de Edgar Morin (2011b), já encontra suas bases nos próprios movimentos ou, como ele chama, nas contracorrentes regeneradoras, que são movimentos surgidos justamente para relembrar, enfrentar, discutir e propor novas formas de pensar os graves problemas humanos nascidos até o século XX. Como contracorrentes, Morin (*ibidem*) destaca: a corrente ecológica, atenta e buscando novas possibilidades para enfrentar as catástrofes evitáveis; a corrente qualitativa, que busca a igualdade aos modelos quantitativos, especialmente em relação à qualidade de vida, para a qual não bastam apenas indicadores estatísticos, mas observar a vida como um todo; a corrente de valorização à vida simples, cujo foco são as pessoas e os sentimentos, em oposição à vida puramente utilitária; a corrente de resistência, que é contra a padronização do consumo, que procura esclarecer os limites e desvios humanos no excesso de valorização do "ter" e no esvaziamento do "ser"; a corrente que enfrenta o apego ao dinheiro em detrimento das relações solidárias, tanto em nível local como global; e, finalmente, a corrente que reage às violências humanas, nutrindo éticas de pacificação de almas e mentes.

O reconhecimento das novas correntes (ou contracorrentes), muitas ainda tímidas em relação aos graves problemas individuais e sociais, mas existentes em muitas organizações, instituições e países, são a marca das possibilidades de entender a complexidade a ser construída. Sobre isso, diz Morin (*ibidem*, p. 64): "Essas correntes prometem intensificar-se e ampliar-se ao longo do século XXI e constituir múltiplos focos de transformação". A educação para a paz é, em nosso entendimento, uma das formas de transformação possível, ao engrossar a contracorrente de enfrentamento às violências crescentes e concentrar-se em pensar alternativas educacionais coerentes e viáveis para ampliar as ideias da cultura de paz. Morin (*ibidem*, p. 68) argumenta:

> Estamos comprometidos, na escala da humanidade planetária, com a obra essencial da vida, que é resistir à morte. Civilizar e solidarizar a Terra, transformar a espécie humana em verdadeira humanidade torna-se o objetivo fundamental e global de toda a educação que aspira não somente ao progresso, mas à sobrevida da humanidade. A consciência de nossa humanidade, nesta era planetária, deveria conduzir-nos à solidariedade e à comiseração recíproca, de indivíduo para indivíduo, de todos para todos. A educação para o futuro deverá ensinar a ética da compreensão planetária.

O desafio proposto por Morin (2011b), portanto, está em uma educação que reconheça que, mesmo com tantas diferenças sociais, culturais, econômicas, religiosas, e milhares de outras, expressas por todo o planeta, existe o início de um olhar convergente. Isso não é deixar de reconhecer as diferenças e especificidades, mas significa que, em tese, grande parte das pessoas busca a felicidade e a preservação da vida.

De maneira geral na humanidade, as pessoas reúnem-se em comemorações, celebram a vida e a morte, cultuam antepassados, trabalham, constroem famílias. Mesmo com valores diferenciados pelas culturas, existe uma tendência ao cuidado e à preservação dos seus, da vida. Com base nesses princípios, temos a contribuição de Petraglia (2012, p. 138):

> A convivência amorosa com outro pressupõe o exercício do respeito às diferenças. Não se trata da tolerância arrogante que julga com hierarquia ou com discriminação, mas do debate ético que faz emergir a solidariedade. Compartilhar não significa fazer prevalecer o consenso ou a convergência de ideias, mas deve pressupor, necessariamente, a disposição para o diálogo com o diverso.

A identidade terrena, como um dos saberes da educação, aposta na esperança construída pelas possibilidades de mudanças no campo das ideias, experiências e práticas sociais. Como vemos, as convivências que explicitem a amorosidade como o cuidado essencial com as pessoas e as situações podem ser a grande mudança de olhar sobre nossa vida e nossas relações. Pensar isso em educação é acreditar na força das convivências em práticas escolares e pedagógicas. Em educação para a paz, mesmo que a dimensão do cuidado amoroso seja importante, isso não quer dizer que se encerre nisso. Tal dimensão é uma forma de interagir no mundo, o que não exclui os conflitos, o diálogo, tensões que envolvam violências, direitos humanos, injustiças sociais. Lembramos que não há uma única certeza sobre os fenômenos da vida.

Enfrentar as incertezas

Ao apresentar o próximo dos "sete saberes necessários à educação", Edgar Morin (2011b) traz um tema importante para reflexão, especialmente no universo educacional. Trata-se de pensar sobre o "fim das certezas" ou uma linearidade que parece dada ao longo da história, como se o processo de evolução da humanidade seguisse protocolos simples, onde não se registram retrocessos, fatos inesperados que mudam os tempos, tensões, contradições e silenciamentos. Argumenta o autor (*ibidem*, pp. 72-73):

> A história não constitui, portanto, uma evolução linear. Conhece turbulências, bifurcações, desvios, fases imóveis, êxtases, períodos de latência seguidos de virulências, como o cristianismo, que ficou incubado dois séculos antes de submergir o Império Romano; processos epidêmicos extremamente rápidos, como a difusão do Islamismo. Trata-se da sobreposição de devenires que se entrechocam com imprevistos, incertezas, que comportam evoluções, involuções, progressões, regressões, rupturas. E quando se constituiu a história planetária, esta comportou, como vimos neste século, duas guerras mundiais e erupções totalitárias. A história é um complexo de ordem, desordem e organização. Obedece ao mesmo tempo a determinismos e aos acasos em que surgem incessantemente o "barulho e o furor". Ela tem sempre duas faces opostas: civilização e barbárie, criação e destruição, gênese e morte.

Ao elencar os pontos acima, Morin (2011b) traz seus conceitos fundamentais da teoria da complexidade: ordem, desordem, organização, auto-organização. Ao ensinar a história como uma "sequência lógica de desenvolvimento" parece que advogamos que ela independe do ser humano, de sua dúvida, de seu protagonismo e de sua capacidade de perceber novas possibilidades, ou seja, olha-se para o retrovisor da história e segue-se adiante na mesma estrada. Já vimos que a mesma estrada, nesse caso, é ampliar ou permitir que perdurem situações que não toleramos mais, como o esgotamento das relações humanas, dos recursos ambientais, da desigualdade social e de todos os problemas gerados pela "civilização", especialmente em nome da grande ciência do século XX.

Precisamos, então, na formação dos profissionais nas universidades, nas escolas, desde a infância e ao longo da vida, aceitar que as incertezas podem servir como ponto de partida para novas possibilidades. Vale lembrar que a lógica de saber de onde viemos e para onde iremos, com as certezas de projeções e estatísticas, talvez seja o que mais tem sido contraproducente em educação, pois tira das pessoas os sonhos, a possibilidade de criação, de encontrar saídas que as aproximem e não as transformem em zumbis do consumo de tecnologia e apáticos para estender a mão a uma pessoa que precisa de ajuda – é aí que se encontra a semente da violência, justamente na falta de olhar o outro. Quanto a isso, Morin (*ibidem*, p. 74) contribui ao dizer:

> Tantos problemas dramaticamente unidos nos fazem pensar que o mundo não só está em crise; encontra-se em violento estado no qual se enfrentam as forças de morte e as forças de vida, que se pode chamar de agonia. Ainda que solidários, os humanos permanecem inimigos uns dos outros, e o desencadeamento de ódios de raça, religião, ideologia conduz sempre a guerras, massacres, torturas, ódios, desprezo. Os processos são destruidores de um mundo antigo, aqui multimilenar, ali, multissecular. A humanidade não consegue gerar a Humanidade. Não sabemos ainda se se trata só de agonia de um velho mundo – prenúncio do novo nascimento – ou da agonia mortal. Nova consciência começa a surgir: a humanidade é conduzida para uma nova aventura desconhecida.

Não deixa de ser solidariedade quando fazemos uma doação, motivados pela campanha da televisão, sentados confortavelmente em nossa casa, muitas vezes ignorando as pessoas com suas carências em nosso próprio bairro ou cidade. Porém, precisamos lembrar a relação entre local e global. A tolerância, que se faz do respeito e acolhimento das diferenças, é construída nas relações cotidianas, nos entreolhares das pessoas vivendo e convivendo.

Como vemos, a intolerância como construção de uma cultura de violência está na base da perpetuação da figura do outro como "inimigo", que, no limite, é alguém a ser eliminado da convivência. Nisso, crescem as violências de todas as formas nas cidades, como microguerras adaptadas dos últimos séculos ao mundo atual: as violências ligadas à religião, ao tráfico, à corrupção, à família, mais recentemente ao trânsito, e com um ingrediente novo a influenciar nossa mente: a mídia. São alguns desdobramentos atuais sobre as violências que as tornam uma das demandas mais urgentes de nosso tempo. Reproduzindo essa forma de conceber a vida e a sociedade, teremos tempos futuros com mais guerras, entre o bem e o mal, entre mocinhos e bandidos, com mais mortes e violência, que são reproduções históricas dentro do mesmo paradigma ou desse esgotamento de modelo.

Por isso é tão importante repensar e incluir uma nova possibilidade para abordar a questão das violências e convivências humanas. Assim como devemos repensar esses conceitos, devemos fazer o mesmo quando falamos em paz, não como oposição ou grande salvação, reproduzindo ideias de utopia, mas como contribuição coerente ao nosso tempo. A educação para a paz, assim como a educação na perspectiva da complexidade, é aprimorada com uma abordagem mais ampla sobre o significado de oposição entre "bons e maus" na sociedade, pois esse argumento é uma "certeza" que não é mais sustentável, ao incluirmos todos os aspectos que compõem nossa vida, como desigualdade social, cultural, poder e dominação de grupos, entre tantos fatores. Logo, enfrentar as incertezas não é buscar tantas certezas parciais em fragmentos de boas intenções ou soluções fáceis para questões profundas. Enfrentar a incerteza requer o reconhecimento da complexidade, da necessidade de articulação de diferentes pessoas e grupos para atuar melhor em face de tantos desafios. Apenas uma certeza é aceitável: a de que as incertezas são inevitáveis, e reconhecê-las abre nossa mente a buscar alternativas mais viáveis ao nosso tempo.

No âmbito educacional, conforme Moraes (2012, p. 66), podemos entender, que

> a mediação pedagógica, sob olhar da complexidade, valoriza não apenas a presença enriquecedora do outro, mas também a humildade, a abertura, o rigor e a tolerância, ao reconhecer a presença de múltiplas realidades, a provisoriedade do conhecimento e a emergência do incerto e do aleatório em nossas vidas. Reconhece a incerteza presente na realidade e nos processos de construção do conhecimento, e valoriza a humildade como porta de entrada da sabedoria humana.

Enfrentar a incerteza não é agir aleatoriamente como se, na falta das certezas, fizéssemos qualquer coisa. Ao contrário, acolher a incerteza é ampliar perguntas e supor respostas mais completas ao desdobramento de situações, crises e problemas humanos. Enfrentar a incerteza na educação é, igualmente, melhorar as perguntas e qualificar as respostas sobre as áreas do conhecimento e sobre a própria vida.

Enfrentar a incerteza, supondo a educação para a paz, é fugir das "certezas" sobre como as violências são geradas e resolvidas, tal como acreditar que só a pobreza gera violência e por isso precisamos aumentar as vagas carcerárias. Também é ir além das certezas de que os traficantes são "preguiçosos e aproveitadores", que não quiseram mais estudar, tomando os reflexos dos problemas sociais como adjetivos dos jovens da periferia. Essas mesmas certezas afirmam que os homens são mais violentos e que as mulheres são as culpadas por sofrerem estupro porque vestem "roupas provocantes". Dizem também que "um tapinha não dói" na educação infantil ou entre casais, pois a sociedade "sempre foi assim". Mais ainda, que sonegar impostos ou "levar vantagem" no trânsito, nas compras e vendas não são formas de desrespeito, desonestidade, como se a corrupção não fosse uma forma de violência.

Uma educação para a paz, como vemos, não é uma teoria de mundo perfeito e pacífico, mas uma abordagem crítica e ampla sobre o mundo, a vida, os valores humanos, os direitos humanos, os conflitos e as convivências, que podem ser repensados e redimensionados. Nisso concordamos com Batalloso Navas (2012, pp. 151-152), quando diz:

> Desta maneira, fica, pelo menos, claro que é impossível ensinar a condição humana no sentido escolarizado e burocrático ao que estamos acostumados, como, também, a absoluta impossibilidade de ensinar algo sobre nossa condição humana, se não estamos profundamente implicados em sua aprendizagem. Portanto, ensinar a condição humana não é um processo de transmissão, nem sequer o exercício de condutas testemunhais, mas, sim, um processo de autoaprendizagem, de compromisso e de experiências vitais em relação a tudo aquilo que forma parte de nossa complexa e contraditória natureza. Daí o fato de que não podemos entender o tal ensino/aprendizagem sem o reconhecimento do outro em seu legítimo outro, sem o surgimento e o desenvolvimento de processos afetivos e amorosos que são, ao mesmo tempo, dialógicos, interativos e auto-eco-organizadores.

Vemos, portanto, que ensinar a condição humana é viver e refletir sobre essa própria condição, além de criar e recriar novos processos para essa convivência como "ser no mundo" e como coautor da própria existência. Nesse sentido, podemos dizer que a cultura de paz e a educação para a paz podem ser criadas a partir de novas formas de ser e conviver, a partir de outras perspectivas, que entendemos serem novas alternativas pedagógicas.

Ensinar a compreensão

Outro dos saberes necessários para a educação do século XXI é o ensino da compreensão. Compreender, perceber, sentir, avaliar e analisar os fenômenos. A compreensão é uma condição do mundo em sua complexidade, que busca elementos amplos para saber melhor sobre as situações da vida e da existência humana. Para Morin (2011b), essa tarefa da educação é especial tanto para a abertura ao outro como para a interiorização da tolerância.

Há a urgência de um "bem pensar" e de "introspecção", pois a compreensão se dá num olhar sensível e profundo. Nisso, cabe dizer que podemos compreender de perto ou de longe. Nem sempre a proximidade é garantia da compreensão, pois carrega muitas certezas sobre o que pretendemos ver. De início, alguns apontamentos são necessários, no entendimento de Morin (*ibidem*, p. 81):

> A situação é paradoxal sobre a nossa Terra. As interdependências multiplicaram-se. A consciência de ser solidários com a vida e a morte, de agora em diante, une os humanos uns aos outros. A comunicação triunfa, o planeta é atravessado por redes, fax, telefones celulares, modems, internet. Entretanto, a incompreensão permanece geral. Sem dúvida, há importantes e múltiplos progressos da compreensão, mas o avanço da incompreensão parece ainda maior.

Ao tratar tais questões, Morin (2011b) lança esta dúvida: se avançamos tanto nas possíveis formas de compreender, por que a incompreensão parece aumentar? Aqui retornamos a alguns saberes anteriores: o homem cheio de certezas fragmentadas, acreditando apenas na ciência comprovada, esquecendo a humanidade de si e do outro, ou seja, nas "cegueiras do conhecimento". A objetividade do século XX, que insiste em se arrastar pelo século XXI, é um ponto-chave disso. Ao redescobrir, numa obviedade assombrosa, que dependemos uns dos outros, tanto em conhecimento científico como em afetividades, emoções e relações de qualidade e que podemos transcender nossos pensamentos na imaginação, na criatividade e na espiritualidade, recriando nossa vida e nosso mundo, abrimos o universo da existência, abrimos também as bases de uma nova educação.

Ao ressaltar a importância da subjetividade para nossa vida como elemento inevitável e incessante, posto que está presente cotidianamente, Morin (*ibidem*, p. 82) exemplifica com clareza:

> Esta comporta um conhecimento de sujeito a sujeito. Por conseguinte, se vejo uma criança chorando, vou compreendê-la, não por medir o grau de salinidade de suas lágrimas, mas por buscar em mim minhas aflições infantis, identificando-a

comigo e identificando-me com ela. O outro não apenas é percebido objetivamente, é percebido como outro sujeito com o qual nos identificamos e que identificamos conosco, o ego alter que se torna o alter ego. Compreender inclui, necessariamente, um processo de empatia, de identificação e de projeção. Sempre intersubjetiva, a compreensão pede abertura, simpatia e generosidade.

Ensinar a compreensão humana como perspectiva da educação e da educação para a paz, como possibilidade transversal de ampliar as dimensões da interação entre objetividade, subjetividade e intersubjetividade é uma dimensão importante na pauta da educação do século XXI. Por isso, ao longo do texto procuramos essa ponte retroativa dos princípios da complexidade, para não esquecer que não é a objetividade que triunfará sobre a subjetividade, nem o bem sobre o mal, nem a ciência sobre o conhecimento das práticas sociais. São dimensões interconectadas, mas tratadas historicamente como divergentes e até opostas.

A subjetividade nos dá informações sensíveis e experienciais importantes, mas que sozinhas podem nos afastar da compreensão ampla. A objetividade nos apresenta a racionalidade, que, isolada, nos faz perder a noção dos dramas e das alegrias do outro. Nesse caso, a intersubjetividade nos conecta como humanos, e a partir de dados como a abertura, a simpatia e a generosidade, citados por Morin (2011b), podemos interagir com outros elementos do conhecimento, pois as trocas se tornam abertas e coletivas. O exemplo a seguir é ilustrativo desse circuito relacional, explicado por Morin (*ibidem*, p. 86):

> A ética da compreensão é a arte de viver que nos demanda, em primeiro lugar, compreender de modo desinteressado. Demanda grande esforço, pois não pode esperar nenhuma reciprocidade: aquele que é ameaçado de morte por um fanático compreende por que o fanático quer matá-lo, sabendo que este jamais o compreenderá. Compreender o fanático que é incapaz de nos compreender é compreender as raízes, as formas e as manifestações do fanatismo humano. É compreender por que e como se odeia ou se despreza. A ética da compreensão pede que se compreenda a incompreensão.

Existe uma ética da compreensão que para Morin (2011b) carece de dois elementos: a responsabilidade e a solidariedade. Quando nos sentimos responsáveis pelas coisas, tendemos a ser mais solidários, e, se somos solidários, estaremos mais comprometidos, responsáveis. A responsabilidade, de sua parte, requer um mínimo de protagonismo em direção às questões, no sentido de entendê-las com mais clareza. Lembramos que, se o entendimento é raso, curto, fragmentado, não existe a responsabilidade nem a solidariedade. O contrário também é verdadeiro. Se formos solidários com uma campanha de doação na televisão, estaremos nos sensibilizando com a realidade mostrada, mas se isso não nos fizer realmente responsáveis, se não relacionarmos isso com um contexto maior, na própria vida de cada um, na comunidade ou cidade, isso também não será garantia da sustentabilidade da ética da compreensão.

Outro aspecto apresentado por Morin (2011b) diz respeito à tolerância como critério para a compreensão. Essa tolerância pode vir da essência da democracia, que é nutrir-se de opiniões antagônicas com respeito a todas elas. Também pode vir como a tolerância pelo respeito às diferenças a partir de mitos, deuses etc. De qualquer modo, tolerar constitui a base para o processo de compreender, pois abre o canal para que possamos receber as informações e perspectivas, avaliá-las e entendê-las em seus contextos, com as informações que trazem, e não com o julgamento das certezas que temos. Como diz Morin (*ibidem*, p. 89), "a tolerância vale, com certeza, para as ideias, não para os insultos, agressões ou atos homicidas". Mas precisamos considerar o alerta de Batalloso Navas (2012, p. 153):

> Qual será então, a missão dos educadores e educadoras no mundo no qual *homo consumens* se tem constituído como um referencial dominante e exclusivo do desenvolvimento e do bem-estar individual e social? Qual será o papel por um mundo dominado pelas empresas multinacionais de telecomunicação, as quais estão cada vez mais controladas pelas redes eletrônicas? Quais serão as prioridades educacionais de nosso tempo diante da avalanche de uma (in)cultura dominante impregnada de competitividade, violência, prejuízo e estereótipos? O que vai acontecer com a educação, o trabalho e o ócio no novo "mundo feliz" do capitalismo globalizado e informacional?

No mundo onde o consumo cria pessoas individualistas que buscam bens materiais como única forma de realização, teremos muitas questões a enfrentar ao supor a educação em outra perspectiva. Uma cultura de competição, de vitória a qualquer custo, que se desdobra em violência, oposição gratuita e avalia as pessoas pela aparência física ou pela ascendência étnica, não estará aberta para formas mais democráticas, flexíveis e adequadas ao entendimento de uma cultura de paz.

A ética do gênero humano

Ao propor um saber denominado de ética do gênero humano, Morin (2011b) fala sobre o princípio democrático diretamente relacionado ao processo dialógico. Para ele, o circuito indivíduo-sociedade passa fortemente por esse viés. A complexidade, com toda a diversidade, pontos de aproximação e de afastamento de pessoas, grupos e comunidades, tem nos conflitos sua expressão mais presente e exige o diálogo como elemento-chave. Sobre isso, reflete Morin (*ibidem*, pp. 95-96):

> A democracia necessita ao mesmo tempo de conflitos de ideias e de opiniões, que lhe conferem sua vitalidade e produtividade. Mas a vitalidade e a produtividade dos conflitos só podem se expandir em obediência às regras democráticas que regulam os antagonismos, substituindo as lutas físicas pelas lutas de ideias, e que determinam, por meio de debates e das eleições, o vencedor provisório das ideias em conflito, aquele que tem, em troca, a responsabilidade de prestar contas da aplicação de suas ideias.

Para Morin (2011b), os aspectos centrais da democracia possuem caráter dialógico, expresso nas questões de consenso e conflito, liberdade, igualdade e fraternidade, além das questões relacionadas a sociedade e ideologia. Todas são questões diversas, mas de alguma forma complementares. Para além da perpetuação dos antagonismos, é necessário redimensionar a noção da dialogia não apenas como o antagonismo puro e simples, mas como o debate que busca a união das possibilidades ou diferenças, num exercício diferente do ganhar-perder: o do ganhar-ganhar.

Uma lógica "ganhar-ganhar" tem a ver com a ética do gênero humano, pois quais os reais benefícios das bombas atômicas no Japão da Segunda Guerra Mundial? Buscar a paz pela morte de milhares de inocentes? Como entender a economia global que considera normal milhões de crianças africanas morrerem de fome, pois seria um equilíbrio inevitável? A lógica de uma democracia na complexidade é mais que dar voz às diferenças, pois isso pode suscitar ainda mais intolerância e violência. É efetivamente entender que mais do que partidos, organizações ou nações, somos do gênero humano, somos *humanidade*, no melhor e mais amplo sentido do termo.

Entendemos, com isso, que não haverá um dia em que uma democracia plena reinará, até porque a diferença e a busca de poder sempre habitarão as mentes. Supor avanços, sob novos pressupostos, passa a ser inevitável, diante da afirmação de Morin (*ibidem*, p. 96):

> As democracias são frágeis, vivem conflitos, e estes podem fazê-las submergir. A democracia ainda não está generalizada em todo o planeta, que tanto comporta ditaduras e resíduos de totalitarismo do século XX, quanto germes de novos totalitarismos. Continuará ameaçada no século XXI. Além disso, as democracias existentes não estão concluídas, mas incompletas ou inacabadas.

Morin (2011b) acrescenta a esse cenário que o futuro da democracia, no século XXI, está em certa medida comprometido diante das sociedades tecnoburocratizadas, nas quais a superespecialização de funções acaba distanciando o cidadão da política, gerando refúgio na vida privada, na maior parte das vezes apática ao contexto e às vezes voltando-se para a revolta e a violência, muito mais pelo clamor da mídia do que pela ética em si mesma.

Isso é fundamental para a educação do século XXI, pois os processos educacionais são espaços privilegiados para o exercício dos conflitos, dos consensos fruto da solidariedade e da tolerância, além da construção de novas formas, mais coerentes, coletivas e buscando caminhos para diminuir as mazelas atuais do mundo. A educação ainda está no caminho de descobrir muitas de suas possibilidades. Observando a complexidade, podemos encontrá-las; olhando os fragmentos, continuaremos colhendo os mesmos resultados: apatia, individualismo, competição, divisões e violência.

Ao caminhar na educação com a religação dos sete saberes propostos por Edgar Morin (2011b), vemos que algumas alternativas podem ser apresentadas já de início, como apontamos, a partir de Petraglia (2012, p. 136):

> Nesse sentido, a educação deve levar em conta as semelhanças, diferenças, relatividades e incertezas no cotidiano de seus processos e práticas que desenvolvem na escola e que interferem no ensino-aprendizagem. Vale lembrar que o mundo, a escola e as relações mudaram e mudam constantemente. Normas, conteúdos, métodos, programas, sistemas de avaliação são alterados periodicamente e a escola não pode ficar obsoleta, à margem dessa cultura.

A humanidade como destino planetário, conforme pensa Morin (2011b), é a razão e a emoção que precisamos refundar. A grande invenção do futuro, gestada no presente, não pode ser mais a ciência que fragmenta a vida para buscar outros planetas. Ao saber mais do universo, precisamos reencontrar a humanidade da Humanidade. Redescobrir a solidariedade, a gentileza, a alegria e a satisfação pela vida, uma prática do equilíbrio entre desenvolvimento científico e desenvolvimento humano.

Tais buscas são tarefas que só poderão ser construídas coletivamente, unindo corações e mentes, razão e emoção, sentimentos e pensamentos. Isso é possível, pois é construção, não fato dado. Como construção humana, precisa de reformas no pensamento, práticas sociais cotidianas e reflexões adequadas para avaliar suas possibilidades. Algumas dessas possibilidades são levantadas por Petraglia (2012, p. 145):

> Um mundo melhor se constrói com o fim das guerras; com a melhoria das relações com o meio ambiente; a regulação dos conflitos; a possibilidade de remediar infelicidades humanas, a partir da melhoria das condições sociais e políticas; a preservação do planeta. Isso tudo pode ser possível, ainda que improvável. Por isso, é tão necessário quanto difícil. E, qualquer que seja a intensidade na melhoria do mundo, impõe às civilizações esperança e, ao mesmo tempo, coautoria. Trata-se de um problema antropológico e histórico, pois os seres humanos possuem as melhores e as piores potencialidades.

Ao concordar com Petraglia (2012) sobre os seres humanos não serem necessariamente violentos ou pacíficos e que essas condições são o resultado de inúmeras interferências – que vão das relações humanas à cultura familiar e comunitária, da forma de orientação das políticas nacionais e internacionais e das percepções sobre violência e não violência ao entendimento sobre cultura de paz –, reconhecemos que as práticas educacionais têm um papel estratégico nesse sentido.

Relacionar a perspectiva da complexidade com a educação para a paz é nosso objetivo ao longo deste capítulo, no qual discutiremos a educação na complexidade com fenômenos igualmente complexos e geradores de conflitos e violência na atualidade, buscando, a partir deles, estabelecer uma reflexão sobre a paz conduzida a observar um pouco mais do Brasil neste cenário e caminhando para questões conceituais e metodológicas específicas da educação para a paz.

Educação para a paz na relação com a complexidade

Que fique bem claro: eu não procuro nem o saber geral nem a teoria unitária. É preciso, ao contrário e por princípio, recusar um conhecimento geral: este último escamoteia sempre as dificuldades do saber, ou seja, a resistência que o real impõe à ideia: ele é sempre abstrato, pobre, "ideológico", ele é sempre simplificador. Da mesma forma, a teoria unitária, para evitar a disjunção entre os saberes separados, obedece a uma sobressimplificação redutora que prende todo o universo a uma só fórmula lógica. De fato, a pobreza de todas as tentativas unitárias, de todas as respostas globais, consolida a ciência disciplinar na resignação do luto. A escolha, então, não é entre o saber particular, preciso, limitado e a ideia geral abstrata. É entre o Luto e a pesquisa de um método que possa articular o que está separado e reunir o que está disjunto.

Edgar Morin (2013a, p. 28)

Ao longo das últimas décadas nos habituamos a ouvir e a falar da cultura de paz como uma busca que, para além da dimensão religiosa, esteve ligada à espiritualidade, à abordagem holística e a uma ideia de valores universais. Por intermédio da ONU, o discurso sobre a cultura de paz tornou-se parte da humanidade nos diferentes continentes, entre o período do final da Segunda Guerra Mundial até hoje. Ocorre que tal discurso, não obstante os esforços empreendidos, ainda carrega consigo uma perspectiva que é expressa por Guimarães (2003, p. 99) como

uma concepção muito difundida no senso comum, especialmente sob o influxo dos meios de comunicação, os quais ligam estritamente o debate da violência com a temática da segurança. Em muitas escolas que enfrentam o desafio da violência em seu meio, essa tradição se visibiliza através dos guardas e das cercas, ao mesmo tempo que se faz comum ouvir educadores propor o aumento do aparato repressor e militar, como forma de combater a violência e a criminalidade.

Tal perspectiva tem forte influência da tradição romana da paz, em que a paz é percebida como o contrário da guerra e o Estado como o responsável em regular as relações sobre violência e não violência. Nesse cenário, a única alternativa possível à violência é a repressão, ou a culpabilização de alguns, o enfrentamento e o não acolhimento de problemas sociais e humanos que geram as violências. Nesse sentido, há uma limitação à criação no desenvolvimento de caminhos pedagógicos ou educacionais, uma vez que paz e violência não são vistas em sua complementaridade, e sim como antagônicas. Nesse caso, a única possibilidade de supor a paz passa a ser um discurso de "boas intenções" de uma "paz espiritual" ou "religiosa" que surgiria da autoconsciência e do autoconhecimento do ser humano.

Nesse caso, símbolos da paz, como a cor branca e as "pombinhas da paz", acabam não repercutindo como elementos de provocação e mudança, mas como questões utópicas e desprovidas de praticidade perante um mundo onde a violência é o paradigma. Importante pontuar que não negamos a importância das construções até aqui elaboradas pelos movimentos pró-paz, mas é preciso provocar outras dimensões para o campo.

Como alerta sobre tomar a paz ingenuamente, Colombo (2006, p. 74) diz:

> Apesar de ser celebrada como um valor, ela é vivenciada como um intervalo, no melhor dos casos, intervalo entre a dor do nascimento e da morte. Todas as metáforas da paz estão baseadas no repouso ou em uma condição superior, espiritual, celestial, inumana. Todos nós amamos a paz, mas esta não se encontra em nosso pensamento; pelo contrário, estamos sempre pensando na resposta, na maneira como reagir.

Das questões elencadas, surgem perguntas necessárias para avançarmos: como pensar uma cultura de paz se os modelos e mecanismos nos quais temos nos apoiado reproduzem a cultura da violência? É possível construir cultura de paz se não explicitamos um conjunto de alternativas ao entendimento e abordagem das violências? Sabendo que as escolas são espaços de aprendizagem de convivências, como devemos proceder para ampliar as reflexões sobre uma educação para a paz realmente integrada ao fazer escolar cotidiano? Se a violência é aprendida, a paz também pode ser?

Observemos a provocação feita por Droit (2006, p. 210) quando procura inverter os argumentos que temos sobre guerras e violências, procurando pensar a paz:

> "Como eclode uma paz?", "Qual será o objetivo dos seres humanos ao instaurar a paz?", "O que os leva a empreender sempre novas tentativas?". Debruçar-nos-íamos sobre a economia da paz ou sobre as pazes de religião. Observaríamos que não há Ministério da Paz, nem navios de paz. Sublinharíamos que palavra "guerreiro" não tem nenhum termo simétrico: não existe "pazeiro" para contrapor a guerreiro; com efeito, os pacifistas não se opõem aos guerreiros, mas aos belicistas, o que é diferente. Por último, tentaríamos escrever uma história das pazes, em particular, a história da Primeira Paz Mundial (1918-1939) ou da Segunda Paz Mundial (8 de maio de 1945-11 de setembro de 2001) etc.

Ao forjar esse exercício, Droit (*ibidem*) aponta para o fato de que pensamos apenas em guerras e violência, supondo que a noção de paz já esteja dada, como um estado habitual e não conturbado da humanidade. Sua provocação serve para identificarmos este duplo aspecto: o primeiro é que a paz, uma cultura de paz ou educação para a paz precisam constituir campos próprios para mediar reflexões com a guerra e a violência; o segundo é que não podemos aceitar que a paz seja tão pouco, ou quase nada, ou apenas o contrário da guerra, numa perspectiva passiva.

Nesse sentido, reafirmamos que não é possível trabalhar com uma perspectiva de paz considerada pronta, pelo imaginário e senso comum presentes ao tema. Em contrapartida, buscar essa definição por meio de representações de grupos parciais ou pouco representativos numericamente também não dá o respaldo necessário à ampla discussão sobre o tema, visto que o objetivo é pensarmos a paz na perspectiva da complexidade. Dizemos isso pois, quando pensamos essa paz tão sonhada, mas tão distante de nossas condutas humanas, do movimento da sociedade, do bombardeio da mídia e do consumo, encontramos de fato os limites e os entraves que ainda precisamos superar para fortalecer a paz como campo de estudos e análise, com independência e interdependência em relação às violências.

Todos os dados acumulados nos últimos anos sobre as diversas formas de violências e guerras na humanidade não têm muita serventia se não vierem acompanhados de uma análise qualitativa sobre suas causas, seus motivos e seus desdobramentos. Senão, vejamos, quando falamos que os casos de violência contra criança e mulher, por exemplo, sofreram alterações, isso quer dizer que eles aumentaram? Ou há mais denúncias? Ou as políticas e redes de proteção estão mais atuantes? Ou simplesmente dizemos que o mundo está mais violento e só pode piorar? Ainda, a análise das estatísticas nos ensina a pensar quais procedimentos pedagógicos e preventivos devemos adotar para "acabar" com determinados casos de violência? Ou pensar as convivências é um exercício diferente, balizado por reflexões pedagógicas sobre o ser humano, as convivências, os valores humanos, os processos de mediação de conflitos, numa expressão, uma educação para a paz.

A violência que vemos hoje na sociedade faz parte de um processo cultural histórico, não sendo portanto um fenômeno recente. Questões históricas de configuração da sociedade e das relações humanas, o individualismo, a manipulação do poder, corrupção entre tantas questões, tornaram-se parte das relações do sistema social. Com isso, muitas formas de violência foram sendo legitimadas na sociedade. Aqui, cabe destacar a reflexão feita por Gentilini e Mattos (2011, p. 20) sobre violências:

> Qualquer que seja a referência conceitual, é consensual que a percepção de que ocorrências como guerras, fome, tortura, assassinato, preconceito, vandalismo e outras, são manifestações da violência. Na comunidade internacional de direitos humanos, esse conceito amplia-se ainda mais, sendo a violência compreendida como todas as violações dos direitos tipificados a partir da tríplice concepção de Marshall (1965): direitos civis (vida, propriedade, direito de ir e vir, de consciência e de culto); direitos políticos (votar e ser votado, ter participação política); direitos sociais (habitação, saúde, educação e segurança), acrescidos dos direitos econômicos (emprego e salário) e culturais (manter e manifestar sua própria cultura).

Em relação à escola, existe a necessidade de considerarmos as manifestações de violências que afetam o processo pedagógico e as convivências. As violências sociais tomam contornos próprios na escola, surgindo como formas de indisciplina, agressão, abusos verbais, *bullying*, que inviabilizam quase que completamente o processo pedagógico nas diferentes disciplinas escolares. Por isso, dizemos que a definição da violência no ambiente escolar deve considerar a realidade e o contexto da escola e dos alunos, além da relação dos professores, as construções comunitárias e a forma que cada espaço se relaciona com tantas variáveis. Considerando tais questões, abrimos a reflexão para a necessidade de construir no interior das escolas um caminho pedagógico da educação para a paz, considerando obviamente a noção de complexidade.

O conhecimento em geral sobre a cultura da paz tem sido estabelecido de maneira mais acessível, em nível mundial, a partir da Resolução da Assembleia Geral da ONU, n. 53/243 de setembro de 1999, denominada Declaração e Programa de Ação sobre uma Cultura de Paz. O ano de 2000 foi proclamado pela secretaria geral das Nações Unidas como o Ano Internacional da Cultura da Paz, cujo objetivo foi fomentar o diálogo e a troca de experiências sobre a paz. Em linhas gerais, a partir da proposição da Unesco aponta-se que a cultura de paz possui muitas dimensões relacionadas ao desenvolvimento, às oportunidades de maneira igual para todos e à justiça. A cultura de paz é a promoção em longo prazo de mudanças baseadas em atitudes pacíficas resultando positivamente numa melhor qualidade de vida, como explicita Milani (2003, p. 131):

> Promover a cultura de paz significa e pressupõe trabalhar de forma integrada em prol das grandes mudanças ansiadas pela maioria da humanidade – justiça social, igualdade entre os sexos, eliminação do racismo, tolerância religiosa, respeito às minorias, educação universal, equilíbrio ecológico e liberdade política.

Outra dimensão a ser fundamentada em projetos que pretendam pesquisar temáticas referentes à prevenção das violências é a noção de conflito, na medida em que é o elemento pedagógico articulador das noções de violências e paz. Basicamente, entendemos conflito como uma situação de incompatibilidade de metas, ou a percepção de que estas são incompatíveis, as quais podem ocorrer em nível intrapessoal, interpessoal ou intergrupal. O conflito caracteriza-se por um tipo de situação em que as pessoas ou grupos sociais procuram ou preservam metas opostas, afirmam valores antagônicos ou têm interesses divergentes (Jares 2002). Já para Lederach (*apud* Jares 2002), o conflito é uma luta travada entre pelo menos duas pessoas ou grupos independentes, que perseguem objetivos incompatíveis, com recompensas escassas e interferências do outro na realização de suas metas. Segundo Callado (2004, p. 24),

> a partir da concepção negativa, vê-se o conflito como uma realidade não desejável, como algo que se deve evitar de qualquer jeito. De fato, a concepção tradicional da paz a define como ausência de conflito. Popularmente, o conflito é interpretado como um fato negativo. Falamos de "pessoas conflitantes" para nos referirmos àqueles que manifestam condutas diferentes e têm críticas a determinados valores ou comportamentos estabelecidos.

Essa visão negativa do conflito também leva consigo um conceito igualmente negativo para dentro da escola, onde é visto como sinônimo de "brigas" entre as pessoas. Podemos dizer que, na maioria das vezes, as situações de conflitos na escola, justamente pela falta de clareza da importância pedagógica da mediação, acabam sendo suprimidas, sufocadas e não trabalhadas. Isso pode ser pensado na imagem de dois adolescentes diante de um adulto, após uma situação de conflito, em que, perante a tentativa de argumento de ambas as partes, o adulto diz: "Não interessa o que houve, apertem as mãos e façam as pazes". Como sabemos, essa situação não se resolve e, na maior parte das vezes, ela continua com a "briga na saída da escola". É exatamente nesse processo que o entendimento sobre o conflito e sua mediação acabam encontrando a justificativa concreta para a prevenção de uma parte significativa das violências escolares. Em relação a essa questão, Jares (2002, p. 133) diz:

No âmbito escolar, o conflito configura-se igualmente de uma perspectiva negativa. A partir de opções ideológico-científicas tecnocrático-positivistas, o conflito apresenta-se como disfunção ou patologia e, consequentemente, como uma situação que é preciso corrigir e, sobretudo evitar.

Observamos novamente uma ideia inadequada de conflito no âmbito escolar, como desacordo entre necessidades que geralmente leva à perturbação da aula. Nessa perspectiva, Lozano e Rueda (*apud* Jares 2002, p. 31) dizem: "O conflito deve enfocar-se, não como um fator distanciador, mas como elemento que se una às partes enfrentadas, obrigando-as a trabalhar juntas, cooperando na busca das soluções". Sendo assim, podemos concluir que enfrentar o desacordo não equivale a um processo autodestrutivo.

Então, como resume Jares (2002), podemos e devemos entender o conflito não de forma negativa, mas de acordo com uma concepção que busca o diálogo como elemento fundamental de mediação dessas situações. O conflito é um processo natural e necessário em toda a sociedade humana, é uma das forças motivadoras da mudança social e um elemento criativo essencial nas relações humanas. Essa concepção positiva do conflito como desafio, como uma das forças motivadoras da vida, é essencial para a vida social.

Exatamente nessa perspectiva da educação para a paz como a resolução não violenta dos conflitos é que acreditamos que a educação física e o esporte na escola podem propiciar momentos especiais, por meio das práticas pedagógicas, para mobilizar os alunos na discussão e na vivência de realidades colaborativas, cooperativas, que provoquem novas interações e convivências, longe da visão ingênua de paz, mas como perspectiva de entendimento ampliado, como se segue.

Embora o conceito de paz já tenha sido visto em meados do século XX em muitos discursos, hoje se estudam os conceitos de "paz positiva" e "paz negativa", implicando que a paz não é apenas a ausência de violência, no sentido físico, mas em diferentes sentidos. Ao estudar esses conceitos, busca-se a sua aplicação, para que por meio da educação para a paz possamos ter pessoas protagonistas das ações de não violência. Em relação à temática referente à educação para a paz cabe ressaltarmos que, como campo teórico, seus estudos são desenvolvidos, especialmente na Europa, há quase meio século, de acordo com o que diz Grasa (*apud* Serrano 2002, p. 91):

> Durante os anos 60 e 70, criou-se a expressão *education for peace* para aludir a outro significado de *peace education*, a saber: educação que aspira a mudar certas

atitudes e valores (aproximando-os da paz, da justiça social, etc.) preparar as pessoas para realizar ações destinadas a obter a paz e, de forma geral, incrementar a probabilidade de estados de paz (no sentido positivo) em determinadas sociedades.

No Brasil, especialmente na última década, houve um avanço significativo nesse sentido, fortemente relacionado aos movimentos internacionais, sobretudo ligados à Unesco. Assim, basicamente entendemos que a violência pode ser direta ou estrutural, como diz Galtung (*apud* Jares 2002, p. 124): "O tipo de violência na qual existe um ator que comete a violência chamaremos de violência direta, e a violência na qual não há um ator chamaremos de violência estrutural ou indireta". O conceito de violência estrutural já apresentado por Galtung (*apud* Jares 2002) é verificado não como forma de violência física, mas como violência social com as desigualdades entre classes e grupos, na própria sociedade. Em grande parte das situações que envolvem violência direta, ocorre sofrimento, dor, dano (físico, psicológico e emocional), e por trás de toda violência existe um conflito que resultou em danos.

Observando esse conceito, podemos dizer que é uma percepção relacionada à "paz negativa", o que implica a paz como ausência de guerra, violência, conflito, resultando algumas vezes em passeatas, palestras, entre outros que até intencionam a paz, porém sem problematizá-la, restringindo-se a imagens como a "pombinha branca" ou a frases de efeito vazias de sentido prático. Portanto, a noção de "paz negativa" traz como pano de fundo a ideia de que só alcançaremos a paz se não tivermos conflitos, violência e guerras. Nesse caso, justificam-se frases como "acabando com o inimigo teremos paz" ou ainda "a paz é a harmonia do ser", que são objetivamente condições impossíveis de viabilizar nas sociedades e no momento histórico em que vivemos.

Entendemos que o conceito de paz vai além da ausência de guerra, violência ou conflitos. Como visto, no conceito de "paz positiva", é uma paz que apresenta um nível reduzido de violência, e também como citado por Corrêa (2003, p. 109), "procura-se harmonia social, a justiça, a igualdade e, portanto, a mudança radical da sociedade, a eliminação da violência estrutural". O conceito de paz negativa é bastante observado na sociedade atual, seja nas ruas, escolas, instituições, seja relacionando a paz como um estado absoluto, logo, como dito, inviável de ser pensado no cotidiano do emaranhado das relações humanas e sociais.

A educação para a paz, que poderia estar presente em muitos argumentos e práticas dos professores atuantes nas escolas hoje e que engloba o conceito de "paz positiva", procura trabalhar em cima desses conceitos com o intuito de que a ausência de violência seja vista não apenas como um ato com manifestações e cartazes sobre o tema, mas como uma postura humana que vai sendo trabalhada desde a igualdade entre as pessoas, a busca pela justiça e a eliminação da violência na harmonia social. De acordo com Serrano (2002, p. 95), a paz positiva possui alguns atributos necessários:

> Objetivar um grau reduzido de violência e um grau elevado de justiça; Perseguir e fomentar a igualdade, a justiça, a auto-realização e a harmonia social; Modificar as situações de violência estrutural que contribuam para desenvolver a violência direta; Conceber a paz como um processo dinâmico que começa pelas pessoas e que se desenvolve nas relações interpessoais e nos grupos; Enfrentar crises e conflitos de forma negativa; Reduzir os conflitos destrutivos lutando por uma solução não-violenta.

Assim, a perspectiva de "paz positiva" é dinâmica, considera as contradições e a diversidade e está aberta para diferentes realidades, conflitos e problemáticas sociais, criando interfaces com questões estruturais, dos valores humanos, do meio ambiente e das relações interpessoais, no sentido de sua utilização como elemento pedagógico no interior das escolas. Nesse contexto, quando são apresentados os conceitos de educação para a paz, no aprofundamento entre as diferenças da "paz positiva" e "paz negativa", podemos ampliar a visão sobre uma educação para a paz com forte sentido pedagógico, que se afaste do senso comum e imprima uma característica consistente nos processos de prevenção das violências e de mediação de conflitos escolares.

Ao empreendermos uma especificidade sobre a educação para a paz no presente estudo, precisamos ter em mente alguns aspectos, retomados ao longo deste livro:

1. Cultura de paz é um movimento permanente de construção, e a educação para a paz é o ramo pedagógico dessa cultura;
2. A educação para a paz possui um campo conceitual próprio, já estudado há algumas décadas especialmente na Europa e na América do Norte e que só recentemente (primeira década do século XXI) passa a ser estudada com aprofundamento na América Latina e no Brasil;
3. Por não haver ainda consenso nem difusão maior dos conhecimentos relativos à educação para a paz no Brasil, é um tema ainda considerado "novo" ou "frágil" como objeto de pesquisa;

4. Não obstante, as práticas que podem ser relacionadas à educação para a paz, como educação em valores, mediação de conflitos, prevenção de violências, direitos humanos, meio ambiente, entre outras, são largamente utilizadas no cotidiano dos espaços educacionais (escolas, projetos socioeducativos, ONGs, movimentos sociais, trabalhos de evangelização etc.);

5. A utilização em vários espaços educacionais sugere dizer que a educação para a paz trata pedagogicamente temas importantes relacionados ao universo interconectado das questões da paz-violência-conflitos e convivências que compõe o cotidiano das relações humanas e sociais, entre pessoas, grupos, comunidades, países e povos;

6. Dada a tal abrangência, consideramos improvável que quaisquer ações que objetivem prevenir as violências das mais diversas formas, se tomadas com simplicidade, sem a observação de tal conexão conceitual, possam realmente converter-se em solução em longo prazo. Isso não quer dizer que a violência referente ao uso do *crack*, por exemplo, que vitimiza individual e coletivamente as famílias e a sociedade, seja revolvida com alguma lei ou com o combate somente aos usuários. A questão é complexa e sistêmica e só será tratada adequadamente com um conjunto de ações que envolvam a área da saúde, sustentada pela educação, pela geração de renda, pelas oportunidades e por tantas outras questões sociais;

7. Nesse sentido, podemos concluir que, ao tratar da educação para a paz, na educação formal, não formal e informal, consideradas como contextos educacionais, onde as ações e práticas pedagógicas são planejadas e preparadas didaticamente, precisamos de uma abordagem ampla, complexa, que extrapole a noção interdisciplinar ou multidisciplinar, mas que rompa a lógica mecanicista, ligando perspectivas vindas das diferentes áreas do conhecimento, mas não as hierarquizando, supondo algo mais importante, uma visão transdisciplinar;

8. Logo, a educação para a paz valoriza os avanços e estudos da filosofia, da sociologia, da psicologia, das neurociências, e, ao mesmo tempo, procura suas bases no cotidiano das relações humanas, submersas nas convivências, nos conflitos que podem gerar violências ou não violências, por meio das relações humanas interpessoais e coletivas, observando a ideia da ecologia humana ampliada, ou uma ecoformação;

9. A educação para a paz não é tudo, nem tem vocação ao todo, porém, faz leituras e aproximações críticas/complementares entre as diversas contribuições, não apenas das ciências clássicas, mas abre também uma dimensão de respeito às subjetividades, as emoções que atuam na base de muitas motivações e decisões humanas, marcadas pelas questões da espiritualidade, relações com a vida e a morte, o mundo das sensações, as alegrias e tristezas humanas, que, se não são medidas de início, compõem o cenário das doenças e violências da sociedade;

10. Por fim, educação para a paz é o ponto de encontro de alternativas viáveis para a educação do século XXI, que se abre aos poucos à tolerância como princípio, à não violência como atitude e ao respeito a toda a diversidade e biodiversidade na busca de uma família universal, uma identidade terrena, a humanidade.

A esse contexto amplo e complexo, uma questão de fundo é sempre recorrente e aparece no argumento de Guimarães (2005, p. 22), que diz:

> Nesse contexto, a educação para a paz tem aparecido como um instrumento importante para concretização de uma cultura de paz, emergindo na interlocução da comunidade internacional, não apenas como uma nova área de pesquisa ou um campo relevante, mas como expressividade da ideia de bem, onde se joga a própria questão do sentido da humanidade e da finalidade da educação.

Portanto, como se vê, a educação para a paz emerge buscando uma reflexão coerente. Guimarães (2005) relata as críticas que a educação para a paz recebeu nas últimas décadas, quase todas apontando para o entendimento da paz como algo utilizado politicamente para certa doutrinação ou alienação, no sentido de fugir às raízes dos problemas profundos dos países. No Brasil, o autor cita que as críticas à educação para a paz deram-se mais claramente no momento em que eram definidas "algumas bases teóricas e metodológicas e buscavam-se as primeiras experiências do que mais tarde veio a ser chamada na América Latina de educação popular" (*ibidem*, p. 27). Vemos que a origem da crítica, muito presente nos anos do regime militar no Brasil (1964-1985) permanecem hoje, quando falar em educação para a paz remete a algo que seja contrário à conscientização e à crítica.

Conforme argumentamos ao longo da pesquisa, tais críticas não fazem muito sentido atualmente, sobretudo quando as questões da paz-violências-conflitos e convivências são discutidas de maneira crítica e aprofundada. O que vale refletir, e constitui-se numa observação necessária, é a forma como as instituições privadas de ensino abordam as questões da cultura de paz, muitas vezes relacionadas a um pequeno conjunto de valores, que, no bojo, reproduzem formas de perceber o mundo e a vida ainda relacionadas às crenças de poder e manutenção do *status quo*. Nesse caso, o problema não está na educação para a paz em si, mas nas concepções de educação subjacentes aos diferentes contextos e espaços educacionais.

As contribuições de Guimarães (2005) são muito importantes para organizar nosso pensamento da educação para a paz. Em seus estudos, ele apresenta nove "tradições" ou perspectivas que ocorrem em momentos diferentes: a primeira tradição são os *movimentos ligados à renovação pedagógica* do início do século XX, especialmente na Europa pós-Primeira Guerra Mundial (1914-1918) – com educadores como Maria Montessori e Jean Piaget –, onde o questionamento era sobre o ensino voltado à competição e à militarização, propondo a paz como alternativa a esse modelo. A segunda tradição é a da Unesco, que, a partir de sua criação em 1945 e também da ONU meses antes, aponta para a necessidade de uma educação que vise à paz entre os diferentes povos. Tal conceito foi sendo ampliado ao longo das décadas, até que nos anos 1990 as noções de desenvolvimento, democracia e direitos humanos foram ficando mais claras e presentes, mostrando a dinâmica e a continuidade dessa tradição nos atuais estudos da paz.

Guimarães (2005) diz ainda que a terceira tradição da educação para a paz é a dos *movimentos sindicais na Guerra Fria*, mais presentes a partir dos anos 1950, ligados especialmente ao fim da corrida armamentista, fruto da tensão entre os Estados Unidos e a União Soviética. O argumento fundamental era o de cessar o excesso de investimento na indústria bélica e canalizar recursos para o desenvolvimento dos povos e do planeta. Foi uma corrente mais preocupada com as questões sociais do que com os indivíduos. Como uma quarta tradição decorrente da Segunda Guerra Mundial, temos a *investigação para a paz* (*peace research*), que, a partir dos anos 1950, advoga uma ciência da paz, na busca da pesquisa como fonte de respostas para pensar em promover ações que minimizassem os efeitos das guerras de toda ordem. A investigação para a paz é responsável por organizar vários conceitos presentes de maneira decisiva para o pensamento atual da educação para a paz, como as questões sobre conflitos, paz positiva, negativa, que apresentaremos adiante.

Como a quinta tradição da educação para a paz, Guimarães (2005) aponta para os movimentos de não violência especialmente sistematizados por Mohandas Gandhi (1869-1948) nos conceitos de *ahimsa* (recusa de toda violência) e *satyagraha* (força que nasce da verdade e do amor). Tais princípios sugerem, portanto, uma não violência ativa, o que configura intenção fundamental de educar para a paz na ideia da desobediência diante das injustiças, do domínio e da opressão sofridos pelos diferentes povos. O princípio da não violência também lança um novo olhar para os conflitos, na medida em que precisam ser mediados para não gerar atitudes violentas. O fato de Gandhi pregar suas ideias não apenas como propostas educativas, mas como uma forma de vida também é significativa para a intenção de realmente viver os princípios da paz.

Como a sexta tradição da educação para a paz, Guimarães (2005) elenca o movimento das *pedagogias da libertação*, surgido a partir dos anos 1960 na América Latina, tendo como referência o educador brasileiro Paulo Freire, mas que inicialmente teve sua difusão mais presente nas comunidades eclesiais de base. Em seguida, como forma de contrapor a violência social, a educação para a paz esteve presente na construção das ideias da educação popular, sendo percebidas como sinônimos e sendo abandonado o termo "paz". De qualquer modo, há o reconhecimento de Paulo Freire como uma importante referência nos estudos da paz, especialmente pela tradição crítica de seu pensamento pedagógico. Pensando nessa possibilidade da educação para a paz que aproxime o mundo acadêmico do saber-fazer educacional, temos a contribuição fundamental de Paulo Freire, apresentada por Ana Freire (2006, p. 391):

> (...) para Paulo, a Paz não é um dado, um fato intrinsecamente humano comum a todos os povos, de quaisquer culturas. Precisamos desde a mais tenra idade formar as crianças na "Cultura da Paz", que necessita desvelar e não esconder, com criticidade ética, as práticas sociais injustas, incentivando a colaboração, a tolerância com o diferente, o espírito de justiça e da solidariedade.

Compartilhando dessa afirmação, apontamos para uma das principais questões da discussão pedagógica da paz, que é sua estreita relação com o olhar crítico e profundo do tema. A paz não é uma condição natural, assim como não o é a violência, posto que ambas são processuais e construídas. Desse modo, parece aceitável que se explicite um corpo de conhecimento que pense a paz, na educação e na formação de professores, como um conjunto de saberes, práticas e experiências passíveis de reflexão, análise e sistematização.

Ainda nesse caminho, ao receber o Prêmio Unesco da Educação para a Paz de 1986, Paulo Freire se manifesta, segundo Ana Freire (*ibidem*, p. 388), da seguinte forma:

> De anônimas gentes, sofridas gentes, exploradas gentes aprendi, sobretudo que a Paz é fundamental, indispensável, mas que a Paz implica lutar por ela. A Paz se cria, se constrói na e pela superação de realidades sociais perversas. A Paz se cria, se constrói na construção incessante da justiça social. Por isso, não creio em nenhum esforço chamado de educação para a Paz que, em lugar de desvelar o mundo das injustiças o torna opaco e tende a miopizar as suas vítimas.

Portanto, a síntese do pensamento freiriano, que expressa uma luta pela paz especialmente na realidade da América Latina nas últimas décadas do século XX, ainda se mantém nos tempos atuais, sobretudo em relação às desigualdades sociais e injustiças desta região. Assim, também é difícil pensarmos que existam educadores brasileiros, ou latino-americanos que afirmem que a paz, ou uma educação para a paz, não esteja diretamente relacionada com questões fundamentais de nosso tempo e sociedade, como apresenta Ana Freire (*ibidem*, p. 392):

> A Paz tem sua grande possibilidade de concretização através do diálogo freiriano porque ele inscreveu na sua epistemologia crítica a intenção de atingi-la. O diálogo que busca o saber fazer a Paz na relação entre subjetividades entre si e *com* o mundo e a objetividade do mundo, isto é, entre os cidadãos e a possibilidade da convivência pacífica, é a que autentica este inédito-viável.

Apontarmos para a relação entre subjetividade e objetividade, por meio do diálogo que busca a paz, nos aproxima também de questões que circundam e se entrelaçam na discussão da paz: complexidade, teoria crítica, interdisciplinaridade e multidisciplinaridade, transversalidade, pós-modernidade, entre tantas contribuições filosóficas e sociológicas que fazem parte dessa construção, com a atenção óbvia ao relativismo ou superficialidade, mas com abertura ao diálogo e à aproximação.

Na sequência de seu estudo, Guimarães (2005) aponta a sétima tradição dos *movimentos pedagógicos modernos e contemporâneos*, citando Célestin Freinet nos anos 1950, que, entre suas ideias modernas para a educação, falava da importância de relação com a sociedade e da negação de uma ilusão, que seria uma sociedade em paz. Para essa tradição, que mais tarde

Cultura de paz e educação para a paz ■ 185

ecoa entre educadores americanos e ingleses (anos 1970 e 1980), a paz seria um desafio pedagógico importante para a educação. Como oitava tradição está a perspectiva *socioafetiva*, que surge, segundo Guimarães (2005, p. 81) "da tomada de consciência dos limites das experiências nórdicas e anglo-saxônicas de educação para a paz, centradas na informação e nos conteúdos cognoscitivos". Isso mostra a limitação de experiências relacionadas apenas à discussão teórica nas salas de aula, que prescindem também de práticas vivenciais. Retoma o conhecimento do desenvolvimento moral de Piaget e Kohlberg e postula a importância fundamental do indivíduo na transformação da sociedade, o indivíduo como criador de uma cultura de paz. É uma tradição que valoriza a ludicidade e o aspecto relacional, pensando em dinâmicas de grupo a atividades coletivas. De acordo com Guimarães (2005), essa é uma tradição com certa repercussão no Brasil, por concentrar-se nas práticas vivenciais.

A nona e última tradição descrita por Guimarães (*ibidem*) é a dimensão *holística*, que tem como centro de sua proposta da educação para a paz a consciência e a interioridade da paz no indivíduo. O movimento holístico inicia-se no mundo a partir dos anos 1960, relacionado a movimentos de contracultura, especialmente na Europa e nos Estados Unidos, reagindo contra uma "falência" do modelo ocidental e valorizando o orientalismo como condutor das reflexões. Guimarães (*ibidem*) comenta que um dos expoentes desse movimento no Brasil foi Pierre Weil, criador da Universidade Holística Internacional de Brasília, a Unipaz, que ao longo dos anos 1990 e 2000 disseminou suas ações no país.

Baseada nos estudos da física quântica, na psicologia transpessoal e na filosofia oriental, essa tradição busca a harmonia entre intuição, razão, sentimento e sensação, como aprofundamento da consciência interior, responsável por construir a paz nos indivíduos, que coletivamente contribuiriam para a paz geral. Assenta-se nas dimensões da arte de viver em paz consigo, com os outros e com a natureza. De acordo com Guimarães (*ibidem*), a tradição holística é uma das que têm maior repercussão no Brasil, até por identificar-se com o tema cultura de paz na formação de pessoas e profissionais e explicitá-lo.

Após apresentarmos essas tradições, que obviamente trazem na base uma construção histórica, visões de mundo e pensamentos diversos sobre a paz, a cultura de paz e uma educação para a paz, acreditamos que existem pontos a serem buscados, não como uma "mistura", mas como um encontro de perspectivas, fruto do próprio desenvolvimento humano e das conexões necessárias entre pontos que historicamente foram separados, alvo de críticas de lado a lado, mas que, aos poucos, foram sendo percebidos em suas incompletudes e complementaridades. É o que diz Guimarães (*ibidem*, p. 320):

> Essas nove tradições – a educação para a paz é bem mais que essas nove – sinalizam a multiplicidade e pluralidade que se esconde atrás da expressão educação para a paz. A educação para a paz é um campo, um campo aberto, um mar mesmo, onde não há lugar para restrições ou reduções. Qualquer tentativa de reduzir a educação para a paz a apenas uma tradição, sem ao menos acenar para a possibilidade do diferente e do distinto, poderá provocar uma obstrução do processo de cercamento dessa realidade. Talvez, se tenha mesmo de falar em *educações para a paz*, como recurso para referir-se a essa pluralidade que a constitui.

Considerando as questões abordadas aqui, sintetizamos no Quadro 2 a seguir a ideia básica de cada uma das tradições, bem como suas práticas pedagógicas, elencadas por Guimarães (2005):

QUADRO 2. ASPECTOS GERAIS DAS TRADIÇÕES DA EDUCAÇÃO PARA A PAZ

TRADIÇÃO/ORIGEM	OBJETIVO CENTRAL	PRÁTICAS PEDAGÓGICAS (CONCEITUAIS, PROCEDIMENTAIS OU ATITUDINAIS)
Renovação pedagógica Primeira Guerra Mundial / Maria Montessori	Criar formas de educar a humanidade a partir da infância, para um futuro sem guerras.	Análise e crítica de textos; ensino do esperanto como língua universal; troca de correspondência escolar; atenção à mudança pessoal; intercâmbios escolares entre diversos países; atividades esportivas; fomento às diversas formas a ações em prol da cultura de paz; prática do escotismo etc.
Unesco Segunda Guerra Mundial / organismos internacionais (ONU, Unesco)	Pensar a cultura de paz como dimensão necessária na educação formal e não formal, visando ao desenvolvimento humano.	Estudo de documentos internacionais sobre paz e direitos humanos; debates sobre guerras, subdesenvolvimento e violação de direitos humanos; cultivo de valores universais (tolerância, solidariedade e cooperação); resolução não violenta dos conflitos; posicionamento perante o racismo, a xenofobia e os problemas ambientais.
Movimentos sindicais no contexto da Guerra Fria Após Segunda Guerra / movimentos antimilitares	Trabalhar a favor do pacifismo, repudiando condições de exploração do ser humano e do planeta.	Discutir a necessidade de cessar a corrida armamentista; desenvolver a compreensão internacional; mostrar as consequências nefastas da corrida armamentista, propondo investimentos para acabar com misérias, fome e tragédias humanas.
Investigação pela paz Após Segunda Guerra / pesquisadores europeus / Johan Galtung	Pesquisar e criar um conjunto conceitual adequado para estudos da paz nas diferentes perspectivas, incluindo a educação para a paz.	Debates e exposições sobre o risco de lavagem cerebral nas informações; organização democrática do estudo; dramatização e jogos de simulação e papéis; trabalhos em grupo, estímulo à participação em projetos de paz e não violência; resolução não violenta de conflitos.

Movimentos de não violência Anos 1970 em diante / inspiração em Gandhi	Difundir a não violência ativa como forma de vida e educação.	Promover ações e campanhas contra armas de brinquedo e armamentos militares; utilização de dinâmicas de grupo como aprofundamento teórico de temas; técnicas de conhecimento pessoal ou de grupos; jogos de simulação e mapas de conflitos para a resolução não violenta de conflitos; criação de estratégias sociais para mudar situações culturais violentas para não violentas; referência à biografia de pacifistas como exemplo para novas gerações.
Pedagogias da libertação América Latina, anos 1960 em diante / Paulo Freire	Enfrentar os mecanismos perpetuadores das diversas formas de violência na América Latina.	Incluir temas geradores; debates e diálogos sobre fatos da realidade; utilização da arte e do lúdico; valorização das relações humanas nos processos educativos; tomada conjunta de decisões nos processos educativos; o recurso dos círculos de cultura (reconhecidos como círculos de paz).
Movimentos pedagógicos modernos e contemporâneos Escola Nova / Célestin Freinet	Enfatizar a educação como meio de mudança social, valorizando a paz como elemento importante nesse contexto.	Práticas de assembleia de aula e outros mecanismos de participação nas decisões; pesquisas na comunidade; análises de textos e outras produções culturais sob a perspectiva da violência; rodas de conversa, pesquisa em jornais; simulações, partilha de expectativas; dinâmicas de discussão e debate.
Socioafetiva Desenvolvimento moral/ Piaget e Kohlberg	Valorizar o indivíduo em suas dimensões emocional e social para que melhore a sociedade.	Jogos e exercícios de simulação para trabalhar situações reais ou hipotéticas, buscando aproximação afetiva entre os membros; dinâmicas de clarificação de valores; jogos de papéis; estudo de casos e análise de dilemas morais; análise textos literários; exercício de resolução não violenta de conflitos; práticas de observação pessoal (diário da paz).
Holística Psicologia transpessoal / Pierre Weil	Desenvolver a consciência interior e a paz individual como disposição para o protagonismo do bem.	Técnicas de terapia alternativa (ioga, acupuntura); alimentação natural; controle mental e meditação; massagens, bioenergética, biodança; métodos não violentos e administração de conflitos; música, dança, tai chi chuan, artes plásticas, teatro; integração de culturas (xamanismo, budista, cristã, judaica etc.).

Fonte: Adaptado de Guimarães (2005).

O que observamos claramente é que muitas práticas pedagógicas relacionadas à educação para a paz, com suas diversas denominações, ocorrem ainda descoladas dos conceitos aos quais estão relacionadas. Vemos muitas práticas e poucos objetivos, inúmeras "ações da paz" que não encontram eco nos conceitos mais profundos e nas reais necessidades para enfrentar as múltiplas formas de violência existentes.

Podemos considerar que as crianças, os adolescentes ou os adultos não consigam fazer todas as pontes e ligações amplas entre os fenômenos das violências e da paz, mas podemos supor que os educadores, ao compreender tais relações, organizem seu trabalho procurando não apenas "resolver um problema pontual", mas pensando nas ações a médio e longo prazo, para realmente objetivar mudanças de comportamento individual, coletivo e comunitário.

São essas questões chamadas conceituais que acreditamos serem necessárias para reforçar um trabalho de educação para a paz, e vamos na sequência fazer essa aproximação. A educação para a paz, para ser adequada a um contexto humano, social e cultural da América Latina e do Brasil, deve buscar as bases pensadas sobretudo por alguns pesquisadores largamente utilizados nos estudos da educação para a paz no Brasil, como Serrano (2002), Jares (2002) e Rayo (2004). Todos eles podem ser incluídos na tradição da investigação para a paz (*peace research*) e fazem análises claras e coerentes para a orientação que buscamos. Ressaltamos que os pesquisadores que balizarão este momento da pesquisa atuam aproximadamente desde os anos 1980 com questões relacionadas à educação para a paz na Espanha, trazendo referências importantes em suas obras.

A educação para a paz nos estudos de Gloria Pérez Serrano

Como vimos anteriormente, o berço de estudos e pesquisas sobre a paz é a Europa, nos anos 1960. Países como Noruega e Suécia foram os primeiros a se debruçar teoricamente na definição de conceitos e práticas da paz. Ao longo das décadas, naturalmente tais estudos migraram para outros países e continentes, originando outros grupos e com novas perspectivas. Portanto, é fato dizer que houve uma clivagem, ou inter-retroação, entre teorias e experiências vivenciais. Diferentes países, com seus diferentes problemas e demandas em relação às violências, foram buscando adequações e modelos para pensar a relação entre a paz e a violência.

Nesse caminho, a Espanha foi um país que desde os anos 1980 tem se dedicado a pensar a educação para a paz como um movimento educacional estruturado, com dimensões pedagógicas definidas e com práticas vivencias mais elaboradas que as das experiências iniciais dos países nórdicos. Por isso, nesta etapa da pesquisa, nos concentraremos em autores espanhóis que têm uma produção importante no campo da educação para a paz e que, de certa maneira, estão influenciando algumas perspectivas acadêmicas na América Latina, também pelo idioma espanhol e por características culturais semelhantes em muitos aspectos.

Iniciamos com os estudos de Serrano (2002), que utiliza o termo "tolerância" como uma importante dimensão da educação para a paz, afirmando que, além de uma necessidade para a sociedade, é importante para a sobrevivência humana. Para a autora, tolerar está na aceitação de ideias diferentes e no respeito aos direitos dos demais. Portanto, a tolerância requer uma interdependência entre as pessoas. Nesse sentido, Serrano (*ibidem*, p. 13) declara: "É preciso praticar a tolerância para manter a paz, a justiça, os direitos humanos e promover o progresso social. A tolerância só pode manifestar-se em sua forma mais ativa em um ambiente no qual se respeitem a dignidade da pessoa e as liberdades públicas".

Portanto, o valor "tolerância" figura como um dos basilares no entendimento da paz, para uma cultura de paz e também para a educação para a paz. É importante refletirmos que a noção de tolerância também é muito associada, no senso comum, com "fraqueza", como se tolerar fosse "aguentar" outra opinião, ou "temer" as divergências, portanto tolerar seria "aceitar" certas condições mesmo que não ideais.

Examinando essa questão, dizemos que isso está ligado à lógica do "ganha-perde", ainda relacionada à cultura de violência, de acordo com a qual alguém deve vencer e outro perder, onde os mais fortes perpetuam-se nas opiniões e reproduzem seus modelos vitoriosos. O que se pretende com a educação para a paz, especialmente à luz da complexidade, é questionar esse modelo, é pensar, planejar e concretizar propostas educacionais que contribuam para esse repensar da cultura de violência, que introduzam novas perspectivas, inclusive valorizando a tolerância como condição ativa, não de aceitação de qualquer condição negativa, mas de um equilíbrio relacionado ao "ganha-ganha", em que não haverá mais vitórias individuais, mas acordos em que as partes aprendam a se respeitar e cheguem a consensos razoáveis para todos, nesse caso, que favoreçam convivências positivas e sustentáveis. Argumenta Serrano (*ibidem*, p. 21):

> É urgente tomar consciência de que é preferível uma sociedade pluralista a uma sociedade uniforme. Esse tipo de sociedade pluralista e multiétnica, variada e mestiça, é mais complexa que uma sociedade homogênea. À medida que um sistema ganha em complexidade e globalidade, o número de incertezas aumenta e os acontecimentos inesperados também. A educação antecipatória deve preparar as pessoas para resolver problemas não apenas nos cenários a que estamos acostumados, mas também nos que podem ser possíveis.

O reconhecimento de que a diversidade é fundamental para a educação para a paz, com o objetivo de reconhecimento do outro, no aprendizado de convivências, na ideia de solidariedade e cooperação, faz com que sejam revistos conceitos clássicos de aceitação do outro. Como dito, à medida que a sociedade se torna mais complexa e global, novas demandas relacionais e sociais são necessárias. Sabemos que isso pode se dar por diversas formas, como pelos movimentos sociais, pela política partidária, entre outras, mas, efetivamente, o espaço para que isso seja sistematicamente pensando é o educacional, tanto nas escolas como nos projetos educacionais diferenciados, promovendo um olhar mais abrangente sobre as desigualdades sociais e humanas.

Podemos dizer que prevenir a intolerância é um passo inicial para prevenção das múltiplas formas de violência, na medida em que ser intolerante é fechar o canal dialógico com o outro, encerrando possibilidades na mediação de conflitos e inevitavelmente levando ao enfrentamento e à violência. Portanto, como diz Serrano (*ibidem*):

> É necessário educar as novas gerações na convivência, no respeito e na tolerância entre pessoas de diferentes culturas e a educação em seus diversos graus e formas, tanto formal, não formal como informal, é chamada a desempenhar um papel relevante na preparação para a diversidade e, sobretudo, na prevenção da intolerância.

Concordamos com a referida autora de que nos diferentes espaços educacionais a educação para a paz pode ser desenvolvida, uma vez que encontra grupos, apresenta convivências, favorecendo situações dialogadas visando à aproximação de ideias e pessoas. Se considerarmos que a cultura resulta de um conjunto de aprendizagens e novas aprendizagens, concordamos com Serrano (*ibidem*, p. 30) que "'uma cultura de paz' requer um ensino orientado pelos valores da paz, dos direitos humanos, da democracia e da tolerância".

Portanto, a tolerância na educação para a paz é o que abre as portas ao diálogo e à comunicação com qualidade, que são as bases para a mediação de possíveis conflitos ou para o simples entendimento entre pessoas e grupos. Com o reconhecimento das inúmeras violências nas famílias, contra crianças e mulheres, no trânsito, nas escolas, nos diferentes ambientes, acreditamos que a educação para a paz e o conceito de tolerância serão fundamentais para nosso tempo.

Para dimensionar a educação para a paz, a abertura à diversidade, aos direitos humanos e à democracia é necessária, pois permite acolher diferentes dinâmicas culturais e sociais. Como vimos no início deste capítulo, ao comentarmos sobre a Comissão de Consolidação para a Paz da ONU, uma educação para a paz alinhada à concepção de desenvolvimento humano e valorização do pluralismo dos povos. São essas características que contribuirão para a construção da cultura de paz. Por isso, outra vez reconhecemos com Serrano (*ibidem*, p. 83):

> Consideramos que se deve fomentar nas escolas e nos centros universitários a educação para a paz, pois esse valor forma uma trama com outros valores, ligados entre si que se exigem uns aos outros. Assim, a educação para a paz exige formar o espírito crítico, a capacidade de dialogar, a veracidade, a coerência de meios-fins e a justiça. Ela não é compatível com o individualismo, a falta de solidariedade, a competitividade, a discriminação etc.

Ao propor que a educação para a paz habite o ensino superior, Serrano (2002) faz uma colocação que está no conjunto de nossa reflexão. Jovens e adultos também precisam rever muitas questões sobre as violências, os conflitos, a paz e as convivências humanas. É absurda a forma como muitas pessoas ou famílias se relacionam em pleno século XXI, com a violência contra mulheres e o aumento das denúncias de abuso sexual contra crianças. Mesmo desconsiderando esses aspectos, sabemos que a deterioração do tecido social e familiar tem a ver com a cultura do individualismo, da comparação, do egoísmo, da inveja e da falta de acreditar no potencial positivo das relações humanas.

Ao falar sobre o entendimento da paz, Serrano (*ibidem*) adverte que é um termo que parece de consenso e conciliador, em que ninguém se manifesta contrariamente. Porém, isso talvez seja prejudicial, uma vez que pessoas ou grupos poderão adotar perspectivas diferentes ao falar da paz. Isso é importante e o que deve definir a busca por uma educação para a paz com definições básicas mínimas. Que a paz seja uma aspiração universal, podemos concordar, agora os mecanismos para essa busca é que podem ser muito diferentes, inclusive a utilização da repressão e da violência para conseguir alguma "paz". Por isso, Serrano (*ibidem*) fala em pensamento crítico, diálogo, busca da verdade, entre outros, que não buscam verdades, mas perspectivas concretas. Serão essas que guiarão também na forma de pensar pedagogicamente a educação para a paz, na medida em que a noção de paz conduz à formação de uma base metodológica para o ensino da paz.

Ao esclarecer sobre isso, a autora fala que a educação para a paz deve buscar em sua fundamentação a clareza do conceito de conflito, a ser entendido como ponto aceito e redimensionado em seu papel mediador das diferenças humanas. Lembramos que o conceito de tolerância deve ser articulado ao do conflito e sua mediação, uma vez que sabemos ser muito difícil a tolerância pura ou facilmente aplicável à vida das pessoas. Processos de mediação de conflitos serão necessários, pois os conflitos são inevitáveis na pluralidade.

Para Serrano (*ibidem*), um novo conceito para a paz estará sintonizado à noção de conflito como algo essencial ao homem e à sociedade. Seria, nesse caso, dinamizar a paz como processo, o que requer necessariamente planejamento e objetivos. Vemos aqui, mais uma vez, que a paz deixa de ser algo passivo, mas uma abordagem de realidades conflituosas que antecedem as violências, possibilitando equacioná-las para construções humanas e sociais mais justas e com menos violência. Podemos até dizer, conforme vimos com o Ciiip (2002), que, da mesma forma como precisamos utilizar a noção de visibilidade para as violências, também podemos pensar assim em relação aos conflitos.

É importante que os conflitos entre pessoas ou grupos sejam explicitados e apresentados, para que se dialogue e se discutam as bases de sua mediação, promovendo assim a não violência. Quando conflitos são sufocados, permanecem latentes até que algo os desperte com maior força e intensidade. Para Serrano (*ibidem*, p. 89), ainda cabe mais uma distinção:

> Em resumo, devemos diferenciar entre os conflitos (divergência natural e necessária) e forma de resolvê-los (violenta ou não violenta); a consideração da paz como negação do conflito nos levará a uma concepção "passiva" da paz (a paz como ausência de guerra). Uma concepção construtiva na superação dos conflitos, e não em sua negação, é a que deverá conduzir-nos à "paz ativa", isto é, à paz como processo e não como meta.

No cenário descrito pela autora, vemos que as noções de conformismo e resignação, muito comuns nos movimentos pacifistas nas primeiras décadas após a criação da ONU, impediram o aprofundamento das discussões sociais referentes às guerras ou conflitos internacionais, ainda relacionados à lógica "ganha-ganha". Com os estudos da paz, a relação da paz com desenvolvimento, tais discussões foram mudando o foco e dando mais visibilidade a ações de paz.

Ao buscar a sistematização para a educação para a paz, Serrano (*ibidem*, pp. 115-117) aponta quatro dimensões necessárias a uma educação orientada para paz: desenvolver pessoas; potencializar as relações com o meio; fomentar o diálogo e o espírito crítico; e favorecer o compromisso. Basicamente, essas quatro dimensões possuem como objetivos:

1. *Desenvolver pessoas*: qualificar a afetividade e o apreço pelas pessoas pelo que são, e não valorizar apenas o mérito acadêmico; valorizar a diversidade em vez de criar barreiras entre os diferentes conhecimentos; potencializar a identidade das pessoas e das culturas; equidade como princípio, valorizando culturas majoritárias e as minorias como enriquecimento;
2. *Potencializar as relações com o meio*: ampliar a educação para além da sala de aula; abrir canais de comunicação com a comunidade; observar e valorizar a relação estabelecida entre o micro (espaço local de vida) e o macro (a sociedade ampliada);
3. *Fomentar o diálogo e o espírito critico*: valorizar e cultivar o diálogo como elemento imprescindível para a educação para a paz; reconhecer que o consenso pelas diferenças é fruto do reconhecimento e da valorização do outro e da igualdade de direitos; aprimorar o debate e a liberdade de expressão de forma respeitosa e recíproca; entender o papel da divergência como positivo nas relações cotidianas; reconhecer os diferentes valores como legítimos e necessários à mediação quando consensos e caminhos comuns são importantes; praticar uma didática de aprofundar as interrogações e as dúvidas, não apenas das respostas prontas;
4. *Favorecer o compromisso*: reconhecer que as teorias não superam os compromissos, portanto, trata-se de agir pela paz; considerar a paz e a tolerância como meios na busca por uma cultura de paz, e não como fins.

Estabelecem-se dimensões importantes para fundamentar a teoria e, sobretudo, a prática pedagógica da educação para a paz. Primeiro, o desenvolvimento das pessoas, o que aponta para a atenção e o cuidado com cada um e com todos. Isso está na forma de propor e abordar atividades, na afetividade que se estabelece no grupo entre educador e educando, na forma de olhar, falar, ouvir e sentir o ser humano como fundamental em nossa vida. Além do respeito e da atenção com o outro, isso aponta para as atividades lúdicas, como dinâmicas de grupo, práticas corporais, atividades de harmonização (pequenos relaxamentos), enfim, uma gama de perspectivas emocionais, ao mesmo tempo em que são pensadas questões concretas sobre convivências e violências.

O segundo aspecto, potencializar a relação com o meio, refere-se, pensando-se a prática pedagógica da educação para a paz, a efetivamente valorizar o local, o entorno da escola ou da instituição, fazendo com que os projetos de prevenção de violências circulem entre os outros agentes da comunidade. Estabelecer parceria com igrejas, comércio, associação de bairros, polícia, Cras, unidades de saúde, além da dimensão política, busca do diálogo com vereadores e outras autoridades e também com os conselhos (segurança, tutelar, entre outros). Obviamente, tais convergências não são simples, mas servem para mostrar as incontáveis possibilidades de visibilizar as ações, as caminhadas, os festivais e todos os projetos de paz desenvolvidos na escola. Mobilizar a mídia também é fundamental nesse processo, por meio de rádio, televisão e redes sociais.

Fomentar o diálogo e o espírito crítico mostra o papel da educação para a paz, na não passividade, ao contrário, na proatividade a favor da não violência e no repúdio às diferentes formas de violência. O conflito é objetivamente uma situação na qual há apenas dois desdobramentos, a violência ou a não violência. A violência direta ou a psicológica, mesmo quando não as enfrentamos, e a não violência, quando conseguimos dialogar, mediar a situação e continuar nossa caminhada mais coletivamente, ou ao menos com acordos firmados.

O último aspecto é favorecer o compromisso, o que liga a educação para a paz ao concreto do cotidiano. Projetos, planejamento e propostas de educação para a paz nos diferentes espaços educacionais precisam reconhecer que devem se relacionar com as práticas sociais cotidianas dos alunos. Inicialmente, na própria instituição educativa, onde podemos qualificar as formas de convivência, de participação e de respeito. Depois, na mobilização das famílias, da comunidade, sempre visando a uma informação de qualidade, ao diálogo mediador e esperando que as pessoas pratiquem a não violência em sua vida, contribuindo no processo de cultura de paz. Serrano (2002), dessa forma, oferece elementos muito interessantes para estruturar a educação para a paz.

A educação para a paz nos estudos de José Tuvilla Rayo

Outro professor espanhol que contribui diretamente e com qualidade para o trabalho da educação para a paz é José Tuvilla Rayo. O autor analisa várias dimensões pedagógicas possíveis para os fundamentos e a metodologia para o trabalho educacional com a paz. É importante perceber que o enfoque geral de Rayo (2004, p. 29) alinha-se à nossa discussão sobre a amplitude e a complexidade da educação para a paz:

> É necessário, antes de destacar algumas das contribuições que a ciência, a educação e a cultura apresentam na construção da paz, indicar sobre o que falamos, que elementos intervêm e que obstáculos desviam uma definição de paz que oriente nossas ações para melhorar a vida humana e resolver as problemáticas mundiais. Em primeiro lugar, deve-se assinalar que a paz é multidimensional e exige esforços não só para alcançar o desarmamento, mas também para alcançar um verdadeiro desenvolvimento humano, para afiançar o respeito aos direitos humanos, para resolver os conflitos e frear a deterioração do meio ambiente. Atualmente, o direito humano de viver em paz é a pedra angular de todos os demais direitos humanos e de sua interdependência. E isso exige um enfoque transdisciplinar para estudar mais adequadamente a complexidade do mundo atual. No aspecto conceitual, porque é necessário abordar de maneira integrada questões que até agora haviam sido tratadas de maneira autônoma, ainda que sejam interdependentes: por um lado, o meio ambiente, a população e o desenvolvimento; por outro, os direitos humanos, a democracia, o entendimento internacional e a tolerância. Isso implica um novo enfoque metodológico, visto que se deve procurar combinar, dentro de um mesmo plano de ação, as contribuições da educação, das ciências, da cultura, da comunicação.

Ao propormos esta pesquisa, intencionamos fortalecer a educação para a paz pela abordagem da complexidade para desmistificar o senso comum relacionado a essas práticas no Brasil. Como vemos há muitos anos na Europa e observando educadores espanhóis mesmo não discutindo a complexidade, essa característica está presente nas questões referentes à educação para a paz. Novamente a noção de tolerância é evidenciada, assim como a relação com o desenvolvimento, aparecendo também o meio ambiente entre outras questões sobre as quais estamos discorrendo ao longo deste capítulo. Uma questão importante levantada nos estudos de Rayo (2004) é a dos componentes da educação para a paz. Para ele, tais componentes pedagógicos seriam: a educação cognitivo-afetiva, a educação sociopolítica e a educação ambiental. Nisso, o autor já coloca dimensões amplas e é importante aprofundá-las. Fundamentalmente são elementos intelectuais, sociais, afetivos e ambientais.

Rayo (*ibidem*) considera a paz um direito humano e diz que ela é uma construção de todos os seres humanos, iniciando com o reconhecimento do direito a uma vida digna, passando pelo diálogo e pela cooperação. Para o referido autor, o direito à paz relaciona-se com a rejeição da noção de que existem certos ou errados, melhores ou piores seres humanos. Há, sim, a diversidade que precisa ser colocada a serviço do desenvolvimento de todos. Isso é explicitado por Rayo (*ibidem*, p. 33) da seguinte forma:

> O direito humano à paz, de acordo com tudo que foi escrito anteriormente, precisa passar de uma cultura de guerra para uma cultura de paz, caracterizada por uma cultura de convivência e de participação, fundamentada nos princípios de liberdade, justiça, democracia, tolerância e solidariedade, uma cultura que rechace a violência, que se dedique a prevenir os conflitos em suas causas e a resolver os problemas pelo caminho do diálogo e da negociação; uma cultura que assegure a todos os seres humanos o pleno exercício de seus direitos e os meios necessários para participar plenamente no desenvolvimento endógeno de sua sociedade.

Vemos aqui a ratificação do que tem sido evidenciado, a relação entre valores humanos, direitos humanos e como transformá-los em novas formas de viver, conviver, criando bases para uma cultura de paz. Observando a paz num sentido amplo, Rayo (2004) aponta, baseado na Unesco, que uma cultura de paz está relacionada aos seguintes pontos: a) direito à vida e os direitos humanos em todas as suas formas; b) rejeitar a violência em todas as suas formas e o compromisso de prevenir e resolver conflitos; c) reconhecer a igualdade de direitos entre homens e mulheres; d) reconhecer o direito à liberdade de expressão e opinião; e) aderir aos valores positivos de justiça, pluralismo, cooperação, entre outros, para o entendimento entre os diferentes grupos e nações; f) promover uma sociedade solidária, especialmente em função dos mais fracos, buscando ações sustentadas em longo prazo; g) compromisso com o desenvolvimento e a proteção do meio ambiente.

Os indicadores descritos apresentam contextos complexos, nos quais as diversas violências e fragilidades humanas – ou aquilo que prejudica o estabelecimento da cultura de paz – passam a ser pensadas de forma mais sistemática, com planejamento definido, com ações definidas que sejam adequadas ao tratamento das situações difíceis, seja individual ou socialmente. É por isso que a educação para a paz, como tema transversal, como projeto educacional, pode atuar na dupla dimensão, nos indivíduos com seus valores e no coletivo com seus fluxos. Para Rayo (*ibidem*, p. 35), os contextos são:

O futuro exige mais do que nunca a construção da paz através da ciência, da cultura, da educação e da comunicação, motivo pelo qual o respeito ao direito humano à paz, inspirado no ideal democrático de dignidade, igualdade e respeito à pessoa, é a via mais segura para lutar contra a exclusão, a discriminação, a intolerância e a violência que ameaçam a coesão das sociedades e conduzem aos conflitos armados. Por outro lado, novas ameaças pesam hoje sobre a segurança internacional, como as desigualdades insustentáveis entre as nações e também no interior das sociedades, os conflitos étnicos, a pobreza, o desemprego, a injustiça social, as migrações massivas e outras, que exigem um desenvolvimento concebido em escala mundial, onde a prosperidade das sociedades esteja fundamentada nos recursos humanos e no desenvolvimento das capacidades de cada um, sem distinção de nenhuma espécie. Por fim, em consequência, a dignidade humana exige também o exercício, para todos, do direito a uma educação de qualidade que favoreça o conhecimento e a compreensão mútua dos povos, a livre circulação das idéias e o acesso de todos aos progressos da ciência e da tecnologia.

O contexto é amplo, as dimensões complexas, a educação para a paz, entendida como o contrário das várias violências, das estruturais às diretas, é diretamente proporcional aos desvios éticos, solidários, cooperativos e afetivos presentes nas sociedades. Quanto maior a complexidade das violências humanas, maior a atenção para que os estudos da paz sejam mais efetivos e relacionados ao cotidiano.

No contexto europeu, particularmente na Espanha, de onde vem o referencial que utilizamos nesta discussão sobre educação para a paz, já existem práticas pedagógicas pensadas e discutidas sobre o tema desde os anos 1980. Entendemos que apresentam fundamentação teórica consistente e que apontam para uma tendência mundial, ligada a políticas internacionais, mas que ainda vai na contramão dos dados sobre violências históricas contra mulheres, crianças, guerras por motivos religiosos, étnicos, morte por falta de comida e muitos outros pontos ainda quase inacreditáveis para o grau de avanço tecnológico construído nas últimas décadas.

Acreditamos também que as práticas pedagógicas da educação para a paz precisam orientar-se mais para as realidades que temos na América Latina, no Brasil, devido às particularidades regionais e locais. Estamos, no momento, reunindo elementos para melhor direcionar esse assunto no próximo capítulo, no qual serão conhecidas e analisadas inúmeras experiências voltadas à cultura de paz em diferentes espaços educacionais, para que sejam percebidos seus pontos de convergência como uma aproximação metodológica da educação para a paz. Nesse caminho, Rayo (*ibidem*, p. 95) acrescenta:

A aprendizagem da paz implica efetivamente a aquisição de um certo número de conhecimentos, de atitudes e de valores que favoreçam a apreciação e a compreensão do outro (das diferentes culturas, comunidades e povos); que comprometem o conhecimento e o respeito dos direitos de cada um e dos deveres e responsabilidades que deles se derivam; que suscitam, em resumo, um compromisso moral e cívico para participar ao mesmo tempo na construção de um mundo mais justo e solidário, que leve em conta o direito das gerações futuras de beneficiar-se de um patrimônio natural e cultural de qualidade. Essa aprendizagem da paz se estende em um sentido global e se dirige a todos os níveis e a todas as formas de educação.

Vemos que para a educação para a paz há a necessidade de *conhecimentos*, ou seja, informações claras, entendidas para gerar consciência sobre processos de violências-paz-conflitos e convivências. Ao mesmo tempo, é importante construir *atitudes* concretas, fundamentais para a mudança das práticas cotidianas violentas, e favorecer as convivências. Mas, para que as atitudes efetivamente possam mudar, precisamos reconhecer novos *valores* que as conduzam. Mudar um conjunto de valores, por sua vez, requer a qualidade do conhecimento refletido, a sensibilidade do acolhimento de outras perspectivas e da valorização dos outros seres. Sem isso, não podemos fechar este ciclo virtuoso: "conhecimento, atitudes e valores".

Temos utilizado ao longo do texto a palavra "convivência" em seu sentido pleno e geral, que é o encontro de pessoas para experienciarem a vida juntas. Das convivências, extraímos vários aspectos pertinentes à educação para a paz, pois ela é a síntese das possíveis igualdades entre pessoas e grupos e das infinitas diferenças e divergências que caracterizam tais encontros. Rayo (*ibidem*, p. 108) aprofunda essa definição:

> Conviver é principalmente viver em comunidade, estabelecendo pautas e normas que favoreçam a ajuda, a segurança, a colaboração e a cooperação necessárias para, em primeiro lugar, satisfazer as necessidades humanas básicas através do trabalho e da divisão equitativa de bens; e, em segundo lugar, para resolver de forma eficaz os conflitos de relações que se produzem no seio da comunidade.

Portanto, o indicador das convivências passa a ser importante para entendermos o contexto da educação para a paz. Logo, conviver não é meramente um espaço de "estar juntos", mas entender e cultivar uma cultura dos relacionamentos positivos, das convivências criativas e que será seguramente o grande elemento estratégico das práticas pedagógicas da cultura de paz, em que poderão estar presentes elementos culturais, lúdicos, emocionais, dialógicos, críticos e cooperativos. As convivências estão, assim, umbilicalmente ligadas a uma estrutura de valores.

Sobre a questão dos valores, que no contexto da educação para a paz é fundamental, precisamos fazer uma breve reflexão. A educação em valores é muitas vezes observada como sinônimo da educação para a paz. Reconhecendo que os valores humanos, sejam pessoais ou coletivos, efetivamente conduzem nossas ações, e mesmo que no sentido da complexidade não seja determinante uma discussão conceitual profunda, acreditamos que os valores são igualmente importantes para os direitos humanos, porque estão em sua base, ou na sua crítica, permeiam também as escolhas espirituais, enfim, os valores são elementos discutíveis do prisma pedagógico, pois fazem ir às bases das opções diferenciadas, das visões de mundo, de ser humano e sociedade.

Portanto, os valores humanos estão imbricados à educação para a paz como aspecto relevante, mas numa perspectiva crítica, de reflexão sobre os valores universais, especialmente na consideração de diferentes culturas e posicionamentos. Há que se explorar o universo dialógico dos valores humanos, para que fiquem claros quais são os valores de desenvolvimento do ser humano e quais os antivalores, aqueles que podem ser desviados e ocasionar mais mal ou violências. A esse respeito, diz Rayo (*ibidem*, p. 110):

> Neste sentido, a Educação para a Paz não pode ser entendida como aquela educação da cidadania que persegue a manutenção do *status quo*, mas sim, em primeiro lugar, contribuir para a formação de indivíduos sociais capazes de promover a plena vigência dos direitos humanos em uma sociedade democrática e, por outro lado, favorecer a superação dos obstáculos que se opõem a esse fim. A Educação para a Paz requer uma verdadeira aprendizagem social que permita não apenas a aquisição dos conhecimentos essenciais sobre a sociedade e a melhor forma de participar dela (aprender a viver consigo mesmo e com os demais), mas também exige a aquisição daqueles conhecimentos e estratégias de transformação, de conduzir-se por novos valores, socialmente construídos, que respondam com criatividade às novas problemáticas estabelecidas no presente e no futuro.

Na estreita relação entre valores, direitos, convivências, podemos dizer que uma educação baseada apenas em valores humanos, embora em princípio seja bem-vinda, poderá em algum momento atribuir uma ênfase no indivíduo e seus valores relacionais, colocando em risco a relação com o contexto social. Isso equivale a dizer que uma criança poderá utilizar o valor "respeito" em sua vida como aceitação "cega" das ordens estabelecidas na escola, por exemplo. Mesmo que não concorde com elas, fica com medo de questioná-las por "respeito". Mas isso pode fazer com que seja sufocado um dos princípios básicos da cidadania e da democracia, a liberdade de expressão, se configurando em uma forma de violência. Portanto, pedagogicamente é importante que sejam discutidos, exemplificados e realmente acolhidos os valores humanos de forma verdadeira e consciente entre as pessoas.

Em todas as nossas ações e atitudes cotidianas nossos valores estão implícitos, e, nessa dimensão, precisamos dotá-los de visibilidade e reflexão conjunta, pois somente dessa forma podemos supor a não violência ou a paz sustentável, ou seja, as questões ancoradas em conhecimentos, atitudes e valores de base pensados coletivamente, e não como resultado de uma imposição, advinda de um consenso frágil e não dialogado. Rayo (*ibidem*, p. 128) analisa:

> Por último, a Educação para a Paz se fundamenta em um conceito de paz baseado em como se produzem os conflitos e como foram resolvidos ao longo da história da humanidade em três níveis (interpessoal, nacional ou comunitário e internacional), e como deveriam ser resolvidos para dar lugar à harmonia da pessoa consigo mesma, com os demais e com a natureza. Abordar a problemática do mundo (a violação de direitos humanos, a prostituição infantil, os problemas relacionados com a distribuição de riqueza, as formas de violência relacionadas com a política, a corrupção, os conflitos bélicos, os refugiados, a mulher no mundo, as culturas juvenis, os limites éticos da ciência e da tecnologia, etc.) implica abordar os valores implícitos nela. E determinam um conjunto de conteúdos de grande significação que não podem ficar à margem do currículo.

Os estudos de Rayo (2004) são muito importantes para a educação para a paz. Ao estabelecer os aspectos conceituais gerais, o autor apresenta algumas linhas para o trabalho, alguns temas que devem figurar entre o universo teórico ou conceitual da educação para a paz. São eles: resolução não violenta dos conflitos, educação mundialista, educação intercultural, educação para o desenvolvimento e educação para o desarmamento.

De acordo com o autor (*ibidem*) a *resolução não violenta dos conflitos*, que prevê uma regulação dos conflitos interpessoais, assenta-se na não violência, no respeito aos outros e na disposição para encontrar soluções possíveis. Para ele, a não violência como princípio regularia mecanismos da violência de várias formas, como o sexismo, as minorias étnicas e raciais, além da desigualdade social. Segundo Rayo (*ibidem*), o objetivo da resolução não violenta dos conflitos é criar novas bases para que no futuro formas violentas e coercitivas não sejam utilizadas e que os conflitos sejam dialogados de tal maneira e qualidade que naturalmente sejam vistos como um modo de convivência também importante, e não como enfrentamento e competição. Acrescenta o autor (*ibidem*, p. 132):

> Esta educação não esquece que as técnicas aplicadas não podem ser desligadas de outros conteúdos próprios da cooperação na escola, como: as aptidões para a comunicação (escutar e dialogar); a cooperação e a instauração da confiança no seio do grupo; o respeito por si mesmo e pelos outros; a tolerância e o respeito às opiniões diferentes; a tomada de decisões democráticas em assembleia; a aceitação das responsabilidades próprias e alheias; a solução de problemas nas relações interpessoais; o controle das emoções.

A *educação mundialista*, na percepção de Rayo (2004), tem um sentido amplo de pensar a paz para todos os povos da Terra, ou, dito de outra forma, uma educação para a compreensão internacional, fomentada pela Unesco. Nesse caso, precisa ser estimulado o respeito aos diferentes povos, com suas culturas, seus patrimônios históricos e seus valores que remetem à paz. A educação mundialista baseia-se no modelo de pensar uma paz mundial pela aproximação e pelo diálogo das diferenças vivendo em harmonia, e não pelo estímulo a uma cultura unificada.

Essa intenção pensada na educação para a paz é fundamental para o contexto escolar e dos projetos educacionais, mas nem sempre é bem explorada. Ampliar a discussão sobre as diferentes culturas, não só das suas práticas, como dos valores relacionados a elas, contribui para que sejam respeitadas as perspectivas diferentes entre pessoas ou grupos. Muitas vezes, tais diferenças estão nas famílias, com culturas e valores distintos, que vivem nas mesmas comunidades ou cidades, professam religiões diferentes, têm hábitos de alimentação variados, além de pensar o lazer e o consumo com prioridades diversas. Portanto, a educação mundialista é a grande chave para que possamos olhar, mesmo que em tese, para um futuro mais pacífico, e que, de maneira positiva, está sob nossa responsabilidade individual e coletiva.

Outro tema importante elencado por Rayo (*ibidem*) é a *educação intercultural*, um desdobramento e aprofundamento da intenção da diversidade cultural. Para isso, alguns encaminhamentos práticos são necessários, tais como: estímulo à convivência com outras culturas, interação com etnias diferentes, especialmente no enfrentamento às atitudes de xenofobia e racismo. Um exemplo ocorrido no Brasil, em 2014, a partir do resultado das eleições presidenciais, foram as atitudes xenofóbicas em relação a uma parcela da população, criando uma situação inesperada, especialmente nas redes sociais, de uma pseudodivisão entre norte e sul do país.

A questão intercultural se apresenta tanto ao nível dos diferentes países como regiões, ou ainda se aplica a quaisquer diferenças significativas quanto às formas de pensar e viver a vida. Um fator a ser somado é que ainda temos diferentes formas culturais estigmatizadas por classes sociais, e isso alimenta preconceitos. Ritmos como *funk* e *rap* foram relacionados com a criminalidade, especialmente por ter sua história ligada à periferia. Estranhamente não há questionamento sobre criminosos das elites, empresários, políticos e juízes de altas camadas da sociedade que apreciam valsa ou peças de teatro. Portanto, a questão intercultural também tem sua medida ligada à violência estrutural e às desigualdades.

A *educação para o desarmamento* é outro ponto importante levantado por Rayo (*ibidem*) para a estruturação pedagógica da educação para a paz. A ideia aqui é limitar e reduzir, ou pelo menos enfrentar, a cultura armamentista, que gera todo um submundo na produção, na comercialização e no tráfico de armas por todo o planeta. A cultura de violência voltada às guerras, à vitória a plena força alimenta a indústria de armas. Em muitos países, nos desdobramentos da criminalidade, as armas também são muito presentes e causam milhares de mortes.

Assim, a educação para o desarmamento é uma forma de refletir profundamente sobre questões da vida e da morte pelas armas, pela condição deliberada do ataque e da tentativa de aniquilar o outro. Isso vale tanto para uma guerra entre países, para guerras civis entre povos de etnias diferentes ou por orientação política divergente e ainda para grupos rivais, nas ruas, no tráfico de drogas, por torcidas de clube no esporte, entre muitos fatores. Outra vez, a questão da mediação dos conflitos é importante; quando não é bem-sucedida, a violência ocorre e, como desdobramento, as armas são um aprofundamento da agressão.

O último aspecto destacado por Rayo (*ibidem*) é a *educação para o desenvolvimento*, tema recorrente nas novas abordagens referentes à paz. O objetivo é questionar os modelos nos quais o desenvolvimento atual não é sustentável, as relações humanas estão cada vez mais depressivas, desgastadas e violentas, e também é gritante o desrespeito ao planeta, com o esgotamento dos recursos naturais e energéticos. Além disso, é importante o movimento de aproximação das relações entre hemisférios Norte e Sul do globo, que trazem experiências de riqueza e pobreza. É importante destacar que essa relação Norte-Sul ganha novos contornos na medida em que, cada vez mais, o Norte global passa por mudanças, como a imigração e a desigualdade social crescente, e o Sul global vai encontrando soluções inovadoras, como a economia solidária e as políticas públicas de transferência de renda.O modelo eurocêntrico deixa de ser referência em muitos aspectos, e o Terceiro Mundo ganha espaço na agenda de um novo mundo.

O desenvolvimento, portanto, seria uma aproximação de experiências construídas nos países emergentes, que buscam alternativas sustentáveis, até pelo fato de não ter acesso às mesmas "riquezas" dos países que as exploram. Nisso, alguns aspectos devem ser considerados de acordo com Rayo (*ibidem*): 1) a interdependência em uma sociedade cada vez mais globalizada; 2) as imagens e as percepções; 3) a justiça social referente às noções fundamentais de equidade e de direitos humanos; 4) a resolução não violenta dos conflitos; 5) a mudança e a construção do futuro. A educação para o desenvolvimento seria, em sua dimensão ampla, a própria finalidade de uma educação para a paz, no sentido de sintetizar inúmeros aspectos humanos, sociais, culturais e econômicos da sociedade.

Ao apontar para esses aspectos, vemos que educação para a paz é um tema que pode ser pensado pedagogicamente, de maneira transversal, no sentido do relacionamento com as diferentes áreas de conhecimento do currículo escolar e dos projetos socioeducacionais. Percebemos isso em Rayo (*ibidem*, p. 189):

> Educação para a Paz é, não resta dúvida, uma educação para viver em liberdade, proporcionando aos alunos a possibilidade de assumir que sermos felizes, sentirmo-nos seguros e bem com nós mesmos é também tornar felizes os demais, colocar-nos em seus lugares, "colocar-nos em seus sapatos", vestir suas misérias, padecer em sua discriminação, em sua fome e em sua amargura de ser os herdeiros da pior parte do mundo.

Neste limite reconhecemos que uma educação para a paz é necessária para uma cultura de paz; uma cultura baseada na recriação de valores e perspectivas, em repudiar a violência e construir relações não violentas, em sensibilizar-se aos outros, no sentido da empatia, respeito e valorização desses outros; uma ideia de paz que busque felicidade e harmonia, sim, mas de forma coerente e sustentável, não baseada em paródias da paz, com frases feitas, símbolos frágeis quando desacompanhados de atitudes e, principalmente, de valores que sirvam de base para convivências ressignificadas, com mais amor, reciprocidade e humildade. Essas são as grandes revoluções necessárias para a humanidade no século XXI.

Basicamente, essa mudança nos valores está condicionada à crítica aos modelos, às estruturas e às práticas violentas reproduzidas na vida em sociedade. Por isso, o caráter dialógico é imprescindível na educação para a paz. Relembramos aqui a importância de ver com atenção e coerência a noção de valores universais e dos valores cotidianos, como ressalta Rayo (*ibidem*, p. 170):

> A Educação para a Paz, como a educação moral, não defende valores absolutos, mas tampouco é relativista. Por isso, diante dos conflitos de valores que se dão em nossas sociedades deve conjugar, por um lado, o princípio de autonomia pessoal frente a pressão coletiva, mas, por outro, a razão dialógica em oposição ao individualismo, à indiferença daqueles que esquecem os direitos dos demais. É certo que os autênticos valores são aqueles assumidos livremente e que dão sentido pleno às nossas vidas.

Finalmente, como indicador último dessa mudança no pensamento educacional, integrando a educação para a paz, e que sirva para olhar para a educação brasileira, em seus diferentes espaços, tempos e modalidades, relembramos que as questões tratadas sobre educação para a resolução de conflitos, para a interculturalidade, para o mundialismo, para o desarmamento e para o desenvolvimento têm relações amplas e também locais, que servem tanto para países como para comunidades, inclusive educacionais.

Por isso, em meio a tantas questões, investir num processo pedagógico dos valores humanos é elemento articulador de questões conceituais e atitudinais. É o que salienta Rayo (*ibidem*, p. 183):

> Se a Educação para a Paz implica conscientizar os estudantes sobre como produzir transformações nas estruturas injustas, no interior do grupo e em nossas relações pessoais para torná-las mais humanas, um passo prévio é, sem dúvida, o esclarecimento de valores. Colocar em prática o enfoque de esclarecimento

de valores é utilizar certas estratégias para ajudar os estudantes a: escolher livremente seus valores entre distintas alternativas, avaliar as consequências de cada escolha, apreciar, compartilhar e afirmar publicamente os valores.

Como pudemos perceber, tanto os estudos de Glória Serrano (2002) como os de José Tuvilla Rayo (2004) promovem uma reflexão ampla sobre os estudos da paz e da educação para a paz. Apresentam aspectos que falam de valores humanos, mas também relacionados aos direitos humanos. Consideram o meio ambiente como igualmente importante nas relações humanas. Entendem a necessidade do diálogo intercultural e da não violência como atitude. São pesquisadores do contexto da educação para a paz que demonstram que é uma área que tem sustentabilidade conceitual e indicadores metodológicos a ser ampliados, obviamente de acordo com diferentes contextos, regiões e países.

A educação para a paz nos estudos de Xesús Jares

Como um dos maiores e mais profícuos pesquisadores da educação para a paz no mundo, Jares atuou por mais de três décadas nos estudos dessa área. Sua morte precoce, em 2008, aos 52 anos, abreviou uma série de pesquisas que ele vinha fazendo da relação entre educação para a paz e convivências. Mesmo assim, grupos de educadores da paz constituídos na Espanha ao longo dos anos 1980 até hoje continuam a dar respaldo para os estudos da área nos próximos anos, não só na Espanha, mas na Europa e nos diferentes países do mundo onde outros grupos se articulam em torno de um referencial próximo, guardadas as diferenças geográficas e culturais.

Jares (2002) afirma que um movimento da pesquisa para a paz é estruturado como resultado da Segunda Guerra Mundial, voltando-se para a importância de discutir profundamente os motivos e desdobramentos das guerras. Nisso, voltam-se os olhos para as instituições educacionais como espaços privilegiados de repensar uma cultura violenta e bélica, para pensar em formas preventivas, com base em metodologias próprias. Sobre isso, Jares (*ibidem*, p. 81) argumenta:

> O movimento da Pesquisa para a Paz nasce nos Estados Unidos quando, em 1957, aparece a revista Journal of Conflict Resolution e, posteriormente, em 1959, constitui-se junto à Universidade de Michigan, por obra de Angell e K. Boulding, o "Center for Research on Conflict Resolution". Mas é na Europa que

a Pesquisa para a Paz desenvolverá suas propostas, seus estudos e seus autores mais influentes, particularmente na Suécia e na Noruega. Em Oslo, constitui-se em 1959, no Instituto de Pesquisa Social, um departamento de pesquisa sobre os conflitos dirigido por Johan Galtung, autor que logo se converterá em referência obrigatória quando se fala de Pesquisa para a Paz.

Johan Galtung, sociólogo e matemático norueguês, nascido em 1930, é um dos autores que mais concorreram para os estudos da educação para a paz nas últimas décadas, particularmente com as questões sobre conflitologia, direitos humanos em novas perspectivas e com a apresentação das ideias sobre violência estrutural e violência direta, além das noções sobre paz positiva e paz negativa. Além de Galtung, Jares (2002) também aponta outros movimentos que contribuíram nesse contexto, como a criação do International Peace Research (Ipra) em 1964 e a fundação do Stockholm International Peace Research (Sipri) em 1966, na Suécia. Além desses, outros grupos foram se desenvolvendo na Europa nas décadas seguintes, difundindo novos postulados e configurações epistemológicas à paz e seus desdobramentos pedagógicos.

Tais postulados e conceitos seguem as seguintes perspectivas críticas, de acordo com Jares (*ibidem*): a paz no conceito clássico é limitada à ausência de guerra, sendo restritiva apenas em função das ações do Estado; a paz na tradição popular está relacionada ao estado de harmonia, serenidade e tranquilidade interior; a paz pelo senso comum, nos sistemas educacionais, fica mais ligada à ideia de guerra e violência do que à própria ideia de paz; o conceito de paz aceito e vigente em grande medida é o conceito ocidental tradicional como a não guerra e a ausência de conflitos. Considerando criticamente tais questões, vemos como há pobreza na concepção de paz. O trabalho da investigação para a paz é justamente ampliar uma concepção positiva de paz, que vislumbre a paz como alternativa concreta e não como utopia e vazia de possibilidades práticas no cotidiano. Uma forma de entender isso é por meio da afirmação de Galtung (*apud* Jares 2002, p. 124) no editorial do primeiro número do *Journal of Peace Research* de Oslo:

> Não concebemos a pesquisa para a paz unicamente em relação ao conflito internacional. Há muitas fronteiras separando a humanidade, criando diferentes graus de integração e complacência no uso da violência. Somente algumas dessas fronteiras são fronteiras nacionais. Usar o fenômeno transitório conhecido como Estado-nação como único critério para definir uma disciplina de pesquisa é, ao mesmo tempo, etnocêntrica e estrategicamente míope.

Nesse sentido, Jares (2002), ao analisar essa ideia de Galtung, olha para os avanços: a paz como contrário das violências, e não apenas da guerra; ao entender que são violências, podem ser classificadas como violência direta e violência estrutural. A violência direta é tudo que é feito entre pessoas ou grupos que vá afetar no exato momento, com intenção de ferir. A violência estrutural é marcada por desigualdade social, injustiças, pobreza, repressão, violação de direitos e tudo o que fragiliza pessoas, grupos e nações. Tal fragilidade em si é violência, além de desdobrar-se em muitas violências diretas. Por isso, em educação para a paz se fala também sobre o desenvolvimento humano e social, pois, à medida que os direitos humanos são promovidos, evita-se não só a violência estrutural, como as condições de deflagração das múltiplas formas de violência direta, entre pares. Portanto, como já enfatizado, uma concepção clara de paz só é possível ao entendê-la intrinsecamente ligada à dimensão da violência, num binômio complementar.

Essa noção também é importante para compreender a relação de violência e paz. Vejamos alguns exemplos: quando existe a pobreza, a falta de condições econômicas básicas de subsistência, as pessoas têm suas expectativas diminuídas quanto a suas possibilidades potenciais, logo não há a concretização de uma paz sustentável. Numa família, quando uma mulher é espancada pelo seu companheiro (violência direta), isso afeta suas condições plenas de mulher e cidadã, prejudicando sua saúde física e emocional. Nos dois exemplos, entre tantos que poderíamos descrever, percebemos a importância dessa definição de Galtung (*apud* Jares 2002). Cabe, aqui, reforçarmos a noção de violência indireta ou estrutural, que é a chave para o avanço da pesquisa pela paz no mundo e também dos estudos para fundamentar a educação para a paz nas últimas décadas. A violência estrutural, para Galtung (*apud* Jares 2002, p. 124),

> está edificada dentro da estrutura e se manifesta como um poder desigual, consequentemente como oportunidades de vida distintas. Os recursos são distribuídos de forma desigual como ocorre quando a distribuição de renda é muito distorcida, ou quando a alfabetização/educação é distribuída de forma desigual, ou quando os serviços médicos existentes em determinadas zonas são apenas para certos grupos, etc. Acima de tudo, quando o poder de decisão acerca da distribuição dos recursos está distribuído de forma desigual.

Dos momentos iniciais ou das tradições da educação para a paz vistas em Guimarães (2005) podemos perceber as mudanças. Inicialmente uma educação para a paz voltada a enfrentar a cultura de guerras, depois disso, o foco deslocando-se para questões sociais ao longo das décadas, caminhando para certa individualização da paz como serenidade interior, abrindo-se aos conceitos mais ampliados sobre as violências estruturais.

Cabe entender que as questões estruturais, analisadas pelos organismos internacionais como ONU e Unesco, ou pelos estudos de teóricos como Galtung, convergem para o entendimento de que os países em desenvolvimento, ou do Terceiro Mundo, também existem, ou seja, é só se descolar da tendência ligada à Europa e à América do Norte para observar as realidades perversas de pobreza, miséria, corrupção e todas as desigualdades sociais presentes na África, na América Latina, no Oriente Médio e na Ásia. Talvez esse fato tenha gerado uma reflexão muito mais complexa dos fenômenos da paz e das violências e, especialmente, a urgência em sua difusão, marcadamente pela educação.

Nesse cenário, aparecem quatro distinções básicas de violência, feitas por Galtung (1990), as quais contribuem didaticamente para a educação para a paz: a) a violência clássica, que vai da guerra ao homicídio; b) a pobreza e a privação material; c) a repressão e a privação/violação dos direitos humanos, d) a alienação e a negação das necessidades superiores, entendidas como a possibilidade de desenvolvimento cultural, educacional, espiritual, entre outros.

Nos estudos de Jares (2002), encontramos mais argumentos sobre noção positiva de paz, que pode ser entendida também como valores ou habilidades para superar a maior parte das diferenças e divergências entre pessoas e grupos. Além disso, a cooperação, em nível macro, pode encontrar esse estado de paz – como igualdade, justiça e reciprocidade – quando se trata de países, logo, alinhando-se ao conceito de desenvolvimento.

Em relação ao conceito de desenvolvimento relacionado à paz, podemos entendê-lo como justiça social, políticas públicas sérias, corrupção inexistente, níveis elevados de moralidade e ética, promoção da cidadania e direitos humanos sustentáveis em longo prazo. Já no que diz respeito aos direitos humanos e a sua relação com a paz, Jares (*ibidem*, p. 128) diz:

> (...) o conceito de direitos humanos refere-se primeiramente ao sentido de dignidade, da dignidade humana, que é, mais do que qualquer formulação jurídica ou política, uma condição ou qualidade moral, inerente a todo ser humano sem nenhum tipo de limitações, sejam econômicas, físicas, culturais, raciais, sexuais, etc.

Ao relacionar os direitos humanos à dignidade, um valor humano, o autor aproxima essas questões. O entendimento "clássico" dos direitos humanos, ligado às questões jurídicas, historicamente acabou esquecendo os indivíduos em si, com seus sofrimentos e suas dificuldades. Até pouco tempo, em termos históricos, a justiça só favorecia quem detinha maior poder (financeiro, político etc.). Só recentemente, especialmente nos países em desenvolvimento, essa dignidade da igualdade de direitos vem ganhando espaço. Podemos afirmar que a paz é o contrário da violação de direitos. Isso equivale a dizer que não podemos encontrar dignidade onde imperem a dominação de raças, sexos, exércitos ou ditaduras.

Seguindo a estruturação conceitual para a educação para a paz, Jares (*ibidem*, p. 135) aponta para a noção de conflito, que entende como uma "situação na qual pessoas ou grupos sociais buscam ou percebem metas opostas, afirmam valores antagônicos ou têm valores divergentes". Os conflitos podem ocorrer tanto no nível pessoal quanto no coletivo e são considerados como inevitáveis aos seres humanos, pois são fruto das diferenças básicas de perspectivas.

Ao aprofundar-se no exame sobre conflitos, Jares (2002) expõe quatro elementos didáticos a observarmos: o primeiro são as suas causas, ou seja, quais as divergências, as situações contraditórias que geraram os conflitos. Em termos pedagógicos, isso é relevante, pois dá visibilidade aos fatores que influenciaram as atitudes das pessoas e levaram ao comportamento conflitivo. Entender e esclarecer o conflito são medidas importantes que podem subsidiar as primeiras estratégias para promover sua mediação e resolução não violenta. O segundo elemento nos conflitos são os protagonistas que, quando detectados, em meio às situações complexas, também ajudam a entender os motivos que levaram ao conflito. Os padrões pessoais de comportamento, formas de verbalização, posturas corporais, tudo isso são formas vivas do conflito.

O terceiro elemento de análise do conflito é o processo que veio após, quer dizer, o que houve de desdobramento dos conflitos. Na maioria dos casos, como não incorporamos uma cultura de resolução de conflitos, eles transformam-se em violências das mais variadas formas (agressão verbal, psicológica e física, assédio moral, racismo, homofobia, xenofobia, homicídio, chacinas e massacres). Isso mostra a necessidade do aprendizado de técnicas de solução de conflitos nos diversos espaços sociais, especialmente nos espaços educacionais, onde as diferenças e conflitos têm espaço privilegiado entre alunos e alunos, professores e alunos, professores e gestão etc. O quarto elemento é o contexto no qual se produziu o conflito, evidenciando o que muitas vezes é dito: que a violência em si é apenas a "ponta do *iceberg*", que geralmente mostra apenas cerca de 10% de sua massa na superfície da água. Dizemos que os outros 90% submersos são os conflitos escondidos nas relações contextuais e não solucionados, que eclodem em determinado tempo em violências.

Como forma de visualização e interpretação da discussão apresentada até aqui por Jares (*ibidem*), estruturamos a figura a seguir, que apresenta uma tríade da relação violência-paz-conflitos e convivências. Primeiro apontamos para os *conflitos*, no alto do triângulo, como elemento básico, inevitável e inclusive desejável nas relações humanas. Nas bases da figura, temos duas dimensões, num dos polos a *paz* e, no outro, as *violências*, demonstrando que ambas estão condicionadas aos conflitos, no caso da paz aos conflitos mediados positivamente e solucionados e no polo contrário a violência, resultado dos conflitos não solucionados e transformados em situações agressivas em vários sentidos. Dentro da figura, a expressão *convivência* refere-se às formas utilizadas no processo de entendimento e superação dos conflitos. Nesse caso, seriam as práticas pedagógicas da educação para a paz, o conjunto de vivências e conhecimentos desenvolvidos como forma de entender os processos conflitivos e superá-los com aprendizagem efetiva. Observemos essa organização de ideias na Figura 1.

FIGURA 1. RELAÇÃO ENTRE PAZ, VIOLÊNCIA, CONFLITOS E CONVIVÊNCIAS APLICADA À EDUCAÇÃO PARA A PAZ: TRÍADE

Fonte: Elaboração do autor.

Acreditamos que essa figura contribui para visualizar as relações intrínsecas entre os conceitos e os fenômenos. Embora apresentemos o conflito no topo da figura, podemos fazer a leitura também a partir dos outros vértices, relacionando a paz com os conflitos e a violência ou vice-versa. Em qualquer das leituras, os elementos são inevitavelmente relacionados, além de interdependentes. Ao mesmo tempo, podemos argumentar que a qualidade das práticas convivenciais estabelecidas pela educação para a paz, por meio das experiências pedagógicas propostas, que estão sintetizadas no Quadro 2 (com base nas ideias de Guimarães 2005), é determinante para falar da qualidade e da sustentabilidade da paz ou das violências estabelecidas.

Retomando os estudos de Jares (2002), temos uma análise sobre a estruturação pedagógica da educação para a paz, na qual o autor argumenta que não obstante existam muitas práticas e experiências relacionadas a uma pedagogia da paz, ainda não existem aproximações mais claras com vertentes da educação. Para isso, Jares (*ibidem*) propõe um rigor mínimo sobre tendências, para evitar confusões entre componentes e conteúdos, atividades e tendências.

Nessa perspectiva, Jares (*ibidem*) fala de três tendências de ensino às quais remete a educação para a paz, que abrevia por EP. O autor inicia argumentando sobre um modelo mais tradicional da educação, composto pela dimensão técnico-positivista entendida como um conjunto de práticas no qual a educação para a paz teria uma função relacionada à paz negativa. Assim define o autor (*ibidem*, pp. 144-145):

a) Modelo técnico-positivista:
1. Centrado nos fenômenos externos observáveis e mensuráveis. A EP consiste precisamente na transmissão dos aspectos observáveis e quantitativos da paz. Os próprios resultados educativos da EP devem ser especificados e avaliados sob essas condições.
2. Conceito de EP negativo, como antítese da guerra. A paz seria a ausência de guerra entre estados.
3. Conceito de EP negativo, orientado a sensibilizar as pessoas para evitar a guerra.
4. Não questiona as atuais estruturas nacionais e internacionais. Fazer isso seria invadir o campo da política.
5. Em consequência, a educação deve ser neutra.
6. Concepção negativa do conflito. A EP deve buscar a harmonia, a ausência de conflitos. Uma "boa" educação para a paz seria aquela que consegue evitar todo o conflito na sala de aula.
7. Modelo de professor centrado em desenvolver os objetivos cognoscitivos que os especialistas proporcionam.
8. Clima escolar centrado no professor e na consecução dos objetivos. Relação vertical professor-alunos e ausência de interação entre os alunos.

9. A EP integra-se no currículo escolar, seja como matéria independente, seja como unidade ou escolha das matérias tradicionais do campo das ciências sociais.

Observamos que esse modelo trata a educação para a paz de maneira isolada, responsável em buscar harmonia e evitar conflitos. Uma concepção clássica, que vê uma condução da paz como elemento burocrático, um conteúdo a mais na escola, que não vai questionar as estruturas, vai tangenciar tais questões investindo no discurso de valores humanos universais e ignorando a discussão das violências estruturais. Podemos dizer que escolas, sistemas de ensino, projetos socioeducativos que tenham esse pressuposto para a educação em geral, seguramente farão o mesmo com a educação para a paz.

Num contexto sob essa orientação, a paz é reduzida a "técnicas" que até podem provocar algumas reflexões, mas que serão conduzidas pelos educadores dentro dos limites "adequados" à preservação da ordem e da paz em sala de aula. Assim, a paz é reduzida a um produto a ser ensinado, consumido e, eventualmente, uma contribuição para pensar na paz de si mesmo, como melhoria individual. Como diz Jares (2002), por fim é uma educação para a paz "neutra", o que é incoerente com a discussão toda feita até aqui.

O segundo modelo educacional passível de ser relacionado à educação para a paz é o hermenêutico-interpretativo, que relaciona os fenômenos às subjetividades e à paz. As caraterísticas mais acentuadas são as seguintes, de acordo com Jares (*ibidem*, pp. 145-146):

b) Modelo hermenêutico-interpretativo:
1. Centrado na interdependência dos fenômenos e das pessoas e na subjetividade.
2. A paz é entendida não apenas como ausência de guerra, mas também de todo o tipo de violência, do mesmo modo que o conceito de paz positiva, mas centrada nas relações interpessoais. Por isso, acredita-se que é "na mente dos homens que se produzem as guerras", e é na mente dos homens que será preciso proporcionar os meios para evitá-las. Forte componente psicologista em suas análises.
3. Portanto, embora propugne a utilização mista dos enfoques cognoscitivos e afetivos, atribui importância especial a estes últimos, assim como ao cultivo das subjetividades interpessoais e aos processos comunicativos entre as pessoas.
4. Essa colocação idealista originará o utopismo pedagógico: a educação para a paz como criadora de um mundo sem guerras e violências.

5. Ênfase e priorização das interações e relações interpessoais como objetivo e meio de aprendizagem. A respeito, podemos distinguir duas posturas diferentes: a) A que se centra nas relações interpessoais descontextualizadas socialmente e veiculadas basicamente por meio de apelos de tipo moral: "tratarem-se bem uns aos outros", "não brigar", "a guerra é má", etc., que se vincula com a concepção intimista descrita anteriormente. b) A acumulativa ou integral que, em seu afã de consensuar enfoques, vê na EP uma oportunidade de "reciclar a educação para a paz nos objetivos habituais tantas vezes programados: Educação para a criatividade, para a escuta, nos valores, para a compreensão, para a mundialidade, nos direitos humanos, para a fraternidade, etc." (Novara e Ronda, 1986, p. 30), feitos de forma asséptica e assim diluídos, perdem sua "capacidade de renovação educativa e escolar...; desligados de qualquer contexto sociopolítico, são neutralizados com relação à urgência histórica, dilatando-se ao infinito sem uma meta precisa" (Novara e Ronda, *ibid.*).

6. Modelo de professor não apenas como provedor de informação, mas também e fundamentalmente como coordenador das interações e aprendizagens escolares. Sua relação com os especialistas da EP e pedagogos é a do trabalho conjunto, ainda que da direção, explícita ou conjunta daqueles.

7. Participação dos alunos como agentes da aprendizagem e da organização da turma. Propugnam-se sistemas de autogoverno.

8. Consequentemente, a obtenção de um clima positivo na sala de aula é tarefa prioritária. Coerência da forma de educar com os fins a perseguir.

9. A integração da EP tem duas posições: a) para os que a consideram como educação moral, faria parte basicamente das matérias de religião ou ética; b) os que a concebem como educação integral, mostram-se radicalmente contrários a convertê-la em uma matéria, considerando-a como dimensão que afeta todas as matérias do plano de estudos tradicional.

Nessa concepção, Jares (2002) identifica outras dimensões que superam de alguma forma o modelo anterior ao concentrar-se na dimensão subjetiva como fundamental para o trabalho da educação para a paz. Aqui, o conceito de paz positiva aparece, há o entendimento da violência de maneira ampliada, mas o foco é nas relações interpessoais, pois sofre influência da área da psicologia. Considera-se esse modelo como representante de um utopismo pedagógico relacionado à educação para a paz quando se considera que, através dela, poderá ser criada uma paz mundial. Sofre influência de movimentos escolanovistas do século XX e está presente hoje em muitas escolas e projetos educacionais com novas roupagens, como as perspectivas das inteligências múltiplas, da inteligência emocional e da inteligência social. Poderíamos dizer que, quanto maior a influência da psicologia em escolas e sistemas de ensino, maior essa tendência.

Em educação para a paz, isso significa o investimento em práticas vivenciais e lúdicas, de sensibilização, procurando desenvolver competências de relacionamento intrapessoal e interpessoal, além de propugnar uma fraternidade humana. Embora as perspectivas colocadas por esse modelo sejam interessantes no sentido da mobilização para a sensibilidade e a afetividade do ser humano, e isso seja valioso na construção da paz, Jares (*ibidem*) questiona a efetividade educacional da proposta, pois ela ignora condicionantes sociais mais amplos. Discute que a qualidade das relações humanas sem um objetivo social claro em favor da paz e da não violência pode ocasionar a perda do foco do processo pedagógico como função de mudança efetiva da sociedade.

Para concretizar o que considera mais próximo de um processo educacional coerente e positivo para relacionar à educação para a paz, Jares (*ibidem*) apresenta o modelo sociocrítico, que já abarca conceitos mais completos propostos pelos estudos da paz, além de ser mais ampliado em termos da relação entre indivíduo e sociedade, entre questões objetivas e subjetivas, dotadas de um senso crítico e uma visão de conexão entre a vida privada, dos relacionamentos familiares, até as conexões às violências estruturais, entendendo as dinâmicas e articulações entre elas. Nesse sentido, Jares (*ibidem*, pp. 146-147) destaca:

c) Modelo sociocrítico:
1. Baseado nos conceitos de paz positiva e na perspectiva criativa do conflito.
2. Concepção ampla e global da paz, inter-relacionada com os obstáculos políticos, sociais, econômicos, etc. que a dificultam.
3. Simetria entre os enfoques cognoscitivos e afetivos, morais e políticos. Utilização dos métodos socioafetivos e em transpor os limites da sala de aula.
4. Orientada por valores onicompreensivos (Mead, 1975); não-neutra; questiona as atuais estruturas sociais, tanto as nacionais como as que existem entre estados, assim como as do próprio sistema educativo.
5. Fundada na conscientização e orientada para a ação e transformação das estruturas violentas.
6. Ênfase no conflito, o conflito como centralidade da EP e em sua resolução de forma não violenta. Podemos estabelecer duas tendências: a) a perspectiva conflitual não violenta, que rechaça todo o tipo de violência; b) a conflitual violenta, que admite a violência como consubstancial ao ser humano e/ou justifica seu uso para combater situações de injustiça.
7. Importância de lutar contra a violência estrutural e simbólica do sistema educativo, assim como a necessidade de conseguir um currículo emancipador.
8. O modelo de professores que se propugna está em sintonia com o do enfoque hermenêutico, embora existam duas claras diferenças: a) do ponto de vista

didático assume-se o chamado conceito de professor-pesquisador; b) quanto à interação escola (profissão)-sociedade, o professor "sociocrítico" tem um compromisso sociopolítico com os valores da paz, ao mesmo tempo que procura situar seu trabalho educativo nesse contexto. Por outro lado, consciente de sua dimensão exemplificadora, busca uma coerência entre sua vida e seu trabalho educativo.

9. No que diz respeito à integração curricular, a posição majoritária dos que se situam nesse modelo é a de ser abertamente contrários à sua conversão em matéria nos níveis não-universitários do ensino. Insiste-se em uma reformulação do currículo atual para superar suas violências. Atribui-se grande importância aos projetos extra-escolares.

De acordo com as características apresentadas, consideramos que o modelo sociocrítico possui maior robustez conceitual e pedagógica em relação aos anteriores. Analisando pelo viés da educação para a paz, a principal questão está em abordar os diversos conceitos previstos pela investigação para a paz, que vão das violências diretas às indiretas e da paz negativa à positiva. Nessa complexidade crescente, há maior sintonia entre os enfoques cognitivos (presentes no primeiro modelo) e afetivos (presentes no segundo modelo), que passam a ter importância na articulação entre razão e emoção, entre cérebro e corpo.

A educação para a paz, pelo viés sociocrítico, não abrirá mão do aprofundamento das reflexões, análises e discussões relacionadas às violências e às possibilidades de paz e, ao mesmo tempo, não hesitará em utilizar dinâmicas de grupo, práticas de harmonização e pequenos relaxamentos, muito menos se privará de utilizar a música (de Mozart ao *rap*), o desenho, o teatro e as novas tecnologias como elementos pedagógicos. Outra vez reforçamos a ideia de que não são as práticas pedagógicas isoladas que definirão uma abordagem mais adequada à educação para a paz, mas a relação destas com uma base conceitual que avalie as situações e práticas sociais de maneira autônoma, repudiando tudo aquilo que se configurar como violência, ou seja, tudo o que impeça o desenvolvimento do potencial humano, desde a agressão direta até a miséria.

O modelo sociocrítico aponta o conflito como elemento fundamental para a educação para a paz e não concorda com a criação de uma matéria escolar para tratá-la na educação básica, embora defenda sua sistematização de estudos na formação universitária. Nesse caso, são importantes os projetos escolares e uma perspectiva transversal da paz nos espaços educacionais. Concordamos que esse modelo é o que mais pode se adequar às necessidades e às demandas apresentadas atualmente nas escolas e nos projetos socioeducativos, não de forma rotulada, mas pelas perspectivas adotadas. No entanto, a relevância dessa análise de Jares (2002) está em mostrar como a educação para a paz está em sintonia com os desdobramentos da educação em geral, e não como parte descolada dela.

Ao continuar buscando elementos que fundamentem a educação para a paz, Jares (*ibidem*) chega até a reflexão sobre os *valores humanos*, dizendo que toda e qualquer educação, em certa medida, carrega uma ideologia, ou seja, um conjunto de valores. Para o autor, a educação para a paz, nesse sentido, é uma educação em valores. Porém não é qualquer educação em valores, e sim um processo dinâmico, assim descrito pelo autor (*ibidem*, p. 128):

> A EP, contudo, vai além do esclarecimento de valores, que em todo o caso é concebido como um primeiro passo. A EP não apenas pretende tornar as pessoas conscientes de seu processo de valoração e de suas razões, mas também apresenta criticamente determinados valores, como o conformismo, o individualismo, a intolerância, o etnocentrismo, o androcentrismo, etc., ao mesmo tempo que se apresenta outro tipo de valores alternativos, onicompreensivos (Mead, 1975), públicos (Reardon, 1978) e em concordância com o valor paz: justiça, igualdade, respeito, reciprocidade, solidariedade, etc. Tudo isso sem cair na doutrinação (outra velha polêmica relacionada com a educação em valores).

Desse modo, há o reforço na ideia de que os valores humanos, nos processos educacionais, são fundamentais, especialmente pelo duplo potencial – afetivo e crítico – que podem apresentar às convivências humanas. Valores embasam a vida, nossas escolhas e ações, uma forma de ser violenta ou não violenta. Ao mesmo tempo, precisamos reconhecer que esses bons valores estão em jogo com valores não desejados para um mundo pacífico, mas eles existem, concretamente, nas pessoas, na família e nas culturas. O que Jares (2002) discute é a necessidade de explicitar esse conflito nos valores, pois na maioria das vezes eles são o fermento dos conflitos deflagrados. Em grande medida, podemos dizer que os conflitos se iniciam na divergência inicial da perspectiva de vida e de valores entre as pessoas.

A dimensão da *transversalidade* também é tratada por Jares (*ibidem*) como necessária à educação para a paz. Para ele, temas transversais não são novas matérias nem blocos temáticos, mas são aspectos que precisam estar presentes nas diferentes disciplinas, ampliando suas conexões com as temáticas propostas, basicamente os direitos humanos, os valores humanos, as convivências, o meio ambiente, os conflitos, a democracia, entre outros, que contribuam para melhorar o sentido das diversas áreas.

Além da relação com as disciplinas curriculares nas escolas, os temas transversais também possuem seu próprio conteúdo, tratado como tema gerador, ou projeto pedagógico, daí sua possibilidade em outros espaços educacionais não formais e informais. São temas integradores, interdisciplinares ou multidisciplinares, que pretendem alongar as perspectivas limitadas de abordagens educacionais. Por isso, para Jares (*ibidem*) mesmo que os temas transversais sejam baseados em muitos valores e atitudes, podem trazer questões conceituais e procedimentais, ou seja, abrem-se para reflexões amplas e ao mesmo tempo concentradas nas questões cotidianas próximas, na vida das comunidades.

O conflito, além de fundamental na educação para a paz, também é um ponto-chave em relação ao entendimento sobre os temas transversais. Diz Jares (*ibidem*, p. 165):

> Consideramos o conflito como conceito central no qual se assentam os temas transversais, tanto por seu significado conceitual na maioria deles – é o caso da educação para a paz; o conflito entre sexo e gênero no caso da educação não-sexista ou de igualdade entre sexos; o conflito entre desenvolvimento e natureza no caso da educação ambiental, para citar alguns exemplos – como pelo conflito que podem gerar ao chocar-se com os valores dominantes de nossa sociedade ocidental. Por isso, afirmamos que os temas transversais são em si mesmos conflitivos, tanto em sua configuração interna como em sua relação com os valores sociais.

Ao considerarmos os conflitos como elementos significativos aos temas transversais, surge outro problema: a diferença de perspectivas entre os próprios educadores em relação às questões polêmicas da atualidade. Um problema que, mais do que impedir o desenvolvimento dos projetos, deve constituir-se em oportunidade para que seja aprendida a importância da mediação e da resolução não violenta dos conflitos. Que há uma complexidade nesse processo é fato, porém também é verdade que existe uma necessidade de diálogo e abertura entre pressupostos conceituais e valores humanos entre os envolvidos.

Por esse motivo, Jares (2002) afirma que a efetividade do discurso sobre transversalidade é mais forte na medida em que se conecta com a sociedade, quando está relacionada aos problemas urgentes de nosso tempo, mesmo com as dificuldades de propostas transversais, seja da implicação de valores e conflitos até a competição de poder das diferentes disciplinas clássicas, ainda fragmentadas em muitas propostas pedagógicas ou projetos isolados em outros espaços educacionais. Por fim, falando da transversalidade, Jares (*ibidem*) propõe, com o que concordamos, que a educação para a paz seja entendida como um tema transversal que receba os demais temas, ou seja, sejam reunidos outros temas transversais sob o rótulo dessa área. Justifica tal opção por duas questões: a primeira, pela própria história, onde as violências estão relacionadas a praticamente todas as questões problemáticas da humanidade, e a segunda, pelo próprio caráter integrador do conceito de paz positiva, que pressupõe a justiça social, o desenvolvimento, os direitos humanos, entre outras dimensões.

Igualmente como fazem Serrano (2002) e Rayo (2004), Jares (2002) também elenca conteúdos, com algumas diferenciações, que devem estar no universo da educação para a paz: a *educação para a compreensão internacional*, com a ideia de aproximação de elementos culturais e dos valores éticos, que podem levar à construção de uma identidade terrena; a *educação para os direitos humanos*, entendidos não só como os direitos civis e políticos, mas também os direitos de solidariedade, paz e desenvolvimento; a *educação mundialista e multicultural*, que integre ao macroestrutural as partes, com suas diferenças, numa unidade de ser humano: unidade a partir do respeito à diversidade.

Continuando, Jares (*ibidem*) ainda propõe outros conteúdos: a *educação intercultural*, entendendo as diferenças não como dificuldade, mas como um grande enriquecimento da educação; a *educação para o desarmamento*, obviamente pelo potencial destrutivo de vidas, nas guerras ou nas ruas; a *educação para o desenvolvimento*, na relação entre paz e desenvolvimento humano sustentável e não apenas o desenvolvimento econômico e a *educação para o conflito e a desobediência*, na busca da importância em declarar os conflitos e ao mesmo tempo encontrar os mecanismos para sua superação.

Os estudos empreendidos por Glória Serrano (2002), José Tuvilla Rayo (2004) e Xesús Jares (2002) sintetizam as noções básicas da educação para a paz, na medida em que esses pesquisadores utilizam uma referência fortemente marcada por estudiosos ingleses, noruegueses, alemães, suecos e outros, dos países que representam o berço conceitual acerca da paz. A Espanha, no tocante à educação para a paz nas escolas, constituiu-se numa base profícua de saberes que contribuem para aprofundar os estudos no contexto latino-americano e brasileiro.

Limites e aberturas da educação para a paz: Complexidade e delineamento das cinco pedagogias da paz

Ao apresentarmos as bases do estudo de três pesquisadores da educação para a paz, encontramos muitos pontos de convergência e poucos divergentes. Buscando relações com a complexidade e com as possibilidades de pensar ações pedagógicas sobre a educação para a paz, no contexto da educação brasileira, precisamos reconhecer as aproximações, mas, ao mesmo tempo, ampliar alguns caminhos ou arranjos pedagógicos que sejam adequados aos elementos da complexidade, que consigam dar maior amplitude pedagógica ao trabalho pedagógico nas instituições educacionais.

Como pensador da complexidade, vemos uma afirmação muito positiva na perspectiva educacional feita por Assmann (1998, p. 29):

> Uma sociedade onde caibam todos só será possível num mundo no qual cabem bem muitos mundos. A educação se confronta com esta apaixonante tarefa: formar seres humanos para os quais a criatividade e a ternura sejam necessidades vivenciais e elementos definidores dos sonhos de felicidade individual e social.

Ao defendermos argumentos que contribuam para dimensionar a educação para a paz como elemento pedagógico nos processos educacionais, entendemos que é uma das dezenas ou centenas de alternativas igualmente defendidas, que vão desde as correntes que falam da melhoria e ampliação das disciplinas já existentes nas escolas, particularmente daquelas com menor carga horária, como educação física artes e línguas estrangeiras, passando por temas transversais como meio ambiente e outras questões como educação no trânsito, direitos humanos, entre tantas.

Em contrapartida, continuamos argumentando que a educação para a paz, como valorização do diálogo e do conflito, das práticas vivenciais lúdicas e corporais é, sim, um espaço importante para diferentes questões a respeito da vida, da violência e das convivências serem articuladas. Dizemos isso porque sabemos que, mesmo que as políticas públicas sejam essenciais e a formação do professor determinante, concordamos com Assmann (*ibidem*, p. 23) quando nos lembra:

As circunstâncias são adversas. Precisamos de muitas frentes de luta pela melhoria da educação. Mas não se pode ir contornando eternamente a evidência de que a questão da qualidade na educação passa centralmente pelo viés pedagógico. Esta é a minha tese de fundo. Pergunto-me se os/as educadores não perdem pontos em suas lutas reivindicatórias quando não explicitam adequadamente esta opção clara pró-reencantamento da educação no plano pedagógico.

A abordagem da complexidade significa entender que as questões são interligadas, tanto na dimensão macro como micro, por isso consideramos que a relação entre políticas educacionais, condição de trabalho, legislação educacional são igualmente importantes na qualidade da educação. De outro lado, também é fundamental que o cotidiano educacional, com toda a sua pulsão subjetiva e intersubjetiva, seja pensado, planejado e valorizado. O que vemos com Assmann (1998) é uma evidência que tem sido observada nos últimos anos em educação, quando movimentos de reivindicação passam ao longe de explicitar o cotidiano educacional e as relações humanas na escola, acreditando que as questões salariais resolveriam todas as demais. Nesse sentido, Assmann (*ibidem*, p. 24) diz:

> Para os/as educadores/as, a militância e a intervenção política primordial deveriam consistir, principalmente, na própria melhoria da qualidade pedagógica e socializadora dos processos de aprendizagem. De posse dessa bandeira, aumenta a credibilidade para exigir atenção para os demais reclamos. As demais lutas – como melhoria salarial, dignificação da profissão docente, infra-estrutura e recursos de apoio, etc. – devem estar ancoradas em propostas pedagógicas.

Acreditamos que pensar a cultura de paz e a educação para a paz é aprimorar esse pensamento pedagógico de qualidade, ao evidenciarmos, no cotidiano escolar, as práticas escolares saudáveis e humanizadoras. Como disse Assmann (1998), as lutas deveriam estar ancoradas nas propostas pedagógicas, deixando claro que os investimentos em educação estão intimamente relacionados com a disposição do profissional na melhoria do ensino, numa dimensão ampla. Isso nos coloca novamente na dimensão ética, na qual as condições científicas e tecnológicas já dariam conta de resolver quase todas as mazelas sociais, o que de fato não ocorre, pois não existem consensos políticos para encaminhá-las. Para Assmann (*ibidem*, p. 26), "a educação terá um papel determinante na criação de sensibilidade social necessária para reorientar a sociedade".

Como vimos em Morin (2012b) e agora apoiados em Assmann (1998), podemos dizer que chegamos a uma encruzilhada ética-política, em que temos de investir na solidariedade e nas buscas conjuntas, acreditando num futuro coletivo como alternativas inevitáveis. Como aponta Assmann (*ibidem*, p. 28), "sem profundas conversões antropológicas, traduzidas em consensos políticos democraticamente construídos, não surgirá uma convivialidade humana na qual não falte nem a riqueza de bens disponíveis, nem a fruição da sabedoria de saber conviver nas diferenças".

Ao pensarmos em educação para a paz, acreditando que as relações humanas são fundamentais nos espaços escolares, precisamos reconhecer que os momentos pedagógicos são legitimadores de formas de conviver, pois apresentam inúmeras possibilidades, encontros e desencontros que são o "treino" para melhorar e avançar no autoconhecimento e nas relações intersubjetivas. Declara Assmann (*ibidem*, p. 29):

> O ambiente pedagógico tem de ser lugar de fascinação e inventividade. Não inibir, mas propiciar, aquela dose de alucinação consensual entusiástica requerida para que o processo de aprender aconteça como mixagem de todos os sentidos. Reviravolta dos sentidos-significados e potenciamento de todos os sentidos com os quais sensoriamos corporalmente o mundo. Porque a aprendizagem é, antes de mais nada, um processo corporal. Todo conhecimento tem uma inscrição corporal. Que ele venha acompanhado de sensação de prazer não é, de modo algum, um aspecto secundário.

Ao propor que a educação revisite os sentidos, o potencial sensorial e o processo corporal, Assmann (1998) oferece uma pista positiva para os estudos da educação para a paz. Requer que, no desenvolvimento de propostas relacionadas à paz, a prática vivencial tenha uma relevância que contemple mudanças de comportamento. Isso significa dizer que não podemos supor uma educação para a paz apenas na vertente cognitiva, mas também nos aspectos ampliados da convivência e das relações. Portanto, assim como vimos no primeiro capítulo, Assmann (*ibidem*) também defende uma educação que busque a aproximação entre ciência e vida, em contextos abrangentes. Com esses argumentos, podemos pensar na perspectiva de uma educação mais adequada, ampla, integral ou complexa. Educar, para Assmann (*ibidem*, p. 71),

> significa propiciar e desencadear processos de auto-organização nos neurônios e nas linguagens das pessoas. Se tomamos em conta a extrema versatilidade

original cérebro/mente, todo cuidado é pouco para não diminuí-la, mas ativá-la ao máximo. Deixemos, neste momento, fora de consideração os demais aspectos importantes da ecologia cognitiva para concentrar-nos na questão da linguagem. Enquanto adquirem novas informações e conhecem novas linguagens, os aprendentes devem poder também, como respeito à versatilidade de seu sistema neuronal, deixar soltos os laços de seus significantes. Quem ensina apenas há de mostrar pistas, insinuar ritmos para a dança das linguagens. Domesticar e escravizar os significantes em sentidos unívocos representa um atentado à plasticidade do cérebro/mente. A rigidez excessiva no uso de palavras e conceitos geralmente representa uma diminuição, temporária ou prolongada, da plasticidade de nossos neurônios.

Por isso, consideramos a educação na complexidade como um aprendizado amplo, não cheio de razões e fragmentos, mas como uma integração e um refundamento de múltiplas formas de perceber e encaminhar o conhecimento. Isso equivale a dizer que não existem conteúdos mínimos de uma educação para a paz, mas um contexto a ser encaminhado, desenvolvido e construído para o redimensionamento das questões da violência, dos conflitos e da paz, visando à qualidade das convivências humanas. Isso reforça, como dito, o caráter transversal da educação para a paz.

Outra importante dimensão oferecida por Assmann (1998) e já presente nos estudos de Morin (2012b) no primeiro capítulo é a importância de relações humanas, do compartilhar a vida como um reaprendizado ou novo aprendizado nas convivências e na suposição da paz como elemento significativo. Particularmente não cremos em algum "resgate" de valores ou práticas, como muito é falado, mas uma revalorização, um redimensionamento, no século XXI, de significados e entendimentos sobre humanidade. Nesse caso, um exemplo seria o de uma pessoa que, mesmo sem poder estar presencialmente no convívio com outras de sua referência, consegue manter-se próxima utilizando as novas tecnologias (como celular, internet etc.). Em todo caso, o importante é conseguirmos a sintonia com o outro, ao que Assmann (*ibidem*) chama a atenção que independe de classe social, nível de instrução, discernimento ou politização etc. Vale, nesse caso, nos importarmos com o outro, querer bem e querer o bem. Sobre esse movimento do estar bem e buscar a paz, Assmann (*ibidem*, p. 106) relata sua experiência de vida:

> Vi também, e muito de perto, que o povo simples tem reservas de sensatez e sabedoria cujas fontes originantes têm tudo a ver com aquilo que, neste livro,

é chamado de auto-organização dos processos vivos. Estar de bem com a vida, mesmo quando esta se reduz a oportunidades muito escassas de melhorias sociais, é uma das lições mais profundas que os pobres me ensinaram (aliás, desde o próprio contexto camponês do qual provenho). Conheci muitas lideranças intelectuais e políticas que de fato não me convenceram de saberem estar em paz consigo mesmas, capazes de saborear a dimensão prazerosa de um cotidiano compartido com os mais achegados.

Uma educação que realmente faça sentido precisa considerar fortemente a perspectiva da complexidade. Vimos isso nos argumentos de Edgar Morin (2011b). Aproximamos esse ponto da reflexão de Hugo Assmann (1998), que pode lançar luz a muitas dessas questões por uma leitura fecunda das neurociências e pensando isso em terras brasileiras (especialmente como docente da Universidade Metodista de Piracicaba no auge de seu pensamento intelectual). Na obra de Assmann em que nos detivemos, intitulada *Reencantar a educação* (1998), há, não declaradamente em termos paradigmáticos, um acolhimento da complexidade como elemento-chave para o reencantamento dos processos educacionais.

Outra vez, o que vemos é uma possível "simplicidade" no entendimento da importância da complexidade. A assunção é de que não haveria uma "parte" mais importante que outra, e sim pessoas ou grupos que as valorizassem. Mas valorizariam em discursos ou forma de viver sua vida? Essa é outra faceta a ser desmistificada no século XXI, no qual discursos são fáceis e ganham projeções, independentemente de seus desdobramentos cotidianos. Logo, entendermos que há um princípio articulador (hologramático, retroativo e recursivo, organizacional) que conecta as ditas "partes", que valoriza a vida profissional igualmente à vida privada, que consegue a sinergia entre razão, emoção, nas tristezas e alegrias, que olha o ser humano amplo, com suas diferenças, subjetividades, que compõe o grande caldo dos conflitos, consensos, divergências, harmonia, que são os insumos da construção sustentável de cultura de paz via educação para a paz.

Assmann (*ibidem*, p. 108) declara:

> Contamos com uns quantos chavões pseudo-explicativos: há falta de "vontade política", o mundo está entregue a um "pensamento único" (mundialização), tudo está supeditado a critérios de mercado, é o neoliberalismo, etc. Em todos esses chavões há intuições analíticas importantes. Mas há também um grande tema ausente: o das características auto-organizativas de nossas "construções do

sentido". E talvez sejam precisamente estas as que determinam, em boa medida, nossas "construções da realidade", seja como "realidade significativa" (que nos importa em algo), seja como "não-realidade" ou "realidade insignificante" (a que não nos importa).

Auto-organização, construção de sentido, complexidade estão na vida, nas relações e na recriação cotidiana do mundo. Não considerá-las, na ciência, nas instituições educacionais e na família, ao menos como uma importante forma de abordagem é, sim, aceitar o fim da história. Ora, se as violências têm como grande combustível situações individuais e sociais de confronto, sejam declarados ou silenciosos, fruto de traumas, medos, desigualdades, vergonha, inveja, mágoa (justificadas ou não), entre tantos antivalores que repudiamos, o adverso disso não está apenas em tentar fazer o contrário.

Não é a paz o remédio final para os tantos problemas atuais, assim como não é um único medicamento que acabará com o colesterol alto. O corpo é igualmente complexo, desse modo, o remédio controla, mas não cura de fato. Isso ocorre se o padrão de vida, a alimentação, a atividade física, entre outros, também mudarem. O conjunto de medidas é saudável, as quais podem ser sustentáveis em relação à manutenção da saúde, portanto propiciar benefícios ao indivíduo durante mais tempo. Logo, a saúde vem da pedagogia do enfrentamento à doença. Assim, na paz, seus medicamentos práticos "orar, pedir a paz etc." só terão sustentabilidade se se tornarem ações concretas, formas de viver, entendendo e repudiando os problemas da humanidade, como princípio fundamental, para poder, daí sim, entender a importância de ações para a superação cotidiana. Se valorizarmos a saúde quando estamos doentes, fazendo vários planos para mudar nossa vida, igualmente temos que valorizar a paz quando estamos sensíveis às violências que assombram nossa vida e nos posicionarmos em favor das mudanças. Isso colabora para a auto-organização e a construção de outros significados para mudar padrões relacionados às formas de entender a complexidade em que é gestada e construída uma educação para a paz.

Feitas as observações pró-reencantamento da educação, voltamos a observar os estudos da paz, no Quadro 3, que explicita as questões fundamentais dos três teóricos da educação para a paz.

QUADRO 3. ASPECTOS CENTRAIS DA EDUCAÇÃO PARA A PAZ

ASPECTOS	SERRANO	RAYO	JARES
Questões gerais	Tolerância como valor fundamental; paz, direitos humanos e democracia; sociedade pluralista; "paz passiva x paz ativa"; transversalidade.	Paz e desenvolvimento humano; direitos humanos; natureza e meio ambiente; ênfase transdisciplinar; democracia e entendimento internacional; transversalidade.	Importância da "pesquisa pela paz"; explicitação de Johann Galtung como teórico fundamental dos estudos da paz; educar numa perspectiva crítica e criativa; transversalidade.
Bases na educação para a paz	Desenvolver pessoas; potencializar relações com o meio; fomentar diálogo e espírito crítico; favorecer o compromisso.	Paz como um "direito humano"; valorização de documentos internacionais (ONU, Unesco etc.); considerar as relações com ciência, cultura, comunicação, exclusão, discriminação, conflitos étnicos, pobreza, justiça, desemprego, migrações.	Didática do conflito (relações entre violência-paz-conflitos); modelos de educação para a paz (técnico-positivista, hermenêutico-interpretativo e sociocrítico). Ênfase no modelo sociocrítico.
Temas de aprofundamento	Educação para a paz no currículo escolar; educação moral e cívica (contexto da Espanha); educação em valores humanos, educação para a convivência, solidariedade.	Desarmamento; compromisso moral e cívico para um mundo melhor; sentido global para educar para a paz; cultura, natureza e meio ambiente; valorização da convivência; valores implícitos aos problemas humanos.	Resolução não violenta dos conflitos; explicitar os conflitos de valores; buscar elementos críticos à sociedade violenta e desigual; história da educação para a paz.
Elementos pedagógicos	Esclarecimento sobre valores humanos; discussão sobre dilemas morais; resolução de conflitos; habilidades sociais; estudo de casos; grupos de discussão; jogos de simulação, diálogo a partir de notícias cotidianas; músicas; jogos cooperativos; apresentação de problemas para solução coletiva e criativa.	Resolução não violenta dos conflitos; educação mundialista (compreensão internacional); educação intercultural; educação para o desarmamento; educação para ao desenvolvimento. Foco em: educação cognitiva-afetiva (compreensão e sensibilização), educação sociopolítica (paz e direitos humanos) e educação ambiental (fauna e flora, demografia, saúde, consumo-sustentabilidade).	Educação para a compreensão internacional; educação para os direitos humanos; educação mundialista e multicultural; educação intercultural; educação para o desarmamento; educação para o desenvolvimento; educação para o conflito e a desobediência, por meio de técnicas cooperativas; enfoque socioafetivo; assembleias, dinâmicas lúdicas (jogos cooperativos, de simulação, de papéis); ênfase nas questões conceituais, procedimentais e sociais de cada atividade.

Fonte: Baseado em Serrano (2002), Rayo (2004) e Jares (2002).

O que podemos deduzir desse Quadro 3, quanto às questões gerais, é que, seguramente, são temas fortemente relacionados à educação para a paz, são suas relações com os valores humanos, os direitos humanos, a democracia e o desenvolvimento. Os três pesquisadores concordam que a educação para a paz tem uma perspectiva complexa. Da mesma forma que a transversalidade, tanto em seu entendimento quanto em sua prática pedagógica, a educação para a paz pode transpassar áreas do conhecimento, o que reforça seu caráter transdisciplinar, que busca uma abrangência na ação.

A noção de transdisciplinaridade será importante nesse desdobramento, mas não de forma absoluta, mas entendendo-a no sentido exposto por Nicolescu (2000), como as quatro flechas do conhecimento, a disciplinaridade, a multidisciplinaridade, a interdisciplinaridade e a transdisciplinaridade. Julgamos essa observação necessária, uma vez que a complexidade aceita a ciência em fragmentos como possibilidade de mudança efetiva na humanidade, embora a valorize como caminho. Por isso os prefixos *multi*, *inter* e *trans* representam avanços na articulação dos conhecimentos disciplinares, cada um com um grau de possibilidade. A esse respeito, Morin (2013b, p. 193) diz:

> Um novo sistema de educação, fundado da religação, e por isso, radicalmente diferente do atual, deveria substituí-lo. Esse sistema permitiria favorecer a capacidade da mente para pensar os problemas individuais e coletivos em sua complexidade. Ele sensibilizaria para a ambiguidade e ambivalências, e ensinaria a associar os termos antagônicos para apreender uma complexidade.

Nesse aspecto, consideramos que, mesmo em suas aproximações, como percebido no Quadro 3, nos itens "Bases na educação para a paz" e "Temas de aprofundamento", os autores ainda seguem um caminho mais próximo à "inter" ou à "multi" disciplinaridade, uma vez que os temas são correlacionados, mas não integrados em seu sentido mais profundo. Isso será refletido no item "Elementos pedagógicos", no qual surgem possíveis "conteúdos" da educação para a paz, especialmente entre Rayo (2004) e Jares (2002). Ao aprofundar-se em possíveis "conteúdos de ensino da educação para a paz", os pesquisadores em tela, ao mesmo tempo em que contribuem significativamente com a área, acabam por dotar-lhes de uma especificidade que corre o risco de fragmentação do conhecimento.

Um exemplo disso seria o tema "desarmamento", que pode ser entendido como de função da polícia ou do exército, logo, sendo trabalhado isoladamente de uma proposta ampla de educação para a paz, num paradigma integrador da cultura de paz. Assim se assemelhariam os "projetos de valores nas escolas", "projetos de meio ambiente", "projetos de interculturalidade e multiculturalidade", que muitas vezes são tratados em cima de perspectivas clássicas da educação, como aproveitar datas (no Brasil) como o "Dia do Índio", o "Dia da Consciência Negra" e o "Dia da Árvore". De alguma maneira, todos esses projetos apontam para conscientização, sensibilização e ações que contribuem para uma cultura de paz, mas será que garantem que a noção de educação para a paz, como campo de crítica aos problemas de forma ampla, relacional e integrada, seja desenvolvida? Ou ainda correremos o risco de formar especialistas em "conteúdos de paz", cada um com sua "área de conhecimento", na reprodução de tudo o que estamos argumentando ao longo da obra? Portanto, são necessárias, na definição do que efetivamente será ensinado pela educação para a paz e de quais serão os olhares destinados a ela, a noção de complexidade e, no caso da proposição de elementos pedagógicos, a noção de transdisciplinaridade a ser tomada como condição de ligação/religação das áreas, num mesmo movimento e intencionalidade, e não como "partes".

Essa perspectiva complexa, multidisciplinar e muito próxima ao que propomos como paradigma da cultura de paz é evidenciada claramente por M. Suanno (2015, p. 109):

> O olhar transdisciplinar é uma nova maneira de pensar, de sentir, de perceber a realidade e interagir que se projeta na vida pessoal, profissional e social, por isso que essa religação ecológica entre indivíduo, a sociedade e a natureza têm suas consequências em uma cidadania planetária constituída por seres humanos dotados de direitos e liberdades. Práticas transdisciplinares baseadas no respeito, na convivência, na conservação dos meios naturais, na melhoria das condições de vida, no consumo consciente e na produção que não menospreze os direitos humanos nem o bem-estar psicossocial da pessoa fazem-se fundamentais nas atuais realidades social, institucional e educacional.

Considerando tais questões e fazendo uma ponte com os "sete saberes da educação" de Morin (2011b) – as "cegueiras do conhecimento", "o conhecimento pertinente", "ensinar a condição humana", "ensinar a identidade terrena", "enfrentar as incertezas", "ensinar a compreensão" e "a ética do gênero humano" –, delineamos o que apontamos rapidamente poucas vezes até aqui, mas que constituirão a base do Capítulo 3, no qual trataremos dos temas integrados da educação para a paz, no que chamaremos de as *cinco pedagogias da paz*.

Tal proposta surge dos aprofundamentos das questões da obra, unidas ao pensamento pedagógico acumulado em experiências e vivências com ações de educação para a paz nos últimos anos, percebendo suas possibilidades como temas geradores de ações positivas. Ressaltamos que as pedagogias da paz, propostas de forma integrada, têm sentido especialmente se pensadas à luz do pensamento complexo de Edgar Morin, tanto em seus aspectos gerais, como na discussão sobre a cultura de paz do primeiro capítulo, como na reflexão deste segundo capítulo com a educação para a paz. Apontamos a seguir a noção básica das cinco pedagogias, que trataremos com aprofundamento no próximo capítulo.

Destacamos como o primeiro eixo, ou a primeira pedagogia, a *pedagogia dos valores humanos*, evidenciando que tem seu aspecto-chave entre os pesquisadores da educação para a paz. Os valores humanos estão na base do comportamento humano, em todos os pensamentos e ações humanas, e criam/recriam a sociedade. Podemos dizer que os valores humanos compõem a própria história e o desenvolvimento da humanidade, sempre no fluxo que aponta valores que podem ser próximos, ou contraditórios, ou em construção. Portanto, na busca de equilíbrio entre valores seculares e outros valores cotidianos, criados e recriados, em mutação nas diferentes culturas e povos, em grupos comunitários diversos, encontraremos as bases para a construção dos direitos humanos. Assim, de forma interligada entende-se a *pedagogia dos direitos humanos*, não apenas como a informação e o ensino da Declaração Universal dos Direitos Humanos, mas como tudo aquilo que se apresenta como "direito à paz" (Rayo 2004) na perspectiva de tudo o que historicamente foi agregado no desenvolvimento de práticas, convenções e leis destinadas à promoção e à preservação da vida em todos os sentidos, na dimensão individual, social e planetária. Portanto, não basta informar sobre direitos humanos sem as condições para que sejam efetivamente postos em prática contra as injustiças e desigualdades da comunidade global.

Considerando as profundas diferenças históricas, culturais, sociais, econômicas entre tantos povos, países, grupos, é natural que muitas situações presentes em relação aos valores humanos e direitos humanos sejam palco de debates e divergências. Tais perspectivas opostas, ou os conflitos, muitas vezes levam a múltiplas formas de violência. Assim, estabelecemos o terceiro eixo, a *pedagogia da conflitologia* como espaço destinado a encontrar equilíbrio nas inúmeras diferenças humanas. Questões como resolução de conflitos, mediação, práticas restaurativas crescem de forma muito consistente na sociedade das últimas décadas como alternativa às "vias de fato", quando a intolerância supera o respeito à diversidade. A conflitologia, também como campo de conhecimento, nessa relação integrada aos valores e aos direitos, gera a sensibilização ao outro ser humano e às outras culturas, abrindo novas formas de relacionamento, humanizando pensamentos, ações e reações. Valores humanos, direitos humanos e conflitologia constituem-se em pedagogias próprias, mas que, articuladas na perspectiva da complexidade, promovem uma mudança de sentido do ser humano no mundo.

Ao falar de "ser humano no mundo", pensamos também em cidadania planetária, como aponta Morin, e naquilo que Rayo (2004) nominou, porém sem desenvolver muito a proposta, que é "ecopacificar" a sociedade. Desse conjunto de ações do ser humano no mundo, na sociedade e no planeta, que também precisa ser preservado, posto que está esgotado em seus recursos naturais, enfrentando inúmeras catástrofes ambientais nos últimos anos, é que se integra à educação para a paz um quarto eixo, a *pedagogia da ecoformação*, entendida como a união da "educação ambiental junto com uma educação para o desenvolvimento sustentável, ou a educação para os direitos humanos e a paz. Isso tudo passa pela educação para a solidariedade, do compromisso com toda a Terra e com os seus habitantes" (Navarra 2008, p. 251).

Portanto, a ecoformação buscará a relação ser humano/ser planetário, não somente como um conjunto de práticas ecologicamente sustentáveis do meio ambiente, mas como o redimensionamento da ideia de preservar e sustentar a vida da forma mais plena e realizada no sentido da relação com todas as formas de existência no planeta. Cuidar da água nesse limite é buscar a paz, no sentido de que o descuido com ela levará à morte. Tratar as árvores com humanidade significa prevenir a degradação do meio ambiente, que adiante poderá causar desmoronamentos e morte, além de prejuízo às pessoas em zonas de risco. No limite, a ecoformação aprofunda-se na relação entre homem e natureza naquilo que mais existe de sensibilidade, o que poderíamos relacionar com a perspectiva da espiritualidade, não como religião, mas como transcendência. Como defende J.H. Suanno (2014, p. 175), a ecoformação se constrói com o desenvolvimento de "uma educação ambiental, também atenta aos direitos humanos e à paz".

Os debates sobre a preservação da vida e do planeta também estão sob a tensão de divergências de poder geográfico e econômico (conflitologia), envolvem legislação e busca conjunta pela diminuição dos impactos (direitos humanos), além da construção de novos valores, voltados à espiritualidade e à sustentabilidade (valores humanos). Da articulação destes quatro eixos: *pedagogia dos valores humanos*, *pedagogia dos direitos humanos*, *pedagogia da conflitologia e pedagogia da ecoformação*, acreditamos que, na perspectiva da complexidade, conseguimos intercambiar os elementos propostos pela educação para a paz com os saberes da educação para o século

XXI. Porém, abre-se outra necessidade: como fazer para que isso ocorra na prática educacional? Aqui, a afirmação de Rabbani (2003, p. 65) é precisa: "A transmissão de conhecimento científico, já sabemos, não promove a paz. Apenas informar sobre a paz, as distintas formas de violência, a história da guerra e a importância do desarme ou de uma conduta eticamente correta, tampouco conleva à paz". Isso significa dizer que precisamos alterar as formas de viver e conviver nas escolas, nas relações, para verdadeiramente pensarmos em um paradigma de cultura de paz. Essa reflexão nos leva ao quinto eixo, articulado a todos os outros, a *pedagogia das vivências/convivências*. Essa pedagogia da prática pedagógica da educação para a paz aponta recursos educacionais que estarão em estreita sintonia com os pressupostos das demais pedagogias da paz e que têm na ludicidade e na corporeidade algumas de suas bases. Nas palavras de Moraes (2010, p. 54): "Cognição e vida não estão separadas, e o conhecimento acontece no cotidiano da vida, no viver/conviver" e ainda "aprendizagem surge a partir do acoplamento estrutural do sujeito com o mundo. É um processo que se estabelece no viver/conviver".

Para perceber a importância dessa ligação entre os saberes das cinco áreas apontadas como componentes da educação para a paz, apresentamos uma figura que evidencia a relação. Ao centro, a imagem em forma de estrela, apontando com cada ponta para uma das chamadas *pedagogias da paz* e inserindo-se nelas. Essa representação evita a necessidade de setas que ligam um elemento ao outro, mas significa todos os elementos fazendo parte do todo, da educação para a paz. A estrela, nesse caso, pode ser entendida como luz, ou como o núcleo onde as cinco pedagogias podem circular entre elas, apesar de suas especificidades.

FIGURA 2. AS CINCO PEDAGOGIAS DA PAZ

Fonte: Elaboração do autor.

Ampliaremos a discussão sobre as *cinco pedagogias da paz* e suas possibilidades dentro da educação para a paz no Capítulo 3. Nele, serão apresentadas questões conceituais básicas a cada uma das áreas, além de se buscarem as interfaces com dimensões relacionadas aos saberes da educação na complexidade. Portanto, caminharemos na construção da educação para a paz, nas tensões e nos complementos entre saberes e conhecimentos que contribuam para o processo educacional que busca uma cultura de paz.

3
EDUCAÇÃO PARA A PAZ NO CONTEXTO EDUCACIONAL: AS CINCO PEDAGOGIAS DA PAZ COMPLEMENTARES E INTEGRADAS À COMPLEXIDADE

> *As tensões estão expostas, mostrando o que se pretendia ocultar: a escola, lugar de seres humanos em convívios, logo em conflitos; lugar de sujeitos sociais, logo de conflitos sociais. A exposição e reconhecimento dessas velhas tensões entre mestres-alunos pode ser um imperativo para reconhecer que como sujeitos se afirmam visíveis, exigem reconhecimento. Logo, superar pedagogias chocas que em nome da harmonia ocultam presenças tensas de sujeitos agora expostos. Para ter de inventar relações mais abertas e dialogais será necessário reconhecer a fraqueza da ilusão da paz nas escolas, como a fraqueza da paz nos campos e nas favelas.*
> Arroyo (2013, p. 152)

> *O que acontece nas escolas, como nas ruas, nas cidades e nos campos não são indisciplinas nem violências como o pensamento conservador proclama. São novos sujeitos sociais que se afirmam presentes, que não aceitam as condições de inexistentes, invisíveis na política, no judiciário, nos campos e nas periferias, nas escolas e nos currículos.*
> Arroyo (*ibidem*, p. 153)

Nos capítulos anteriores, construímos argumentos que justificam a necessidade de abordar pedagogicamente a cultura de paz como tema fundamental à formação humana na atualidade e como paradigma a ser construído ao longo do século XXI. Isso deve ser feito observando um processo de educação para a paz, como campo de conhecimento igualmente em construção nas últimas décadas no mundo e recentemente no Brasil. Porém, tal contexto só parece possível se aprofundarmos a compreensão de cultura de paz e educação para a paz na perspectiva do pensamento complexo, o que fazemos à luz do pensamento de Edgar Morin, levando em conta sua produção nessa temática ao longo das últimas quatro décadas, na estruturação do campo de estudo do paradigma da complexidade.

Considerando a recursividade como princípio da pesquisa complexa, relembramos o Capítulo 1, no qual traçamos o caminho do entendimento do "método" nas obras de Morin, que tratam de uma epistemologia da complexidade, e, ao mesmo tempo, fizemos a relação desses princípios com um possível paradigma da cultura de paz. No Capítulo 2, realizamos a análise dos chamados "sete saberes necessários" para a educação, também organizados por Edgar Morin, aproximando-os da educação para a paz como possibilidade pedagógica de articulação desses saberes. Acreditamos que esse conjunto de conhecimentos contribuirá para subsidiar as práticas pedagógicas da educação para a paz nas escolas, devidamente coerentes com o cenário multidimensional que atravessa as questões individuais, sociais, econômicas e ambientais, num mundo cada vez mais conectado e ao mesmo tempo esfacelado em tantos aspectos da humanidade.

Ao longo do estudo, percorremos um caminho que amplia o senso comum em relação à paz, à cultura de paz e à educação para a paz, sem negar o valor do entendimento geral da paz como serenidade e harmonia, mas considerando que existe um universo conceitual a ser explorado e pesquisado em relação a esse campo de conhecimento. Argumentamos também sobre a paz como uma necessidade humana do viver bem, mas reconhecendo, ao mesmo tempo, a complexidade de tal afirmação, que demanda um conjunto de outros entendimentos relacionados à conjuntura internacional, que, em certa medida, influencia as realidades regionais e locais e é influenciada por elas. Essas realidades, por sua vez, têm relações ou repercussões nas comunidades, nas famílias e no próprio indivíduo, mesmo que eles não tenham consciência disso. Assim, a paz não é apenas uma ação em direção ao outro; é, sim, uma ação que vem cheia de sentidos e significados de melhoria, mudança, desenvolvimento, encontro, bondade, disposição e revolução. É uma revolução não violenta que representa mudança paradigmática, de repúdio às diferentes violências, das agressões diretas às estruturas sociais injustas, da destruição gradativa do meio ambiente, geradora de tragédias naturais, até toda forma de violação dos direitos humanos.

Portanto, é uma paz pensada em sua forma pedagógica: a educação para a paz, que comporta dimensões clássicas que tendem à harmonia, mas que depende igualmente de leituras adequadas sobre as violências, como reflexo de um momento histórico, num país com rápidas e profundas transformações. O Brasil, nas últimas décadas, viu a industrialização, a urbanização, um regime militar, a pobreza extrema e a desigualdade social e agora passa por novas mudanças que requerem outras adaptações e quebras de preconceitos. Trata-se de um país-continente que ainda caminha no entendimento da democracia como forma de construir a paz, da tolerância como uma perspectiva a ser adotada pelas pessoas numa sociedade que perceba o valor do meio ambiente como futuro a ser preservado no presente, e este tempo presente como espaço de construção de uma nova sociedade.

Uma nova sociedade não baseada na ingenuidade de uma paz que nasça no dia seguinte, mas que se origine concretamente das entranhas dos processos excludentes e violentos. Uma paz que aprenda de fato que os conflitos são inerentes às relações humanas e às práticas sociais, que os direitos humanos não são apenas uma tese, mas que, quanto mais direitos, mais humanos somos. Enfim, uma educação para a paz construída sobre uma perspectiva dialógica, sem desconsiderar os afetos e as emoções em jogo nas relações humanas, sejam as violentas ou conflituosas, em processo de metamorfose para as relações pacíficas.

Fundamentalmente, o que se quer é uma educação para a paz que valorize as vivências e convivências, em todos os espaços educacionais possíveis, das escolas da educação formal – com seus diferentes níveis e modalidades de ensino além da ampliação da educação integral –, passando pelos diversos projetos sociais e educacionais, em programas esportivos e culturais, nos movimentos sociais, entre tantas alternativas que podem ser alvo de planejamento e implantação, mantendo o foco no caráter da diversidade, pluralidade de perspectivas, incluindo também a tolerância, o respeito e a solidariedade, além de tantos outros valores humanos desejáveis.

Portanto, ao mesmo tempo em que concordamos com Arroyo (2013), ao citar, na epígrafe, que as violências são desdobramentos de questões muito mais complexas e que estão sendo dadas à visibilidade, complementamos suas palavras quando diz que há uma fraqueza da ideia da paz nas escolas. Acreditamos, sim, que há uma fraqueza da perspectiva da relação complementar, integrada e umbilical entre valores humanos, direitos humanos, conflitologia, ecoformação e vivências/convivências nas escolas e nos diferentes espaços educacionais, mas essa fraqueza está em estágio latente, esperando apenas uma compreensão das relações intrínsecas entre tais temas, para não cultivar o pensamento pragmático de que a violência só pode ser enfrentada com violência, que apenas faz aumentar o círculo vicioso da cultura da violência. Considerando essas questões, neste capítulo pretendemos apresentar e discutir o que optamos chamar de *cinco pedagogias da paz*, ou cinco áreas, eixos ou componentes que, de forma transdisciplinar, se articulam e apontam para a perspectiva da educação para a paz, nesse caminho iluminado pela abordagem da complexidade.

Fortalecendo pontos já discutidos, observaremos, no Quadro 4, a seguir, uma síntese dos aspectos tratados sobre a teoria da complexidade, a partir do olhar de Edgar Morin. As linhas das colunas não têm correspondência direta entre si; cada uma delas deve ser visualizada no contexto do pensamento de Morin. Retroagimos a essas questões gerais como forma de demonstrar que o pensamento complexo nutre-se desse ir e vir, dessa conectividade que traz sempre uma causalidade circular, que precisa ser revista, relembrada, reorganizada sobre novos saberes, ou na integração entre eles. Entendemos essas idas e vindas, na escrita do livro, também como elemento paradigmático da pesquisa complexa. A seguir, retomamos elementos tratados nos capítulos anteriores, seguindo na jornada de construção das *cinco pedagogias da paz*.

Com base nas relações do Quadro 4, podemos perceber que *O método* de Morin, nos seis volumes, na coluna central, aponta de um lado para os "sete saberes da educação para o futuro" e, de outro, para os princípios da complexidade. Essa é a visão integradora do pensamento complexo, na vertente de Morin relacionada, nas últimas décadas, a uma produção acadêmica de grande densidade, coerente e prospectiva, em diversas vertentes alinhadas à discussão sobre novas perspectivas do conhecimento. Portanto, este capítulo vai buscar as conexões entre as áreas de conhecimento que orbitam entre cultura de paz e educação para a paz, conferindo maior abrangência e procurando os limites adequados entre as conexões e as especificidades, supondo a regeneração proposta à educação para a paz.

QUADRO 4. ASPECTOS INTEGRADOS DA TEORIA DA COMPLEXIDADE

ASPECTOS BÁSICOS DE TEORIA DA COMPLEXIDADE		
Os sete saberes*	O método**	Princípios da complexidade***
As "cegueiras do conhecimento": abrir as perspectivas.	Método 1: ordem, desordem, organização/nova cultura.	Sistemático-organizacional: o todo retroage sobre as partes.
Os "princípios do conhecimento pertinente": o conhecimento em todas as suas formas / humanização do conhecimento.	Método 2: auto-eco-organização, pessoas, grupo e sociedade em novos processos.	Hologramático: nem reducionismo, nem holismo / parte e todo.
O "ensino da condição humana": enraizamento cultural que não determina a vida, embora condicione perspectivas.	Método 3: cérebro, também mitos, espiritualidade e novas consciências.	Retroativo: fluxo de continuidade e ruptura, sem um ideal.
O "ensino da identidade terrena": natureza humanizadora e reencontro com a vida.	Método 4: "caldo cultural" / respeito e apreço à diversidade.	Recursivo: causalidade circular / padrões emergentes.
O "enfrentamento das incertezas": construir outras formas de conviver e ser no mundo.	Método 5: "enraizamento cósmico", identidade com possibilidade de transcendência.	Dialógico: não antagônico, mas complementar.
O "ensino de compreensão": tolerância, solidariedade e demais valores.	Método 6: "autoética", baseada no pressuposto do "pensar bem".	Auto-eco-organização: clivagem, inter-retroações / dimensões "nascem de dentro".
A "ética do gênero humano": respeito fundamental ao outro.		Reintrodução do sujeito cognoscente: autorreferência, história de vida como necessidade de mudanças.

Fontes: *Morin (2011b); **Morin (2005 a 2013); ***Moraes e Valente (2008).

Para isso, organizamos uma ilustração (Figura 3) que mostra a dinâmica entre vários elementos da educação para a paz, que interconecte as múltiplas perspectivas tratadas ao longo deste capítulo. Assim, os polos são ao mesmo tempo macro e micro, são recursivos e retroagem, partem do contexto e ao mesmo tempo das múltiplas perspectivas e realidades. Não há uma leitura fechada, os campos são fios da rede de conexão. Observamos na figura que, embora existam modelos, ou formas, paradigmas atuais que estão na base de nossa maneira de viver (representada pelo cilindro), a cultura e a educação para a paz (as elipses ligadas ao mesmo círculo) apontam para além dos limites, transcendendo, indo além da percepção clássica que tende a fragmentar, caminhando na direção dessa dimensão auto-eco-organizadora, que vai reorganizando a partir do próprio espaço-tempo-ambiente, com releituras, novos avanços e alguns recuos, mas com olhares complexos, sempre em busca de metamorfose.

Cultura de paz e educação para a paz ■ 237

FIGURA 3. RELAÇÕES COMPLEXAS DA EDUCAÇÃO PARA A PAZ

Fonte: Elaboração do autor.

Transversalidade e transdisciplinaridade da educação para a paz na perspectiva da complexidade: Algumas questões

Surgem, ao longo da pesquisa, os termos "transversalidade" e "transdisciplinaridade". Neste momento, apresentaremos algumas perspectivas adotadas para essa discussão e examinaremos como estão articuladas aos processos de educação para a paz, sempre pensados à luz da construção de uma cultura de paz. Em relação à transversalidade – ou educação para a paz como tema transversal – na escola, nos apoiamos nas questões levantadas por Yus (2002), que fala que muitos problemas humanos foram deixados de fora da escola por não encontrarem espaços na dureza dos conhecimentos disciplinares. O autor considera que, aos poucos, a escola foi se isolando dessas abordagens, que precisam ser retomadas. Para Yus (*ibidem*, p. 176),

> parece óbvio, então, que qualquer reforma educativa moderna deveria incorporar um tipo de proposta que permita abordar amplamente esses temas sociais. Nesse sentido, teria de refazer a estrutura escolar baseada unicamente nas disciplinas, visto que esses temas não podem ser resolvidos a partir de uma determinada disciplina, mais preocupada com seu próprio saber. Por isso se começou a utilizar o conceito de *temas transversais*, isto é, temas recorrentes no currículo, não paralelos às áreas, mas transversais a elas. É uma falsa solução, todavia a manutenção da orientação disciplinar dilui a potencialidade educativa dessas

temáticas. Diferente seria se, de uma ótica globalizadora ou interdisciplinar, esses temas se transformassem em pontes que ligassem o saber experiencial dos alunos e o saber acadêmico, atuando como organizadores do currículo.

As questões sobre a fragmentação do conhecimento e suas implicações na sociedade e na escola já foram discutidas nos capítulos anteriores. Porém, vale destacar que a atual conjuntura escolar, ainda na lógica disciplinar, traz situações em que perspectivas ampliadas sejam questionadas ou não desenvolvidas, o que Yus (*ibidem*) chama de "falsa solução". Isso é claramente explicitado por Perrenoud (2013) ao falar que no currículo disciplinar e fragmentado existem professores que extrapolam o que é solicitado nas disciplinas, enquanto outros simplesmente ignoram o componente de preparação para a vida. Assim, o que é transversal pode soar como "não é de nenhum professor", e se esvaziar de sentido na escola. Nesse caso, existem críticas à ideia dos temas transversais, pois não teriam a repercussão à qual se propõem. Entendemos que isso implica uma reflexão sobre o projeto de escola e sociedade, bem como a formação pessoal e profissional dos professores. Mesmo considerando tais implicações, acreditamos que a noção de transversalidade precisa ser reforçada e, dentro de projetos escolares viáveis, abrir caminhos para a educação para a paz. A noção de transversalidade permite vivenciar práticas sociais e intercâmbios que direcionem para a solidariedade, a colaboração e a criação. Parece razoável dizer que, muitas vezes, a simples mudança da perspectiva disciplinar dos conteúdos para outras práticas não habituais na escola, como propõe a noção de transversalidade, já permite uma abertura a novas possibilidades de conhecimento e interação.

Para Yus (2002), os temas transversais são fundamentais na organização do ensino para tratar de grandes temas sociais, novos conhecimentos e questões reflexivas de forma positiva, na medida em que buscam alongamentos das disciplinas, para compreendê-las integradas aos diferentes problemas. Vale lembrar ainda que muitas dessas questões problemáticas de nosso tempo são percebidas parcialmente fora da escola, nos fragmentos das famílias, das informações da mídia etc., e, na escola, podem ser aprofundadas e relacionadas com os conhecimentos e saberes sobre o cotidiano e sobre a vida. Ainda em relação aos temas transversais, Yus (*ibidem*, pp. 179-182) apresenta alguns aspectos para serem pensados na escola:

- *Refletem uma preocupação com os problemas sociais*: apresentam várias situações problemáticas e atuais da vida em sociedade, fundamentalmente como consequência de um pseudodesenvolvimento que provocou inúmeros efeitos perversos, tanto no meio natural quanto no social e no humano, como na própria saúde, nas relações humanas e nas práticas diárias;

- *Conectam a escola com a vida*: promovem a ideia de que a escola precisa estar aberta para a vida, aproximar-se da realidade, observar os dilemas de seu contexto. A partir disso, considerar essas questões na sua organização didática;

- *Supõem uma aposta na educação em valores*: para Yus (2002), dentro da crise sobre a função da escola, houve espaço para a receptividade na inclusão dos temas transversais. Diante da crise da função social da escola, produziu-se tal abertura, que pretende abordar os valores mais profundos da humanidade;

- *Permitem adotar uma perspectiva social crítica*: introduzir temas transversais no currículo escolar representa uma resposta, ainda que tímida, para um processo global e social de mudanças em todos os aspectos da vida e da atividade humana no século XXI, particularmente aos que têm potencial de violência a toda forma de vida e ao planeta.

Vemos que os temas transversais, assim como pensamos a educação para a paz, passam inevitavelmente a considerar a educação na perspectiva da complexidade. São novas exigências que disputam espaço nos currículos tradicionais, cuja fragmentação impede o estabelecimento de relações e da percepção global dos inúmeros desafios que hoje estão presentes na humanidade. A educação para a paz, como tema transversal, pode ser o espaço de complementaridade entre os conhecimentos fragmentados e as questões humanas em esgotamento na atualidade, fundando novas perspectivas para a ética social e planetária.

A esse respeito, Yus (*ibidem*, p. 181) diz que a transversalidade busca "conseguir a adoção de uma perspectiva crítica dos temas que afetam a humanidade e para contribuir com a edificação de uma nova cultura alternativa, um novo paradigma". Esse novo paradigma, acreditamos, poderá ser o da cultura de paz.

A transversalidade como questão pedagógica e a transdisciplinaridade como abordagem que busca o encontro de aspectos complementares, convergentes e que ressignificam conceitos e caminhos constituem um binômio importante na construção da educação para a paz. A transdisciplinaridade é o que está "ao mesmo tempo, *entre* as disciplinas, *através* das diferentes disciplinas e *além* de qualquer disciplina" (Nicolescu 2003), com a finalidade de compreender a atualidade e seus desdobramentos. Nicolescu, em 1999, foi um dos primeiros pesquisadores que exploraram esse conceito, dizendo que sempre existe mais alguma coisa entre os vazios do conhecimento disciplinar. Tal abordagem, como já foi mencionado ao final do Capítulo 2, permite a entrevisão das *cinco pedagogias da paz*. Podemos dizer que a educação para a paz é, em nosso caso, o objeto transdisciplinar, uma vez que encontra as relações entre temas como valores humanos, direitos humanos, conflitologia, ecoformação e vivências/convivências ao mesmo tempo articulados e transcendentes aos seus próprios campos específicos. Isso é o que propõe a teoria da complexidade, ao buscar outras construções e alternativas.

Uma perspectiva clara e importante para aproximar a complexidade da transdisciplinaridade, na busca do paradigma da cultura de paz por meio de uma educação para a paz, é dada por D'Ambrosio (1997, p. 80):

> A transdisciplinaridade repousa sobre uma atitude aberta de respeito mútuo e mesmo de humildade com relação a mitos, religiões e sistemas de explicações e conhecimentos, rejeitando qualquer tipo de arrogância ou prepotência. A transdisciplinaridade é transcultural na sua essência.

Assim como na abordagem da complexidade, que pretende uma visão ampliada das diferentes realidades, mesmo considerando-as específicas em seus contextos, a transdisciplinaridade permite uma relativa leveza ao tratar sobre o tema, o que não exclui seu rigor e coerência de análise. Em nosso caso, permite o movimento circular e retroativo entre a *pedagogia dos valores humanos*, com seu contorno mais humanista e sensível, com a *pedagogia dos direitos humanos*, mais social e reflexiva, buscando a articulação com a *pedagogia da conflitologia*, que vai valorizar as diferenças nas construções coletivas, que, ao mesmo tempo, apontam para a *pedagogia da ecoformação*, que une a sensibilidade com a sociedade na preservação da vida e do planeta. Todas essas pedagogias, assentadas na *pedagogia das vivências/convivências*, que supõe viver na prática os princípios de uma cultura de paz.

Ainda no caminho de perceber a transdisciplinaridade, há de se reconhecer que ela deriva de processos prévios, como a interdisciplinaridade e a multidisciplinaridade, que não são fechados, ao contrário estão conectados e em constante movimento. A visão transdisciplinar, de acordo com Schimidt Neto (2014, p. 206),

> valoriza o contexto e procura olhar o objeto em suas múltiplas faces. Além disso, o sujeito está imbricado com o objeto em uma relação interdependente e complexa revelando seus antagonismos e complementações. O objeto não é mais visto como único e isolado no tubo de ensaio, mas como um ser em movimento.

É importante perceber que, nesse contexto, a transdisciplinaridade convive com a interdisciplinaridade, assim como com a disciplinaridade. Para Santos e Santos (2015), há um hibridismo entre elas, pois sempre serão complementares e com pontos a considerar em relação às situações (conhecimentos e práticas sociais), desde que questionados seus limites e suas aberturas. Com essa discussão da transdisciplinaridade, percebemos que muitos elementos estão de acordo com as questões dos princípios da complexidade, tais como: o todo retroagindo sobre as partes, não privilegiar nem o todo nem as partes, o risco do holismo em perder a contribuição da especificidade, o fluxo de continuidade e ruptura sem a busca de algum modelo ideal, uma causalidade circular que cria padrões emergentes, o não antagônico e sim o complementar, as inter-retroações que fazem as novas dimensões "nascerem de dentro", a autorreferência como caminho a ser valorizado.

Vejamos como esse hibridismo se opera na questão das *cinco pedagogias da paz*. Temos as áreas específicas que são os valores humanos, os direitos humanos, a conflitologia, a ecoformação e as vivências/convivências. Dessas áreas buscamos o todo e as partes retroagindo, pois não há nem um discurso generalizador sobre cultura de paz e educação para a paz, nem a intenção de reduzi-las a uma dessas áreas. Assim: educação para a paz é educação em valores humanos? Sim, mas não só! Assim como as demais. Nesse sentido, buscamos o fluxo continuidade/ruptura/reconstrução entre os componentes das *cinco pedagogias da paz*. Atualmente, em teoria e práticas pedagógicas, esss cinco áreas têm integrado a perspectiva da paz em várias questões pedagógicas. Logo, em nosso tempo, cabem como foco de atenção e rigor na análise.

O que trará consistência teórica para as *cinco pedagogias da paz* são as possibilidades de argumentação que podem ser vislumbradas com coerência também nas práticas educacionais. Tanto essas áreas não se pretendem hegemônicas, que, de sua articulação, novas perspectivas serão gestadas, qualificando as perguntas e as respostas aos problemas sociais em questão, causadores das diversas violências do século XXI. Assim, entendemos como novas questões as que nascem "de dentro" dos problemas e das situações, tratados na perspectiva de retroação e recursividade, ou seja, dos conhecimentos conectados. Por fim, como princípio da complexidade propriamente "viva", temos a autorreferência, ou a subjetividade, ou seja, o pesquisador como ser humano, social e profissional, que também é agente direto na construção, na reconstrução, ou ainda, infelizmente, na mera reprodução de situações.

Tendo a transversalidade como alternativa concreta para a educação escolar, no sentido de dinamizar novas ideias e projetos, inclusive pela sua flexibilidade, o que permite adequar-se às diferentes perspectivas e realidades, e a transdisciplinaridade como a religação de saberes até então dispersos, num conjunto amplo e com densidade argumentativa e socialmente criativa e inovadora, acreditamos que as *cinco pedagogias da paz* são elementos indispensáveis à educação para a paz, na organização de uma verdadeira docência complexa, que contribua para olhar, sentir, pensar e agir diante de tantos desafios globais e locais, advindos do esgotamento dos modelos de sociedade que, se por um lado, trouxeram avanços e desenvolvimento notáveis, por outro, causam tantas mortes, destruição e miséria para milhões de habitantes de nossa "casa Terra". Como salienta Marilza Suanno (2015, pp. 207-208):

A docência complexa e a transdisciplinar se propõem a ampliar a consciência do sujeito, a produzir conhecimento e a transformar a realidade. Esse modo de pensar e educar ecologizante visa ampliar a compreensão do sujeito sobre si mesmo e sobre a pluralidade de representações do mundo, sendo esse um movimento de reforma do pensamento no qual pensamento complexo e transdisciplinaridade têm uma relação recursiva, complementar e coprodutora com potencial para transformar a realidade, os sujeitos e seus valores. E demanda interação, dinamismo, mediação, criatividade e atitude dos sujeitos. A transdisciplinaridade é um desafio, uma inspiração, com potencial construtivo e transformador, pois ao transcender as disciplinas as incorpora, assim como rompe com a linearidade e a fragmentação do conhecimento. A transdisciplinaridade tem a pretensão de religar conhecimentos (a partir da articulação de conceitos, noções, enfoque etc.) a fim de compreender a complexidade do real e assim construir um novo corpo de saber que atravessa, reorganiza e ressignifica os conhecimentos religados.

Sob essa inspiração de M. Suanno (2015), vamos à discussão deste terceiro capítulo, onde objetivamos articular saberes, aparentemente separados, que possuem como intenção prevenir as violências, gerar não violência, cidadania e democracia, em perspectivas integradas ao processo de construção da educação para a paz.

Pedagogia dos valores humanos

A afirmação de que "necessitamos resgatar os valores" das crianças e jovens de hoje é, certamente, uma das mais ouvidas nas escolas atualmente. Professores, pais e a sociedade em geral falam isso devido a problemas comportamentais, indisciplina e violência, que ocorrem com mais frequência no cotidiano escolar. Podemos dizer que uma "crise nos valores" ocupa o discurso educacional da atualidade. Mas o que queremos dizer com a expressão "crise de valores"?

Nesse contexto, uma educação em valores humanos parece inquestionável nas escolas. A esse respeito, consideramos relevante a pesquisa de Menin, Bataglia e Zechi (2013), que mapearam projetos de educação em valores bem-sucedidos no Brasil e encontraram uma variedade de possibilidades temáticas a eles associadas. As pesquisadoras consideraram, como sinônimos de educação em valores, a educação moral, a educação em direitos humanos e a educação para a ética e a cidadania, nas quais foram visualizadas práticas da cultura de paz, ética e cidadania, política, meio ambiente, convivências, valores morais, entre outros. Acreditamos que pesquisas como essa mereçam aprofundamento para enfrentar uma problemática inerente à área dos valores humanos como dimensão significativa para nossa vida, tanto que Morin (2007, p. 77), em *O método 5*, faz uma observação crucial:

> A subjetividade comporta, assim, a afetividade. O sujeito humano está também potencialmente destinado ao amor, à inveja, ao ciúme, à ambição, ao ódio. Fechado sobre si mesmo ou aberto pelas forças de exclusão ou inclusão. Existem bons e maus sujeitos, conforme toda a gama da afetividade humana; um mesmo sujeito pode ser ora bom ora mau.

Desse apontamento, algumas questões ficam claras: os valores humanos têm estreita relação com a afetividade e a subjetividade, logo é muito difícil encontrarmos consensos em relação a muitos deles. Pela via da objetividade, tais consensos são empregados em situações gerais, especialmente quando se referem aos outros, invariavelmente como julgamento de atitudes. Quando as situações estão em nossa vida pessoal, nos conflitos por ideias e posições diferentes, os valores operam com maior força que os dados objetivos. Portanto, valores universais e valores cotidianos são dimensões que precisam ser pensadas sempre no processo de contradição/complementaridade, pois, como disse Morin (2007), a pessoa pode ser ora boa, ora má, de acordo com a perspectiva dos valores colocada em jogo nas relações humanas com outras pessoas, grupos, comunidades, com o planeta. Exemplo: "Todos os presos são vagabundos e merecem apodrecer na cadeia", mas, se o filho for preso, a perspectiva se altera e os valores são relativizados.

A questão colocada é um problema comprometedor e silenciado em relação ao que entendemos por valores e por valores na escola. Por isso, abrem-se a reflexão e a proposição sobre as *cinco pedagogias da paz*, justamente com a dimensão pedagógica, implícita e não percebida no cotidiano escolar, mas decisiva e marcante das relações humanas construídas. Assim, discutiremos elementos conceituais e contraditórios nas questões que envolvem os valores humanos na escola, procurando qualificar o debate e o pensamento sobre práticas pedagógicas coerentes, supondo uma possível *pedagogia dos valores humanos* no cotidiano educacional, que vá ao encontro de aspectos críticos que superem a visão parcial dos valores como uma dimensão pronta e aplicável na escola, como um produto, ou um "remédio" em seus momentos difíceis. No sentido colocado, da tentativa de encontrar saídas para melhorar comportamentos e atitudes dos alunos, algumas escolas procuram mudar perspectivas, pensar novos paradigmas que superem a visão a seguir, situada por Branco, Freire e González (2012, p. 38): "A prática usual das escolas é considerar a questão das crenças e valores morais como algo que dispensa uma análise mais detalhada, à medida que a escola seria considerada naturalmente benéfica". Nesse sentido, existem equívocos: o primeiro é a crença que a questão dos valores humanos se sustenta por si só, ou, como se estivesse relacionada apenas à família, como se a escola não fosse um local de convivências com alto potencial na socialização de crianças e jovens num grande "caldo de valores".

No cenário colocado, praticamente não há reflexão e discussão sobre os valores humanos presentes em cada contexto, com suas diferenças e particularidades. Isso compromete decisivamente a abertura à diversidade, às diferenças, uma vez que valores "implícitos", aceitos como única possibilidade, não são discutidos, repensados e reconstruídos em diferentes situações. Outro equívoco, agora com certa ingenuidade, é supor que a escola naturalmente, a partir de seus códigos e valores institucionais, prepararia as crianças para a vida em sociedade. Tal argumento só poderia sustentar-se em sociedades fechadas, nas quais as regras e normas fossem obedecidas com base no medo e na punição, como nas ditaduras militares. Nosso tempo é da volatilidade da vida e dos valores, portanto é necessária essa abordagem sobre suas questões gerais e pedagógicas.

Acreditando que os valores humanos são fundamentais para repensar a educação e a escola na caminhada do século XXI, com mudanças sociais, políticas e econômicas sem precedentes na história da humanidade, é necessário, como reflexão e proposição educativa, pensar a *pedagogia dos valores humanos* como eixo fundamental na educação para a paz, no sentido de uma cultura de paz na complexidade. Ao tomar a noção de valor humano como imutável, ou na discussão de valores desejáveis ou não desejáveis, empobrecemos todo o potencial dialógico presente nas diferenças, nas contradições e nas formas igualmente ricas, em cultura e perspectiva, adotadas pelos valores em permanente interação/repulsão. A importância do reconhecimento de que todas as atividades humanas, os comportamentos e as atitudes estão imersos em conjuntos de valores, implícitos ou explícitos nas convivências, já foi apontado por Santomé (2013), que assume que toda prática pedagógica implica compromisso com valores que, conscientes ou não, esperamos promover.

Ao acolhermos essa complexidade, reconhecemos que valores como a desigualdade e a injustiça social agem sobre as relações de forma indireta. Por outro lado, os valores de relação direta, nas questões interpessoais cotidianas, estão em jogo diretamente nos ambientes escolares, que são fonte de conflitos e indisciplina, se não de muitas das violências. Com proximidade na psicologia social, adotaremos a perspectiva clássica de Parsons (*apud* Ros 2006, p. 27) para nossa reflexão, quando diz: "Valor é uma concepção, explícita ou implícita, distintiva de um indivíduo ou característica de um grupo sobre o desejável, que influencia a escolha das formas, meios e fins existentes de ação". Analisando esse conceito, podemos desdobrá-lo para algumas questões-chave, segundo Parsons:

1. *Valores humanos podem ser implícitos, invisíveis e até inconscientes, mas estão sempre presentes*: mesmo não visíveis ou declarados, precisamos considerar fortemente que os valores humanos atuam de forma direta sobre o mundo e a vida. Quando são explicitados, há maior clareza de sua influência sobre as decisões e as ações. Exemplo disso, na área educacional, são escolas privadas com cunho religioso

explícito, onde se sabe de antemão que várias questões terão um direcionamento baseado nessa opção. Outra questão importante é que valores distinguem indivíduos entre si ou definem grupos. Há um fluxo que busca equilíbrio entre valores individuais, muitas vezes submetidos aos valores de grupos sociais, quando um aluno, por exemplo, discorda sobre alguma atitude dos colegas, mas acaba seguindo o grupo, com medo de ser desaprovado pelos pares;

2. *Valores humanos estão frequentemente em processos conflituosos*: Ao contrário do que se pensa, se diz e se faz, os valores estão num jogo permanente de conflitos, não apenas externos, mas também internamente às perspectivas pessoais. Pessoas, grupos, nações, podem partilhar um conjunto de valores mais ou menos estáveis, influenciados pelo conjunto cultural e pelos contextos. Nem sempre, porém, todos perceberão da mesma forma ou intensidade tal conjunto de ideias. Alguns discordarão e explicitarão a contradição; outros se calarão, mesmo na discordância. Muitos concordarão plenamente e outros, com ressalvas. Por fim, mesmo parecendo óbvio, é fundamental reafirmar que os valores, tanto em ações individuais como coletivas, são construções referentes ao processo de desenvolvimento das relações humanas e, por isso, determinam nossas ações, pois interferem em atitudes e comportamentos cotidianos;

3. *Valores humanos requerem sempre um complemento/questionamento: o que são valores desejáveis para determinadas realidades?* Objetivamente: os alunos chegam à escola com uma perspectiva sobre os valores passada pela família, percebida pelas mídias, por aquilo que se aproxima de suas crenças ou que as repudia. Ao conviver na escola, outras dimensões de valores são estabelecidas, que podem coadunar-se com as anteriores, ou confrontá-las. Reconhecer esse fato nos afasta do senso comum da discussão sobre os valores humanos na escola, abrindo a necessidade de ampliar – e muito – seus estudos em relação às didáticas, metodologias e práticas pedagógicas, em todos os níveis de ensino. Mas como apontam Branco, Freire e González (2012, p. 38): "Os educadores assumem que existem códigos universais ideais que regem as relações entre as pessoas e não se mobilizam para observar, identificar e analisar as contradições, conflitos e incoerências inerentes aos contextos interativos vivenciados de forma cotidiana".

Ao reconhecer tais limitações, podemos avançar na discussão da *pedagogia dos valores humanos* como elemento importante na estruturação da educação para a paz na escola. A necessidade ou a importância dos valores humanos já está presente, porém, não há uma discussão conceitual e pedagógica em torno deles. Assim, o que vemos acontecer em muitas escolas é justamente um conflito gerado pela imposição de um conjunto de valores considerados "positivos", contra outros valores "negativos". Dito de outra forma, seriam valores que professores têm de sua história de vida e pretendem reproduzir no contexto de seus alunos, porém, em décadas diferentes, com culturas em transição, no caldeirão de estímulos midiáticos e tecnológicos da segunda década do século XXI, ou seja, valores de dois mundos muito distintos, que trazem outros elementos de relação, de percepção, numa palavra, de valores. Os mesmos pesquisadores aprofundam tais questões, pensando como a diversidade e as contradições nos valores humanos interferem decisivamente no contexto e no ambiente escolar. Afirmam Branco, Freire e González (2012, p. 37):

> Existe uma tendência generalizada ao se referir aos valores morais e aos princípios éticos como sendo necessariamente pró-sociais, ou seja, impregnados e fundamentados nos princípios da justiça, da liberdade, do respeito aos direitos humanos e à democracia. Infelizmente, nem sempre a conduta daqueles que atuam em contextos educativos se fundamenta em tais princípios. As verdadeiras crenças, valores e motivação muitas vezes acabam por se traduzir em práticas e ações de discriminação, rotulação e rejeição a certos tipos ou categorias de pessoas consideradas "diferentes" (estranhas? deficientes? inadequadas?) quanto a qualidades específicas.

Notemos que existe um descompasso em relação à teoria com aquilo que se propõe na escola. A primeira questão é a escola como local de formação de cidadãos, o que é confirmado pela legislação e por planos escolares. Porém, não se pode concretizar tal objetivo pensando unicamente nos conteúdos curriculares, ignorando ou tentando unificar valores e perspectivas tão diversas que compõem a escola em algumas atitudes de "disciplina, silêncio e respeito". O exercício e o sentido da cidadania não seriam mais amplos? Aliás, a própria construção da noção de cidadania também não é em si um valor que precisa ser pensado à luz da relação do Estado com seus indivíduos, dentro de uma trajetória histórica e situada? Como aponta Machado (2000, p. 25), pela falta de uma discussão profunda sobre os valores fundamentais a serem desenvolvidos na educação brasileira, "os projetos mais bem-intencionados terminam por perder toda a potencialidade transformadora", perdendo também o sentido pedagógico e tornando-se burocráticos.

Outra face dessa questão sobre os valores "corretos" da educação é tentar evitar a pluralidade de perspectivas e de grupos sociais diversos que vivem/convivem nas escolas. Características étnicas, religiosas, diferentes formas e opções de vida, de escolhas individuais, na flutuação por grupos variados, nessa dinâmica cultural que caracteriza a sociedade atual, marcada pela geração do consumo, pela tecnologia incorporada, pelas possibilidades positivas e pelos dramas decorrentes, mostram a complexidade no tratamento dos valores. Essa tem sido uma das questões visíveis e claramente incômodas em educação, como recentemente no Brasil, com uma discussão nacional sobre "ideologia de gênero", que rivalizou grupos religiosos e apoiadores dos direitos humanos. A discussão, pertencente ao conjunto dos Planos Municipais e Estaduais de Educação, decorrentes do desdobramento do Plano Nacional de Educação (lei n. 13.005/2014), foi desqualificada em seu objetivo pedagógico, que vem sendo construído no país há duas décadas, por afirmações sem sentido pedagógico, fruto de juízo de "valor" subjetivo de determinados grupos, que afirmam que alguns valores devem ser aprendidos com a família e não na escola. Sem nos aprofundarmos nessa situação, fica claro que a relação entre valores, escola, família e sociedade ainda segue sem um tratamento integrado, gerando uma gama de conflitos que, de um lado, são positivos, e, de outro, vêm densamente carregados de revanchismos e oposição extrema, sem a mínima possibilidade de diálogo racional e tolerante, levando inevitavelmente às violências, seja verbal, psicológica ou física.

Logo, os valores humanos como pano de fundo não são evidentemente apenas de fundo, mas emergem com força em palavras, gestos e atitudes cotidianos na escola. Como vemos claramente, existem essas interfaces micro e macro, bem colocadas por Braithwaite e Blamey (2006, p. 183):

> Os valores, como tais, são micro-macro conceitos. No nível micro do comportamento individual, os valores são motivadores como normas internalizadas que reconciliam as necessidades da pessoa com as demandas da vida social. Permitem que os indivíduos avaliem as opções de ação que encontram a sua disposição. No nível macro das práticas culturais, os valores representam formas de entendimento compartilhadas que dão significado à vida social, ordem e integração.

Fica clara a complementaridade. Primeiro, o reconhecimento e a reconstrução dos valores de convivências da relação eu-outro, para possibilitar as pontes para a aproximação nos pequenos grupos de referência. Conviver com os pares, com o sentido de respeito ao ser humano, que carrega diferenças e, ao mesmo tempo, pode ensinar com elas, é fundamental, assim como aceitar que a diversidade é um bem precioso a ser preservado e estimulado, diante de tantas formas de violência e mortes por motivos torpes. Podemos reconstruir, revalorizar e redimensionar os valores humanos universais para valores de convivência concretos, como amor, humildade, responsabilidade, entre tantos, repensados à luz das comunidades, explorando critérios possíveis nas relações, sem perder o fundo de humanização e desenvolvimento em relação ao ser humano. Como reflexo para entender os valores humanos, enfatizamos outro posicionamento pertinente de Braithwaite e Blamey (2006, p. 187):

> A qualidade consensual dos valores emerge do ponto de vista compartilhado de que são produtos culturais e de que sua percebida desejabilidade foi adquirida no processo de socialização. Isso não significa negar que os indivíduos e grupo deem aos valores interpretações particulares. Por exemplo, deve haver um amplo consenso sobre o *valor mundo de paz* (grifo nosso), mas as pessoas se diferenciarão à medida que veem que a paz é alcançável mediante ações econômicas, questões militares, negociação, comprometimento ou dando a outra face em determinada situação.

Portanto, segundo esse raciocínio, podemos dizer que, mesmo que os processos de socialização garantam entendimentos gerais sobre alguns temas para a maioria, determinados grupos e subgrupos podem ter perspectivas diferenciadas sobre ela. Como foi dito, o valor "paz", por exemplo, é daqueles que, em grande medida, encontram um consenso no sentido de ser contrário às guerras. Porém, como vimos nos conceitos atuais, paz é o contrário das múltiplas formas de violência, e, nesse caso, excetuando a violência física brutal, há grande relatividade na percepção das outras formas. A desigualdade social, por exemplo, deflagradora de muita violência, pode ser percebida por certos grupos como um fato natural da sociedade. A violência verbal e até física, condenada veementemente em algumas culturas, pode ser considerada aceitável em outras. Assim, sempre estaremos reconstruindo valores, na busca de certo equilíbrio nas relações humanas e sociais.

Nesta discussão sobre uma pedagogia dos valores humanos, aproximamos, ao mesmo tempo, questões objetivas e subjetivas, pois as dimensões cognitivas e afetivas são complementares em nossa vida. Este universo busca equilíbrio com as questões críticas, trazendo o esclarecimento sobre os valores e em relação às boas convivências. Divergir ou entrar nos conflitos, não precisa ser na maioria das vezes, sinônimo de enfrentamento ou crises, mas ao contrário, pode ser o encontro ou reencontro por meio dos pontos comuns para o crescimento coletivo. Nesse caso, concordamos com a reflexão de Mesquita (2003, p. 14):

> Nossos filhos estudam inglês, matemática, história, computação. Mas não estudam amor ao próximo, solidariedade, respeito à diversidade, cooperação, ética e lealdade. Nossos jovens cada vez mais se preocupam em ser o número 1, mas não aprendem principalmente os valores sólidos que os levem à verdadeira felicidade.

Como vemos, há um discurso de valores pautado na visão positiva de "um mundo melhor e mais humano". Longe de fazer uma abordagem que negue os conflitos e as contradições sociais, estamos ainda mais distantes de descartá-la. Fazer isso é abrir mão de toda uma parte da vida humana, das relações que são cruzadas por valores subjetivos, individuais, construídos nos amores e dores, na espiritualidade, nas famílias e que estão em jogo no contexto escolar. São esses caminhos que, juntamente com as perspectivas críticas, ajudam a reconhecer valores individuais, grupais, coletivos, comunitários, sociais, internacionais e planetários, para caminhar na construção permanente dessa dialogia dos valores, dos contravalores e das sínteses apropriadas a cada geração, sem perder de vista a continuidade dessas mesmas gerações.

Muitas vezes as pessoas são conscientes de seus valores e, com isso, podem afirmá-los, discuti-los e relativizá-los, mantendo-os ou recriando-os. Tais atitudes promovem as aproximações e a construção de caminhos viáveis, solidários e mais sintonizados com a sustentabilidade da vida e do planeta. Outras pessoas raramente param para pensar quais os valores que as guiam em seu comportamento. Nesse caso, não têm clareza de suas tomadas de decisão e podem ser enganadas facilmente ou, ainda, tornar-se violentas por não aceitarem os valores dos outros. Ao contextualizar a perspectiva dos valores humanos em nosso trabalho, encontramos, na contribuição de García e Puig (2010), alguns pontos que fortalecem a importância da construção de uma pedagogia no campo dos valores. Para García e Puig (2010, p. 22), existem sete dimensões ou competências básicas dos valores, que alongaremos na descrição, relacionando-as ao nosso contexto de pesquisa:

1. Ser você mesmo: competência relacionada ao autoconhecimento e à percepção em dimensionar nossos valores entre positivos e negativos, perante as situações da vida e da sociedade. Assim, integrar nossa biografia pessoal nas relações cotidianas é fundamental para estabelecermos perspectivas sobre valores;

2. Reconhecer o outro: ao criar vínculos afetivos com os outros, além do acolhimento e da aceitação das diferenças, estamos colocando nossos valores em dimensão relativa. Isso demonstra a importância dos processos coletivos, entre eles a educação, na construção de valores. Podemos supor que investir em atividades vivenciais, dinâmicas de grupo, esportes e arte enriquece o conhecimento de si mesmo e do outro;

3. Facilitar o diálogo: as convivências humanas são cruzadas pelas palavras, pelos gestos, enfim, pela linguagem. Assim, o diálogo é elemento básico no favorecimento das relações. Qualificar o diálogo é proporcionar a explicitação de perspectivas, que são assentadas em valores, e pensar nos valores envolvidos é necessário para encontrar as motivações e os sentidos para as atitudes;

4. Regular a participação: incentivar a participação ativa das pessoas envolvidas nos processos de construção de vínculos positivos. Isso significa compreender a importância de participar coletivamente e afirmar o compromisso com os grupos;

5. Trabalhar em equipe: ter propostas claras para o trabalho em equipes, para incluir pessoas com seus potenciais colaborativos. Desenvolver coerência e respeito às diferenças é o aspecto básico para o trabalho coletivo. Esse é outro desdobramento do trabalho com os valores humanos, que potencializam as convivências dentro de critérios de comportamento construídos coletivamente;

6. Fazer escola: fazer uma escola melhor através do desenvolvimento da autonomia, do diálogo, da cooperação e com o entendimento de comunidade, inclusive com a participação expressiva das famílias. Assim como pode haver a construção de valores na relação entre alunos e alunos com professores e funcionários, mediados pelas questões escolares, podemos dizer que a escola é também, em grande medida o espaço comunitário e familiar da criação, recriação e construção de valores para a comunidade, que tem problemas comuns, demandas sociais a ser atendidas etc.;

7. Trabalhar em rede: no desdobramento das competências anteriores, é necessário reconhecer que precisamos de uma escola conectada não só com seu entorno, mas com a cidade, o país e o planeta. Aprender o valor do trabalho em rede, tanto nos relacionamentos presenciais como com a utilização da tecnologia como fonte ilimitada de ações positivas e solidárias. Valores também são expressos, e isso é cada vez mais evidente, nos espaços virtuais.

Os profissionais que atuam nas questões sociais e educacionais são, cada vez mais, solicitados a abordar problemas que surgem em suas comunidades. Ao se deparar com tantos desafios que o presente e o futuro revelam, a humanidade vê a educação como um auxílio indispensável na tentativa de atingir os ideais de paz, liberdade e justiça. As ações educacionais e sociais são os principais meios para promover formas mais profundas e harmoniosas de desenvolvimento humano e, assim, ajudar na redução da pobreza, discriminação, ignorância, opressão, entre tantas formas de violência. Assim, educar evidenciando os valores humanos é uma possibilidade pedagógica considerável para nosso tempo, num projeto de educação para a paz.

Portanto, ao discutirmos questões relativas aos valores humanos na escola, precisamos considerar os aspectos a seguir: alguns padrões referentes aos valores são internalizados de maneira macro, em meio à cultura geral de uma sociedade. Isso, por si só, não assegura que esses valores, ao serem confrontados com os subgrupos, com os grupos de convivências mais próximos, sejam relativizados pela necessidade cotidiana de pertencimento e relacionamento. Assim, por exemplo, quando se trata de discutir sobre os valores de educação dos "filhos dos outros", alguns critérios de comportamento podem ser diferentes quando for para "os meus filhos". Por meio dos conflitos e críticas aos valores humanos, podemos chegar ao seu processo pedagógico. Caso contrário, continuaremos atrelando os valores de convivência à perspectiva apenas dita universal, que pouco diz às relações cotidianas, especialmente na escola. Por fim, como uma característica do pensamento complexo, que encontra os caminhos a partir da relação entre as partes, Braithwaite e Blamey (2006, p. 205) dizem:

> Se alguém assume a perspectiva micro ao querer prever comportamentos humanos específicos, este raciocínio teria pouco peso, porque um conjunto de construtos, mais sensíveis ao contexto, teria maior poder explicativo que os

valores. Se, por outro lado, o foco de atenção muda para que os macroprocessos sejam entendidos a partir de princípios que operam no nível micro, a natureza abstrata, consensual dos valores proporciona a ponte entre unidades de análise diferentes. Uma vez estabelecidas as pontes e os marcos de referência compartilhados, podem ser realizados planos de ação em comum.

Nessa análise, temos a contribuição de Carfantan (*apud* Morchain 2015), que apresenta uma classificação de valores que ajuda a entender e a construir ações mais adequadas aos processos pedagógicos. Para o autor, temos: *valores vitais*, como saúde, valorização e continuidade da vida interligada ao respeito pela natureza e pelo meio ambiente; *valores intelectuais*, relacionados ao entendimento amplo de situações, para dar respostas mais adequadas às questões e não puramente a exigência intelectual clássica; *valores econômicos* ligados à questão material, à sua importância e à importância das trocas, entendidas não só pelo viés do consumismo, mas das necessidades humanas; *valores estéticos*, atribuídos à fruição de determinados valores de beleza plástica; *valores morais e religiosos*, como expressão da oposição entre bem e mal, relacionados à religião, ou a uma religação com a espiritualidade e os *valores afetivos*, na relação oposta e complementar aos valores intelectuais, que são pessoais, subjetivos, fruto dos sentimentos experienciados ao longo da vida.

Vemos que os valores descritos por Carfantan (*apud* Morchain 2015) não são fechados, posto que estão em movimento em nossa vida, contribuindo para nossos pensamentos, nossas ações e reações. Desde os valores objetivos (intelectuais e econômicos) aos subjetivos (estéticos e religiosos), passando pelos valores vitais, estaremos sempre em meio a contradições e complementos. Isso é fundamental para pensar as questões de uma pedagogia dos valores humanos. Ressalvamos que Morchain (2015) fala que mesmo os valores expressos pelos indivíduos não são "estritamente individuais, e os juízos de valor emitidos têm sempre um caráter social, senão coletivo" (*ibidem*, p. 175). Isso mostra que embora haja a insistência em pensarmos valores individuais e coletivos, na prática da existência humana eles são muito mais articulados e vivos nos pensamentos e nas práticas sociais.

Até aqui vimos o quanto os valores humanos abrem possibilidades, contradições e interpenetrações entre pensamentos, sentimentos e ações da vida. Tudo isso remete igualmente às relações escolares, uma vez que os valores são inscritos nos contextos e são refletidos nas práticas da vida. Precisamos ter clareza, ao pensar na *pedagogia dos valores humanos* como elemento viável inserido na educação para a paz, da observação de Morin (2007, p. 272): "A inscrição de um indivíduo numa cultura e numa sociedade faz-lhe submeter-se a uma nova dependência que, com frequência, lhe tira a possibilidade de uma autonomia e de um acesso a novas liberdades". Como pensar em mudar tais questões via educação? Os valores humanos podem ser ressignificados em diferentes contextos? Seguimos em frente.

A educação para a paz e a conexão com a *pedagogia dos valores humanos*

Considerando os argumentos expressos, podemos entender que uma *pedagogia dos valores humanos* é essencial para a educação para a paz, na medida em que os valores estão na base das relações de convivência dos indivíduos com seus pares e de suas relações com a natureza e a vida. Também vimos que há dificuldade em estabelecer uma perspectiva única em relação aos valores, algumas vezes observados como virtudes do ser humano, outras como dimensões ligadas à sociedade (complementaridade entre micro e macroconceitos). Neste universo de ponderações, apresentamos alguns argumentos que relacionam os valores humanos com a educação para a paz, explicitando pontos que possam justificar sua contribuição para as práticas escolares.

Fundamentalmente, os valores são crenças ou ideias que balizam nossas vidas e nos ajudam a tomar posições. São construídos na vivência de grupos e sociedade, entre dimensões microespaciais, como a família, e macroespaciais, como um país ou continente. Para contribuir na argumentação, traçaremos aproximações com os "sete saberes da educação" (Morin 2011b), evidenciando as principais articulações e possibilidades dentro da proposta da educação para a paz. A Figura 4 demonstra a *pedagogia dos valores humanos* ao centro, como um anel que se liga aos "sete saberes da educação", abrindo uma gama de interconexões possíveis e viáveis para o pensamento educacional voltado à educação para a paz.

Aproximar a *pedagogia dos valores humanos* aos "sete saberes da educação" confere a busca da complexidade necessária à educação para a paz que tenha consistência argumentativa. Iniciamos pela relação dos valores humanos com as "cegueiras do conhecimento", em que Morin (2011b) afirma que o conhecimento precisa da afetividade e da emoção para não se tornar vazio de significado. Os valores conferem justamente a dimensão da humanidade necessária à educação para a paz, o que já aponta para o "conhecimento pertinente", que prevê a necessidade de o conhecimento possuir significado humano e social, analisando as contradições da sociedade entre a pobreza, a violência e as injustiças globais, bem como as formas de superação através de um saber coerente e pertinente. Os valores humanos, nesse alinhamento com a perspectiva da complexidade, ganham significado e importância, não como valores ao acaso, mas com objetivos educacionais. Além disso, os valores humanos são adequados para o processo de "ensinar a condição humana", pois, como vimos com Morchain (2015), os valores nunca são estritamente pessoais, na medida em que exprimem um conjunto de impressões culturais amplas. Logo, a condição que permite o reconhecimento da humanidade se dá pelo jogo e pelo conflito dos valores em movimento.

FIGURA 4. PEDAGOGIA DOS VALORES HUMANOS EM RELAÇÃO À COMPLEXIDADE

Fonte: Elaboração do autor.

Do que vimos até agora, dos valores humanos ligados aos saberes, podemos dizer que valores com base na solidariedade, na cooperação, na tolerância e na não violência podem ser evidenciados ao mesmo tempo em que questionam seus contrários, como competição, egoísmo, intolerância e violência. Isso pode dar o tom para o "ensinar a identidade terrena", pois é na mudança na percepção dos valores, com a valorização da diversidade e das diferentes formas de viver as situações da vida que encontramos a unidade na diversidade, que desenhamos uma identidade terrena, apoiada em valores universais coerentes com a preservação da vida de nossa espécie e do planeta. Para concretizar valores que enfrentem os modelos tradicionais, que reproduzam a vida, incluindo os erros, precisamos "enfrentar as incertezas", conforme diz Morin (2011b), o que está condicionado em assumir a incerteza como possibilidade geradora de novas questões e modos de nos situarmos no mundo, reconhecendo que as certezas nas quais temos baseado nossas escolhas levaram a muitos problemas da humanidade. Precisamos de pontos de vista compartilhados e que busquem relações entre global e local, migrando valores de nossa realidade próxima, presa a certa zona de conforto, para realidades complexas. Existe a violência em nossa comunidade, criminalidade etc. Porém existe a violência da guerra, em outros continentes, que também mostra problemas extremos e mais devastadores do que aqueles que vivemos.

Outro dos "saberes da educação" é o "ensinar a compreensão", que é entendido por Morin (2012c) como um dos objetivos da educação para a paz. A compreensão, como valor explícito, requer a empatia como princípio, a humildade como perspectiva e a cooperação como encaminhamento, visando a um caminho adiante na vida em sociedade. Ao lado disso, temos a "ética do gênero humano", que será igualmente fundada em valores humanos redimensionados, ressignificados, regenerados, pois, sem mudar as formas pelas quais vivemos os valores humanos, não podemos supor mudanças, pois, nesse caso, mesmo que a ciência, a tecnologia e a sociedade aparentemente evoluam, os padrões de comportamento serão os mesmos, como o egoísmo, o individualismo, a fragmentação. Por isso, uma *pedagogia dos valores humanos* prescinde desse olhar complexo. A própria paz, como valor, precisa ser ressignificada, como diz Pizzimenti (2013, pp. 23-24):

> O mundo vive um momento de tensão absoluta. Guerras eclodem por pequenas coisas em todos os lugares do planeta. Pessoas se matam por nada no trânsito, nos bares, nas escolas, nas famílias. A vida, de repente, parece não ter mais valor, exatamente porque os valores estão distorcidos. Não há entre as pessoas mais tolerância, calma, paciência. Torna-se urgente que a paz seja reaprendida para que possamos ter um mundo melhor.

Vimos anteriormente que os valores muitas vezes não são conscientes, mas apenas reproduzidos de maneira automática nas ações humanas. Podemos até dizer que há certa inconsciência de valores. Nisso, é importante relembrar que os valores remetem a diversas dimensões da vida: saúde, intelecto, economia, estética, moral etc. Com essas premissas, supomos que ideias, pensamentos, teorias, ações humanas individuais e em sociedade precisam ser examinadas com base nos valores que as motivam. Assim, deveríamos proceder em todas as situações, inclusive na escola. Os juízos prévios de valor sobre atitudes dos alunos, feitas pelos professores ou pelos colegas, realmente são adequados e elaborados a partir de diálogo e impressões consistentes? Ou simplesmente reproduzem falas sem consistência ou fruto do senso comum.

As escolas da atualidade são cada vez mais multiculturais e diversas, nas quais os conflitos naturalmente estão presentes, no caminho de encontrar convivências mais adequadas. Por isso, uma pedagogia dos valores humanos é essencial para a educação para a paz, pois vai buscar o contraditório e, ao mesmo tempo, a integração que pode ser construída pelas diferenças iniciais. Nessa construção de valores, mais adequados, justos e plurais, vamos inserindo e aproximando pessoas e grupos, concretizando o fluxo entre valores universais e valores cotidianos de convivência, juntos e afastados, integrados e regenerados em equilíbrio. Assim, não teríamos uma oposição entre valores universais e valores cotidianos, pois ao retroagirem uns sobre os outros, imprimiriam a noção local/global com mais naturalidade e objetividade. Nesse ponto é importante o destaque de La Taille (2013, p. 20):

> Não se trata portanto de fazer belos discursos sobre o bem ou sobre o mal, mas de organizar o convívio escolar de forma que seja a expressão da justiça e da dignidade. E tampouco se trata de realizar ações pontuais (como organizar uma "Semana pela Paz"), mas de um trabalho constante, cotidiano.

Vemos, aqui, que nossas ações são definidas no conjunto de representações construídas – que sempre terão uma base valorativa entre o que se deseja e o que é possível – ou no que é certo ou errado, bom ou mau, paz ou violência. Afinal, quais as identidades valorativas que precisam ser evidenciadas na educação para a paz? Na área que podemos definir como *pedagogia dos valores humanos*, temos hoje, no Brasil, dois programas que possuem base conceitual e metodológica sobre o ensino de valores que merecem ser destacados. Esses programas, embora com suas especificidades, possuem como pano de fundo a intenção de uma cultura de paz e, por isso, os consideramos como perspectiva positiva de integração à educação para a paz. Da análise de ambos, em suas aproximações e diferenciações, vamos encontrar elementos pedagógicos muito importantes para a prática dos valores humanos nas escolas.

O primeiro deles é o programa Vivendo Valores em Educação (Vive)[9] e o segundo é o Programa de Educação em Valores Humanos (PEVH).[10] Ambos elencam valores fundamentais às suas práticas, além de apresentarem um procedimento metodológico, tanto por material didático específico como por outras publicações de apoio.

De acordo com Tillman (2009) o Vive é um programa completo de formação em valores humanos, que apresenta metodologia definida que prevê a busca de uma "atmosfera baseada em valores" que favoreça as relações e o aprendizado, baseado nos seguintes eixos: estímulo de valores, discussão, expressão criativa, exploração de ideias, desenvolvimento de habilidades pessoais sociais e emocionais, habilidades de comunicação interpessoal, relação entre sociedade, meio ambiente e mundo e a integração de valores à vida. Nesse sentido, Tillman (2004) também descreve estratégias como: pontos para reflexão, imaginação, exercício de relaxamento/concentração, expressão artística, atividades de autodesenvolvimento, habilidades sociais, percepção cognitiva da justiça social e a coesão social, que passam a serem elementos pedagógicos estabelecidos.

Além disso, Nonato Jr. (2009), ao analisar uma experiência pedagógica com o Vive, estabelece pontos importantes que dialogam com o programa e contribuem para afirmar que o trabalho com os valores humanos é fundamental em novos paradigmas educacionais. Para o autor, esse diálogo aconteceria: com a diversidade (não com o modelo); com a imprevisibilidade (não com categorias prévias); com as condições de possibilidade (não com conceitos fechados); com a implicação (não com a neutralidade); com as múltiplas inteligências (não com a sobreposição da razão); com a espiritualidade e a corporeidade (não

---

9. Segundo Barros e Nonato Jr. (2009), o programa Vivendo Valores em Educação (Vive) é coordenado pela Associação Vivendo Valores Humanos Internacional, com sede em Genebra, na Suíça. O programa é apoiado pela Unesco e está presente em dezenas de países. Surgiu em Nova York (1996), a partir de representantes de cinco continentes. O programa se desenvolveu na parceria entre o Fundo das Nações Unidas para a Infância (Unicef) e a organização Brahma Kumaris, tendo como coordenadora Diane Tillman. O programa é traduzido para dezenas de idiomas e utilizado em dezenas de países.

10. De acordo com Martinelli (1999), o PEVH foi criado pelo líder espiritual e educador indiano Sri Sathya Sai Baba, no final dos anos 1960. O programa, que foi introduzido em sua aldeia, na Índia, hoje é um complexo educacional que compreende desde escolas de ensino fundamental e médio até universidades, integrando ciência e espiritualidade. Essa proposta foi difundida pelo mundo todo, por intermédio de milhares de pessoas que visitaram a Índia, conheceram Sai Baba como líder espiritual e tiveram acesso à metodologia do PEVH, levando-a e adaptando-a de acordo com suas possibilidades locais, mantendo os princípios do programa.

com a metaintelectualidade); com a valorização de ação com grupos de atuação microssocial – étnicas, sexuais, raciais etc. (não com a homogeneização social); com a propagação de um conhecimento em rede (não com a compartimentação do conhecimento); com a miscigenação entre várias matrizes – ciência, religião, mito, arte (não com a superioridade da racionalidade); com a micropolítica e a subjetivação (não com a visão objetivada) e finalmente a complexidade como fundamento para a compreensão da realidade.

Das questões apontadas, vemos que o Vive, embora não explicite a fundamentação teórica da teoria da complexidade, possui, justamente nessa categoria, sua dimensão metodológica. Considerando as observações iniciais sobre o Vive, apresentamos os valores primordiais a serem trabalhados em seu programa educativo, definidos por Tillman (2004):[11]

1. *Paz*: como primeiro valor a ser desenvolvido, representando mais do que ausência de guerra, mas uma dimensão humana a ser aprendida;
2. *Respeito*: como valor inato, na premissa do respeito a si mesmo e aos outros;
3. *Amor*: como uma ideia de lei natural, que pressupõe abnegação, de doação, sendo um catalisador de mudanças e de reconhecimento profundo do melhor dos outros;
4. *Tolerância*: condicionada ao amor, buscando a compreensão e abertura, favorecendo sobremaneira os relacionamentos;
5. *Honestidade*: no sentido fundamental de dizer a verdade, pois a verdade é a base da conexão entre pessoas, fechando espaço para mentiras e hipocrisia;
6. *Humildade*: como respeito por si mesmo, em oposição à arrogância. A humildade aponta para a abnegação, para a estabilidade interna e externa, pela crença da força de si e dos outros;
7. *Cooperação*: pessoas envolvidas em objetivos comuns, reconhecendo o papel de cada um e de todos, é um valores que dependem muito dos anteriores, como humildade, amor, tolerância etc.;

---

11. Nesta obra, Diane Tillman apresenta toda a metodologia relacionada ao Vive, inclusive com inúmeras aulas destinadas a cada um dos valores humanos previstos. A metodologia, como já foi dito, é diversificada, passando pelo trabalho com música, expressão corporal, discussão, debates etc. Além disso, a metodologia prevê a inserção dos valores humanos no conjunto de várias disciplinas escolares, ao longo do período de aulas. Assim estabelece-se um caráter interdisciplinar.

8. *Felicidade*: a felicidade verdadeira pode ser alcançada por ações puras, abnegadas e, quando há esperança e propósito, existe felicidade;

9. *Responsabilidade*: com o princípio de "fazer sua parte" e aceitar o necessário para executar as tarefas com integridade;

10. *Simplicidade*: está nas coisas mais simples da existência humana, em relação a si mesmo, aos outros e ao planeta. Opõe-se à lógica do "ter" no sentido de excesso material e convida as pessoas a buscarem a simplicidade na sua forma de olhar a vida e a existência;

11. *Liberdade*: percepção de estar livre no sentido das opções e escolhas conscientes ao longo da vida. Liberdade se dá com direitos e responsabilidades em equilíbrio, e as escolhas podem ser feitas de maneira consciente;

12. *União*: valor inspirador de comprometimento individual e coletivo com um objetivo importante para todos e que requer uma construção compartilhada.

Vemos que os 12 valores humanos definidos e tratados pedagogicamente pelo Vive são fundamentais no trabalho educacional. No caso da discussão da proposta da *pedagogia dos valores humanos*, dentro da educação para a paz como tema transversal, o Vive é integrado de maneira dialógica, também sendo refletidas suas práticas e estratégias. A própria discussão crítica a respeito da definição de valores pode ser aprofundada, além de reconhecer que, além desses 12 valores, outros podem, igualmente e de acordo com as diferentes escolas e realidades, ser incluídos, redimensionados, recriados ou tratados de acordo com o proposto no programa.

Já o PEVH, na perspectiva pedagógica, também apresenta aberturas e caminhos interessantes para discutir a construção da educação para a paz. O PEVH apresenta valores de base, ou prioritários, chamados de valores absolutos que podem ser desdobrados em diversos outros valores (ou valores relativos). De acordo com Martinelli (1999, p. 17) os valores humanos "unificam e libertam as pessoas da pequenez do individualismo, enaltecem a condição humana e dissolvem preconceitos e diferenças". Igualmente ao Vive, o PEVH também apresenta uma gama de alternativas pedagógicas para seu desenvolvimento, desde harmonização, análise de provérbios e pensamentos, canto conjunto, narrativa de contos, mitos, fábulas, lendas e parábolas, atividades em grupo de caráter mais cognitivo, aprendizado com a natureza, entre outros (Martinelli 1999).

Os valores considerados absolutos, dentro do PEVH, o são pelo fato de serem "inerentes à condição humana. O ser essencial se expressa por meio destes valores humanos" (*ibidem*, p. 20). Nesse contexto, cinco valores absolutos são apresentados por Martinelli (*ibidem*, pp. 20-21):

1. *Verdade*: considerando a verdade que é eterna e absoluta, inspirada no bem, na espiritualidade e na paz;
2. *Ação correta*: é a sincronização do ritmo interior com o exterior, que se dá pela realidade do corpo. Agir corretamente é ter essa consciência do corpo e de suas relações, colocando o amor na ação consciente e concreta da vida;
3. *Amor*: energia de transformação, superando a dimensão dos instintos, a aversão pelas pessoas e, ao mesmo tempo, valorizando o amor altruísta, olhando através do coração;
4. *Paz*: base da felicidade humana, que está no equilíbrio entre os níveis racional, emocional, intelectual e espiritual que nos aproxima da alma;
5. *Não violência*: a não violência abriga os demais valores absolutos, pois significa estar diretamente atuando, em todos os espaços, na proximidade com o amor e agindo pacificamente nos pensamentos e ações.

Na proposta pedagógica do PEVH, cada *valor absoluto* pode ser desdobrado em *valores relativos*. Isso quer dizer que verdade, ação correta, amor, paz e não violência são fixos, ou valores para os quais não cabe discussão. A partir dos desdobramentos, daí sim, os valores passam a ser discutidos e relativizados em tempos, espaços e contextos diferentes. Para o nosso estudo, é importante apresentar esses desdobramentos, apresentados por Martinelli (*ibidem*, pp. 18-19), que destacam os valores relativos de cada um dos valores absolutos:

- Valores relativos à *verdade*: discernimento, interesse pelo conhecimento, autoanálise, espírito de pesquisa, perspicácia, atenção, reflexão, otimismo, sinceridade, honestidade, exatidão/síntese, coerência, imparcialidade, sentido de realidade, justiça, lealdade, liderança, humildade;
- Valores relativos à *ação correta*: dever, ética, honradez, vida salutar, iniciativa, perseverança, responsabilidade, respeito, esforço,

262 ■ Papirus Editora

simplicidade, amabilidade, bondade, disciplina, higiene, ordem, coragem, integridade, dignidade, serviço ao próximo, prudência;

- Valores relativos ao *amor*: dedicação, amizade, generosidade, devoção, gratidão, caridade, perdão, compaixão, compreensão, simpatia, igualdade, alegria, espírito de renúncia;
- Valores relativos à *paz*: silêncio interior, calma, contentamento, tranquilidade, paciência, autocontrole, tolerância, concentração, autoestima, autoconfiança, autoaceitação, desprendimento, desapego;
- Valores relativos à *não violência*: fraternidade, cooperação, concórdia, altruísmo, força interior, respeito à cidadania, patriotismo, responsabilidade cívica, unidade, solidariedade, respeito à natureza/ecologia, respeito às diferenças, raças e culturas, uso adequado de: tempo, energia, dinheiro, energia vital, alimento e conhecimento.

Ainda em relação ao PEVH, abre-se a possibilidade de utilizar diferentes momentos para sua prática na escola, que podem configurar-se pelo método direto, quando há um tempo só para as práticas do programa, ou pelo método indireto, relacionado aos conhecimentos curriculares, em que os valores são pensados juntamente com diferentes conteúdos escolares. A esse respeito, Martinelli (*ibidem*, p. 25) diz: "É preciso que o aluno compreenda as razões e o sentido amplo do valor da matéria que lhe foi ensinada para que avalie e escolha seu comportamento de forma consciente e responsável". Outra questão importante é a própria afirmação da autora de que o PEVH, embora tenha menções claras relacionadas ao orientalismo, é fruto de uma união com o pensamento ocidental, pensando no ser humano universal.

Aproximando os dois programas apresentados como alternativas pedagógicas da *pedagogia dos valores humanos*, vemos muitas semelhanças. Primeiro, a importância de afirmar um conjunto de valores a ser tratado de maneira pedagógica e que supere a ideia, já discutida, de uma escola que negligencie essa perspectiva dos valores humanos. Além disso, a alternativa positiva de utilizar várias possibilidades didáticas além das tradicionais, integrando questões do corpo, música, reflexões sobre questões subjetivas, entre outras, que apontam para o conjunto de vivências/convivências, que discutiremos com mais atenção adiante. Outro ponto é a necessidade de estabelecer uma conexão profunda entre os valores humanos e a própria vida, não apenas discutindo sobre eles, mas realmente criando uma nova forma de conduta, mais humana, equilibrada e feliz, religando o ser humano interior e exterior, com reflexo na natureza, buscando o desenvolvimento integral da pessoa.

Portanto, os pontos destacados até aqui podem ser considerados componentes da *pedagogia dos valores humanos*, que merecem, todavia, o reforço de alguns aspectos que evidenciamos a seguir:

a) A educação para a paz tem, na *pedagogia dos valores humanos*, uma de suas dimensões essenciais, explicitando seu aspecto pedagógico fundamental, a construção de valores no fluxo contínuo entre valores universais e cotidianos;

b) A educação para a paz precisa ter a clareza de que os valores humanos estão sempre relacionados aos diferentes contextos em que são evidenciados, sendo definidos juntamente com mudanças históricas e pelas convivências, gerando a perspectiva dos antivalores, pois só podemos encontrar as perspectivas dos valores por meio desse jogo social;

c) A educação para a paz pode apoiar-se nos programas de valores humanos como o Vive e o PEVH como dimensões da *pedagogia dos valores humanos*, fazendo sua integração às demais pedagogias – *direitos humanos, conflitologia, ecoformação e vivências/convivências*, na constituição de um campo de conhecimento elaborado;

d) A educação para a paz reconhece a importância de propostas como o Vive e o PEVH em sua metodologia específica e como programas que contribuam para a cultura de paz, porém assume que, no conjunto da educação para a paz, na perspectiva do pensamento complexo, precisa de outros elementos específicos das demais *pedagogias da paz* para conseguir avanços humanos e sociais densos;

e) A educação para a paz, ao adotar a transdisciplinaridade como elemento de sua construção, aproxima-se das ideias do PEVH, que apresenta a mesma visão, porém também entende que a perspectiva do Vive, considerada interdisciplinar, é correspondente aos seus anseios, uma vez que a transdisciplinaridade só pode ser percebida a partir dos movimentos disciplinares, interdisciplinares e multidisciplinares;

f) A educação para a paz adota a transversalidade como outro de seus elementos de construção, ou a paz como tema transversal. Nesse sentido, cabem alguns pontos relacionados aos programas Vive e PEVH, que supõem tanto intervenções pedagógicas diretas (momentos destinados ao trabalho da paz) como indiretas (a paz na relação com as diferentes áreas do conhecimento);

g) A educação para a paz, pelo seu olhar da complexidade, encontra elementos importantes do Vive e do PEHV, especialmente em relação à subjetividade, ligada às questões multiculturais, aos mitos e à espiritualidade, que são dimensões interiores do ser humano;

h) A educação para a paz, reconhecendo o papel amplo dos valores humanos, reconhece que, mesmo que eles apontem para questões interiores e exteriores ao ser humano, seu aspecto central está na humanização, na melhoria dos indivíduos, que, como consequência, pode interferir qualitativamente nas demais dimensões (social e ambiental);

i) A educação para a paz, na *pedagogia dos valores humanos*, pretende que os valores humanos não sejam tratados apenas como sinônimo do "ser bonzinho" ou "ser da paz" de forma ingênua, mas que afirmem que a subjetividade é fundamental para a vida, a educação e a escola, na religação com a objetividade, regenerando os próprios conhecimentos científicos e culturais;

j) A *pedagogia dos valores humanos*, como base para o trabalho da educação para a paz, justifica-se como uma volta, ou retomada de olhar, para questões mais sensíveis e naturais ao ser humano, com foco em ações não violentas e serenas, ao mesmo tempo em que, com essas duas premissas, questione as situações criadas entre os valores e os antivalores, aproximando universalidade e cotidiano, o geral e o particular, o que é de cada um e o que é de todos, valores de convivências e valores centrais à vida.

Os aspectos ressaltados procuram contribuir fundamentalmente com uma perspectiva educacional nova, desafiadora, humanizadora, sem perder o universo crítico, bem colocado por Sastre Vilarrasa e Moreno Marimón (2002, pp. 33-34):

Entre estas consequências, pode-se facilmente perceber um desequilíbrio entre o nível de evolução que alcançam os aspectos cognitivos do pensamento – exercitados intencionalmente no ensino formal – e os aspectos afetivos – banidos de tal ensino ou por ele ignorados – que permanecem em estado de subdesenvolvimento. Isso conduz a uma sociedade muito bem preparada para progredir no campo da tecnologia – inclusive a militar –, mas deixa essa tecnologia nas mãos de indivíduos que não sabem conscientizar e organizar suas emoções nem resolver conflitos de maneira não-violenta, isto é, nas mãos de analfabetos emocionais. Muitos dos políticos e militares envolvidos em guerras e massacres foram, em algum momento, estudantes aos quais se ensinou com muita ênfase a resolver problemas relacionados com matérias curriculares, mas que não foram preparados para resolver conflitos interpessoais de maneira inteligente.

Discutimos, neste momento, a *pedagogia dos valores humanos* como o primeiro elemento das *cinco pedagogias da paz*. Não obstante seja um tema que remete a inúmeras perspectivas, procuramos nos concentrar em programas de valores humanos utilizados em escolas e projetos que procuram promover a cultura de paz. Ao mesmo tempo, como nossa argumentação procura aproximar outras áreas que complementem os valores humanos, acreditamos que as perspectivas levantadas contribuem para essa condução de ideias. A educação para a paz prescinde dos valores, de uma pedagogia de valores, humanizadora, crítica, dialógica, numa palavra, complexa.

Pedagogia dos direitos humanos

Das *cinco pedagogias da paz* apresentadas como componentes da educação para a paz, possivelmente o campo dos direitos humanos é o mais desenvolvido conceitualmente. Historicamente, a reflexão sobre os direitos humanos ganha contornos objetivos com a Declaração dos Direitos do Homem e do Cidadão, sob os auspícios da Revolução Francesa (1789). Mas, em termos globais, é no final da Segunda Guerra Mundial e a partir da criação da ONU que é organizada, em 1948, a Declaração Universal dos Direitos Humanos, o documento que dá as bases para o pensamento da humanidade como caminho de liberdade, igualdade e fraternidade. Destacamos que a declaração francesa tinha objetivos mais específicos, voltados a enfrentar os privilégios das elites, enquanto a declaração da ONU ampliou a primeira, integrando outros aspectos, especialmente no que tange ao combate a qualquer forma de discriminação. Com isso, queremos dizer que os direitos humanos são "vivos" e estão em movimento juntamente com a sociedade, levando à reflexão e sendo ampliados com os problemas humanos de cada época e geração.

A respeito dessas relações iniciais, pode-se dizer que a sociedade considerada moderna e que procura dar visibilidade aos direitos humanos, mesmo criticada em suas limitações atuais por um modelo que não se sustenta mais, é fruto de muitas lutas e conquistas, ainda que fugazes, mas que procuram avançar em relação às concessões a determinados grupos, geralmente os mais vulneráveis e que mais sofrem com as violências e injustiças humanas. Esse ponto é observado por Morin (2011a, p. 83) em *O método 6*:

A democracia é uma conquista da complexidade social. Como já indicamos, ela institui, ao mesmo tempo, direitos e liberdades para os indivíduos, eleições que garantem o controle dos controladores pelos controlados, o respeito da pluralidade das ideias e opiniões, a expressão dos antagonismos e a sua regulação, impedindo que se expressem violentamente.

A democracia é, nesse sentido, o requisito básico para a construção histórica dos direitos humanos. Podemos dizer, como metáfora, que os documentos e declarações de direitos humanos foram "escritos com o sangue" das injustiças perpetradas contra pessoas e grupos, até o reconhecimento como um direito assegurado social e juridicamente. Com essa ideia, bem como sua discussão e contradições, prosseguiremos.

Abordaremos a *pedagogia dos direitos humanos* com base nos estudos de Johan Galtung (1994 e 2006), que discute ser necessário observar que o conjunto de direitos visto pela lógica das nações nem sempre equivale à soma dos direitos dos cidadãos na sociedade. Muitas vezes pode, inclusive, apresentar contradições entre as perspectivas. Considerando essa contradição, Galtung (1994) diz que a história humana é fértil em produzir situações de violência extrema. Porém, é importante visualizar que em determinados momentos, de acordo com os contextos onde são produzidas, as violências aniquilam os direitos humanos e, muitas vezes, não são percebidas com clareza pelos próprios envolvidos. Considerando essa dimensão, Galtung (2006, p. 65) retrata um desses momentos:

> Deixem-me começar com um exemplo dramático. Uma nação tão cumpridora da lei e orientada por regras como a alemã, com leis e regras tão profundamente incrustadas na sua cultura, tornou-se um estado nazi com 110.000 pessoas nas SS, AS e SD, exterminando onze milhões de seres humanos, dos quais seis milhões de judeus, contando o partido nazi com nada menos do que sete milhões de membros.

A essa questão, cabe o complemento de Galtung (2006), quando afirma que, na Alemanha, foram séculos de cristianismo em geral, seguido de cristianismo luterano, que poderiam ter agido como um elemento de dissuasão nessa onda de violência sem precedentes. Portanto, vemos claramente aqui a relação entre valores humanos e direitos humanos. Nesse caso, como os valores filosóficos e culturais do povo alemão acabaram por colocar uma cortina de fumaça sobre a terrível ameaça humanitária que ocorria bem diante de seus olhos? Continua Galtung (1994, pp. 66-67):

Em vez disso, o sistema produziu a mais flagrante das contradições entre normas e comportamentos, entre valores e fatos. A questão passa então a ser: como são manuseadas as contradições entre norma e comportamento? Em geral, isto depende da força relativa dos dois. Se as normas são muito fortes, no sentido de serem internalizadas (consciência) e/ou institucionalizadas (recompensa/punição), vencerão e o comportamento dissonante com elas deparar-se-á com sanções negativas, má consciência e/ou punição. Mais especificamente, a primeira linha de defesa da ordem social contida nas normas é a internalização e a segunda é a institucionalização.

No caso analisado, vemos que há uma questão de internalização das normas e depois sua institucionalização, e essa consciência das normas gera um comportamento específico. Quando a consciência se torna coletiva, a institucionalização é fundamental para evitar vozes contrárias. Quer dizer, para a grande massa de alemães membros do partido nazista, e de muitos alemães, naquele momento, o discurso de Hitler, em vários sentidos, foi acolhido e considerado importante para o país. Nesse caso, mesmo com a violação dos direitos humanos e da vida humana contra milhões de judeus, a sensação era de que existiria um direito maior, como nação, como a independência de determinada raça, nesse caso a ariana, como superior às demais. O controle foi mantido pelas instituições, tornando-se imaginário coletivo que, mesmo não sendo de consenso do povo alemão, era mantido também pela violência do medo, a violência simbólica.

Podemos, guardadas as devidas proporções, falar do regime militar no Brasil, onde uma grande parcela da população acabou "comprando a versão oficial" de que os militares estavam defendendo o país contra o comunismo. Mesmo com diversos direitos humanos comprometidos, como a livre expressão, a democracia, a luta por melhores condições de vida e trabalho, a população viveu uma geração aceitando as decisões de um pequeno grupo. Isso demonstra que as construções no imaginário coletivo são tão fortes, especialmente quando apoiadas pela mídia, que, décadas depois, uma parcela da população ainda pede o retorno dos militares para reinstaurar a "ordem" no país.

Esses exemplos mostram como em determinados momentos, com o argumento de preservação de direitos humanos, os próprios direitos humanos são sufocados. É a lógica de acabar com algum tipo de violência, usando a própria violência. Nesse caso, nem seriam violências, mas discordâncias, conflitos entre pessoas e grupos. Tais questões, em si, já são eticamente alvo de muita reflexão, de formas de acreditar no mundo e na vida. Além disso, desdobramentos mais concretos são elencados por Galtung (*ibidem*, p. 84):

> Duas reações típicas dos seres humanos quando sofrem privações das necessidades seriam a passividade, mesmo a apatia, e depois a atividade, mesmo revolta. A primeira pode, em última instância, levar à mobilidade e à mortalidade, talvez também ao alcoolismo, abuso de drogas, doença mental e suicídio. A segunda pode levar a atividades socialmente desviantes dirigidas para o exterior, tal como atos criminosos, talvez homicídios e atividade política incluindo revoluções violentas e não violentas.

Tal reflexão aponta justamente para a sustentabilidade dos direitos humanos. Nas situações em que os direitos básicos são negados, provavelmente haverá um momento de passividade e medo, seguido, ao longo do tempo, de revolta contra os sistemas, que dependerão, nesse caso, de manter sua ordem por meio da repressão. Porém, historicamente, sabemos que tal modelo não é sustentável em longo prazo, pois é um desequilíbrio que tende a ser modificado ao longo dos anos ou das décadas, pelas próprias mudanças no mundo e nas formas de relação, como contracorrentes.

Outra contradição acerca dos direitos humanos é entender até que ponto o Estado precisa legislar sobre a quantidade dos direitos das pessoas. Discute-se sobre a necessidade de grupos e indivíduos, considerados minorias, entre os quais outros direitos surgem como forma de suprir situações contemporâneas, como a união e a adoção homoafetiva, os direitos das pessoas com deficiência e, ainda, a igualdade de gênero e o fim da discriminação racial. Além disso, questões sociais e econômicas assumidas cada vez mais pelo Estado podem garantir direitos num primeiro momento, mas criar uma grande dependência na sua continuidade. A isso, Galtung (*ibidem*, p. 106) refere-se da seguinte maneira:

> Em resumo, o problema não se resolve fazendo do Estado o recipiente de um número cada vez maior de normas cuja implementação levaria a um nível crescente de satisfação de algumas necessidades de base, adicionando a isto a institucionalização através dos vários mecanismos discutidos acima. Há aqui uma dialética cruel em ação: quanto mais esta maquinaria cresce, tanto mais poderá derrotar os seus próprios fins, não só através dos abusos, quando a maquinaria cai em mãos erradas, mas pelo seu próprio uso, de uma maneira correta, da própria maquinaria. Mais precisamente: é possível, como no Estado previdência moderno, ganhar em sobrevivência, bem-estar e liberdade, enquanto

ao mesmo tempo se perde em identidade, adquirindo os três primeiros à custa da alienação.

Por isso, Galtung (1994) fala da dialética entre as dimensões micro e macro referentes aos direitos humanos. As questões macro visam ao estabelecido pelos organismos internacionais, governos, legitimando espaços como a Assembleia Geral das Nações Unidas. Podemos dizer que são direitos voltados às questões amplas sobre a vida e o mundo, baseados em valores universais que pretendem alcançar uma perspectiva mundial que aponte para uma cultura de paz.

De outro lado, muitos dos valores universais apoiados por alguns países não têm ligação direta com direitos individuais necessários, muitas vezes com urgência, às populações. Um exemplo disso é um país que oferece ajuda internacional (como alimentação, por exemplo) para outro país que passa por tragédias ambientais ou guerras, mas ele próprio, o país doador, enfrenta internamente problemas com distribuição de renda, o que afeta, inclusive, a alimentação de seus habitantes. Nessa flutuação entre os direitos macro e micro, temos a tendência do crescimento da cultura de paz, como indicador para o processo complexo da humanidade, que requer uma aproximação entre as aspirações dos organismos internacionais e as práticas cotidianas dos direitos humanos. Dito de outra forma, onde os benefícios são recebidos, mas não são entendidos em seus princípios fundamentais e, assim, não serão valorizados como possibilidade efetiva de mudança pessoal e social, sendo entendidos apenas como "favores" ou "obrigação" do Estado.

A relação dos direitos humanos com a cultura de paz é direta, porém complexa. Por isso, é fundamental redimensionar tais conceitos, visando trazer outras bases que contribuam para qualificar as discussões, as práticas sociais e educacionais. Nesse caminho, a educação para a paz é significativa, pois é a área de conhecimento que se consolida e, cada vez mais, é solicitada a dar respostas concretas nos espaços educacionais diversos. A própria paz se configura como um direito do ser humano, um direito em constante busca, edificado pelo acúmulo de experiências humanas, individuais e coletivas de caráter positivo, inclusivo, solidário, tolerante e democrático. Nas palavras de Galtung (*ibidem*, p. 213):

> O direito de viver em paz pode ser lido como o direito de não ser vítima de agressão. Mas se assumirmos que a agressão não é aleatória, mas causada por

fatores estruturais e culturais entre e dentro dos atores, então o direito de viver em paz é o direito de viver num cenário social (nas palavras do artigo 28 da Declaração Universal dos Direitos Humanos, "uma ordem social e internacional") onde se faz qualquer coisa sobre os fatores e não só sobre os atores.

Portanto, deve-se pensar os direitos humanos na dupla dimensão – macro e micro – entre os direitos em perspectiva internacional, de aproximação de valores universais que pretendem alterar os rumos da humanidade e os direitos individuais, que são mais diretos, como a garantia de alimentação, saúde, educação e opções dignas de, inclusive, buscar mais autonomia e protagonismo como contribuição ao cenário coletivo. Tais questões são fundamentais para refletir sobre a escola no processo de produção e reprodução de estruturas sociais que impedem a concretização dos direitos humanos. Isso é assim analisado por Schilling (2014, p. 21):

> Além das diferenças entre pessoas, o sistema meritocrático deixa de lado as diferenças entre os sexos e os grupos sociais, transformadas, pela ação da escola, em desigualdades escolares, e, novamente, em desigualdades sociais, econômicas e culturais. Os "vencidos", neste sistema, serão vistos como os únicos responsáveis pelo seu fracasso (pois estiveram, teoricamente, claro, em um ambiente de igualdade de oportunidades e não souberam aproveitá-las).

Essa questão é séria no que tange aos cuidados e perigos dos discursos dos direitos humanos. O discurso de igualdade, sempre tão valorizado, pode apresentar desvios, como o citado (meritocracia), fazendo o caminho inverso ao que é desejado como cidadania e direitos. O mesmo se diz para a paz como direito: seria uma paz imposta por violência, medo e silêncio, que gera uma falsa sensação de harmonia? Ou uma paz que é tecida pelos próprios problemas da humanidade, construída pela redução das situações de injustiça, desigualdade e busca da complementaridade do binômio valores humanos/ direitos humanos. Nesse mesmo sentido, Rayo (2004, p. 101) fala que a educação para a paz, entendida de forma ampliada, "equivale à prática real dos valores humanos em sua dimensão social, econômica e política" e que "demarca a exigência de elaborar um projeto de cultura capaz de oferecer uma forma espiritual de vida transpessoal, transocial e transplanetária" (*ibidem*).

Ainda sobre esse redimensionamento dos direitos humanos, além das contribuições teóricas de Galtung (2006), também temos os olhares defendidos por Rayo (2004, p. 110):

A educação para a paz (EP) definida como esse processo de resposta à problemática mundial a partir da ótica dos direitos humanos não pode inspirar-se na ideia moderna de um sujeito (individual e social) universal e autossuficiente, mas sim ao contrário: em uma racionalidade que se constrói cooperativamente no diálogo, na comunicação e no intercâmbio entre indivíduos e sociedades que estão historicamente contextualizados.

A *pedagogia dos direitos humanos*, no contexto da educação para a paz, será essencial na explicitação de problemas mundiais e locais, para apontar as mazelas da humanidade, ou, ainda, declarar as violações aos direitos humanos. Nas guerras declaradas, na pobreza e na miséria, geradoras de ondas de doença, passando pelos desastres climáticos, os direitos humanos, mais do que uma grife ou uma atitude politicamente correta, passam a integrar cada vez mais a discussão necessária para os avanços civilizatórios do ser humano. Crianças, mulheres, pobres e doentes do mundo são os grupos mais vulneráveis às ameaças que violam os direitos. Estar atento a isso e agir em função disso nos coloca como partícipes do desenvolvimento humano.

Destacamos que, cada vez mais, as sociedades heterogêneas, as migrações, as mudanças climáticas fazem do cenário global algo complexo e difícil. Por outro lado, temos na tecnologia um vasto território a ser constituído de informação e solidariedade, fomentando redes de solidariedade planetária, onde as barreiras culturais podem ser reduzidas, favorecendo o intercâmbio, o conhecimento mais plural e condições de maior entendimento entre grupos e nações. E por que os direitos humanos são fundamentais nesse caminho? Porque são eles que vão delimitar as ações do bem e do mal, da paz e da violência, conforme diz Morin (2011a, p. 191):

> O mal é o desastre, o horror da condição humana. Cada um o carrega parcialmente, mas é preciso um certo número de condições para que possa emergir. Assim, a guerra é uma das condições mais frequentes e mais radicais para a emergência do ódio e do sadismo que levam a estuprar, torturar, humilhar, massacrar.

Podemos dizer que o conjunto de condições que levam o mal a acontecer está justamente na privação dos direitos humanos. Direitos humanos construídos, legítimos e efetivados, promovem a cultura de paz, por isso são termos muitas vezes tratados como sinônimos. Já os direitos humanos não observados e nem concretizados deixarão indivíduos e grupos mais predispostos às diversas formas de violência, desde a falta de alimentos e medicamentos, até a ausência de democracia como expressão da cidadania. Como argumento importante, considerando a ideia do conflito (que veremos adiante) e a reflexão sobre direitos, apresentamos um diálogo interessante e pertinente sobre os direitos humanos, extraído de Galtung (1994, pp. 230-232):

PARA UM ARCO-ÍRIS DE DIREITOS – UM DIÁLOGO

Em vez de uma conclusão, tentamos escrever alguma desta dialética como um diálogo entre quatro pessoas: azul, vermelho, verde e colorido (não branco), cada uma delas enfatizando fortemente a grandeza da sua própria geração de direitos.

AZUL: Vocês, os três, vão todos demasiado longe. O que eu faço é definir os direitos humanos mínimos como padrões para uma sociedade verdadeiramente humana, da qual podemos expandir em todas as direções. Vocês congelam a política na forma de direitos humanos, demasiado, universalizando as vossas próprias ideologias. Eu defino um estado mínimo que garante as condições básicas para a auto-realização humana. Vocês rebentam com esse Estado ao darem-lhe demasiadas tarefas.

VERMELHO: Mas só fizeram a metade do trabalho! Vocês libertaram a vossa própria gente burguesa e, convenientemente, esqueceram-se da outra metade e, particularmente, de como a outra metade morre. Não terão as classes trabalhadoras direito à mesma quota de boa vida que vocês? Vocês criaram a sociedade de classes – as liberdades de que falam são boas, mas se esquecem de garantir que todos possam se beneficiar. Para ultrapassar essa estrutura de classe muito forte, são necessários mais direitos do que os vossos direitos civis mínimos.

VERDE: O capital não o fará voluntariamente. O Estado é necessário. O que vocês dois não compreendem é até que ponto a vossa concepção da sociedade humana é limitada. Não só se esqueceram das mulheres, das crianças e daquilo a que chamam minorias, outros povos, identificam demasiadamente o país com o Estado e com o capital, incluindo as classes trabalhadoras, não só as classes do lazer, que se esqueceram de outros três pontos. Primeiro, esqueceram-se de muitos seres humanos – mulheres, crianças, estrangeiros, etc. – e qual é o objetivo do desenvolvimento senão para fazer gente forte, e não apenas países fortes e elites fortes? Segundo, esqueceram-se da natureza, da totalidade do ambiente. E, terceiro, até se esqueceram do mundo, do sistema interestatal devastado por guerras.

COLORIDO: Mas vocês, os três, todos assumem que as estruturas do Estado-nação ocidental do século XIX e mesmo do final do século XVIII são idênticas à sociedade humana e assumem a cultura ocidental, e por isso o debate ocidental, como idêntico à cultura mundial. Vocês esqueceram-se de que no mundo existem outras sociedades que também poderiam gostar de se desenvolver. O desenvolvimento é o desenrolar das potencialidades em todas as civilizações e existe certamente mais do que uma civilização. Em resumo, as vossas semelhanças ultrapassam de longe as vossas diferenças. Mesmo você, Senhora verde, mais universalista do que aqueles senhores, assume que devemos aplaudi-la no seu discurso, admitidamente mais avançado, mais progressivo. Mas quantos verdes estão interessados em valores muçulmanos, hindus, budistas, confucianos, taoistas, shinto e em muitas civilizações indígenas americanas, do Pacífico e africanas? Somos todos humanos, somos todos inspirados pelos valores das nossas civilizações. Mas em todos vemos os direitos humanos também em termos das nossas culturas, não negligenciando por essa razão os contributos ocidentais.

Como vimos nessa pequena história, existem perspectivas diversas em relação aos direitos humanos. Da forma como Galtung (1994) coloca, tratando-as como pessoas, mostra que tais divergências também acontecem entre indivíduos. Portanto, conflitos e direitos humanos compõem uma unidade conectada tanto às questões relacionadas à paz no contexto internacional, na relação entre países e voltada a uma paz mundial, quanto nos contextos locais, nos problemas básicos gerados nas comunidades, nas ruas, nas casas e nas famílias.

Nessa abordagem sobre os estudos de Galtung (1994 e 2006), complementados por Rayo (2004) e Schilling (2014), vemos a relevância desse autor para os estudos da paz e, especificamente, para os estudos da educação para a paz. Como teórico da educação para a paz, contribuiu com as bases fundamentais na estruturação de um pensamento pedagógico que aprofundasse a relação entre violência e paz. Mais do que isso, permitiu a muitos outros pesquisadores o desenvolvimento de argumentos coerentes e ampliados sobre a melhor pedagogia para o tratamento das relações entre conflitos-desenvolvimento-direitos humanos-paz. A violência não é ligada somente à guerra, mas a todas as condições que impedem a realização do ser humano, como a pobreza, a miséria, a violação de seus direitos e a relação pessoal de qualidade com seus pares.

A paz, portanto, como contrário da violência, surge como tudo aquilo que promove o ser humano em sua vida privada e todas as condições importantes para o desenvolvimento humano global. Os conflitos surgem como elementos da não ingenuidade, da materialidade que envolve as relações humanas, nas quais as diferenças sempre existirão. Isso, em hipótese alguma, quer dizer que o ser humano não é bom; ao contrário, reconhece-se que somos diferentes, plurais, mas que queremos e buscamos o entendimento com nossos pares. Essa busca pelo entendimento influencia e é influenciada pelas convivências que criamos e pelas quais vivemos nosso cotidiano. Tudo isso será dependente, obviamente, dos direitos humanos, das relações macroestruturais da economia global, do cuidado com o meio ambiente e da sensação de crença no futuro da humanidade.

Salientamos que atualmente no Brasil temos Planos Nacionais de Direitos Humanos e de Educação em Direitos Humanos difundidos na sociedade e que procuram ser mais bem definidos nas práticas pedagógicas. Decidimos não abordá-los neste estudo, pela opção de encontrar os pontos de relação com a educação para a paz e seus demais componentes. Mesmo assim, ficamos com as palavras de Silva (2013, p. 212), que diz que é importante que as ideias da "Educação em Direitos Humanos criem comportamentos e atitudes que possam contribuir para a instalação de uma cultura de paz, fundada no respeito à dignidade humana". Isso se aproxima do pensamento de Jares (2008), que traça indicadores interessantes, promovendo mais elementos didáticos para agregar à reflexão da *pedagogia dos direitos humanos*. Jares (*ibidem*, p. 29) expressa que os direitos humanos são como um marco regulador da convivência:

> (...) porque os direitos humanos significam o pacto mais sólido para uma convivência democrática, além de representar o consenso mais abrangente jamais conseguido na história da humanidade sobre valores, direitos e deveres para viver em comunidade. Com efeito, ao indagar acerca dos pilares sobre os quais queremos construir a convivência, os direitos humanos representam opção idônea e legítima.

São relações complexas, relações difíceis, um vasto mundo de conexões e interconexões que nos oferecem mais incertezas que certezas, mas que, seguramente, nos dão boas pistas e maior clareza de que as soluções são pessoais e coletivas ao mesmo tempo. Por isso, a urgência da educação para a paz como tema transversal na educação, tanto nos espaços formais como não formais e informais, nos diferentes projetos educacionais, em diferentes níveis e modalidades de ensino, para que todo esse universo passe a ser sensível às novas gerações.

Educação para a paz e a conexão com a *pedagogia dos direitos humanos*

Na construção da educação para a paz, reconhecemos que a *pedagogia dos direitos humanos* é essencial. Lembramos que a pedagogia a que nos referimos são os processos pedagógicos que contribuem para o entendimento básico das questões relacionadas aos temas das *cinco pedagogias da paz*. Como foi dito, o binômio valores humanos/direitos humanos é claro e precisa estar definido em suas relações específicas e complementares. Por isso, acreditamos que os programas de educação em direitos humanos, de certa forma, são limitados, ao explicitar com profundidade as questões sociais, as violações aos direitos, sem nos aprofundarmos nessa relação com os valores humanos, com os sentimentos de angústia das pessoas que não conseguem acesso ao tratamento médico e veem seus entes queridos definharem aos poucos. Ou das pessoas que, sem opção de moradia, sofrem com madrugadas geladas pelas ruas ou nas favelas. A perspectiva de Galtung (1994 e 2006), em boa medida, já aponta para essa relação, por isso nossa abordagem com o referido autor. A partir daqui, nos concentraremos em apontar elementos que podem ser adequados na relação entre a *pedagogia dos direitos humanos* e a educação para a paz.

Inicialmente, seguimos a tendência de aproximar os direitos humanos aos "sete saberes da educação" (Morin 2011b), buscando as articulações e possibilidades dentro da proposta da educação para a paz. Com a Figura 5, novamente demonstramos a *pedagogia dos direitos humanos* como um anel que se liga aos "sete saberes da educação", abrindo para as relações complexas.

Iniciamos por relacionar os direitos humanos às "cegueiras do conhecimento", em que, de imediato, lançamos um dos pontos cruciais, que é a dimensão plural colocada aos direitos humanos e que gera a dicotomia dos direitos das nações e dos povos e os direitos de cada cidadão. Estar cego nos direitos humanos é aceitar as "certezas" escritas nos documentos e declarações de direitos. Mesmo considerando que tais documentos são fruto de muitas lutas, mortes e mobilização, entendemos que devem sempre ser entendidos em sua complexidade, revistos em suas perspectivas, diante das mudanças naturais do homem e da sociedade. Embora nas macrotendências tenhamos as buscas que atravessam décadas, nas esferas menores do cotidiano também possuímos valores, logo, direitos humanos que precisam ser observados. Resumindo e exemplificando: os direitos humanos, para serem assegurados num país em guerra, precisam de intervenções igualmente bélicas para serem preservados. Nesse caso, inocentes morrerão, até que o direito maior seja reconquistado, o que é contraditório e muitas vezes inevitável dentro do conjunto das relações internacionais de nosso tempo.

FIGURA 5. PEDAGOGIA DOS DIREITOS HUMANOS EM RELAÇÃO À COMPLEXIDADE

Fonte: Elaboração do autor.

Ainda com Morin (2011b) vamos saber sobre o "conhecimento pertinente" que está na busca pelo melhoramento das perguntas. Isso é fundamental na área dos direitos humanos, pois instiga a pensar nas contradições da sociedade, especialmente geradas pelas desigualdades históricas e na violação do direito à vida. O conhecimento pertinente provoca o estabelecimento das diferenças na privação aos direitos humanos quando geram a apatia e a passividade em alguns grupos e a revolta de outros. O fluxo passividade/mobilização social é ponto importante na reflexão sobre uma *pedagogia dos direitos humanos* no âmbito da educação para a paz.

Com os aspectos anteriores, vemos que uma *pedagogia dos direitos humanos* pode ser profícua em "ensinar a condição humana". Os valores humanos em relação aos direitos humanos geram atrações e repulsões. A necessidade da integração se dá justamente na reflexão sobre a condição humana, entre avanços e recuos, entre a violação e a privação dos direitos humanos, a sua concretização e relativa plenitude. Podemos dizer que a condição humana é praticamente colada ao ensino da "identidade terrena", como outro saber da educação, uma vez que está ligada a uma cidadania terrestre (Morin 2011b), que pressupõe um princípio democrático, como a base dos direitos, que aponta para a percepção de micro e macrodireitos, do ocupar-se com as demandas próximas e distantes, no cotidiano de nossa vida até as mazelas de outras nações e continentes. Dessa discussão sobre os direitos humanos fundamentais/internacionais e as práticas sociais cotidianas é que se estrutura a *pedagogia dos direitos humanos*. Na continuidade dos saberes da educação, está o "enfrentar as incertezas", que, em relação aos direitos humanos, está em dimensionar continuamente a sustentabilidade dos direitos, ou seja, não precisamos ter a certeza total dos direitos humanos se não temos as condições adequadas para implementá-los ou mantê-los por prazos maiores. Sobre isso, já apresentamos, no primeiro capítulo, aspectos sobre a ONU e a Unesco, que mostram como pode existir a colaboração entre os países, como no caso da Comissão de Consolidação da Paz.

Uma *pedagogia dos direitos humanos* é, ainda, a que vai "ensinar a compreensão" no sentido de perceber questões sociais necessárias e, ao mesmo tempo, contraditórias. Um exemplo claro disso são os programas de transferência de renda na realidade brasileira. Inicialmente, é inegável a necessidade desses programas para garantia mínima de cidadania. Mas o desdobramento dos programas deve ensejar discussões sobre sua continuidade e suas adequações, para garantir a sustentabilidade de direitos e proporcionar outras perspectivas aos cidadãos. A visão parcial dos direitos humanos é um grave risco à democracia e à cidadania, pois nega os movimentos da própria sociedade e das relações humanas e sociais de determinados momentos históricos. Compreender os fluxos e as mudanças sociais, culturais e econômicas é fundamental em relação aos direitos humanos. Por fim, a "ética do gênero humano" proposta por Morin (2011b) vai mostrar que somos mais que nossas relações e espaços geográficos, que existem direitos humanos relacionados ao planeta, à nossa espécie humana, que estão por vezes fora de nosso raio de percepção. A degradação ambiental, com o esgotamento dos recursos naturais, iniciando pela água, precisa, cada vez mais, integrar a pauta dos direitos humanos e sustentar uma *pedagogia dos direitos humanos*, no projeto de educação para a paz.

Em relação à prática pedagógica da *pedagogia dos direitos humanos*, temos alguns elementos importantes para a construção das noções fundamentais aos direitos humanos. Partimos da Declaração Universal dos Direitos Humanos (1948), documento que, em nosso tempo, foi adotado como fonte de inspiração internacional na busca por uma cultura de paz. Uma pedagogia que pretenda dialogar sobre os direitos humanos deve estar sintonizada às discussões desse documento, definido, num momento decisivo na história da humanidade, a Segunda Guerra Mundial (1939-1945), na qual praticamente todas as nações estiveram envolvidas, direta ou indiretamente. Sem perder sua legitimidade histórica e, ao mesmo tempo, para dar significado para as novas gerações, a

Declaração deve aproximar-se dos problemas atuais, nas privações e violações dos direitos, nas questões da pobreza mundial e diante da desigualdade e das injustiças cometidas por nações ou povos e, ainda, das questões do capital que estão na base de muitas pressões e tentativas de solapar direitos fundamentais históricos. Ainda cabe ressaltar que a totalidade dos documentos internacionais nas décadas que se seguiram, em áreas sociais, jurídicas ambientais, educacionais, entre outras, foram alicerçadas na Declaração e, por isso, ela pode ser remetida a questões gerais, no movimento pela construção de uma cultura de paz.

A atualização da Declaração Universal dos Direitos Humanos é dada pelas novas mazelas humanas, sociais e planetárias, que aniquilam pessoas e povos, degradam o meio ambiente e que são dirigidas a toda a humanidade. Nosso estudo sobre o documento não será exaustivo, mas consideramos fundamental analisar suas ideias centrais, para mostrar como tais questões são caras à cultura de paz e, logo, à educação para a paz. Os pontos expressos na Declaração Universal dos Direitos Humanos (1948) já no preâmbulo são:

Considerando que o reconhecimento da dignidade inerente a todos os membros da família humana e de seus direitos iguais e inalienáveis é o fundamento da liberdade, da justiça e da paz no mundo,
Considerando que o desprezo e o desrespeito pelos direitos humanos resultaram em atos bárbaros que ultrajaram a consciência da Humanidade e que o advento de um mundo em que todos gozem de liberdade de palavra, de crença e da liberdade de viverem a salvo do temor e da necessidade foi proclamado como a mais alta aspiração do ser humano comum,
Considerando ser essencial que os direitos humanos sejam protegidos pelo império da lei, para que o ser humano não seja compelido, como último recurso, à rebelião contra a tirania e a opressão,
Considerando ser essencial promover o desenvolvimento de relações amistosas entre as nações,
Considerando que os povos das Nações Unidas reafirmaram, na Carta da ONU, sua fé nos direitos humanos fundamentais, na dignidade e no valor do ser humano e na igualdade de direitos entre homens e mulheres, e que decidiram promover o progresso social e melhores condições de vida em uma liberdade mais ampla,
Considerando que os Estados-Membros se comprometeram a promover, em cooperação com as Nações Unidas, o respeito universal aos direitos e liberdades humanas fundamentais e a observância desses direitos e liberdades,
Considerando que uma compreensão comum desses direitos e liberdades é da mais alta importância para o pleno cumprimento desse compromisso (...)

Os aspectos citados demonstram a necessidade de igualdade, liberdade e fraternidade entre pessoas e povos, convidando toda a população humana a participar desse movimento. Além disso, é importante reconhecer o papel das guerras e da violência em geral como problemas seculares e cíclicos da humanidade. Ao falar da igualdade entre homens e mulheres, vemos que a Declaração considera, há várias décadas, essa necessidade. A partir da Declaração Universal dos Direitos Humanos, faremos alguns apontamentos gerais que têm repercussão na educação para a paz. Não serão analisados os 30 artigos do documento, mas suas ideias básicas, elencadas a seguir:

- reconhecimento do direito à igualdade, desde o nascimento e durante a vida;
- igualdade de direitos sem distinção de cor, idioma, religião, sexo, opinião ou nacionalidade;
- direito à vida;
- rejeição a qualquer forma de tráfico ou escravidão de pessoas;
- rejeição a qualquer forma de tortura ou castigo cruel;
- igualdade perante a lei e os direitos humanos;
- julgamentos justos diante de atos criminosos, até que se prove o contrário;
- proteção da lei a favor de sua inviolabilidade privada;
- direito à residência e à liberdade de locomoção;
- direito à nacionalidade e à propriedade;
- direito à constituição de família, independente de restrição de raça, nacionalidade ou religião;
- liberdade de pensamento, consciência ou religião e também direito de mudar de religião;
- liberdade de expressão e disseminação pelos diversos meios;
- pertencimento a uma associação pacífica, sem obrigatoriedade;
- pertencimento a um governo, expressando-se através das eleições legítimas;
- direito a ser atendido pelo Estado nos seus recursos econômicos, sociais e culturais que garantam sua dignidade;

- direito a ser remunerado pelo seu trabalho para garantir uma vida digna à sua família;
- possibilidade de repouso e lazer adequados;
- direito a um padrão de vida que assegure, para si e sua família, saúde e bem-estar, alimentação, vestuário, serviços sociais, segurança trabalhista etc.;
- acesso à assistência no nascimento;
- direito à educação de qualidade e gratuita nos graus elementares de instrução;
- educação como pleno desenvolvimento da personalidade e respeito aos direitos humanos e à igualdade, baseado na tolerância a todas as nações, grupos religiosos e raciais;
- direito à participação em qualquer movimento cultural, nas artes e no desenvolvimento científico;
- direito a uma ordem internacional compatível com os direitos humanos;
- deveres para com a humanidade, na realização dos direitos humanos;
- exercício de direitos, deveres e liberdades, dentro dos princípios estabelecidos por lei, sem contrariar os princípios fundamentais das Nações Unidas;
- repúdio aos atos que ignorem ou destruam os princípios dos direitos humanos estabelecidos pela Declaração.

Ao elencar de forma geral alguns aspectos da Declaração, queremos demonstrar a amplitude e a discussão pedagógica que pode ser feita a partir deles. Claramente, vemos que a relação estabelecida é muito mais forte na análise da privação ou do ataque aos direitos humanos ocorridos sistematicamente em nossa vida. Desde as liberdades individuais, até a consecução de uma vida social e ambientalmente plena, a busca pelos direitos humanos é sempre atual, especialmente enquanto mantivermos os mesmos modelos que continuam alimentando as diferenças e desigualdades. Portanto, uma *pedagogia dos direitos humanos* deverá pautar-se, numa proposta de educação para a paz, num discurso adequado e forte em relação às injustiças humanas de toda ordem, desde o direito à vida, à água e à alimentação, questões tão básicas para a sobrevivência, até o direito de não guerra, não morte e de não violência, questões amplas que envolvem sociedades e países.

Um segundo aspecto pedagógico necessário na organização da *pedagogia dos direitos humanos* é o entendimento da Campanha Global de Educação para a Paz, por meio de um documento organizado por ativistas pela paz e por centenas de instituições promotoras de paz, em 1999, e que, segundo Guimarães (2006, pp. 14-15), tem uma

> firme convicção de que não haverá paz no mundo sem educação para a paz, assumindo o duplo objetivo de criar reconhecimento público e suporte político para a introdução da educação para a paz em todas as esferas da educação, incluindo a educação não-formal, e de promover a formação de educadores que possam implementar a educação para a paz.

Programa do Século XXI pela Paz e Justiça

Tal campanha dá origem ao documento "50 Pontos do Programa de Haia de Paz e Justiça para o Século XXI" (1999), que apresenta 50 diretrizes, diluídas em quatro pontos centrais: causas profundas da guerra e cultura de paz; direitos e instituições internacionais no âmbito do direito humanitário e dos direitos humanos; prevenção, resolução e transformação de conflitos violentos e desarmamento e segurança humana. Dos 50 pontos, destacamos alguns, como forma de mostrar a sua importância no contexto da *pedagogia dos direitos humanos* e da educação para a paz:

- educar para a paz, os direitos humanos e a democracia;
- avançar no uso sustentável e equitativo dos recursos ambientais;
- eliminar a intolerância racial, religiosa e de gênero;
- promover a igualdade entre gêneros;
- envolver as religiões mundiais na transformação da cultura de violência em uma cultura de paz e justiça;
- pôr fim à violência contra a mulher;
- impedir a utilização de crianças-soldados;
- proteger defensores dos direitos humanos, bem como as propostas ligadas aos direitos humanos, à prevenção e à solução de conflitos;

- fortalecer a capacidade das Nações Unidas em promover a paz;
- promover diplomacia entre nações e regiões, de forma que possibilite a intervenção humanitária em situações de conflitos;
- empoderar a juventude nas ações humanitárias da paz;
- desmilitarizar a economia mundial, deslocando tais orçamentos para ações humanitárias;
- prevenir a utilização de armamentos nas sociedades, como forma de não violência ativa;
- responsabilizar Estados e empresas pela degradação ambiental e na saúde, devido à proliferação de armas e testes nas atividades militares.

O documento citado é fruto de reflexões que caminharam a partir da Declaração Universal dos Direitos Humanos (1948), redimensionadas em 1999 nesse movimento em Haia, demonstrando que, não obstante a internacionalização da ONU e de suas agências específicas, como a Unesco, entre outras, as questões relativas aos direitos humanos ainda são frágeis e sujeitas à alienação e à violação com formas perversas e violentas. Nesses mais de 15 anos do programa de paz de Haia, somados ao Manifesto 2000 pela cultura de paz, já citado, devemos assumir, ou reassumir, o papel do entendimento e da análise dos pontos contidos no documento. É importante relembrar que os direitos humanos então em constante construção, e dependem, sempre, do entendimento histórico nas dimensões de curto, médio e longo prazo, como afirma Silva (2013, p. 213) a respeito dos direitos humanos de grupos e minorias em nosso país: "Os melhores exemplos são as políticas afirmativas que estão sendo implementadas pelo governo federal desde o governo Fernando Henrique Cardoso, ampliando-se no governo Lula e persistindo no governo Dilma", num ciclo que se estende por mais de 20 anos (aproximadamente entre 1994 e 2014).

Sobre essa transição, entre análises amplas e globais, unidas às reflexões sobre os direitos individuais, com suas diferenças, injustiças e avanços é que encontramos as intenções da *pedagogia dos direitos humanos*. Dos documentos internacionais, que parecem distantes e utópicos, às práticas da cidadania diária na busca de direitos, vamos encontrando argumentos e motivos para aceitar que uma cultura de paz só poderá acontecer no processo de revisão de direitos humanos, que precisa ser feito com base nos princípios da não violência, do diálogo e da cooperação, nos níveis familiar, escolar, comunitário, regional, nacional e internacional. Os documentos apresentados estão muito mais vivos do que parecem em nossa vida cotidiana.

Além dos documentos destacados, que constituem a *pedagogia dos direitos humanos*, apontamos também a importância do reconhecimento da Constituição da República Federativa do Brasil de 1988. Essa Constituição, a última do século XX, promulgada após mais de duas décadas de regime militar, compõe um documento avaliado como inovador e democrático, garantindo um conjunto de direitos fundamentais aos cidadãos e à promoção da cidadania. É importante que a Constituição, como documento central e balizador das políticas nacionais, em termos de ordenamento jurídico, seja apresentada e discutida na escola na perspectiva da cultura de paz.

Quando dizemos que a educação para a paz tem uma forte dimensão na *pedagogia dos direitos humanos*, procuramos relacionar os documentos com o cotidiano das relações entre indivíduos e grupos, no interior das comunidades e da sociedade. Nesse caso, a Constituição Cidadã, como ficou conhecida, seguramente traz reflexões profundas para pensar os direitos fundamentais como alicerce na construção de cultura de paz no país.

Transcrevemos aqui o preâmbulo da Constituição Federal de 1998:

> Nós, representantes do povo brasileiro, reunidos em Assembléia Nacional Constituinte para instituir um Estado Democrático, destinado a assegurar o exercício dos direitos sociais e individuais, a liberdade, a segurança, o bem-estar, o desenvolvimento, a igualdade e a justiça como valores supremos de uma sociedade fraterna, pluralista e sem preconceitos, fundada na harmonia social e comprometida, na ordem interna e internacional, com a solução pacífica das controvérsias, promulgamos, sob a proteção de Deus, a seguinte CONSTITUIÇÃO DA REPÚBLICA FEDERATIVA DO BRASIL.

Como vemos, a Constituição de 1988 traz, de início, elementos importantes e relacionados às questões de cidadania, paz, democracia, igualdade, além das questões de desenvolvimento e a noção básica da mediação dos conflitos. Seus princípios fundamentais são: soberania, cidadania, dignidade da pessoa humana, os valores sociais do trabalho e da livre-iniciativa, o pluralismo político.

Não bastassem tais princípios, os artigos seguintes reforçam essa vocação relacionada à cultura de paz:

Art. 3º Constituem objetivos fundamentais da República Federativa do Brasil:
I – construir uma sociedade livre, justa e solidária;
II – garantir o desenvolvimento nacional;
III – erradicar a pobreza e a marginalização e reduzir as desigualdades sociais e regionais;
IV – promover o bem de todos, sem preconceitos de origem, raça, sexo, cor, idade e quaisquer outras formas de discriminação.

Art. 4º A República Federativa do Brasil rege-se nas suas relações internacionais pelos seguintes princípios:
I – independência nacional;
II – prevalência dos direitos humanos;
III – autodeterminação dos povos;
IV – não intervenção;
V – igualdade entre os Estados;
VI – defesa da paz;
VII – solução pacífica dos conflitos;
VIII – repúdio ao terrorismo e ao racismo;
IX – cooperação entre os povos para o progresso da humanidade;
X – concessão de asilo político.
Parágrafo único. A República Federativa do Brasil buscará a integração econômica, política, social e cultural dos povos da América Latina, visando à formação de uma comunidade latino-americana de nações.

Concordamos enfaticamente com a atualidade da Constituição Federal de 1988 e com seu embasamento em documentos internacionais da ONU. O fato de a Assembleia Constituinte acontecer nos anos seguintes ao regime militar no Brasil contribuiu significativamente com esse documento arrojado para seu tempo e vislumbrado sob o foco da liberdade e da democracia. Por esse motivo, a defesa da paz e a solução pacífica dos conflitos figuram claramente entre seus princípios, além de objetivar a erradicação da pobreza, a diminuição das desigualdades sociais e a valorização da diversidade.

Além da importância dos aspectos gerais da Constituição Federal de 1988 para a reflexão sobre a *pedagogia dos direitos humanos* dentro da educação para a paz, ainda podemos relacionar todo o documento com as necessidades, as demandas e as perspectivas das políticas públicas dos governos federal, estaduais e municipais, em vários aspectos como educação, saúde, assistência social, como direitos do cidadão.

Em seu desdobramento, é importante assinalar os temas elencados na Constituição de 1988, como forma de demonstrar a gama de perspectivas a serem discutidas em face das realidades atuais, em que os direitos são negados e os governos são omissos. Além disso, é necessário reforçar a importância desse documento como expressão de um país que, ao final dos anos 1980, já projetava olhares para as décadas seguintes, procurando atender aos problemas históricos vividos há séculos. Assim como falamos dos documentos anteriormente analisados, podemos dizer que a Constituição Cidadã também é um documento "escrito com sangue", de milhões de brasileiros explorados ao longo de séculos de desigualdade, pobreza e miséria. Mortes provocadas pela falta de atendimento médico, pela falta de comida, pela falta de segurança – numa expressão, pelo abandono do Estado. Portanto, acreditamos que a educação para a paz precisa abrir essa abordagem de forma clara e processual de um novo país que precisa garantir direitos humanos fundamentais para minimizar tanto as violências estruturais quanto o seu desdobramento nas violências diretas.

Dito isso, vamos a alguns dos aspectos gerais elencados na Constituição Federal de 1988: direitos e deveres individuais e coletivos; direitos sociais; nacionalidade; direitos políticos; partidos políticos; organização político-administrativa; administração pública; segurança pública; responsabilidade fiscal; política urbana; política e reforma agrária; saúde; previdência social; assistência social; educação; cultura; desporto; ciência e tecnologia; meio ambiente; índios, entre inúmeras outras questões. Em face da breve abordagem sobre a Constituição Federal de 1988, acreditamos que os entrecruzamentos dos valores humanos com os direitos humanos ficam cada vez mais claros, no sentido de que são diretamente relacionados ao dia a dia das pessoas.

Além dessa perspectiva construída por esses documentos, a *pedagogia dos direitos humanos* também é nutrida pelo movimento de estudar os pacifistas na história recente na humanidade. Aqui é importante entender a importância de boas biografias de pessoas que conseguiram, em grande escala, projetar suas ações e seus ideais sobre direitos humanos e pacificação. Além disso, precisamos trazer novas biografias para a análise de nossa vida e de nosso contexto, mostrando pacifistas que muitas vezes em nosso grupo ou cidade, seja na escala familiar seja na comunitária, também contribuíram para uma cultura de paz. De maneira geral, apresentamos aqui nomes como:[12] Mahatma

---

12. As informações básicas sobre esses pacifistas são do próprio conhecimento do autor da obra, mediadas pelo *site* E-biografias, um portal considerado de confiabilidade para tal. Disponível na internet: www.e-biografias.net, acesso em 15/11/2015.

Gandhi (1869-1948), líder pacifista indiano que ganhou destaque na luta contra os ingleses, pelo princípio da não violência ativa, pela independência da Índia. Além disso, sua filosofia e seus pensamentos tornaram-se mundialmente conhecidos; Martin Luther King (1929-1969), pastor e teólogo norte-americano que lutou pelo fim da segregação racial naquele país, onde os negros eram tratados com preconceito e inferioridade. King foi inspirado por Gandhi nas ideias de manifestações ativas, mas não violentas. Tanto Gandhi como King, curiosamente, foram assassinados, ou seja, a violência que tanto combateram na forma de intolerância foi a que lhes tirou a vida; Nelson Mandela (1919-2013) é um dos pacifistas mais reconhecidos na atualidade, por sua morte recente e pelas questões que marcaram sua vida. Da biografia desse sul-africano consta a luta contra o *apartheid* – legislação que segregava os negros na África do Sul –, tendo sido condenado à prisão perpétua em 1964. Conseguiu a liberdade em 1990, devido à pressão internacional pelos direitos humanos, e em seguida, em 1993, recebeu o Prêmio Nobel da Paz, pela sua luta pelos direitos do povo africano. Em seguida, foi eleito presidente da África do Sul, onde permaneceu até seus últimos dias lutando pela igualdade entre brancos e negros.

Atualmente, temos como expressão da ideia pacifista a jovem Malala Yousafzai (1997), de origem paquistanesa, que abraçou como causa o direito à educação, especialmente das meninas de seu país. Sua trajetória foi rápida, tendo início com seu *blog* falando sobre o direito das mulheres de estudar. Ela ganhou visibilidade e, em 2012, recebeu três tiros na cabeça, disparados por grupos radicais contrários às liberdades das mulheres. Foi levada para tratamento na Inglaterra, onde se recuperou, retomando seus estudos e passando a inspirar jovens de todo o planeta. Foi condecorada em 2015 com o Prêmio Nobel da Paz. Malala representa a atualidade dos direitos humanos, que transitam entre o indivíduo – no caso do atentado contra sua vida –, e as questões de fundo com as quais se relaciona, como a cultura e a resistência às mudanças de países ou culturas. Elegemos essas biografias por serem mais divulgadas pela mídia, mas também pela força e pela sensibilidade que trazem para a luta humana individual e coletiva, como expressão da busca por uma cultura de paz.

Não há uma lista fechada e adequada para o trabalho com a biografia de pacifistas, pois estão relacionados a muitas demandas do campo dos direitos humanos. A própria análise dos ganhadores do Prêmio Nobel da Paz é uma possibilidade inesgotável de reflexão no sentido da mobilização de pessoas para ajudar outras pessoas, comunidades, nações e o próprio planeta. Acreditamos que outros nomes, como o do brasileiro Chico Mendes (1944-1988), podem e devem ser reconhecidos por professores e alunos. Líder seringueiro, ativista ambiental e sindicalista, destinou sua vida à preservação da Floresta Amazônica. Seu envolvimento em denúncias contra fazendeiros exploradores do meio ambiente o levou a receber inúmeras ameaças de morte, culminando em seu assassinato em 1988. A partir desse fato, que gerou repercussão mundial devido ao reconhecimento de seu trabalho, a comunidade internacional e a população brasileira passaram a ter mais atenção com a preservação da Amazônia como "pulmão do planeta".

Em relação à *pedagogia dos direitos humanos*, precisamos considerar alguns aspectos necessários à sua apropriação na educação para a paz, em suas questões específicas e com abertura a novas e integradas relações, como discorremos a seguir:

a) A educação para a paz, buscando o alinhamento às questões relativas aos direitos humanos, precisa sair da visão pragmática que se refere à formalidade na apresentação dos direitos humanos, para uma visão dos direitos como "relações vivas entre pessoas e grupos";

b) A educação para a paz, na perspectiva da complexidade, vê na *pedagogia dos direitos humanos* a possibilidade de provocar a relação entre questões locais e globais, pertinentes ao cotidiano das pessoas, como a violência entre os países, os povos e até nos grupos sociais próximos, em perspectiva reflexiva e propositiva;

c) A educação para a paz reconhece a estreita relação entre os valores e os direitos humanos, uma vez que são construções históricas e complementares, pois conjuntos de valores aceitos socialmente compõem os direitos humanos e esses direitos retornam à sociedade, aceitos por muitos, mas sempre passíveis de revisões de acordo com os caminhos da sociedade;

d) A educação para a paz, na construção da *pedagogia dos direitos humanos*, parte do estudo, do entendimento e da prática do documento Declaração Universal dos Direitos Humanos (ONU 1948), que é a base para todos os documentos das agências internacionais nas diferentes áreas de atuação;

e) A educação para a paz reconhece que a Declaração Universal dos Direitos Humanos é um documento "escrito com sangue", de muitas gerações que doaram suas vidas para buscar a paz na humanidade.

Ao mesmo tempo, procura trazer a Declaração para a realidade vivida na sociedade atual, nas escolas, pelas comunidades, fazendo a ponte entre o olhar "universal" e o entender "local";

f) A educação para a paz, na construção da *pedagogia dos direitos humanos*, reconhece os "50 Pontos do Programa de Haia de Paz e Justiça para o Século XXI" (1999) como um documento essencial para o entendimento global do movimento de educar para a paz como aspecto pedagógico no contexto educacional;

g) A educação para a paz considera fundamental o conhecimento da Constituição da República Federativa do Brasil (Brasil 1988), especialmente em relação aos seus princípios e objetivos básicos, bem como a compreensão dos temas gerais tratados na Carta Magna do país, para reconhecer os limites e as possibilidades concretas e atuais dos direitos humanos no país, abordando as violências na perspectiva da violação dos direitos contra qualquer grupo, especialmente os mais vulneráveis;

h) A educação para a paz aponta para a *pedagogia dos direitos humanos* como dimensão fundamental para o conhecimento e o reconhecimento de pacifistas que deixaram contribuições fundamentais para a cultura de paz, através da defesa e da elevação dos princípios dos direitos humanos, em nível global;

i) A educação para a paz, além de considerar os pacifistas como inspiradores da paz, precisa encontrar outras pessoas (em grupos, comunidades, escolas, cidades) que igualmente se dedicaram a fazer a vida das pessoas melhorar, fundamentalmente pela promoção dos direitos humanos;

j) A *pedagogia dos direitos humanos*, como componente da educação para a paz, é a área que aponta para os avanços, os limites e as possibilidades de os direitos humanos serem concretizados na humanidade, reconhecendo e debatendo suas fragilidades e marcando posição perante atitudes coletivas necessárias para sua realização, na promoção incessante e sustentável de suas ideias e intenções na humanidade.

Os direitos humanos são uma "história viva" entre os avanços e recuos na história dos povos, entre momentos de cuidado e atenção com a vida, até seu contrário, as violações que surgem com a violência e a morte, direta ou indireta. Nesse sentido, colocamos a *pedagogia dos direitos humanos* como uma das dimensões no projeto de educação para a paz, menos por seu sentido pragmático e ideal, mais pela sua capacidade de mobilizar para sentidos urgentes na vida cotidiana. Como dizem Ortega e Del Rey (2002, p. 15):

> Em uma sociedade como a atual, submetida a mudanças tecnológicas tão aceleradas, é difícil saber quais vão ser as necessidades imediatas para o dia de amanhã; do mesmo modo, é difícil tomar decisões sobre onde colocar o rol de aspirações de qualidade de vida. O que acontece no âmbito das sociedades desenvolvidas é que, quanto maior o estado de bem-estar, maior consciência social se produz com relação à melhoria das condições de vida. Já no caso dos que vivem nas regiões pobres e muitos pobres, ocorre algo diferente, ou seja, a aspiração justa costuma ser a busca de um mínimo que permita ir resolvendo as necessidades básicas, sem a qual não será possível falar do respeito aos Direitos Humanos.

Em meio às contradições mostradas é que os direitos humanos ganham vida nas práticas sociais e no viver/conviver diário das pessoas, muitas vezes de forma inconsciente, outras carregadas de intencionalidade de grupos que manipulam informações e meios de produção, ou ainda do Estado centralizador, administrando as mazelas para benefício próprio. A *pedagogia dos direitos humanos* é aquela que, de forma mais crítica, vai atuar nessa frente, na humanização dos direitos, pois acreditamos que, quanto mais direitos construídos, mais humanos nos tornaremos.

Pedagogia da conflitologia

Enfatizamos que a educação para a paz, crescente na realidade educacional brasileira dos últimos anos, nutre-se de ideias, conceitos e teorias que vão se articulando com maior densidade, ao mesmo tempo em que crescem as ações concretas de programas e projetos destinados a promover uma cultura de paz. Desse entendimento surge um conceito-chave, o conflito, seja entre parte e todo, entre micro e macro, onde a diversidade, o imprevisível e as incertezas contribuem na construção de novos saberes. Neste momento, refletiremos sobre a *pedagogia da conflitologia* como referência ao movimento da educação para a paz na perspectiva dialógica, tal como é a busca pelo reconhecimento desse campo, desde suas referências básicas.

Traremos elementos dessa discussão, que a cada dia ganha maior repercussão no cenário nacional, com práticas sendo defendidas em várias áreas, como: a mediação escolar, a justiça restaurativa, a mediação comunitária, a conciliação, entre outras. Tais práticas, se por um lado mostram a importância da mediação em situações de divergências e disputas em variados segmentos da vida cotidiana, por outro, podem minimizar a importância de um conhecimento mais rigoroso sobre a conflitologia, com seu conceito, seu significado e sua importância como redimensionamento das relações humanas e sociais, e não apenas como um acordo e uma solução pontual nas situações de oposição.

Na perspectiva da complexidade, os conflitos são elementos naturais, pois a contradição, com intuito de complementar as diferentes perspectivas, é processo inevitável. Conforme já dissemos, certo e errado, bom e mau, objetividade e subjetividade, saúde e doença, violência e paz são dimensões antagônicas e complementares ao mesmo tempo. Antagônicas no sentido específico, mas complementares na concepção de que só podemos encontrar uma delas se percebermos a outra. Entre duas perspectivas, haverá sempre a dimensão do conflito, manifesto ou latente, mas que opera esse papel regulador, mediador, administrador das diferentes ideias ou ações. Morin (2007, p. 141) em *O método 5* fala dessa unidualidade humana na esfera antropossociológica:

> Assim, se há realmente *homo sapiens, economicus, prosaicus*, há também, e é o mesmo, o homem do delírio, do jogo, da despesa, da estética, do imaginário, da poesia. A bipolaridade *sapiens-demens* exprime ao extremo a bipolaridade existencial das duas vidas que tecem as nossas vidas, uma série utilitária, prosaica, a outra lúdica, estética, poética.

A bipolaridade apontada significa o conflito interno, original do ser humano, especialmente nas sociedades modernas, onde trabalho, bens materiais, econômicos e um consumo exagerado tomaram conta do homem. Algumas tentativas de enfrentamento fazem o contrário, tentam enganar-se na atualidade a partir do hedonismo, de "ser feliz" de qualquer forma, mesmo que ilusoriamente (álcool, drogas ilícitas, compulsão por compras etc.). Considerando que nossa vida pessoal está em relação com outras vidas da sociedade, que os valores que temos não são iguais aos dos outros e que os direitos humanos também são percebidos por diferentes culturas, vemos que os conflitos são inevitáveis e, ao mesmo tempo, um traço necessário em nosso tempo, pelo viés da regulação de situações.

Pensaremos aqui na violência em suas diferentes formas, sejam diretas (pessoas diretamente contra outras) sejam indiretas (questões sociais e estruturais) que compõem o contexto dos indivíduos e inevitavelmente das instituições escolares. Charlot (2002) diz que é necessário discutir a violência na educação em três dimensões, sendo: a "violência na escola", que ocorre por questões externas à instituição, como briga de gangues; a "violência à escola", que seriam provocações, indisciplina, agressão, ligadas à natureza da escola, como nas atividades e matérias, e a "violência da escola", que é a violência simbólica da própria instituição educativa, nas regras ou comportamentos. De qualquer modo, para o pensamento da educação para a paz, as três questões interessam, sobretudo a relação entre elas, além do entendimento das causas que as deflagraram.

Portanto, entendendo as diversas violências como produto final de uma situação conflituosa, precisamos reconhecer os processos que levaram à sua ocorrência. Seguramente, a "violência na escola" teve origem em situações não resolvidas fora da escola, a "violência à escola" igualmente surgiu de divergência na forma das relações estabelecidas e a "violência da escola", pauta-se por questões não tratadas democraticamente, fruto de imposições e do autoritarismo. O que aproxima essas perspectivas é apontado por Odalia (2004) como privação de alguma coisa. "Com efeito, privar significa tirar, destituir, despojar alguém de alguma coisa. Todo ato de violência é exatamente isso" (*ibidem*, p. 86). Para o autor, seria tirar algo das pessoas, como a liberdade, o espaço, as palavras, o alimento, a moradia etc., ou seja, a violência como tudo o que impede o desenvolvimento pleno das pessoas.

Logo, se as diferentes violências impedem o pleno desenvolvimento das pessoas, que poderíamos chamar de cultura de paz, não podemos deixar de atuar sobre elas nas escolas, como espaço privilegiado de convivências humanas. Nesse ponto, podemos assumir que a quase totalidade das violências, inclusive nas escolas, tem origem nas situações de conflito! Conflitos que, para Jares (2002), são situações em que as pessoas possuem metas ou valores divergentes, gerando incompatibilidade entre pessoas ou grupos. Objetivamente, conflitos são, de fato, situações nas quais ideias e perspectivas não são compatíveis, gerando tensão, medo, revolta, argumentação, preocupação etc. Porém, não podemos dizer que o conflito é violência. Podemos dizer que os conflitos podem levar a diversas formas de violência, ou que muitas das violências são geradoras de novos conflitos. A ressalva é: se o conflito pode levar à violência, ele não pode igualmente preveni-la? Assim os conflitos podem contribuir com a educação para a paz? Isso é pensado de forma complexa por Vinyamata (2005, p. 13):

> A desorientação, a dissociação entre a percepção que temos de nós mesmos e do meio ao nosso redor, gera mal-estar e, consequentemente, conflito. Do mesmo modo, os processos de mudança, a injustiça social, os sistemas sociais violentos e muito competitivos, a falta de liberdade, a ausência de comunicação ou as deficiências que nela se produzem as situações de desastre e de crise aguda, e a desorganização podem gerar processos conflituais.

Como vemos, existe uma amplitude no entendimento do conflito e que é mais complexa no contexto escolar, em virtude dos diferentes atores desse espaço (professores, alunos, famílias) e das expectativas diferenciadas geradas por tantos grupos e pessoas diferentes. Isso possibilita dizer que a escola é um local de conflito por natureza. Podemos tomar essa questão como aspecto fundamental da educação para a paz, pois, como argumenta Rayo (2004, p. 129): "O conflito pertence à natureza humana, indispensável ao crescimento e desenvolvimento das pessoas e das sociedades". Rayo coloca, como consequência, que a práxis da educação para a paz está em entender e aprender a enfrentar conflitos de modo que sua mediação e sua resolução sejam processos pedagógicos e de crescimento dos pares.

Uma *pedagogia da conflitologia* seria, portanto, um dos pilares da educação para a paz, que se entenda crítica e busque a cultura de paz nessa relação profunda com os processos de violência, posto que a paz é desenvolvimento e a violência é seu contrário. Assim, vemos que o conflito é elemento decisivo para a deflagração da violência ou para a constituição da paz. Percebemos também que os conflitos são inerentes à educação para a paz em perspectiva crítica, ou seja, aquela que entende as variadas formas de violência (diretas e indiretas) e está a serviço da construção de relações mais democráticas, dialogadas, impregnadas de valores positivos de convivência e, especialmente, do repúdio à violência, sob quaisquer formas de manifestação. Como bem resume Maya (2005, p. 77):

> Educar para a Paz e a convivência não é erradicar o conflito. É impossível erradicá-lo, pois ele é um fenômeno universal inerente ao ser humano e não deve ser visto como algo negativo. Graças aos conflitos, as sociedades progridem e

são alcançadas melhoras para os seres humanos. O que é realmente negativo é a violência pela qual são enfrentados os conflitos. Educar para a Paz e a convivência é educar para a administração alternativa do conflito, é educar para habilidades necessárias que permitam tratar os conflitos de forma não-violenta.

Assim, ao aprofundarmos os argumentos, vemos que é improvável que qualquer ação voltada à educação para a paz que não valorize a dimensão da conflitologia seja eficaz no contexto educacional, particularmente nas escolas. Como local de diversidade e multiculturalismo, as escolas públicas, sobretudo num país como o Brasil, estão imersas nesse turbilhão de diferenças, o que gera inevitavelmente muitos conflitos. Diante deles, podemos atuar em diferentes níveis.

Isso posto, como observar tais questões no cotidiano escolar? Aceitar o conflito como um importante elemento pedagógico nas convivências escolares, especialmente dentro de uma perspectiva crítica da educação para a paz, requer entendê-lo igualmente de maneira crítica. Vimos que o conflito sempre trará impacto nas relações, seja positivo seja negativo, de acordo com sua forma e encaminhamento. A esse respeito, uma distinção básica é alertada por Vinyamata (2005, p. 24):

> A diferença entre *resolução de conflitos* ou *conflitologia* e *mediação* é que o primeiro conceito define a ciência do conflito, o compêndio de conhecimentos e técnicas para atender os conflitos e procurar sua solução pacífica e positiva, enquanto o termo *mediação* descreve uma técnica específica útil para a solução de alguns conflitos, já que nem todos são mediáveis.

O mesmo autor aponta que muitas pessoas e profissionais vão ao campo da mediação apenas munidos de técnicas para tentar algum consenso e acordo entre as partes, desconhecendo a importância das causas e dos mecanismos envolvidos no conflito, sempre dotados de complexidade emocional e na busca da restauração de relacionamentos como contribuição para uma cultura de paz. Portanto, a mediação é a técnica ou método e a conflitologia é o entendimento profundo dos conceitos, que trarão mais possibilidades de entender contextos, motivos, sentimentos e convivências que necessitam ser redimensionados.

Pallàs (2005) aponta características para um especialista em conflitologia, que consideramos adequadas ao educador que vai pensar projetos de educação para a paz na escola. Aqui cabe ressaltar que o entendimento e as experiências da educação para a paz no Brasil se dão na perspectiva da transversalidade ou de projetos pedagógicos. Seguindo o pensamento de Pallàs (*ibidem*, p. 119), adaptamos essas características em dez pontos: a) favorecer o pensamento crítico diante de injustiças sociais, atitudes agressivas ou violentas; b) denunciar a violência social; c) desenvolver valores e atitudes favoráveis à convivência pacífica; d) desenvolver a autoestima; e) respeitar diferenças culturais, étnicas e de valores; f) reconhecer e valorizar o potencial, os interesses, as necessidades, os valores e as normas subjacentes às diferentes situações; g) incentivar a empatia e o altruísmo como ponte das relações; h) comunicar-se eficazmente com a diversidade em todas as suas dimensões; i) respeitar os ambientes locais; j) desenvolver habilidades de comunicação pacífica, autogestão e administração dos conflitos etc.

Como vemos, ao pensar em conflitologia, a complexidade das relações humanas e sociais abre a possibilidade da educação para a paz como caminho pedagógico para uma cultura de não violência e convivências pacíficas. Por outro lado, é importante evitar o "modismo" da mediação apenas baseada em técnicas ou dinâmicas fechadas em si mesmas. Ao acreditarmos na perspectiva complexa, concordamos com Schnitman (1999, p. 20) tanto para o entendimento dos conflitos quanto para a educação para a paz:

> Centradas nos diálogos transformadores, tais metodologias utilizam modelos não-lineares de mudança, assim como possibilidades que deles emergem. As relações humanas são ricas em evoluções imprevisíveis, podem apresentar formas complexas e fluxos turbulentos. É precisamente nos sistemas complexos – como as relações humanas, em que, em condições distantes do equilíbrio, pequenas perturbações ou flutuações podem ampliar-se e derivar em eventos e oportunidades imprevistas – que podem operar como plataformas para resolver conflitos, construir novas possibilidades, mudar a relação ou a organização do sistema.

Na questão posta, vemos que valorizar a conflitologia, além das técnicas de mediação por si mesmas, é o que abre a possibilidade não apenas da resolução do conflito, como da criação de novas formas de convivência, o que, de certa forma, responde a uma questão inicial sobre a "perspectiva criativa do conflito", apontada anteriormente por Jares (2002). Para Muller (2006, p. 26), "a paz não é, não pode ser e jamais será sem conflitos". Esse é o caminho para pensar uma educação para a paz crítica, que reconheça e entenda a violência em suas diversas formas e valorize o conflito como elemento fundamental na redefinição das relações humanas em suas diferentes intensidades e contextos. Concordamos também com Sastre Vilarrasa e Moreno Marimón (2002, p. 51) que "as relações interpessoais, com os pensamentos, sentimentos e emoções que as acompanham, conduzem a situações de uma complexidade com frequência maior que a de qualquer matéria curricular". Isso demonstra que, no mínimo, as questões subjetivas devem guiar a reflexão nas escolas paralelamente aos saberes e conhecimentos formais. Nos conflitos, as emoções e os sentimentos são fundamentais, porém, no sentido de entendê-los nos contexto, administrá-los, para evitar violências primitivas, como a agressão.

Ainda na dimensão delineada, Morin (2011a), em *O método 6*, fala que o conflito será sempre elemento presente na vida humana. Em relação à cultura de paz e à educação para a paz, há sempre o processo que precisa estabelecer pontos críticos, aspectos emocionais, enfim, uma dialógica que sempre flutuará em perspectivas que podem ser entendidas como antagônicas e irreconciliáveis ou antagônicas e complementares. A forma como colocarmos os conflitos fará a diferença em sua abordagem e na possibilidade de encaminharmos situações cotidianas de nossas vidas. Sobre isso, Morin (2011a, pp. 49-50) assim se expressa:

> Devemos incessantemente experimentar o conflito entre as injunções do universal e as da proximidade, campo de ação e da perspectiva pessoais onde se situam os íntimos, os amores, as amizades concretas; o imperativo universal pode desaparecer em benefício do imperativo particular (os seus), devemos sacrificar o bem geral em benefício do bem particular dos nossos ou, ao contrário, sacrificar o bem dos nossos pelo bem geral? O bem geral corre o risco de permanecer abstrato, e sobretudo podemos nos enganar sobre o que ele é, como fizeram tantos militantes devotados que acreditaram contribuir para a emancipação da humanidade, quando estavam trabalhando pela sua submissão. Mais ainda, "o amor pela humanidade pode inspirar as mais glaciais desumanidades em relação aos próximos". O bem dos nossos próximos é concreto, mas podemos nos enganar sobre o verdadeiro interesse deles e, sobretudo, corremos o risco de ficar encerrados em nossa pequena comunidade e indiferentes aos problemas fundamentais e globais da humanidade.

A conflitologia, portanto, como elemento fundamental nessas relações presentes na vida, declaradas ou silenciadas, integrada à ideia da educação para a paz na escola, precisa explicitar sua dimensão pedagógica efetiva. Não pode ser apenas um meio para "resolver as brigas e divergências na escola", mas sim ser desejada e incorporada ao projeto pedagógico de instituições educacionais, ligada a valores de superação e adequação às questões locais e globais que afetam a vida das pessoas. Muitas vezes, práticas da mediação de conflito são levadas às escolas na forma de projetos, bem-intencionados obviamente, mas por pessoas que não conhecem o contexto escolar, nem a comunidade e muito menos como se dão as relações humanas nesse grande "caldo" multifacetado do cotidiano da escola. É fundamental que ações que pretendam "pacificar as escolas" sejam antes definidas com a própria escola e a comunidade, para não quebrar uma premissa básica, que é a aceitação dos grupos envolvidos por modelos de mediação. Assim concordamos fielmente com o que dizem Sastre Vilarrasa e Moreno Marimón (2002, pp. 58-59):

> Nossa proposta não é exclusivamente resolver determinados conflitos que se estabelecem na escola, mas formar os(as) alunos(as), desenvolver sua personalidade, fazê-los(as) conscientes de suas ações e das consequências que acarretam, conseguir que aprendam a conhecer melhor a si mesmos(as) e às demais pessoas, fomentar a cooperação, a autoconfiança e a confiança em suas companheiras e companheiros, com base no conhecimento da forma de agir de cada pessoa, e a beneficiar-se das consequências que estes conhecimentos lhes proporcionam. A realização destes objetivos leva a formas de convivência mais satisfatórias e à melhoria da qualidade de vida das pessoas, qualidade de vida que não se baseia no consumo, e sim em gerir adequadamente os recursos mentais, intelectuais e emocionais – para alcançar uma convivência humana muito mais satisfatória.

Consideramos que conflito, violência e paz são diretamente integrados e difíceis de ser incorporados ao cotidiano escolar de forma pedagógica. Mas reiteramos que não é mais papel da escola somente transmitir o conhecimento clássico, fragmentado e parcial, acreditando que isso, por si só, educa para a vida. Precisamos ensinar sobre comportamento e modos de ser no mundo, tanto de forma crítica quanto de forma sensível, pois não há apenas o mundo objetivo e nem o subjetivo. O mundo, a vida, o ser humano operam nesse fluxo de ideias, razões, emoções, sensações e é dessa complexidade que falamos ao longo deste livro. O fato concreto é que, com todos os problemas de nosso tempo, as violências se fazem presentes nas escolas e todos devem refletir e discutir sobre elas, para encontrar caminhos mais educativos e menos punitivos, pois estes últimos são igualmente violentos. É o que diz Parrat-Dayan (2012, p. 97) ao pensar nos conflitos nas escolas:

Por isso é interessante integrar a gestão de conflitos na escola, sobretudo considerar a escola como um lugar de mescla e confrontação. Por esse motivo, ela é um verdadeiro terreno de experimentação para a resolução de conflitos. Por outro lado, um conflito bem resolvido conduz a um aprendizado da vida em sociedade. A escola adquire assim todo seu sentido, porque não é apenas um lugar onde se aprende a fazer, mas onde também se aprende a viver. E a mediação escolar por meio do grupo de pares oferece uma solução interessante. A mediação reduz a tensão e encontra soluções. Mas é evidente que a prevenção da indisciplina passa por tudo aquilo que combate a desigualdade, a exclusão e a falta de comunicação.

A argumentação de Parrat-Dayan é fundamental, especialmente quando diz que a questão dos conflitos não será solucionada apenas com o olhar na conflitologia, mas também pelo combate à desigualdade e às injustiças. Isso reforça a necessidade de articular com valores humanos, direitos humanos, ecoformação e todas as áreas complementares dentro de um processo de educação para a paz. Vemos, no estudo da conflitologia, mais que apenas técnicas de mediação, mas um posicionamento na questão das relações humanas, que privilegie a escuta e o diálogo, que valorize a tolerância positiva e não a passividade, que entenda que os outros podem ter suas perspectivas diferentes das nossas, mas que isso não constituam muralhas para as convivências com o mínimo de humanidade, civilidade e crescimento mútuo através das diferenças.

De acordo com as questões discutidas a partir da *pedagogia da conflitologia*, encontramos outra perspectiva de Schnitman (1999, p. 23): "Os novos paradigmas podem guiar-nos na construção de futuros possíveis: não temos a aspiração de prevê-los, mas sim, incidir em seu advento". Mas, em nosso caso, nos estudos da cultura de paz e da educação para a paz, ao buscar novos paradigmas, declaramos que o caminho objetivado com esse processo está no sentido da educação para a paz como alternativa às violências escolares e no redimensionamento das convivências entre os atores das escolas. Pois, como nos motiva Guimarães (2005, p. 328): "Não é proibido anunciar – ou sonhar – que as escolas brasileiras, nos seus esforços de renovação, incluam a paz e a educação para a paz como um dos seus focos". Nesse sentido reafirmamos que uma cultura de paz só se faz com uma educação para a paz que transcenda o idealismo de uma paz perfeita para uma paz possível e construída coletivamente nas práticas sociais da escola, entre elas o entendimento da conflitologia e dos processos de mediação e resolução não violenta dos conflitos.

Como sintetizam Sastre Vilarrasa e Moreno Marimón (2002, p. 203):

> Se queremos compartilhar a solução de um conflito, temos, por um lado, de nos aproximar da outra pessoa e tentar entender como se sente e por que chega a conclusões diferentes das nossas. Ou seja, temos de nos colocar em seu lugar para entender, a partir do seu ponto de vista, aspectos do conflito que nos tinham passado despercebidos. Esta nova panorâmica irá ajudar-nos a compreender que seus direitos são, ao mesmo tempo, nossos deveres. Por outro lado, a partir da nova perspectiva pessoal, temos de mostrar nossos sentimentos e defender nossos direitos e nossas razões para que a outra pessoa possa, por sua vez, compreender suas obrigações.

Uma *pedagogia da conflitologia* pressupõe, portanto, esse novo olhar sobre os processos de conflito, agora sem medo ou receio. Eles são naturais à vida e às relações humanas. Eles não são puramente cognitivos, mas estão inseridos no conjunto de signos, de valores, de angústias e anseios do ser humano. Por isso está colocada como elemento tão significativo dentro de um projeto de educação para a paz. Como a escola não pode fugir e nem se esconder em relação à crise das relações sociais, vamos buscar as alternativas pedagógicas possíveis e adequadas ao nosso tempo e à nossa sociedade para "desenvolver experiências que favoreçam a comunicação e a relação, que tenha[m] em vista ensinar às crianças a aceitação de si mesmas e dos outros, aprender a tolerância, saber viver e cooperar com todos" (Parrat-Dayan 2012, p. 92).

Por fim, para supor a educação para a paz como processo pedagógico da construção de uma cultura de paz, precisamos tomar a *pedagogia da conflitologia* como essencial na caminhada, a fim de superarmos a contradição à qual estamos mais expostos na atualidade – o conflito entre "metamorfose e abismo" –, colocada por Morin (2013b). De um lado, vemos o abismo, caracterizado pelo modelo atual de sociedade, de visão do planeta, de relações humanas, de consumo, todos ligados à cultura da violência, das guerras, da rejeição e da intolerância ao outro (na religião, na política etc.); de outro lado, a ideia da metamorfose, que pretende não algo novo por essência, mas que acredita que entre a lagarta, o casulo e a borboleta também existe um caminho a ser reconstruído, ressignificado, regenerado, do ser humano mais próximo da simplicidade, da tolerância e da amorosidade. Assim, continuamos na caminhada da educação para a paz.

Educação para a paz e a conexão com a *pedagogia da conflitologia*

No caminho da construção da educação para a paz, seguimos com a discussão sobre a *pedagogia da conflitologia*. Como dito, a opção pelo termo é para considerar os pesquisadores que se dedicam a encontrar mais questões além da mera mediação dos conflitos. Vemos nos conflitos a clareza da relação entre violências e paz, pois esses, como perspectivas diferentes entre pessoas e grupos, se não resolvidos adequadamente, correm grande risco de se transformar em violência. Logo, assumir que os conflitos são elementos naturais e essenciais da vida humana é o primeiro passo para construirmos a *pedagogia da conflitologia*. Como fizemos com as *pedagogias da paz* anteriormente, seguiremos a proposta de aproximar a conflitologia aos "sete saberes da educação" (Morin 2011b), procurando as articulações dentro da proposta da educação para a paz. Novamente a figura demonstra a *pedagogia da conflitologia* como o anel integrador dos "sete saberes da educação", abrindo para as relações na complexidade.

É importante destacar que tanto a *pedagogia da conflitologia* como a *pedagogia dos valores humanos* e a *pedagogia dos direitos humanos*, mesmo com suas especificidades em pesquisas, estudos e práticas, estão absolutamente integradas à vida humana, conforme apresentado na tríade do conflito (Figura 1, Capítulo 2), com base nos estudos de Jares (2002 e 2007). O conflito, nesse caso, está entre processos de violências e processos de paz, sendo que a resolução deles passará por um processo de mediação. Relembramos, aqui, a ressalva de Vinyamata (2005), que diz que mediação está mais para a técnica, cujo resultado será a resolução. Os termos em si, na discussão teórica, estão mais próximos da perspectiva da conflitologia. O que nos interessa diretamente é como uma *pedagogia da conflitologia* pode ser percebida (Figura 6) na complexidade e se como se alinha à proposta de educação para a paz. Lembramos que o processo da construção das *cinco pedagogias da paz* acompanha os princípios da complexidade, como: o todo retroagindo entre as partes, fluxos de continuidade e ruptura, uma causalidade circular, a busca pelo não antagônico e sim pelo complementar, além da autorreferência do pesquisador.

Isso nos faz buscar sempre as relações entre os componentes integrados das *cinco pedagogias*, o que, de um lado, pode parecer redundante, porém, como estratégia de ratificação e interconexão, é necessário aos estudos da complexidade.

FIGURA 6. PEDAGOGIA DA CONFLITOLOGIA EM RELAÇÃO À COMPLEXIDADE

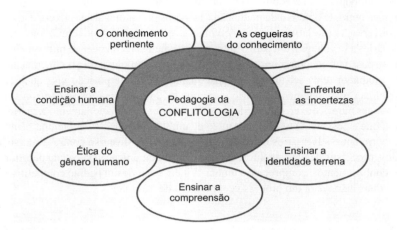

Fonte: Elaboração do autor.

A *pedagogia da conflitologia* está relacionada à prática dos processos de mediação dos conflitos, que atualmente se tenta implementar em muitas escolas pelo mundo. Assim como na Europa e na América do Norte, onde tais programas já são realidade há muitas décadas, no Brasil tal fenômeno é recente, porém crescente. Importante destacar, todavia, que existe uma questão educacional e pedagógica que contrasta com a própria boa intenção dos programas de mediação de conflitos. Essa questão reside no fato de os programas de mediação atuarem apenas em momentos mais graves e tensos, quando os conflitos já chegaram a certo nível de gravidade que muitas vezes extrapola a proposta pedagógica de mediação. Por isso, ao propormos a *pedagogia da conflitologia*, pensamos num processo preventivo aliado aos outros componentes da educação para a paz, em que a mediação de conflitos, ou a resolução não violenta dos conflitos, ou, ainda, a administração positiva dos conflitos sejam condições para o crescimento das relações humanas, e não uma forma de resolver as brigas e encontrar os culpados nas escolas. Sobre esse processo, entender a mediação como aspecto pedagógico é fundamental para a educação para a paz. Podemos até supor, conforme estudamos sobre a transdisciplinaridade (Nicolescu 1999), que o mediador do conflito é o "terceiro incluído" nesse processo de pacificação. Isso fica claro no dizer preciso de Muller (2006, p. 56):

> Um dos métodos de regulação não-violenta de conflitos que precisa ser incentivado é a mediação. A mediação é a intervenção de um terceiro que se coloca entre os protagonistas de um conflito, entre dois adversários (do latim

adversus: alguém que se virou contra, que está em oposição), que podem ser dois indivíduos, duas comunidades ou duas nações que se enfrentam e se opõem uma à outra. O objetivo da mediação é trazer os protagonistas da adversidade à conversação (do latim *conversari*: voltar-se em direção a, convergir); ou seja, levá-los a se voltarem um para o outro a fim de dialogar, entender-se mutuamente e, se possível, encontrar um acordo capaz de abrir caminho para a reconciliação. O mediador tenta ser um terceiro pacificador, cuja interposição visa quebrar qualquer relacionamento binário – em que os dois adversários se confrontam às cegas numa conversa de surdos – para construir um relacionamento ternário, em que é possível conversar por meio de um intermediário. O relacionamento binário entre adversários consiste num confronto de discurso contra discurso, dois processos de pensamentos, em que não há comunicação capaz de permitir reconhecimento e compreensão mútua. A ideia é sair de um padrão competitivo de duas mãos para um processo cooperativo de três mãos.

A mediação é, por excelência, um processo pedagógico, no qual as partes organizam suas ideias e partem para dialogar sobre elas. Destacamos que a presença de um terceiro em hipótese alguma atrapalha a autonomia e a posição dos indivíduos em conflito. Ao contrário, emerge como uma nova forma de viver, mais coletiva, cooperativa e integrada entre as partes. Reduzir a mediação apenas a um julgador sobre os fatos é desperdiçar seu significado humano e social. A mediação é processo natural da vida e da sociedade, portanto, os processos de mediação de conflitos devem ser entendidos como um terceiro incluído, que colabora no coletivo para encontrar caminhos conjuntos e de adequação das situações em que as diferenças estejam implicando estagnação ou violência.

Vemos que a *pedagogia da conflitologia* é igualmente complexa e está sintonizada com os saberes da educação (Morin 2011b) da seguinte forma: nas "cegueiras do conhecimento" dizemos que a ênfase na técnica é a principal contradição na perspectiva dos conflitos. Ora, se os conflitos têm uma história, sendo a causa de violências na escola, à escola ou da escola, como diz Charlot (2002), não será uma técnica que dará conta desse problema. O "conhecimento pertinente" é importante no processo de conflitologia, pois inibe a privação de expressão, ideias, motivos, entraves, que podem ser elevados por meio dos processos de mediação. Diríamos, nesse caso, que é o conhecimento pertinente de si mesmo e do mundo ao seu redor. A *pedagogia da conflitologia* ainda pode ter o papel de contribuir no processo de "ensinar a condição humana" a partir do momento em que diferentes perspectivas procuram aproximações, em sínteses sempre provisórias, mas calcadas no contexto histórico. Os conflitos se dão na própria existência; nesse caso, razão/emoção estão literalmente associadas à mediação dos conflitos, como a condição humana. Como diz Morin (2011b), a condição humana é um grande desafio para nosso tempo, portanto acreditamos que a conflitologia será inevitável nessa caminhada.

Ainda argumentando em relação à conflitologia e aos "sete saberes", temos a perspectiva de "ensinar a identidade terrena" não como algo ideal, mas, como já dissemos, dentro de uma complexidade que nasce por dentro da sociedade, de seus problemas, seus conflitos, e não de fora, como uma iluminação de poucos. A identidade terrena é esta, forjada em meio às situações concretas, e as possibilidades de pensamento alongadas, chamadas de "contracorrentes" (Morin 2011b), visando a transformações qualitativas na vida em todos os sentidos. O saber sobre "enfrentar as incertezas", que se refere às questões de "ordem-desordem, organização, auto-organização" (*ibidem*), é explicitamente um processo conflituoso, no qual a ordem como condição estabelecida será colocada à prova de outra situação, uma desordem, gerando conflitos, que, por sua vez, tendem a uma nova organização, uma autorreorganização, ou ainda uma regeneração de possibilidades.

Os conflitos, como elementos essenciais ao processo de desenvolvimento da vida, do ser humano e das sociedades, devem estar sintonizados ao saber sobre "ensinar a compreensão". Nesse caso, a compreensão não está nas sínteses geradas a partir da mediação, mas no próprio processo que se desenvolve, pois, durante a mediação, a compreensão está em curso. Outra vez, vemos que a conflitologia aprofunda laços e compreensão em seu processo, não se ocupando apenas de julgar ou culpar. Concluindo as relações da complexidade com a *pedagogia da conflitologia*, temos a "ética do gênero humano", que significa perceber a humanidade como destino planetário; ou seja, a redescoberta da solidariedade, da colaboração, do coletivismo é questão adequada a uma nova ética humana, um novo mundo, nascido dos conflitos tratados com abertura, valorização e consciência do presente e do futuro em perspectiva. Essa construção é lenta e gradativa, envolve o jogo entre os valores humanos diferentes, entre os direitos humanos previstos e a criação de uma síntese, mesmo que parcial, que favoreça avanços. Sobre isso, Muller (2006, p. 58) expressa:

> O mediador não tem poderes para forçar um acordo nem impor uma solução aos protagonistas. O pré-requisito essencial da mediação é que a resolução do conflito seja principalmente obra dos próprios protagonistas. A mediação visa

permitir aos adversários que tomem posse de seu conflito para que possam cooperar no sentido de enfrentá-lo, dominá-lo e resolver eles mesmos. O mediador é um facilitador, facilitando a comunicação entre os adversários para que expressem seus próprios pontos de vista, ouçam um ao outro, compreendam um ao outro e cheguem a um entendimento.

O papel do mediador é, portanto, essencialmente pedagógico, pois com seu conhecimento, tanto sobre a vida como sobre a percepção dos alunos, tem a capacidade de facilitar perguntas elucidativas, de perceber o nível de ansiedade dos alunos, entender a boa ou a má vontade com a situação e, efetivamente, contribuir com a resolução dos conflitos, abrindo caminho dentro de uma educação para a paz.

Como dimensões conceituais e encaminhamentos para a prática pedagógica, temos em Chrispino e Chrispino (2002, pp. 34-39) uma revisão considerável sobre modelos de resolução de conflitos. Para esses autores, três campos são imprescindíveis para encaminhar melhor o conflito:

1. Elementos relativos às pessoas: em que existem os *protagonistas principais*, diretamente envolvidos e os *secundários*, no entorno do conflito; *posição* – aquilo que é defendido inicialmente pelas partes; *interesse* – o que está em jogo, o que cada um quer inicialmente;
2. Elementos relativos ao processo: a *dinâmica do conflito*, com base na pergunta "o que aconteceu?"; nesse caso podem ser questões objetivas ou subjetivas, com percepções diferentes de cada envolvido; *a relação e a comunicação*, como a principal fonte na construção, pressupondo um diálogo de qualidade, superando características como: pouca relação/muita relação, confiança/desconfiança, afabilidade/hostilidade, dúvida/coragem, calma/agressividade, conhecimento/desconhecimento, egoísmo/fraternidade, antagonismo/cooperação;
3. Elementos relativos ao problema: a *essência*, o fato concreto, fonte do conflito, que precisa ficar claro para as partes envolvidas; *tipos de problemas* – conflitos de percepção, conflitos de interesse e necessidade, conflitos por atividade, conflitos por *status*, conflitos por valores e crenças, entre outros.

Além desses componentes balizadores, que assumimos em uma *pedagogia da conflitologia* na escola, também consideramos outros aspectos básicos para supor a mediação no contexto educacional, entendendo que as escolas são diferentes em suas realidades e climas de convivência. Esses pontos, de acordo com Chrispino e Chrispino (*ibidem*, pp. 49-53), são: a relação entre professor e alunos, a relação entre diretor e professor, a relação entre escola e comunidade, a análise do processo de avaliação escolar, a análise disciplinar da escola e a qualidade da comunicação estabelecida. A conflitologia, logo, é um processo que envolve toda a dinâmica da escola, uma dinâmica viva, com diferentes atores, com grande diversidade de perspectivas individuais e de grupos. Além disso, a conflitologia atua em processos tanto referentes aos alunos quanto aos profissionais e familiares que circulam pela escola.

Por isso, acreditamos que a *pedagogia da conflitologia* é um espaço fundamental na construção da educação para a paz, pelo seu papel mediador, conciliador e constitutivo de novas formas de relação entre pessoas e grupos. Pensar o processo que envolve conflitos humanos e conflitos escolares é acolher a própria complexidade do ser humano, seus desvios éticos e humanos, suas diferenças que compõem inevitavelmente a existência cotidiana. Para encaminhar questões relacionadas à prática pedagógica, os autores (*ibidem*, pp. 64-73) examinam eixos de decisão relacionados aos conflitos:

1. Caráter da mediação: *obrigatória* – quando a escola tem que aplicar os programas; *voluntária* – quando são criados espaços alternativos e possíveis;
2. Alcance da mediação: *todos os conflitos* – atendendo toda a escola; *alguns conflitos* – atendendo a questões pontuais;
3. Ênfase na mediação: *no produto* – a escola deseja resultados palpáveis, com números; *no processo* – atenta à melhoria do clima escolar e das convivências;
4. Mediação de conflito e a família: família *excluída* – mediação interna da escola; família *incluída* – propõe trazer as famílias por meio de palestras, discussões etc.;
5. Atores da mediação: *todos da escola* – alunos, professores, funcionários etc.; *alguns da escola* – nos casos necessários e com alguns grupos;
6. Limites da mediação: *sem limites* – escola entende que todos devem participar; *com limites* – atendimento a alguns segmentos da escola;

7. Relação da mediação e das regras: *sem relação* – a mediação independe de demais regras; *com relação* – a mediação tem conexão com as regras da escola, no sentido da retroalimentação a partir dos elementos da mediação;
8. Relação da mediação com avaliação: *sem relação* – não há envolvimento da mediação com aprendizagem, conceitos etc.; *com relação* – considera o contexto e tem atenção ao processo de aprendizagem da escola, via qualidade do clima escolar;
9. Espaços físicos para a mediação: *específicos* – sala própria; *inespecíficos* – locais disponíveis em todo o espaço escolar;
10. Tempo destinado: *específico* – horários marcados para a mediação; *inespecíficos* – no tempo das atividades escolares, logo que conflitos sejam percebidos (intervalos, por exemplo);
11. Identificação dos mediadores: *mediação por pares* – alunos atendem alunos, professores atendem professores e mediadores externos atendem diretores e comunidade e outros mediadores; *perfis diversos* – alunos que atendem alunos, professores que podem atender alunos e outros professores, além de membros da comunidade que também podem contribuir no atendimento;
12. Escolha dos mediadores: *institucional* – a escola escolhe os mediadores; *outras escolhas* – indicações por toda a comunidade escolar de pessoas com perfil para a mediação;
13. Critérios para a seleção de mediadores: *desempenho acadêmico* – escolhidos a partir de desempenho (alunos) e titulação (professores); *diferenciação social* – pessoas com perfil de projeção na comunidade escolar, independentemente da instrução;
14. Formação de mediadores: *institucional* – a escola forma os mediadores; *outros formadores* – a escola cria variados procedimentos, com pessoas já formadas, convidadas para ajudar na formação etc.;
15. Supervisão dos mediadores: *institucional* – a escola supervisiona; *outras escolhas* – supervisão dos próprios pares, com critérios claros;
16. Solicitação de mediação: *partes envolvidas* – solicitação por um dos envolvidos nos conflitos; *terceiros* – permite que outras pessoas façam a indicação, de acordo com problemas surgidos;
17. Rotinas para acordos: *burocráticas* – a escola guardará cópias do acordo; *não burocrática* – a escola não manterá cópias;

18. Quando falham os mediadores: *sem consequências* – desfaz-se a reunião; *com consequência* – não alcançando a mediação, buscam-se outras instâncias na estrutura;

19. Outros componentes do programa: *cronograma* – com metas claras e datas previstas; *acompanhamento, controle e avaliação* – acompanhar o desenvolvimento do processo, avaliando suas possibilidades e limites, visando melhorar o caminho desenvolvido.

Com base nesse conjunto de informações e pelo caminho percorrido na discussão, vamos considerar que uma *pedagogia da conflitologia* no contexto da educação para a paz seja flexível e valorize as dimensões humanizadoras das práticas pedagógicas. Pelo exposto por Chrispino e Chrispino (2002), vimos que existe diferença entre uma abordagem mais pragmática – que prevê um programa de mediação mais voltado a resultados objetivos e numéricos, com práticas de caráter mais rigoroso em tempo, horário e com ênfase na burocracia e em relatórios – e outros programas – com ênfase nos processos relacionais, dedicados não aos números, e sim à humanização nas relações interpessoais, e na capacidade de transformação de atitudes e comportamentos. Ainda que tais pontos sejam importantes, as características flexíveis poderão ser pedagogicamente mais interessantes, pois podem ser incorporadas à educação para a paz de maneira mais natural e integrada às demais *pedagogias da paz*. Mesmo assim, acreditamos que as duas perspectivas podem ser complementares e integradas à educação para a paz como tema transversal nas escolas.

Retomamos o argumento de que a educação para a paz, como área que pode ser tratada como tema transversal na escola, encontra sua consistência na perspectiva transdisciplinar, recorrendo especialmente às áreas de valores humanos, direitos humanos, conflitologia, ecoformação e vivências/convivências. Logo, não é sinônimo de algumas delas, tampouco é a mera junção das mesmas. A educação para a paz está justamente em observar e transitar pelas especificidades, reconhecendo suas qualidades, mas, ao mesmo tempo, procurando um olhar ampliado que transcenda o específico, que só pode ser pensado na integração e na superação de perspectivas. Para nós, é válida a afirmação sobre a importância pedagógica do conflito, feita por Passos (2009, p. 85):

> Ele previne a estagnação decorrente do equilíbrio constante da concordância, estimula o interesse e a curiosidade pelo desafio da oposição, descobre os problemas e demanda sua resolução. Funciona, verdadeiramente, como raiz

de mudanças pessoais grupais e sociais. Quando pessoas ou grupos estão com problemas e uma terceira intervém, no caso o professor na sala de aula, este necessita de certas habilidades não só de diagnóstico como de atuação. O simples fato de uma terceira pessoa, o professor que é neutro e de confiança, que pode e quer ajudar os alunos, indicar alguns aspectos relevantes para solucionar a situação, esclarecer os oponentes levando-os a uma atitude de indagação e exame dos fatores envolvidos, pode ser o início de um processo de compreensão dos conflitos, e não mais uma luta de ganha-perde.

Uma *pedagogia da conflitologia* deve estar concentrada, portanto, no processo que está sendo construído entre as pessoas, não pensando apenas no produto final, que teria um resultado expresso em número de mediações concluídas com êxito, sem questionar os acordos feitos e nem as emoções neles contidas. Quando a preocupação se dá com as pessoas, com as relações estabelecidas, encontrando caminhos conjuntos de avanço nessas relações, valorizando o clima escolar, promovendo resiliência nas pessoas e grupos, através de escuta ativa e diálogo qualificado, daí sim, encontramos uma prática pedagógica da educação para a paz.

Já foi dito que o conflito é inerente ao ser humano, sejam conflitos pessoais e interiores, como os rumos e as decisões de nossa vida, sejam conflitos exteriores, com outras pessoas ou com grupos. O que preocupa é a violência que surge quando o conflito não é tratado adequadamente, não existe diálogo, as pessoas não se entendem e começam a agredir-se com palavras, gestos, até gerar agressões físicas. De maneira complementar, compreende-se também que a intolerância e o desrespeito são os caminhos para que os conflitos se transformem em violências. Já a paz ou a não violência é decorrente de processos nos quais os conflitos são mediados, pelos pais em casa ou pelos professores nas escolas, através dos projetos de educação para a paz. Dessa forma, o que gera a violência não são os conflitos, mas sim a não resolução dos impasses a partir de ideias contrárias.

Além dos apontamentos já realizados, ainda argumentamos que os conflitos mediados nos grupos, em situações pedagógicas, requerem dos profissionais responsáveis em cada grupo, segundo Nunes (2011, pp. 72-75), algumas habilidades relativamente simples, de comunicação construtiva como: utilizar conotações positivas na conversação; usar escuta ativa; ouvir com atenção aos detalhes e às emoções; pensar antes de falar; combater pensamentos e linguagem preconceituosos; não fazer comparações; não usar palavras e sentimentos como armas; evitar julgamentos moralizadores; superar ressentimentos; ser claro no que diz; assumir responsabilidade; construir empatia etc.

Dessa forma, entendemos o conflito de forma positiva, quando se busca o diálogo como elemento primordial de mediação. Essa concepção positiva do conflito, como um desafio, faz com que a perspectiva de uma educação para a paz seja mais concreta, pois as ações pedagógicas não surgem de algum "ideal" pela paz, mas de situações cotidianas, das relações de convivência das pessoas nos grupos, com tensões, diferenças, conflitos e o compromisso de buscar pontes comuns, solidárias, generosas e humanizadoras. Uma observação de Nunes (*ibidem*, pp. 53-54) ajuda a entender melhor essas questões, quando diz que temos diferentes níveis de conflito:

- *Nível primário*: quando o trabalho preventivo tem sustentabilidade e as próprias pessoas podem encaminhar os conflitos, que serão em número reduzido devido à qualidade das convivências. Isso acontece quando existem o fortalecimento e a reafirmação dos relacionamentos por meio do desenvolvimento de habilidades sociais e emocionais e quando há aprimoramento de valores como: respeito mútuo, empoderamento, colaboração, honestidade, integridade, participação, pertencimento, responsabilidade, valorização do próximo, transparência, tolerância, humildade, interconexão e solidariedade;
- *Nível secundário*: quando alguns conflitos ficam evidenciados e precisa haver uma reparação das relações. Nesse caso, é necessário diálogo com mais profundidade, com escuta empática, comunicação não violenta e habilidades para gerenciar conflitos, e também se torna importante a presença de uma pessoa para mediar, para preservar a serenidade e reconectar as relações;
- *Nível terciário*: quando os dois primeiros níveis não são suficientes, há a necessidade de consertar e reconstruir as relações, que acabam extrapolando as possibilidades individuais de resolução. Nesse caso, a mediação dos conflitos precisa de uma intervenção com mais atenção e tempo.

Esses níveis, embora possam ser analisados de outras formas, ajudam a separar as situações cotidianas e a valorizar o nível primário, o que podemos chamar como a própria *pedagogia da conflitologia* relacionada à educação para a paz. Vemos, nos três níveis, que os processos pedagógicos de educação para a paz tendem a fortalecer o nível primário, o que nos leva a perceber que se deve buscar mais a conflitologia do que a mediação elaborada, mais necessária nos níveis secundário e terciário, em se tratando de uma pedagogia da paz.

Além disso, Freire (2011, p. 62) também aponta saberes necessários à mediação e ao mediador. Quanto à mediação, fala da importância dos vínculos, da confiança, sempre lembrando as normas estabelecidas pela escola, que servirão como apoio às tomadas de decisão. Também é essencial considerar sempre as peculiaridades de cada caso, uma vez que embora as situações sejam parecidas, as histórias dos conflitos e das violências têm sempre questões diferenciadas e pertinentes apenas ao caso em si. Os alunos precisam observar o mediador como uma pessoa íntegra e confiável.

Ainda em relação ao mediador, a autora (*ibidem*, pp. 62-64) diz que é uma pessoa que precisa acreditar no processo de mediação, na democracia e na cooperação; possuir habilidades de perguntar e ouvir atentamente o outro; encontrar as causas dos conflitos para agir de forma mais adequada; ter sempre uma postura cordial e respeitosa, pois nas situações de conflito existe sempre uma tensão emocional; ter postura ativa sem influenciar nas decisões; permitir que as pessoas dialoguem entre si, após as primeiras questões colocadas; incentivar as crianças a expressar seus sentimentos e considerar os sentimentos alheios; ser discreta no contexto escolar.

Retomando os aspectos abordados sobre os conflitos, vamos apontar algumas perspectivas elaboradas como síntese das relações que constituem a *pedagogia da conflitologia*, dentro da educação para a paz na perspectiva da complexidade.

a) A educação para a paz, como campo de conhecimento complexo, encontra na *pedagogia da conflitologia* a oportunidade de conhecer práticas pedagógicas relacionadas à administração, à mediação e à resolução não violenta dos conflitos, como maneira de qualificar as relações humanas e o clima escolar;

b) A educação para a paz entende os conflitos como elementos absolutamente fundamentais ao processo de cultura de paz, pois, a partir deles, são criadas novas formas de percepção, escuta e diálogo com o outro (pessoas ou grupos), favorecendo aspectos democráticos e participativos;

c) A educação para a paz aproxima a *pedagogia dos valores humanos*, a *pedagogia dos direitos humanos* e a *pedagogia da conflitologia* como elementos integrados e complementares, uma vez que os valores estarão sempre em jogo nas situações de conflito, bem como os direitos subjacentes às pessoas e aos grupos;

d) A educação para a paz explicita a necessidade de uma *pedagogia da conflitologia* como forma de superação da ideia de "técnicas" aplicáveis a situações não desejadas na escola. Acredita que os conflitos (não violências) devam surgir como expressão das diferenças e divergências, para que sejam tratados adequada e pedagogicamente;

e) A educação para a paz valoriza a escuta do outro, o diálogo de qualidade e a troca de impressões (pensamentos e ideias) como elementos cruciais na formação da pessoa. Esses elementos são diretamente relacionados ao entendimento da conflitologia, como área que entende o conflito como uma categoria de análise dos relacionamentos;

f) A educação para a paz, ao confiar situações ao contexto da *pedagogia da conflitologia*, espera que sua relação com o contexto escolar/ cotidiano educacional seja construída com atenção e cuidado, em sintonia com diferentes contextos, tanto a comunidade como a escola e, nesta, com seus procedimentos e metodologias;

g) A educação para a paz como perspectiva ampla do indivíduo, sociedade e planeta, não quer que a conflitologia resolva problemas pontuais e se contente com isso. Prevê que, no processo da mediação, os valores, as crenças, as atitudes sejam repensados e reelaborados, promovendo o movimento de "ganha-ganha", ao contrário do paradigma do "ganha-perde";

h) A educação para a paz pretende entender os protagonistas, a dinâmica e a essência referentes aos conflitos, justamente com o intuito de encontrar padrões violentos do cotidiano escolar, para, nesse sentido, objetivar padrões de regulação mais adequados, normas construídas coletivamente e espaços naturais onde sejam desmistificadas as ideias tradicionais do conflito;

i) A educação para a paz, portanto, vai nutrir-se da *pedagogia da conflitologia* como espaço de relações interpessoais, caracterizadas por procedimentos adequados, que prevejam habilidades básicas de mediação, sem que estas sejam maiores e nublem as qualidades humanas de relação, que fundamentalmente é um diálogo entre pares sobre suas perspectivas diferentes;

j) A *pedagogia da conflitologia* no âmbito da educação para a paz proporciona o processo de mediação dos conflitos, promovendo escuta, diálogo, sensibilidade, que atuam, ao mesmo tempo, em questões objetivas – aquilo que precisa ser resolvido adequadamente – e questões subjetivas – os novos olhares para o outro, não mais como inimigo a ser derrotado, mas como parceiro com quem conviver satisfatoriamente. A questão-chave nessa pedagogia está em assumir a relação CONFLITO ◢◣ VIOLÊNCIA ◢◣ PAZ.

Pedagogia da ecoformação

Questões sobre o meio ambiente, a ecologia, a cidadania planetária aparecem com cada vez mais frequência relacionadas à cultura de paz e à educação para a paz. Essa argumentação é crescente, justamente pela visibilidade que outras formas de violência tiveram nas últimas décadas. Os alertas já estavam presentes nos anos 1970 com as primeiras conferências de meio ambiente, reagindo ao modelo de desenvolvimento e seus impactos sobre o meio ambiente. Nas décadas seguintes, ao mesmo tempo em que as preocupações nesse sentido cresciam, eram paradoxalmente ignoradas pelas grandes corporações e pelas nações que mais utilizam os recursos energéticos para alcançar hegemonia econômica e poder no cenário mundial.

Assim, em poucas décadas viu-se um esgotamento dramático dos recursos naturais/energéticos do planeta, diretamente relacionado ao aumento da tecnologia. Uma contradição, já apontada nos capítulos anteriores, onde, sob o rótulo do desenvolvimento científico e tecnológico, fragmentado e parcial, perdemos a relação com o todo, com o global, com o que é de todos, nesse caso, nosso planeta. Sabemos também que, com o aumento dos problemas, aumentam também os movimentos de enfrentamento a eles.

Assim, criam-se nas últimas décadas, movimentos fortes de conscientização ecológica, que no primeiro momento estiveram fortemente relacionados com a educação ambiental, com os estudos do meio ambiente, mas que, nos últimos anos, tiveram seu desdobramento ampliado para a ideia do desenvolvimento sustentável ou sustentabilidade.[13]

---

13. Entendemos que os termos "desenvolvimento sustentável" e "sustentabilidade" são passíveis de diversas interpretações e figuram em meio a contradições e divergências quanto às suas intencionalidades. Não desconsiderando essa discussão, optamos por não desenvolver tais questões, uma vez que nosso entendimento, à luz da complexidade, parte da análise de questões da sustentabilidade como princípio e do desenvolvimento sustentável como possibilidade, inclusive como é tratada pelos documentos internacionais da ONU. Cremos que a questão da terminologia é importante, mas figura dentro do campo específico dos movimentos relacionados à educação ambiental, muito mais no sentido político que conceitual, os quais não são examinados neste estudo.

Destacamos que Morin, em *O método 2* (2005), dedica-se a aprofundar as discussões sobre a auto-eco-organização, que remetem a uma organização interna do indivíduo, diretamente ligada ao seu ecossistema, igualmente organizado. São dimensões complementares que promovem as mudanças no mundo e na vida. Destaca o autor que as sociedades arcaicas historicamente se adaptavam ao ecossistema, praticamente sem degradá-lo, existindo uma relação de equilíbrio. Já as sociedades atuais, marcadas pelos grandes centros urbanos, subjugaram e pretenderam dominar/controlar o ecossistema, numa relação parasitária que prejudica todas as esferas naturais, gerando o desequilíbrio nas relações indivíduo-espécie-natureza-sociedade (*ibidem*).

Por isso, uma visão de ecoformação vai valorizar essas discussões, além do puramente ambiental, mas em suas relações maiores. Observemos essa relação no que expõe claramente Morin (*ibidem*): a radiação solar traz energia para a vida, além de, pela atração gravitacional, organizar o sistema de planetas. Ao mesmo tempo, os planetas, em nosso caso a Terra, através de movimentos de translação e, especialmente rotação, alternam dia/noite, estações do ano, criando os climas e todo o conjunto mais amplo que consideramos naturais. Então que, para Morin (*ibidem*, p. 42),

> esses ciclos geofísicos marcam do interior a organização biológica dos indivíduos, das espécies, dos ecossistemas que, conforme a alternância noite/dia, sincronizam repouso/atividade, sono/vigília, e unem as estações nos ciclos de germinação, eclosão, fecundação, hibernação, morte (...).

Essa percepção é fundamental, pois é oposta à impressão de que a natureza não é viva e afetada pelas questões humanas, pela degradação, pela poluição, pelas mudanças impostas na relação de dominação que o ser humano impôs com mais rigor nos últimos dois séculos. O ser humano tem a impressão de controlar a natureza. Trata-se de uma falsa impressão, logo desfeita a cada "tragédia" ambiental, a cada chuva forte e prolongada, a cada morte relacionada ao clima quente ou frio, a cada deslizamento de terra ou rompimento de barragens que interrompem bruscamente a vida, de várias formas.

Igualmente, vemos o desequilíbrio gerado quando grandes grupos populacionais ocupam morros, criando favelas, gerando desmatamento, assim como a ocupação desordenada nas margens dos rios, quando a população pobre é empurrada para longe dos "locais socialmente organizados". Isso sem contar os casos em que os grandes condomínios de luxo dividem espaços geográficos, obviamente separados por enormes muros, com moradias extremamente precárias, simbolizando a desigualdade e a injustiça social, logo, todo um ecossistema humano-social-ambiental fragilizado e em profundo desequilíbrio. Por si sós, tais argumentos reforçam a necessidade de repensarmos a relação com o planeta, se quisermos realmente caminhar em direção à cultura de paz, procurando na *pedagogia da ecoformação* uma forma de perceber a relação umbilical entre vida humana e vida planetária.

Nisso, concordamos com as ressalvas de Morin (2005), que fala que a discussão ecológica, que requer muitas mudanças, não pode aceitar um discurso simplista, baseado no senso comum. Para ele, "a complexidade contida no paradigma ecológico não pode produzir plenamente seus frutos senão num pensamento que já reconheceu o problema e a necessidade da complexidade" (*ibidem*, p. 109). Por isso, entendemos que uma ecoformação nos oferece outras perspectivas para a educação para a paz do que a educação ambiental. Isso não quer dizer, em hipótese alguma, que desconsideremos a discussão da educação ambiental, ao contrário, pretendemos, a partir dela, pensar a ecoformação.

Neste caminho, temos a contribuição de Laszlo (2002) que diz que, se pretendemos mudar o foco e atuar num processo de macrotransição, ou seja, superar as velhas ideias esgotadas e partir para novas ideias, precisamos rever a forma como nos relacionamos com nosso pensar, sentir e agir. A superação proposta passa por superar as afirmações: "A natureza é inesgotável"; "a natureza é uma máquina gigante"; "a riqueza se distribui por toda a sociedade"; "quanto mais você consome, melhor você é" e "o futuro não é problema nosso". Essas questões, que atualmente podem soar absurdas, até poucas décadas atrás eram hegemônicas no pensamento mundial, com raras exceções. Tanto que os problemas graves que presenciamos em nosso tempo, em relação à vida e ao meio ambiente, foram gestados e criados dentro dessas questões e em sociedades consideradas das mais evoluídas e desenvolvidas da história humana.

Nunca se produziu tanta ciência e tecnologia e nunca se degradou tanto o planeta e se precarizou a condição de vida e existência de tantas pessoas como no século XX e no início do século XXI. Ainda com Laszlo (*ibidem*, p. 40), vemos que é necessário outro paradigma, o que ele chama de cosmovisão, "superando a cosmovisão do domínio e da conquista da natureza, pela cosmovisão do respeito, do cuidado e da proteção da natureza, o que inclui os seres humanos". Dessas premissas, vemos que as questões ambientais, previstas inicialmente na articulação com a cultura de paz e passíveis de pensar pedagogicamente a educação para a paz, são redimensionadas nos últimos anos, levando à perspectiva da complexidade e mudando o foco na educação. Quanto a isso, Pereira e Hannas (2000, p. 38) discorrem:

> A educação tem como missão criar condições para que o educando encontre o seu profundo e, ao mesmo tempo, viva na realidade histórica, plenamente engajado como pessoa, cidadão, profissional, pai ou mãe. Criar condições para que o educando perceba que é um ser inacabado, que está em processo de contínuo vir-a-ser em todos os aspectos, responsabilizando-se pelo próprio crescimento, assumindo o próprio processo de evolução em todos os planos da vida, percebendo que a vida no planeta não pode centrar-se só no dinheiro, no poder, nos bens materiais, que podem e devem ser devidamente utilizados, mas que há outras facetas da vida igualmente responsáveis pelo bem-estar, a paz, a felicidade, o prazer.

Pelos argumentos iniciais, caminharemos por um olhar integrador entre as questões do meio ambiente, da ecologia humana, da educação ambiental, entre tantas que se referem à vida e ao planeta. Particularmente, esse ponto é importante, pois, ao possibilitar a conexão de elementos de uma ecopedagogia, aproxima-se da noção de auto-eco-organização proposta por Morin (2013a), que fala das conexões entre indivíduo-sociedade-planeta. O ponto de equilíbrio conceitual se dará via conceito de ecoformação. Um conceito ainda recente no Brasil, mas que já avança em sua construção em países europeus e na América do Norte, como resultado de reflexões ampliadas e complexas.

A ecoformação já nasce muito relacionada com a perspectiva da transdisciplinaridade, no sentido de ser uma área de conhecimento tratada à luz do paradigma da complexidade e dentro de uma perspectiva de cultura de paz. Isso é apontado no "Decálogo sobre transdisciplinaridade e ecoformação" (La Torre *et al.* 2008), ao estabelecer seus principais pontos: 1. Supostos ontológicos, epistemológicos e metodológicos do olhar transdisciplinar, que apontam para a relação totalidade e especificidade; 2. Projeção tecnocientífica: o campo da religação dos saberes, tanto científicos como os de experiência; 3. Projeção ecossistêmica e de meio ambiente, com a relação ecológica sendo sustentável; 4. Projeção social, rumo à construção de uma cidadania planetária; 5. Convivência e desenvolvimento humano sustentável, onde a visão dos valores humanos é decisiva para o presente e o futuro da humanidade; 6. Projeção de políticas trabalhistas e sociais, onde direitos humanos são fundamentais; 7. Projeção no âmbito da saúde e da qualidade de vida, onde o equilíbrio do ser humano em todos os aspectos da vida é determinante na busca da felicidade; 8. Projeção nas reformas educativas com a formação de cidadãos na sociedade do conhecimento; 9. Projeção na educação como resposta a uma formação integradora, sustentável e feliz; 10. Projeção das organizações no estado de bem-estar: auto-organização e dimensões ética e social, ou seja, uma ética planetária.

Analisando o decálogo, criado por um grupo de pesquisadores e educadores, vemos que são inúmeros os aspectos apontados, onde palavras importantes aparecem, como: felicidade, sustentabilidade, valores, meio ambiente, ética, relação ecológica etc. Isso mostra que, cada vez mais, não é possível observar o mundo e a vida através de enfoques disciplinares fechados, onde uma área intenciona revolver as situações complexas da vida. Isso está claro quando as diferentes "matérias escolares" disputam espaço e prioridades na educação formal, quando, em verdade, o maior grau a alcançar no conhecimento disciplinar é justamente quando ele se abre ao transdisciplinar. Assim, o documento "Decálogo" sustenta que a ecoformação é uma forma que sintetiza a ação de formação humana, sempre observando sujeito/sociedade/ natureza, evidenciando as seguintes características: vínculos interativos com o entorno natural e social, pessoal e transpessoal, que significa nesse caso a ampliação do enfoque apenas na natureza; desenvolvimento humano em todos os sentidos da sustentabilidade, ou seja, o prefixo "eco" denotará sempre essa intenção ampliada; caráter sistêmico e relacional, que inspira a formação de redes relacionais e novos campos de aprendizagem; caráter flexível e integrador das aprendizagens, por estar em relação com diferentes campos cognitivos e sensoriais e, como última característica, os princípios e valores relacionados ao meio ambiente "que consideram a Terra como um ser vivo, onde convergem os elementos da natureza, tanto vivos como inertes" (*ibidem*, p. 22).

Nesse contexto, a perspectiva do desenvolvimento sustentável, já presente no Capítulo 2, está em sintonia direta com as questões da cultura de paz, sendo apontadas em seu conjunto como os elementos prioritários para a educação para cidadania global, como indicado pela Organização das Nações Unidas (ONU) em suas orientações para o futuro do planeta. Portanto, observar conceitualmente a questão da sustentabilidade passa a ser chave para a questão da ecoformação, uma vez que está relacionada às várias ações e atividades humanas que buscam suprir necessidades atuais dos seres vivos sem comprometer o futuro das próximas gerações. Logo, é uma perspectiva que envolve aspectos econômicos, materiais, naturais e humanos.

Podemos afirmar que a sustentabilidade tem como princípio a não violência, ou não agressão ao meio ambiente, um meio ambiente ampliado para todo o espectro dos relacionamentos entre seres humanos, outros seres vivos e com o planeta, buscando formas mais inteligentes, integradas e que causem o menor impacto possível em pessoas, grupos e no planeta Terra. Uma perspectiva igual à noção de cidadania planetária que, para Gutiérrez e Prado (2013, p. 25), "deverá ter como foco a superação da desigualdade, a eliminação das sangrentas diferenças econômicas e a integração da diversidade cultural da humanidade" e para quem "a cidadania planetária implica também a existência de uma democracia planetária" (*ibidem*). Nesse quadro, concordamos com Boff (2015a) que uma ideia de sustentabilidade não poderá ser alcançada sem uma sensível diminuição dos graves problemas sociais e econômicos do estágio atual da humanidade.

Na tentativa de compor um conceito integrado de sustentabilidade, Boff (*ibidem*) aponta para algumas questões-chave: sustentar a condição de surgimento dos seres vivos; sustentar todos esses seres vivos que nascem; sustentar a vida da própria Terra; sustentar as comunidades de vida (biomas, biodiversidade); sustentar a vida humana, como ser mais complexo e capaz de salvar o planeta, assim como o está destruindo; sustentar o atendimento básico para a vida humana; sustentar a geração atual prevendo as próximas gerações; sustentar a capacidade de coevoluir com a Terra. Essa definição ampliada por Boff (*ibidem*) provoca muitas reflexões, pensamentos e ações de sustentabilidade, não mais só em relação à água, ou ao lixo, mas a toda a vida em suas questões dramáticas e em suas possibilidades de mudança, como aponta Dias (2015, p. 45):

> Claramente, sustentabilidade é uma ideia complexa que requer algum conhecimento da vida social, ambiental e de questões econômicas e como esses temas estão interligados. Sustentabilidade desafia a prioridade das pessoas, seus hábitos, suas crenças e seus valores. Como uma espécie, os seres humanos chegaram a um ponto no qual devem admitir quem nem tudo é possível (ou tudo que é possível nem sempre é o melhor).

Concordamos que a noção de sustentabilidade provoca as pessoas. Não se trata apenas de estar sensível aos problemas, mas de nos colocarmos como parte desse desequilíbrio planetário, da vida. Tudo, no final das contas, interage com tudo. Todo e partes, partes e todo. Não se trata mais de especificidade *versus* holismo, valorizar ou demonizar um ou outro não resolverá os problemas. Integrar as partes, seja da ciência, da tecnologia, com a totalidade que observa ser humano-natureza, em processos de auto-eco-organização, passa a ser o encontro necessário e que dá suporte para pensar a noção de ecoformação.

Portanto, vale considerar na discussão sobre a sustentabilidade, que a aproxime da ecoformação e contribua para vislumbrar uma *pedagogia da ecoformação* como elemento da educação para a paz, o caráter integrador entre as necessidades materiais para subsistência, reconhecendo que não há uma "volta aos velhos tempos", sem tecnologia e ciência, mesmo que seja possível revalorizar muitos elementos naturais, e, ao mesmo tempo, compor as necessidades simbólicas, ou seja, a humanidade, a dimensão emocional, espiritual, de transcendência. Isso é bem colocado por Loureiro (2012, p. 56):

> No âmbito do debate sobre sustentabilidade, necessidades são vistas tanto no sentido material quanto simbólico – portanto, econômico e cultural. Assim, fazem parte destas: subsistência (garantindo a existência biológica); proteção; afeto; criação; produção; reprodução biológica; participação na vida social; identidade e liberdade. Portanto, sustentável não é o processo que apenas se preocupa com uma das duas dimensões, mas que precisa contemplar ambas, o que é um enorme desafio diante de uma sociedade que prima pelos interesses econômicos acima dos demais.

Com base nessas definições, projetamos uma *pedagogia da ecoformação* como espaço de encontro de algumas dimensões fundamentais no processo de entendimento da paz, mas que muitas vezes são difíceis de estar articuladas ao contexto acadêmico e científico. Como a dimensão simbólica apontada por Loureiro (2012), relacionaremos a questão da espiritualidade. Justificamos que inúmeras manifestações relacionadas à paz estão atreladas às questões da religião e da espiritualidade. Mesmo reconhecendo que tais temas são complexos na discussão da educação, acreditamos que haja sentido em discutir a espiritualidade como o conjunto de ideias ou crenças positivas, que visam a valores construídos que possam melhorar a vida e o mundo, logo, na dimensão simbólica que envolve tanto a ecoformação como a cultura de paz.

Fazemos isso também como forma de trazer luz a uma discussão mal encaminhada na educação, que confunde a paz como apelo apenas do religioso, logo, esvaziando uma discussão pedagógica importante e rica para o contexto educacional. A educação para a paz, longe de ser sinônimo de uma determinada forma religiosa, também não desconsidera os aspectos contributivos à perspectiva de paz embutidas nas crenças. Porém, a questão-chave é como elas são tratadas no cotidiano e na vida das pessoas. Sobre isso, a intervenção de Yus (2002, p. 112) é fundamental:

> Além da crescente diversidade de tradições religiosas estabelecidas nos países ocidentais, derivada do aumento da imigração, muitos cidadãos do ocidente buscam a espiritualidade fora dessas religiões, seja de maneira individual ou, menos comum, em grupos não-dominantes emergentes. Finalmente, pelo menos alguns dos que falam sobre espiritualidade pensam nesse conceito em um sentido mais metafórico do que deísta; eles não acreditam na realidade de um Deus ou de um reino espiritual, entretanto, usam a palavra para se referir, simbolicamente, aos valores humanos, tais como a paz, a justiça, o amor e a compaixão.

Tomaremos essa forma de pensar de Yus (2002) para seguir, onde a espiritualidade é uma construção a partir das relações humanas bem-intencionadas, e onde, basicamente, os princípios da não violência estão colocados e um ideal de mundo melhor, pleno e justo é uma motivação implícita. A *pedagogia da ecoformação* aponta a perspectiva da espiritualidade em práticas de diferentes culturas, valorizando-as como expressão humana. Como no paradigma da complexidade, mitos, teorias, ideias e emoções são elementos de conexão, na medida em que compõem a vida e as relações. Ao mesmo tempo, não aceitamos uma educação para a paz com ênfase numa "religião" específica, carregada de verdades e fundamentos excludentes e preconceituosos. A espiritualidade nesse sentido aproxima-se da concepção apontada por Yus (*ibidem*, p. 113):

> Assim, uma visão espiritual do mundo é um paradigma global: enfatiza as conexões humanas entre as pessoas por meio das fronteiras políticas; é por isso que as conexões se mantêm em oposição a essa obsessão pela cultura do sucesso econômico nacional. É um paradigma ideológico, que enfatiza nossas conexões com todo tipo de vida e se opõe ao antropocentrismo destrutivo e ao materialismo da cultura ocidental moderna. Por último, uma visão espiritual do mundo é uma reverência à vida, uma atitude de respeito e de reverência ante a transcendência da Origem de nossa existência.

A questão da espiritualidade, por esse viés, é chave para dimensionar os processos de paz e entender a educação para a paz, pois nessa perspectiva de um mundo multirreligioso há a necessidade inevitável de buscar a tolerância, que permitirá a cooperação mútua das religiões, quaisquer que sejam as diferenças. Duas visões são claras nesse caminho: a primeira é que as religiões, ou a espiritualidade, em tese, buscam o bem, a paz. Por outro lado, muitas vezes, são elas mesmas a causa das maiores e piores violências. Nisso reside uma primeira questão, que pode provocar a educação para a paz ao entendimento mais profundo da estrutura de valores humanos e perspectivas de mundo, que fundamentam visões opostas. A segunda é que a intenção da espiritualidade, como vimos, pode alimentar a subjetividade que faz o ser humano sensibilizar-se aos problemas e mazelas da vida e do planeta, construindo uma visão que repudia as diversas violências humanas e não aquela "paz" das palavras e discursos vazios de significado para o cotidiano da vida.

Uma justificativa pertinente para essa relação da ecoformação, como forma de inserir a espiritualidade pelo viés educacional como dimensão da vida, por um lado, e, por outro, como conexão com a totalidade do ser, é apontada por Hathaway e Boff (2012) quando dizem que o ser humano tem a capacidade de encontrar as profundezas de si mesmo, na relação entre as coisas e seu simbolismo, transcendendo apenas a sensação, para a reflexão e a mudança. Os autores falam, e isso é fundamental na articulação com a ecoformação, que há dentro dos seres humanos "dimensões montanhosas, vegetais, animais, humanas e divinas. A espiritualidade não significa conhecer isso de maneira intelectual, mas vivenciar e tornar isso a realidade de nossas experiências" (*ibidem*, p. 427). Ainda dizem que por ser experiencial, e não doutrinária, a espiritualidade permite ao ser humano experimentar sua profundeza, sempre atento a si mesmo, significando melhores noções, como compaixão e harmonia. Dessa forma, a experiência divina, como experiência em si mesma e não como doutrina, liga-se fortemente com os valores de serenidade e paz, pois estaria a serviço do amor, como cuidado essencial com a vida, o mundo e nas experiências cotidianas.

Alguns pontos dessa espiritualidade como possibilidade pedagógica, dentro do processo de ecoformação, podem ser delineados a partir de Hathaway e Boff (2012):

- A espiritualidade pode estar presente na arrumação da casa, no trânsito, nas amizades, na família e no trabalho, a partir de nossas simples ações positivas e não violentas em pensamentos, ações e gestos;
- Pesquisas atuais das neurociências demonstram que pessoas apoiadas em estados místicos possuem maior excitação nos lóbulos frontais do cérebro, ligados ao centro das emoções e valores, e isso, para Hathaway e Boff (*ibidem*, p. 428), "parece indicar que a estimulação do 'ponto de Deus' não está ligada a uma ideia ou

pensamento, mas a fatores emocionais e experienciais, ou seja, a uma espiritualidade viva";

- A espiritualidade é reiterada como uma dimensão central à nossa vida com a valorização de todas as formas vivas;
- A espiritualidade ajuda a enfrentar a lógica do egoísmo, abrindo caminho para a coexistência, a cordialidade e nossa reverência à diferença como distintas realidades de Deus;
- Integrar uma inteligência espiritual com as outras inteligências permite a abertura a uma experiência da espiritualidade que transcende doutrinas religiosas, mas que tem como base a própria intenção do *religare*.

Nesse sentido, outras interfaces da espiritualidade podem ser pensadas a partir dos estudos de Johnson (*apud* Yus 2002): *espiritualidade como religião*, que tem a sua insistência no fato de que a pesquisa da espiritualidade é mais válida dentro das tradições religiosas comuns e históricas; *espiritualidade como autorreflexão*, vista na habilidade de olhar para si mesmo e refletir sobre a vida; *espiritualidade como conhecimento místico*, que situa a autorreflexão no contexto de um Eu maior, entendido como o campo de todo o ser, com as práticas meditativas sendo valorizadas como via; *espiritualidade como emoção*, onde as visões místicas incluem emoção, mais interessadas num "mundo invisível", já a espiritualidade como emoção enfatiza o cérebro e ressalta a base emocional de todo o pensamento; *espiritualidade como moralidade*, quando princípios, ideias, regras e emoções, combinam-se em valorização de uma "vida moral"; *espiritualidade como ecologia*, baseada no que Yus chama de "interconexão holística dos sistemas vivos", às vezes no sentido de teoria de "sistemas", surgindo daí a abordagem da espiritualidade; *espiritualidade como criatividade*, quando a ideia de interação entre a natureza da divindade e do Universo é uma e a mesma, em sua maior parte simbolizada pela ideia de criatividade, expressa na ideia de Yus (2002, pp. 125-126):

> Como conclusão, Johnson lembra que, se existe uma metáfora central para todas essas categorias de espiritualidade, ela é a das *conexões*. Cada forma de conhecimento sobre a espiritualidade e sobre a educação enfatiza diferentes tipos de conexões, com o próprio eu, com os demais, com o mundo, com a natureza, com o conhecimento, com o divino, com as religiões, com as emoções, com o corpo, com a imaginação e com os processos criativos. Também existem conexões entre as diferentes perspectivas. Desse modo, o autor enfatiza que a espiritualidade é um tema educativo que se encaixa bem em uma escola leiga, de

modo que todos os educadores que hoje estão ajudando seus alunos a encontrar conexões significativas em suas vidas (...).

Portanto, a ecoformação tem uma relação muito interessante com a busca da felicidade, como estado de harmonia e humanização. Ela prevê a religação entre indivíduo-natureza, devidamente situado, corpo/mente/espírito, em nosso tempo de contradições e esgotamento de um modelo que exaltou a cientificidade e ignorou a humanidade. Modelo esse que pretendeu dominar a natureza mais longínqua e hostil, mas que, nesse caminho, se esqueceu de olhar para o ser humano como parte do universo, como parte da vida pela qual lutou e ainda luta tanto para preservar. Essa é uma contradição de nosso tempo, um estímulo para buscar as macrotransições, sempre com base nas microtransições, que se completam.

Como sugerem Hathaway e Boff (2012) e tomamos como proximidade da ecoformação, quase todas as tradições espirituais e religiosas possuem argumentos que levam à possibilidade de uma cultura ecológica, quando falam que a vida é sagrada, que o amor é fundamental para a humanidade, quando falam sobre cooperação, solidariedade, atenção com os menos favorecidos, na busca de justiça e paz, na forma simples de viver a vida e controlar nossos instintos violentos, ou seja, a espiritualidade é um traço importante para a preservação da vida e do planeta. Nisso, os autores citam diferentes exemplos que estão apoiados nessas ideias, como as tradições indígenas, que falam do respeito à Mãe Terra e a todas as formas de vida; a tradição hindu, que fala que o ser humano é uma célula no corpo divino; o taoísmo, que indica o equilíbrio e a harmonia com a totalidade do universo; a tradição budista, fundada na compaixão por tudo e todos que sofrem de alguma forma; a tradição judaica, que fala sobre o descanso no sétimo dia e a preservação dos ciclos da natureza, assim como a ideia de que as criaturas da Terra foram criadas pela mistura da "respiração/sopro divino com a terra viva"; e a tradição islâmica, que em sua criação (Islã significa Paz) reverencia a terra em sua conexão pois, nas cinco vezes que rezam por dia, os islâmicos o fazem ajoelhados com a cabeça apoiada no solo (Hathaway e Boff 2015). Essas questões, que remetem às diversas tradições religiosas, parecem apontar um núcleo comum, gerador e regenerador da dimensão ecológica da essência humana, mesmo que sejam muito diferentes nas suas concepções e histórias. Porém, na perspectiva da ecoformação, essa diversidade é rica, pois é a declaração das diferentes formas de conceber a relação ser humano, mundo e transcendência como elementos que contribuem com um paradigma de cultura de paz.

Educação para a paz e a conexão com a *pedagogia da ecoformação*

A ecoformação, como possibilidade da educação para a paz, mostra que as questões ambientais são fundamentais em nosso tempo. O esgotamento dos recursos naturais na busca frenética por "energia" literalmente esgotou a própria energia do planeta. Objetivamente, as questões do meio ambiente, observadas à luz da educação ambiental, nos dão vários elementos reflexivos e conceituais que apoiam sua relação com os movimentos de paz, na intenção de "ecopacificar a sociedade" (Rayo 2004, p. 145).

Porém, optamos por explorar a perspectiva da ecoformação como tentativa de transcender o discurso da educação ambiental, para acessar dimensões mais profundas e que são imperativas para essa relação indivíduo-sociedade-planeta. Ao agirmos dessa forma, consideramos as conquistas específicas ligadas aos movimentos e à educação ambiental, mas buscamos alongamentos necessários ao nosso objetivo, uma *pedagogia da ecoformação* que reaproxime a visão harmoniosa entre homem-natureza-espiritualidade.

Nessa reflexão, vamos articular a ecoformação aos "sete saberes da educação" (Morin 2011b) para demonstrar as possibilidades da *pedagogia da ecoformação*, dentro da educação para a paz, neste século, assumindo também a percepção de Leff (2012, p. 73):

> O saber ambiental que emerge da crise da racionalidade do mundo moderno se plasma no espaço de exterioridade do pensamento metafísico e do conhecimento científico que procuram abarcá-lo e atraí-lo para seu centro de gravidade. (...) No entanto, o saber ambiental é expulso do núcleo da racionalidade científica por uma força centrífuga que o impulsiona para fora, que o impede de se fundir no núcleo sólido das ciências duras e objetivas, de se subsumir num saber de fundo, de se engrenar no círculo das ciências e de se dissolver numa integração interdisciplinar de conhecimentos. O saber ambiental está em fuga, mantém-se em um contínuo processo de demarcação, deslindamento, disjunção, desconstrução e diferenciação do conhecimento verdadeiro e do saber consabido, deslocando-se para a exterioridade dos paradigmas estabelecidos, libertando-se do propósito totalitário de todo pensamento global unificado.

No sentido colocado por Leff (2012), supomos que falar sobre ecoformação e de uma *pedagogia da ecoformação* é mais uma forma de abordar esse vasto campo do saber ambiental, em eterna renovação, como a vida, como o planeta e contribuir com ele. O sentido da ecoformação já nasce dessa perspectiva transdisciplinar, o que traz inúmeros benefícios para sua análise e, ao mesmo tempo, dificuldades de estabelecer pontos de apoio aos argumentos de sua própria construção. Vejamos tais questões a partir da Figura 7.

FIGURA 7. PEDAGOGIA DA ECOFORMAÇÃO EM RELAÇÃO À COMPLEXIDADE

Fonte: Elaboração do autor.

Em relação aos "sete saberes" na perspectiva da complexidade, a ecoformação está intimamente ligada às "cegueiras do conhecimento" na medida em que a relação ciência-natureza é daquelas mais frágeis em relação ao erro-ilusão. Da ideia do século XX, onde a ciência e a tecnologia só trariam benefícios para a humanidade, o ser humano pode ver, além do asseverar da degradação ambiental, a diferenciação de classes sociais e a desumanização nas relações humanas. Isso não descarta os avanços científicos e tecnológicos com a possibilidade de novos medicamentos e tratamentos médicos, também as alternativas aos problemas gerados pela própria ciência e a tecnologia que trouxe comunicações ilimitadas, mesmo que disponíveis apenas para uma parte da população. Esse é o dilema do século XXI, a construção de caminhos mais justos, mais iguais. Também podemos dizer que em relação aos "princípios do conhecimento pertinente" a ecoformação busca retroagir sobre a noção de natureza e meio ambiente, evidenciando um retorno às reflexões da simplicidade e do cuidado, consigo, com o outro e com o todo. Na ecoformação, a horizontalidade indivíduo-sociedade-planeta e homem-natureza-espiritualidade é a reflexão que emerge fortemente do contexto atual.

O "ensinar a condição humana" é ponto importante e relacionado claramente à *pedagogia da ecoformação*, uma vez que as relações complexas se dão na "tríade bioantropológica distinta cérebro/mente/cultura" (Morin 2011b). A ecoformação proporciona alimentos distintos para o cérebro que, através dessa reflexão ampla da vida, pode processar outras formas de olhar a própria existência que, consciente na mente, pode inferir na cultura, gerando ou regenerando pontos da essência do ser humano, ou sua própria condição humana! O "ensinar a identidade terrena", como outro dos "sete saberes" é ligado à condição humana, marcada por contracorrentes na perspectiva da complexidade, que, segundo Morin (2011b) seriam: a corrente ecológica, a corrente qualitativa, a corrente da valorização da vida simples, a corrente de resistência à padronização e ao consumo, a corrente que enfrenta a valorização do dinheiro em detrimento às relações solidárias e a corrente que reage contra as violências humanas. A identidade terrena, assim como a *pedagogia da ecoformação*, está marcadamente ligada a essas correntes.

A complexidade, assim como a ecoformação e as ideias da educação para a paz, atravessa o momento de "enfrentar as incertezas", não necessariamente como aspecto objetivo e formal nas ciências, mas especialmente como dimensões a serem efetivadas na vida das pessoas, no cotidiano educacional, nas escolas etc. Não se trata da coerência matemática e da justificação teórica, mas de uma coerência com rigor conceitual, com reflexões atuais referentes aos problemas humanos cotidianos e complexos, encontrando alternativas mais adequadas de intervenção nas práticas sociais. Tais dimensões nos levariam a sustentar o saber que fala de "educar para a compreensão" não apenas como a compreensão do outro, mas a própria compreensão de si mesmo, como a compreensão do mundo, ou seja, compreender que somos "uno" em relação a nós mesmos, aos outros e ao planeta. Seguramente, essa compreensão de unidade é a mais difícil e talvez inatingível plenamente em nosso tempo, mas também é certo que, sem essa tentativa – o exercício de religação à sensibilidade e à humanidade –, não podemos nos libertar das amarras do conhecimento parcializado e dos fragmentos de saberes específicos que nos dividem na vida pessoal, profissional, na vida em si mesma. Por isso, a educação para a paz, com a *pedagogia da ecoformação*, está na construção/reconstrução da interioridade do ser humano, marcada pela intenção da espiritualidade como forma de viver, como forma de ser, dentro de um ecossistema, considerando a natureza e a vida com a perspectiva da cidadania planetária. Nesse sentido, valem as palavras de Boff (2015b, p. 15) que, ao comentar sobre a imagem da Terra, diz:

Esta imagem do globo terrestre visto do espaço exterior, divulgada diariamente pelas televisões do mundo inteiro, suscita em nós sentimento de sacralidade e está criando novo estado de consciência. Na perspectiva dos astronautas, a partir do cosmo, Terra e Humanidade formam uma única entidade. Nós não vivemos apenas sobre a Terra. Somos a própria Terra que sente, pensa, ama, venera e cuida.

Somos a Terra, somos seres humanos integrados a um sistema ecológico, com a necessidade de preservar a existência, nossa vida/Terra. Isso vai encontrar a "ética do gênero humano", que no limite é a explicitação da unidade/ diversidade, igualdade/diferença, essência/existência do ser humano, em sintonia/resiliência com as atitudes cotidianas, práticas, na vida em sociedade. Nesse sentido, consideramos a *pedagogia da ecoformação* como o espaço natural para a discussão sobre os atuais rumos da vida e do planeta, que estão expressos em documentos internacionais, já apresentados neste livro, mas que merecerão um olhar pedagógico neste momento.

Como vimos no primeiro capítulo, a Organização das Nações Unidas (ONU) e a Organização das Nações Unidas para a Educação, a Ciência e a Cultura (Unesco) possuem documentos internacionalmente importantes nas últimas décadas que se referem tanto à cultura de paz como à educação para o desenvolvimento sustentável (EDS). Ambos, paz e sustentabilidade, estão sendo seguidamente enfatizados como perspectivas fundamentais para o século XXI. Durante a primeira década falou-se muito de cultura de paz e introduziu-se a discussão sobre EDS que adentrou a segunda década. A partir disso, em 2014, houve uma integração desses esboços paradigmáticos, em caráter documental, com o termo *educação para a cidadania global* (ECG) como resultado de grupos internacionais de trabalho e avaliação sobre duas dimensões desenvolvidas anteriormente. Portanto, a Agenda da ONU para pós-2015 pressupõe um conjunto de saberes/metas pensadas nas questões básicas de: pessoas, planeta, prosperidade, paz e parceria. As buscas, concentradas no período entre 2015 e 2030, serão aprofundadas como a base da *pedagogia da ecoformação*, em nossa construção da educação para a paz. Ressaltamos que a questão não se trata apenas do referido documento, mas do enfoque mais claro que a ONU e a Unesco têm dado à cultura de paz e à educação para a paz. No próprio documento da Unesco (2015, p. 11) consta o enfoque da ONU: "a educação para a paz e o desenvolvimento sustentável como o objetivo maior de seu programa de educação".

Portanto, neste momento, retomaremos o documento "Agenda 2030 para o desenvolvimento sustentável" da ONU, que apresenta os "17 objetivos de desenvolvimento sustentável", desdobrados em 169 metas a serem estimuladas pelos países-membros. Como o referido documento já foi tratado em termos conceituais no primeiro capítulo, faremos uma leitura com característica didático-pedagógica, que aponte alternativas ao trabalho escolar, sempre atento à questão da sustentabilidade e à aproximação da espiritualidade às ideias analisadas. A cada conjunto de argumentos (um, dois ou três objetivos), de acordo com as temáticas, faremos uma síntese apontando caminhos.

Objetivo 1. *Acabar com a pobreza em todas as suas formas, em todos os lugares.* Este objetivo abre discussões relevantes sobre a vulnerabilidade social, especialmente de crianças, mulheres e idosos. Trata de mostrar que a pobreza, assim como está em outros continentes e países, também é muito próxima de nós, nas realidades exploradas pelos aspectos econômicos e políticos. Se considerarmos que ecoformar é sensibilizar-se com toda a forma de vida e o cuidado essencial, integrados ao planeta, vemos que temos muito a fazer, discutindo, inclusive, o que determina a pobreza e a miséria no século XXI. Ser pobre em que sentido?

Objetivo 2. *Acabar com a fome, alcançar a segurança alimentar e melhoria da nutrição e promover a agricultura sustentável.* Este objetivo mostra como muitas questões relativas ao meio ambiente podem ser integradas à vida cotidiana. A fome é uma das mais deprimentes degradações aos direitos humanos e à vida. Este objetivo mostra que duas questões devem ser pensadas juntas: o combate à fome de maneira objetiva, mas baseado em processos sustentáveis na produção dos alimentos. Ao preconizar a produção sustentável, o documento abre um leque sobre a discussão da agricultura familiar, por exemplo, no nível local, mas devidamente orientada na cooperação internacional, especialmente nas regiões mais áridas e pobres do planeta, como visão estratégica global.

Objetivo 3. *Assegurar uma vida saudável e promover o bem-estar para todos, em todas as idades.* Além da pobreza e da fome, este objetivo concentra-se na atenção à mortalidade por doenças, pela falta de condições mínimas de higiene e de acesso à saúde, além da desinformação. Aponta para a importância da prevenção, com educação e informação adequada. Este ponto se aproxima dos aspectos sobre saúde e qualidade de vida expressos no "decálogo da ecoformação" (La Torre *et al.* 2008, pp. 19-60).

Como fica claro neste primeiro conjunto dos objetivos para o desenvolvimento sustentável, algumas questões contrastam profundamente com o discurso do progresso da ciência e tecnologia tão valorizado como paradigma. A primeira é como, com tanto desenvolvimento, temos ainda, na segunda década do século XXI, um grande número de pessoas vivendo em condições deploráveis, sem alimentação, sem água potável, morrendo de situações simples, como a diarreia? A segunda questão é: uma *pedagogia da ecoformação*, além dessa questão objetiva sobre o esgotamento da natureza, que pode ser tratada pelo viés dos direitos humanos, pode ir mais a fundo, na sensibilidade e subjetividade que chega às crianças que morrem de fome e sede na África e tantos outros lugares, nas mães/mulheres que não conseguem amamentar seus filhos pela desnutrição, nos homens, mulheres e crianças morrendo em macas pela falta de medicamentos simples em países pobres ou em guerra.

A *pedagogia da ecoformação* vai aonde os direitos humanos não chegam. Vai até as lágrimas, que mostram que a violência é muito mais cruel com a humanidade do que parece. Tal sensibilização deve trazer a reflexão para a vida das pessoas, dos alunos nas escolas, fazendo contrapontos e analisando sua própria realidade, valorizando as possibilidades e alternativas de vida e, ao mesmo tempo, questionando as desigualdades. O que seria bem-estar? Isso é paz? Olhar amplo e complexo para a vida, com olhos de ver e perceber a falta de consideração dos humanos com outros seres vivos. Isso está na pauta de um programa de educação para a paz.

Objetivo 4. *Assegurar a educação inclusiva, equitativa e de qualidade, e promover oportunidades de aprendizagem ao longo da vida para todos.* A questão educacional, proposta neste objetivo, prevê que sejam ensinadas/ aprendidas, nas diferentes idades, habilidades destinadas a entender a perspectiva de sustentabilidade. Essa busca abrange a complexidade que envolve estilos de vida, direitos humanos, igualdade de gênero, diversidade cultural, cidadania global entre tantas. A educação, como princípio articulador da cidadania global, busca o dialogar com as diferenças trazendo novos conhecimentos e novas perspectivas para crianças, jovens e adultos. Acolher a dimensão educacional, como possibilidade de educar para a paz, mobilizada pela sensibilidade pelas tantas violências explícitas na atualidade, é um dos caminhos propostos pela ecoformação.

Objetivo 5. *Alcançar a igualdade de gênero e empoderar todas as mulheres e meninas.* Este objetivo, que explicita os problemas relativos à violência contra a mulher, e que poderíamos estender à igualdade gênero de maneira global, trata das questões ainda presentes em todo o planeta que afetam as mulheres, explícitas nas inúmeras formas de violência. A ecoformação supõe um grau elevado de sensibilização com as violências. Nesse sentido, não são unicamente os assassinatos, mas a violência das palavras, dos gestos, da falta de respeito à dignidade feminina, nos ambientes familiares, de trabalho e em toda a vida social. Podemos dizer que grande parte da violência da humanidade esteve e está relacionada às práticas dos homens, e não das mulheres. O modelo "machista", impregnado de posturas agressivas e violentas, tornou-se dominante. A *pedagogia da ecoformação*, nesse sentido, deve explicitar sua opção pela visão feminina como elemento de discordância e construção ao discurso masculino.

A educação para a paz objetiva pensar em cultura de paz. Uma cultura de paz é percebida como uma cultura que enfrenta melhor as diferentes formas de violência no mundo e na vida. Assim, a educação para a paz precisa encontrar argumentos e fortalezas reflexivas para sustentar suas práticas pedagógicas. Um desses caminhos é a *pedagogia da ecoformação*, que na educação escolar vai tratar as questões da humanidade com sensibilidade, pensando em novas formas de convivências que sejam não violentas e que possam ser sustentáveis. Nesse sentido, Gutiérrez e Prado (2013, p. 77) concordam:

> A comunicação vivencial e a expressão pessoal e grupal geram um clima singularmente propício para elevar a qualidade da educação. A sociedade planetária é impensável se não conseguirmos gerar ambientes propícios e esse tipo de expressão vivencial, a qual encerra uma grande liberação de normas e controles externos. A coerção e a obediência são contrárias à livre expressão pessoal e à auto- organização grupal.

Nisso, a escola como espaço de vivências/convivências será fundamental para exercitar relações significativamente positivas, na horizontalidade das interações, no recrudescimento do "machismo" como forma de projetar a vida, buscando a emancipação (de fato) das mulheres, que poderão afirmar cada vez mais suas qualidades na construção de uma identidade humana, e não estereótipos aceitos sem reflexão. Seria a afirmação do instinto primordial do cuidado, expresso no feminino da "Mãe Terra".

Objetivo 6. *Assegurar a disponibilidade e a gestão sustentável da água e o saneamento para todos.* De questão ignorada ao longo da humanidade, a água chega, entre o final do século XX e início do século XXI, como um dos grandes temas/problemas da humanidade. Até a escassez na África, no sertão nordestino e em outras regiões pobres do globo, ela não era alardeada. Com a necessidade de água potável e o consumo de recursos hídricos em larga escala por empresas e países ditos desenvolvidos, é lançado o alerta global de que ela poderá ser finita. Por mais que a tecnologia se coloque intensamente na tentativa de resolver esse problema, a falta de água é um dos maiores temores das populações e das cidades modernas. O que fizemos com esse recurso que é básico e fundamental para nossa existência? Mas e agora, o que podemos fazer em relação à água, não só para empresas e países ricos, mas para sua preservação em todo o planeta?

Objetivo 7. *Assegurar acesso confiável, sustentável, moderno e a preço acessível à energia para todos.* Assim como a água, a energia, em outras matrizes, também passa a ser uma grande preocupação global e local. Outra vez a noção do "sustentável" é fundamental, assumindo que os modelos considerados vencedores ao longo do século XX mostraram-se perversos, exploratórios e inconsequentes com o futuro do planeta. A discussão hoje é na forma de descobrir alternativas que causam pouco impacto ao planeta e ao ser humano, o que esbarra na economia ainda fortemente marcada pela utilização de combustíveis fósseis.

Preservar os recursos do planeta – a água, sobretudo – e encontrar outras fontes de energia que não as vindas do petróleo são desafios a uma cidadania planetária plena. Outra vez, nosso olhar não pode estar apenas no futuro e nas buscas, mas no presente e nas mortes. A falta de água dizima milhões de pessoas anualmente no mundo, especialmente na África Subsaariana, grande parte delas crianças. Além disso, o esgotamento dos combustíveis fósseis e a transição da matriz energética causam graves problemas, como o desemprego na indústria automobilística. Também a energia nuclear passa a ser questionada em muitos lugares do mundo pelo seu risco. Estamos diante de dilemas na questão energética, com quase a totalidade delas procurando soluções por meio de alternativas ainda mais questionáveis. Sobre isso, Boff (2015b, p. 36) diz:

> Seguramente, não podemos negligenciar as soluções técnicas. Mas sozinhas são insuficientes, pois a solução global remete a uma questão prévia: ao paradigma de sociedade que se reflete na dificuldade de mudar estilos de vida e hábitos de consumo. Precisamos da solidariedade universal, da responsabilidade coletiva e do cuidado por tudo que vive e existe (não somos os únicos a viver neste planeta nem a usar a biosfera). É fundamental a consciência da interdependência entre todos e da unidade Terra e Humanidade. Pode-se pedir às gerações atuais

que se rejam por tais valores se nunca antes foram vividos globalmente? Como operar essa mudança que deve ser urgente e rápida?

Essas questões precisam ser pensadas numa proposta de *pedagogia da ecoformação*, que, por si só, já aponta para uma reorganização das questões do meio ambiente de modo amplo e complexo, fazendo a relação com processos de construção de cultura de paz, a partir de elementos pedagógicos da educação para a paz. Isso é necessário, na medida em que há uma exposição não só do planeta aos riscos iminentes, mas a degradação pelo próprio impacto das construções, para o meio ambiente e as populações locais. Exemplos disso ocorreram recentemente no Brasil, com o rompimento de grandes barragens de mineradoras nos municípios de Mariana e Brumadinho, ambos em Minas Gerais. Muito se falou do impacto ao meio ambiente, que realmente foi gravíssimo, porém, os impactos pela existência das barragens, desde o momento de sua construção, se perderam de vista.

Objetivo 8. *Promover o crescimento econômico sustentado, inclusivo e sustentável, emprego pleno e produtivo e trabalho decente para todos*. Sustentar o crescimento sem causar mais impactos ao meio ambiente, promovendo novas formas de trabalho e organização de produção, via sustentabilidade de ações, recursos e projetos. Além disso, erradicar o trabalho escravo e promover ações internacionais para criação de empregos são estratégias firmadas, e também proteger direitos trabalhistas com ênfase em ambientes saudáveis e favorecer o turismo como alternativa de trabalho e desenvolvimento. Vemos a observação pertinente sobre essa questão, feita por Boff (2015b, p. 30), que é uma das perspectivas do documento da ONU: "(...) o desenvolvimento-crescimento das últimas décadas, do consumo, do desperdício, nos fizeram conhecer os limites ecológicos da Terra. Não há técnica, nem modelo econômico que garanta a sustentabilidade do atual projeto".

Objetivo 9. *Construir infraestruturas resilientes, promover a industrialização inclusiva e sustentável e fomentar a inovação*. Existem países onde terremotos de alta escala não causam muitos danos; já em outros, pequenos abalos destroem muito. Essa questão é a base deste objetivo, que fala sobre o futuro das cidades, da sustentabilidade de regiões, da busca de novas alternativas, não só científicas e tecnológicas, mas nas formas de ser e viver. A carência de recursos leva à carência de infraestrutura mínima para garantir vida plena e saudável. Além disso, fomentar a inovação permite investir em tecnologias cada vez mais baratas e sustentáveis, causando menos impacto ao planeta e sendo mais úteis às pessoas. A criação de redes colaborativas, arranjos produtivos locais que promovam o desenvolvimento em redes solidárias é uma das alternativas em foco. Isso, como efeito, é um caminho para a promoção da cultura de paz nos processos de desenvolvimento humano.

Objetivo 10. *Reduzir a desigualdade dentro dos países e entre eles.* Este objetivo reafirma a desigualdade e as injustiças sociais como aspectos centrais na destruição da perspectiva de cultura de paz. Muitas vezes não é a pobreza em si a causa de inúmeras formas de violência, mas a desigualdade de oportunidades e perspectivas. A tensão existente entre a pobreza e a riqueza, a miséria e a ostentação material resulta nas piores formas de violência, a criminalidade, representada por tráfico de drogas, chacinas, entre outros modos de violência, igualmente destrutivos às pessoas e à humanidade. Parece óbvio, mas é importante ressaltar que a desigualdade social e as injustiças sociais são os principais combustíveis das violências. Reduzir desigualdades é promover cultura de paz. Logo, ensinar, alertar e conscientizar sobre isso é papel da educação para a paz nas escolas.

Objetivo 11. *Tornar as cidades e assentamentos humanos inclusivos, seguros, resilientes e sustentáveis.* Trata-se de um objetivo que aponta para o cuidado com a localidade, o impacto ambiental sobre ela, além de observar e cuidar das populações mais vulneráveis. Mais uma vez, o processo de repensar as cidades e a vida é uma das grandes tarefas, superando o pensamento moderno relacionado apenas à competição entre as cidades, entre os edifícios mais altos, a maior população etc. As favelas, os acampamentos de refugiados, as moradias precárias situam-se basicamente no hemisfério Sul, na América do Sul, na África, além de pontos da Ásia. Contraditoriamente, a partir de 2015, com a migração em massa dentro do continente europeu, criando acampamentos em condições precárias, criou-se maior visibilidade para a questão. Outra vez alertamos que é necessário, na discussão sobre educação para a paz, enfatizar que não é possível "nortear" nossa sensibilização, no sentido de ver apenas o que acontece no hemisfério Norte, especialmente nos Estados Unidos e na Europa, quando as condições mais desfavoráveis ocorrem no sul do planeta.

Os três últimos objetivos analisados apresentam uma observação essencial na *pedagogia da ecoformação*, a localidade e seus recursos. Ecoformar é situar, no mesmo sentido, indivíduo, família, comunidade, ecossistema num mesmo movimento. Assim, uma moradia precária, em condições vulneráveis, afetará a possibilidade da paz e aumentará a perspectiva de violência e criminalidade. Pensar a cidade, no sentido físico e relacional, e agir nela, com ela, é elemento primordial de uma *pedagogia da ecoformação* e da educação para a paz. Em relação a essa discussão, Morin (2013b, p. 250) aponta a reflexão necessária de que a cidade "não é uma simples projeção territorial baseada em relações socioeconômicas. No debate sobre a cidade, o reconhecimento de uma existência de uma espacialidade anterior à do espaço urbano exige que se levem em conta os mitos fundadores". Tal questão subsidia a ideia da ecoformação, pois, ao pensar a cidade em suas origens, em seus mitos fundadores, reencontraremos as dimensões iniciais, mais naturais, que são bases para essa visão mais unitiva de nossas localidades.

Objetivo 12. *Assegurar padrões de produção e de consumo sustentáveis.* A perspectiva do documento da ONU aponta para a necessidade de uma grande redução naquilo que entendemos por "desperdício", tanto de alimentos, como de consumo excessivo que gera maior quantidade de lixo, adotando posturas mais simples, que também levem em consideração o manejo de produtos químicos. Nas posturas simples solicitadas estariam: redução da geração de resíduos pela reciclagem, o reúso e demais formas de encontrar um estilo de vida em maior harmonia com a natureza. Neste objetivo, vemos que buscar maior harmonia com a natureza é um aspecto central a ser trabalhado pela *pedagogia da ecoformação*, especialmente com a introdução de atividades de meditação, entendidas aqui como pequenos relaxamentos e práticas de harmonização. Essas atividades podem estar integradas a toda prática da ecoformação, assim como a meditação como espaço natural de integração das dimensões físicas/corporais, com o pensamento profundo (mente/ espiritualidade) e com as dimensões ampliadas da vida, da natureza e da Terra. Como nos ajuda Boff (2015b, p. 23):

> A Terra é um momento da evolução do cosmo, a vida é um momento da evolução da Terra e a vida humana, um momento posterior da evolução da vida. Por isso, podemos com razão dizer que o ser humano é aquele momento em que a Terra começou a ter consciência, a sentir, a pensar e a amar. Somos a parte consciente e inteligente da Terra.

Portanto, a *pedagogia da ecoformação* como componente da educação para a paz destina-se, de um lado, a essas reflexões profundas sobre ecologia, meio ambiente, tecnociência, desenvolvimento e sustentabilidade e, de outro, a relacionar tantas questões, ou mesmo esvaziar a mente delas, para sentir a singeleza e a simplicidade da vida, para se sensibilizar e se emocionar com ela, como no nascimento de um pequeno animal, um ser humano, uma planta.

Objetivo 13. *Tomar medidas urgentes para combater a mudança climática e seus impactos.* Este objetivo aponta a capacidade de criar condições para enfrentar no curto e médio prazo as catástrofes ambientais que não poderão mais ser evitadas, ao mesmo tempo em que são definidas novas formas de pensar estratégias de mobilização e a capitalização de recursos internacionais para colaborar com países mais vulneráveis aos problemas ambientais. A *pedagogia da ecoformação* deve deixar claro que, efetivamente, as questões climáticas têm relação direta com a ação do ser humano na natureza. E discutir, ao mesmo tempo, como foi gerado esse despertencimento do ser humano da própria relação com o planeta.

Objetivo 14. *Conservação e uso sustentável dos oceanos, dos mares e dos recursos marinhos para o desenvolvimento sustentável.* Este objetivo aponta para a questão dos oceanos e mares, temática muitas vezes invisível na discussão sobre o planeta. Mostra a importância do cuidado com o oceano para a preservação da biodiversidade e da eliminação da pesca ilegal. A sustentabilidade de dois terços do planeta, compostos por oceanos e mares, será tema cada vez mais necessário.

Objetivo 15. *Proteger, recuperar e promover o uso sustentável dos ecossistemas terrestres, gerir de forma sustentável as florestas, combater a desertificação, deter e reverter a degradação da terra e a perda de biodiversidade.* Busca assegurar a conservação, a recuperação e o uso sustentável de ecossistemas terrestres e de água doce, especialmente na preservação de florestas e rios. Além disso, combater a desertificação, as enchentes, valorizando florestamento e reflorestamento.

Nos três últimos objetivos citados, vemos a preocupação explícita com aquilo a que chamamos mais corriqueiramente de meio ambiente, ou ecologia. Aqui, o cuidado é essencial para a preservação e a manutenção da vida. Vimos até aqui que os ODS vislumbram uma gama de situações em que seres humanos, cidades, florestas, rios, oceanos, toda a complexidade de fauna e da flora estão no mesmo tempo e no mesmo lugar. A destruição de uma delas afeta todo o conjunto. Seja nas questões geográficas físicas, seja nas relações humanas violentas nas favelas, seja na extinção de uma espécie de golfinhos, tudo tem interconexão. A *pedagogia da ecoformação* vai atuar nesses significados, nos esclarecimentos, no desvelar de um mundo e de uma vida além dos aparelhos eletrônicos utilizados por crianças e adolescentes, para pô-los em contato (ao menos em conhecimento) com seus irmãos humanos que morrem de fome enquanto, insensivelmente, muitos dizem "o mundo é assim mesmo!". Outra vez Boff (2002, p. 22) nos chama a atenção:

> O cuidado com a Terra representa o global. O cuidado com o próprio nicho ecológico representa o local. O ser humano tem os pés no chão (local) e a cabeça aberta para o infinito (global). O coração une chão e infinito, abismo e estrelas, local e global. A lógica do coração é a capacidade de encontrar a justa medida e construir o equilíbrio dinâmico.

Cabe salientar, para mostrar que as questões sobre a ecoformação e a *pedagogia da ecoformação* não são apenas boas intenções individuais, ou ainda, utópicas, o avanço internacional ocorrido em novembro de 2015, com a aprovação do Protocolo de Paris, documento histórico assinado pelos 195 países-membros da ONU, que prevê inúmeras questões referentes ao que tratamos sob as luzes dos ODS. Mesmo com limitações, devido às questões políticas e econômicas inerentes à política internacional, o documento tem metas que podem ser significativas para as próximas décadas, caso sejam cumpridas.

Objetivo 16. *Promover sociedades pacíficas e inclusivas para o desenvolvimento sustentável, proporcionar acesso à justiça para todos e construir instituições eficazes, responsáveis e inclusivas em todos os níveis.* Este objetivo provoca a perspectiva de redução significativa das violências na sociedade e das mortes a elas associadas. Isso inclui enfrentar a violência contra grupos vulneráveis, promovendo os direitos humanos como condição de sustentabilidade da vida humana. Além disso, proporcionar uma cultura de paz que pode ser construída em parte pela educação para a paz, mas que precisa de processos de justiça renovados e regenerados em seus princípios. Nesse aspecto, surge com grande força internacional o movimento da "Justiça Restaurativa", que no Brasil vem ganhando espaço importante nos últimos anos, com a seguinte perspectiva, segundo Brancher (2014, p. 8):

> A Justiça Restaurativa (JR) é uma nova forma de lidar com a questão dos conflitos e dos crimes, centrada mais nas pessoas e nos relacionamentos do que nas questões jurídicas. Antes que discutir questões legais, culpados e punições, a JR promove intervenções focadas na reparação dos danos, no atendimento das necessidades da vítima, na corresponsabilização do ofensor, sua família e pessoas do seu relacionamento, tudo visando à recomposição do tecido social rompido pela infração e ao fortalecimento das comunidades.

Acreditamos que, na medida em que as práticas restaurativas estejam em maior densidade na justiça brasileira, serão um elemento primordial de contribuição para a cultura de paz. Nos casos em que processos, até então punitivos, passem pelo hibridismo que considera também métodos autocompositivos entre os envolvidos (obviamente em situações possíveis e não em crimes graves), poderá existir uma relação direta entre a escola e o judiciário na perspectiva de cultura de paz, gerando um círculo virtuoso em relação à prevenção e à minimização das violências sociais urbanas, que hoje são um dos flagelos dos tecidos urbanos. Esse processo é que confere a igualdade em todas as suas formas e de justiça local e global atuantes, para que os processos de conflitos, inclusive paradigmáticos, possam ocorrer positivamente.

Objetivo 17. *Fortalecer os meios de implementação e revitalizar a parceria global para o desenvolvimento sustentável.* Este objetivo fala da importância das metas internacionais construídas em conjunto, com a cooperação entre países e continentes, tanto em recursos financeiros como na transferência de tecnologias, científicas e sociais. Lembramos, conforme tratado no Capítulo 1, que o Brasil tem experiências sociais valiosas de desenvolvimento comunitário, economia solidária, que podem ser levadas a outros países, aqueles em recuperação após guerras, ou ainda, muito empobrecidos. Importante destacar que não se trata de países "ricos" ajudando países "pobres", como se imagina no senso comum, mas em cooperação internacional com as ferramentas disponíveis para o desenvolvimento sustentável.

A análise dos objetivos da "Agenda 2030 para o desenvolvimento sustentável" procurou evidenciar que a cultura de paz e o desenvolvimento sustentável são duas faces do movimento da educação para a cidadania global. Tal agenda positiva ganha forma pelos movimentos internacionais que já dão as primeiras respostas às questões em forma de necessidade da ecoformação. Acreditamos que, nos próximos anos, a Agenda 2030, os demais documentos que a antecederam, como a Carta da Terra (1987), da própria ONU, e os novos decorrentes dela serão subsídios para reflexões e práticas de sensibilização do ser humano consigo mesmo, com seus pares, com os demais seres vivos e na conexão profunda com o planeta. Considerando as questões tratadas, sintetizamos as ideias referentes à *pedagogia da ecoformação*:

a) A educação para a paz tem um viés importante ligado à ideia da transcendência. Sem ignorar a imanência, a perspectiva de transcender ideias, conhecimentos e modelos de mundo nos impulsiona na busca por outras formas de perceber e viver a vida;

b) A educação para a paz na busca por outras formas de entender a vida e construir uma cultura de paz encontra contribuições significativas na perspectiva da ecoformação, como dimensão ecológica profunda nos aspectos de integração ser humano-sociedade-natureza;

c) A educação para a paz reconhece os avanços do campo do conhecimento da educação ambiental e demais saberes da área ambiental, porém, entende que a ecoformação, como abordagem e dimensão ampliadas, aponta para relações diretas com uma pedagogia da paz;

d) A educação para a paz pode articular as noções de ecoformação, como a interconexão consigo mesmo, com o outro e com o planeta, em uma *pedagogia da ecoformação*, que tratará temas relevantes direcionados à educação para a cidadania global;

e) A educação para a paz reconhece que a espiritualidade não religiosa, baseada em valores como autoconhecimento, equilíbrio e serenidade, é um elemento importante na *pedagogia da ecoformação*, como forma de reaproximação da simplicidade e da natureza humana;

f) A educação para a paz na relação com a *pedagogia da ecoformação* vai refletir sobre o conjunto de questões relacionadas aos saberes do meio ambiente, reconhecendo suas especificidades, mas interagindo com suas perspectivas complexas, como a sustentabilidade da vida e do planeta;

g) A educação para a paz procura desmistificar a paz como conceito ingênuo e frágil, assim como quer proceder com a ecoformação; se a paz não é apenas ausência de guerra, a ecoformação também não se refere apenas aos conceitos ambientais voltados à preservação da natureza, promovendo uma revisão dessas perspectivas numa dimensão transdisciplinar e complexa;

h) A educação para a paz, através da *pedagogia da ecoformação*, está em sintonia com os movimentos internacionais, especialmente da ONU e suas demais agências, que têm como base a cultura de paz e a educação para o desenvolvimento sustentável;

i) A educação para a paz, com o apoio da *pedagogia da ecoformação*, vai repensar práticas de vivências/convivências no sentido da sensibilização e do aprofundamento das situações e dos fluxos entre pensamento e sentimento, na noção do *sentipensar*;

j) A *pedagogia da ecoformação* é o componente da educação para a paz que vai encontrar caminhos pedagógicos para entender que uma formação ecológica é entender os "ambientes" e as "ambiências" como formas de ser e viver, conduzindo a um entendimento ampliado e conectado entre as dimensões do ser humano na relação com outros seres humanos, com a fauna/flora, com toda a vida, com toda a energia interior e exterior ao ser humano, na sintonia entre nossa essência/existência. Tudo isso mediado pelos documentos internacionais que tratam da educação para a cidadania global.

A ecoformação, com sua organização como *pedagogia da ecoformação*, é o componente das *cinco pedagogias da paz* que requer um caminho mais profundo em sua estruturação. Ainda é uma área aberta e ampla, o que impede de certa forma sua objetividade, mas, por outro lado, isso lhe garante flexibilidade para incorporar novos elementos, numa pura construção transdisciplinar que acolhe a complexidade como base. A *pedagogia da ecoformação* é, ao mesmo tempo, dentro das *cinco pedagogias da paz*, a que provoca mais as questões subjetivas, emocionais e abre a reflexão da espiritualidade na prática pedagógica da educação para a paz. É importante lembrar que, além delas, temos em equilíbrio as outras dimensões, como os direitos humanos e a conflitologia, que apontam questões mais objetivas. O fluxo entre elas é o que será garantido pela educação para a paz.

Pedagogia das vivências/convivências

Falar sobre vivências/convivências como dimensões humanas relevantes não parece tarefa difícil, porém falar delas como dimensões pedagógicas requer uma reflexão mais profunda. Para nosso estudo, tratamos os termos articulados, pois buscamos a complementação de ambos. Basicamente, entendemos que vivências são as inúmeras experiências humanas dos indivíduos e convivências, a ênfase dessas experiências com os outros. Entendemos desta forma, pela perspectiva declarada por Morin (2007, p. 81):

> Embora sendo inexoravelmente singular, o sujeito individual é um ponto de holograma contendo toda a trindade humana (indivíduo/sociedade/espécie). Vimos que, em cada enunciado do Eu, há o cérebro biológico e a cultura social.

Quando o sujeito pode abrir o seu Nós para o outro, os semelhantes, a vida, o mundo, torna-se rico em humanidade.

Vemos que o ser humano é constituído pelas experiências individuais que, ao mesmo tempo, são fruto de arranjos sociais e culturais e que, igualmente, retroagem sobre as primeiras. Isso aponta para que o ser humano seja essencialmente um sujeito de vínculos. Neste momento, nos interessam de forma geral os vínculos formados nos processos de vivências/convivências, mas especialmente os que podem ser pensados nos processos educacionais, caracterizando a ideia de *pedagogia das vivências/convivências* como elemento estruturante da educação para a paz. O aspecto central é entender como as vivências/convivências podem ser estruturadas pedagogicamente para favorecer as questões relacionadas à educação na perspectiva da complexidade. Pensando com mais atenção nas formas de interação, podemos admitir que podem ser obtidos outros tipos de vínculos, mais adequados ao nosso tempo e às necessidades que precisamos entender para atuar diante da realidade.

Muito embora os vínculos, ou os processos de vivências/convivências nas escolas, sejam fundamentais na contribuição para a formação da pessoa/aluno, também é importante reconhecer, como o fazem Beaudoin e Taylor (2006), que é provável que sejam um dos aspectos menos discutidos do currículo. Os autores apresentam algumas características que evidenciam que os vínculos positivos na relação escolar trazem as seguintes vantagens: favorecem os alunos a tentar dar o melhor de si mesmo nas diferentes situações; contribuem com a autoestima e permitem que se façam tentativas e se cometam erros; proporcionam uma sala de aula mais segura, na qual as crianças podem ser espontâneas; encorajam os alunos a assumir a sua singularidade e a parar de tentar agradar ou se encaixar nos modelos mais aceitos pelo grupo; estimulam a satisfação com a escola, tornando a presença e os estudos significativos, contribuindo para elevar o desempenho escolar; promovem um compromisso maior em termos de frequência e de participação; inspiram os alunos a estabelecer autonomia de pensamento e ação.

Pelo conjunto apresentado, podemos dizer que os vínculos significativos, baseados em estratégias de vivências/convivências escolares, diminuem o desrespeito, as comparações, o isolamento e muitas formas de marginalização que podem ocorrer na escola. É importante que fique claro que ao falar de *pedagogia das vivências/convivências* não há intenção de propor um conjunto de "técnicas de paz", mas, ao contrário, um conjunto de reflexões que apoiem a argumentação sobre a necessidade de estruturar vínculos de forma positiva. Isso nos leva à ressalva de Beaudoin e Taylor (*ibidem*, p. 121):

> Estabelecer vínculos não é algo a ser feito como um exercício; é uma experiência que leva a um nível mais profundo do que realmente se tem intenção de chegar, de viver e de acreditar, e não algo que segue um roteiro politicamente correto. É essencial saber mais sobre a pessoa do que apenas o que está na superfície, ou a imagem mental que se faz dela.

Dessa forma, os vínculos, na vida em geral ou na escola em particular, podem contribuir para a superação de problemas a partir de uma visão positiva e com maior apoio dos outros. Na escola é possível entender que os educadores podem criar oportunidades de viver/conviver que contribuam para relações menos violentas e mais pacíficas. Lembramos que isso dependerá dos princípios que norteiam a visão de mundo dos envolvidos. Beaudoin e Taylor (2006) são pesquisadoras que apontam para essas distintas formas, falando sobre culturas individualistas e culturas coletivistas. Para elas, o traço definidor é a questão da competição *versus* cooperação. As culturas individualistas são mais relacionadas à competição, a um vencedor, logo, a vários perdedores. Já as culturas coletivistas valorizam o sucesso compartilhado, como dizem Beaudoin e Taylor (*ibidem*, p. 129) ao analisar a cultura tradicional do Havaí: "As crianças sentem-se humilhadas e envergonhadas quando professores estrangeiros as elogiam individualmente em frente aos colegas de aula, porque isso lhes soa como se não estivessem trabalhando em harmonia e colaboração com seus colegas".

Além dessas definições, é necessário entendê-las no cotidiano das relações. Logo, uma sociedade com padrão competitivo, que valoriza a "vitória" do indivíduo, em termos materiais e econômicos, elegerá, mesmo que inconscientemente, formas de viver/conviver que ratifiquem tal postura. Ao contrário, sociedades que valorizem o caráter cooperativo e a solidariedade terão outras formas de viver/conviver, que contribuam para transmitir essas ideias. Aqui temos um conflito, um impasse entre duas percepções que diríamos que são complementares. Embora a competição exacerbada seja prejudicial ao trabalho coletivo, muitas vezes a competição não o é. Muitas vezes o espírito competitivo precisa estar em cena para elevar muitos padrões positivos de que precisamos. Da mesma forma, a cooperação é uma forma de viver/conviver muito especial, desde que o significado seja claro para todos que coadunam com essa ideia. Sendo assim, respeitar as diferenças, manter a atenção nas pessoas e no processo pedagógico fará com que os vínculos humanos sejam qualificados. Nesse sentido, Beaudoin e Taylor (*ibidem*, p. 137) se manifestam:

> Quando os educadores tratam os alunos com integridade, as interações que demonstram respeito transformam-se em experiências vividas fáceis de serem reproduzidas. Quando os jovens crescem em um ambiente adultista, eles ficam ressentidos, receosos e dissimulados. Ao chegarem à adolescência, perdem sua própria percepção do eu e sua opinião, a tal ponto que as respostas que apresentam para a maioria das perguntas passam a ser "Não sei". Quando estão acostumados a ser ouvidos, expressam seus pensamentos com clareza e os manifestam, geralmente de um modo fascinante.

Criar vínculos não é apenas uma tarefa do acaso, das relações cotidianas. É uma arte que pode ser concebida dentro de processos pedagógicos, quando vivências/convivências podem ser pensadas para que se encaminhem dentro de interações de maior qualidade, mais voltadas ao bem-estar, à alegria e à felicidade, inclusive no ambiente escolar. Um ponto importante nesse caminho está em reconhecer os componentes do modelo de ensino (ou modelos humanos) que pretendemos regenerar.

Conforme discutimos nos capítulos anteriores, o modelo dominante das relações do ser humano com seus pares, com os demais seres vivos e com o planeta segue um paradigma predominantemente baseado nas premissas: fragmentação dos saberes que leva a disputas rasas pelo conhecimento; alta competitividade que exclui possibilidades cooperativas; valorizar a vitória a qualquer custo e a derrota como humilhação; lógica do consumo desenfreado procurando substituir os vazios emocionais; emoções suprimidas pela razão; distanciamento completo das questões globais e das questões da vida do próprio planeta e a total falta de sensibilidade perante o sofrimento ou privação de qualquer forma de direitos humanos das populações. Essas características, presentes na sociedade em geral, e reproduzidas na escola em grande medida, compõem o cenário de crise, que chamamos de cultura de violência, que, a propósito, tem sido sustentável, posto que suas bases ficaram sólidas em reprodução e práticas sociais. Podemos dizer que os vínculos, as vivências/convivências acabaram sendo fixados dentro dessa cultura.

Se vislumbrarmos a cultura de paz como um movimento de contracultura às violências e produtora de outras/novas formas humanas de ser, pensar e agir devemos explicitar e valorizar uma *pedagogia das vivências/convivências*. Essa é uma dimensão fundamental do pensamento complexo, expressa por Morin (2013a, p. 24): "Nenhuma ciência quis conhecer a categoria mais objetiva do saber: a do sujeito conhecedor". É o mesmo que dizer que em educação, por mais que o indivíduo seja estudado com seriedade e à exaustão em seus aspectos psicológicos, sociológicos, de aprendizagem, muito pouco se faz para entender a relação entre eles. Ficam de um lado as discussões sobre o contexto escolar, através da crítica aos modelos econômicos e sociais e, de outro lado, os estudos da individualidade dos alunos nas questões do conhecimento. Ainda pouco se tem feito para entrecruzar os olhares e entender o que as representações, de fato, representam na vida dos sujeitos. Isso prejudica uma abordagem complexa e integral do ser humano, dos alunos em nosso caso. Como diz novamente Morin (*ibidem*, p. 26):

> O homem se esfarela: fica uma mão-ferramenta aqui, uma língua-que-fala lá, um sexo acolá e um pouco de cérebro em algum outro lugar. Quanto mais miserável a ideia de homem, mais eliminável ela é: o homem das ciências humanas é um espectro suprafísico e suprabiológico. Como o homem, o mundo é desmembrado entre as ciências, esfarelado entre as disciplinas, pulverizado em informações.

Lembramos que a discussão da complexidade não pretende desvalorizar a produção científica específica, porém, critica sua pretensão em responder a todas as questões da humanidade a partir de fragmentos dela. A crítica é em relação à incomunicabilidade entre as áreas do conhecimento, o esfarelamento de visões parciais, quase sempre arrogantes e parceladas sobre a vida e sobre o ser humano vivendo/convivendo. Concordamos nesse ponto com Maturana (1999) que, em seus estudos, trata de questões importantes para a educação no sentido do viver/conviver. Para esse autor, são as emoções que modelam o operar da inteligência, abrindo e fechando caminhos em nossa vida. Ele diz isso exemplificando que, ao mesmo tempo em que o medo e a inveja estreitam a visão e a atenção, o amor, que acolhe o outro, expande a possibilidade de ampliar as pontes e criar outras percepções. Baseada nesses estudos de Maturana, Moraes (2010, p. 41) afirma que "a educação é um processo de transformação na convivência", e continua:

> É no processo de transformação na convivência que o ser humano conserva, ou não, sua humanidade. O mesmo ocorre durante o processo educacional, a partir do qual nos transformamos, congruentes com a transformação do outro no

espaço de convivência. E o que nos faz humanos, segundo esta teoria, é nosso viver como seres linguageantes, cooperativos e amorosos, com consciência de si e com consciência social, no respeito por si mesmo e pelos outros.

Transformar as convivências para caminhar na direção de uma educação na perspectiva da complexidade. Repensar vivências/convivências que situem o processo de educação para a paz. Essas questões estão imbricadas no processo humano e educacional, supondo a indissociabilidade do ser humano que integra corpo, mente e espírito, que religa sua essência e sua existência, que pode aprender a partir de seu lugar, seu corpo/vida, chegando ao conhecimento maior, global e planetário que, no final, constitui sua própria essência como espécie. Isso não é necessariamente conhecimento cognitivo e enciclopédico, nem fruto apenas na lógica e da racionalização. Trata-se de estar presente na própria vida, em corporeidade, em experiências humanas e sociais, em práticas sociais em todos os níveis, inclusive na escola.

As vivências/convivências escolares não devem ser instrumentalizadas em educação, prescritas como medicamento: "Aquela dinâmica fará os alunos chorarem"! Não se trata desse nível de relação superficial, mas de uma forma de criar vínculos; essa é a diferença sutil e fundamental entre pensar uma *pedagogia das vivências/convivências* e utilizar "técnicas" ou "dinâmicas" de relações humanas. Aqui, nos aproximamos das perspectivas relacionadas à definição básica de vivências, de acordo com Pereira e Hannas (2001, p. 20):

> Vivências são atividades que permitem aos participantes envolver-se por inteiro, observar a própria reação, extrair *insights* para autoconhecimento, valores construtivos e conclusões sobre os temas das diversas disciplinas. A base das vivências é, portanto, a experiência direta do aluno em situações que lhe permitirão sentir na própria pele e descobrir pela experiência o conteúdo das aprendizagens em qualquer dimensão, e não apenas intelectual: criar objetos, vivenciar situações preestabelecidas, simular ou vivenciar situações reais, solucionar problemas, exercitar valores construtivos etc.

Aqui temos as características fundamentais. Vivências acessam o indivíduo por inteiro, o que remete à perspectiva do corpo, da sensibilidade, da emoção e do cognitivo-racional, que reconhecem a necessidade dessa relação complexa entre saber e experiência. Reconhecer esse aspecto é essencial para a educação em geral e para a educação para a paz, uma vez que as ações de enfrentamento à violência via cultura de paz serão sempre baseadas nas relações entre pessoas e grupos.

Portanto, uma prática pedagógica no sentido das vivências/convivências deve estar balizada pelas questões dos valores humanos, por exemplo, como forma de sentir e valorizar as diferentes perspectivas humanas e suas motivações. Além disso, viver/conviver com base em direitos humanos contribuirá para situar o indivíduo perante a sociedade e suas mudanças, aceitando que seus valores pessoais estão articulados a valores maiores, valores universais, que são fundamentais para a preservação da vida e do planeta. Essa relação maior supõe uma ecoformação, ou a percepção de integração inevitável e fundamental entre vida pessoal e vida coletiva, entre conectar o mundo objetivo e o mundo subjetivo, em reconhecer a intersubjetividade como um caminho na construção de cultura de paz. Tais questões também colocam o ser humano perante o desafio dos conflitos, consigo mesmo, com outros grupos, entre ideais, intenções e ações, encontrando na conflitologia as bases para entender que as violências e a paz, a saúde e a pobreza, a vida e as outras vidas têm perspectivas diferentes e é através do processo de mediação e resolução não violenta que os conflitos mudam a lógica do "ganha-perde" para a forma do "ganha-ganha", fundamental para o século XXI. Esse circuito recursivo e interconectado de valores humanos, direitos humanos, conflitologia e ecoformação alcançará a perspectiva pedagógica sob a intenção das vivências/convivências. De acordo com Pereira e Hannas (*ibidem*, p. 24),

> isso trará, como consequência, maior senso de responsabilidade em relação a todo o cosmo, ao nosso planeta e a nós mesmos, o desenvolvimento do senso de cooperação, de respeito e de solidariedade ao lado de maior compreensão do sentido da vida, valores atualmente necessários e oriundos de uma nova concepção do universo como "teia dinâmica de padrões de relacionamento", estando, pois, tudo conectado. Essa sensibilidade só poderá ser desenvolvida a partir do momento em que o participante é envolvido por inteiro, e a vivência permite isso com facilidade. Tais aprendizagens não podem ser ensinadas apenas de fora para dentro ou intelectualmente, mas necessitam da experiência, aprendizagem mais profunda que dificilmente será esquecida, levando o homem a pensar, falar e viver corretamente.

Por mais que nosso argumento seja favorável às vivências/convivências, ressalvamos, nas ideias apresentadas, um cuidado para não tomar as vivências como totalidade que não observa as partes. Não são apenas as vivências pedagógicas, como colocadas aqui, que remetem aos padrões maiores de percepção. Eles podem se dar pelas reflexões filosóficas, sociológicas, entre outras, mas o que cabe enfatizar é que podem se dar também nas práticas cotidianas, quando cantamos, dançamos, jogamos, meditamos ou oramos. Por isso, para Pereira e Hannas (*ibidem*), a intenção das vivências é, além de facilitar a aprendizagem dos conhecimentos humanos (conteúdos escolares), perceber os valores éticos nas relações sociais, e também favorecer o autoconhecimento, uma vez que corpo/mente/cérebro estarão em sintonia. Ainda apontam que tal perspectiva pode trazer mais prazer e alegria aos encontros, aos vínculos, pois integram com mais vigor as pessoas, diferentemente do conhecimento apenas intelectual.

Isso nos leva a questionar por que as formas de vivências/convivências ainda são pouco utilizadas na educação escolar. Algumas críticas a isso afirmam que a educação integral seria conseguida com a inserção de muitas atividades nos currículos, por exemplo: além dos conteúdos curriculares, os alunos ainda teriam a possibilidade de realizar esportes (do judô ao futebol), além de aulas de cultura (capoeira, musicalização), entre tantas outras. Esse pensamento só dá força ao que estamos discutindo ao longo deste livro, uma sociedade e uma escola absolutamente adaptadas ao paradigma da fragmentação que acredita que "parte + parte = todo", ou seja, que atividades intelectuais unidas com atividades "corporais-artísticas" automaticamente fariam o ser humano "integral". Mera ilusão de uma sociedade que prefere robôs adaptados à lógica da produtividade e do distanciamento de si mesmos e da solidariedade; que enfatiza as "partes" da educação como distinção de classe social; que faz de atividades "extras" uma distinção entre seres humanos melhores ou piores, ou mais aptos ou menos aptos para a "realidade", como dizem.

Por isso, reafirmamos o papel da *pedagogia das vivências/convivências*, não como uma solução, ou um grande e novo paradigma, mas como uma maneira de integrar a educação para a paz, de forma crítica, mas, ao mesmo tempo, que valorize os diferentes modos de dar significado à corporeidade, à ludicidade, à emoção e à sensibilidade em educação. Valores que, se aprendidos na interação positiva, podem ser diferenciais para mudança de padrões violentos em não violentos, que redimensionem e explicitem a racionalidade das bases que nutrem a cultura de violência e a cultura de paz, desde as famílias até as nações e também pelo mundo. Isso encontramos de maneira clara em Pereira e Hannas (*ibidem*, p. 25):

> E por que as vivências têm a magia de buscar a consecução desses objetivos? Porque trabalham o homem em todas as suas dimensões: social, emocional, intelectual, física, espiritual e estética. Ao vivenciar determinada situação, os participantes estarão sendo trabalhados em seu aspecto intelectual (vários

conceitos estão sendo apreendidos), em sua vontade (a experiência profunda leva a convicções que se traduzem em comportamentos, na vontade de agir segundo o que se aprendeu), em seus sentimentos (a vivência é como um ritual, é uma espécie de celebração da experiência que envolve profundamente, nossos sentimentos, nossa vida afetiva).

Já nos estudos específicos de Jares (2008) sobre "pedagogia da convivência" encontramos outras questões que compõem nosso entendimento, especialmente quanto ao reconhecimento do papel relevante das convivências no processo educacional. Para o autor, nas convivências humanas são construídas as ideias sobre violência e paz, emergem os conflitos entre pares e grupos, surgem questões que necessitam de mediação, de colaboração e de crescimento conjunto, logo um repensar sobre processos convivenciais. Podemos dizer que uma perspectiva de pedagogia da convivência contribui para sustentar os estudos da educação para a paz, na medida em que torna possível perceber dimensões nas quais as relações humanas são desenvolvidas, com coerências e incoerências, com aberturas e fechamentos, alegrias e tristezas, amor e raiva, numa palavra, com vida.

Como aspecto geral em Jares (*ibidem*), entendemos que as relações humanas interpessoais e intergrupais são permeadas por inúmeras possibilidades e alternativas em relação às convivências. Assim, o modo como as convivências são definidas e desenvolvidas mostra caminhos igualmente diversos e que apontam para a própria qualidade (ou não) dessas interações humanas. Conforme vimos ao falar das vivências, as convivências são integradas como componentes da educação para a paz, como diz Jares (*ibidem*, p. 15):

> Toda relação humana implica determinado modelo de convivência que pressupõe determinados valores, formas de organização, sistemas de relação, normas para enfrentar conflitos, formas linguísticas, modos de expressar os sentimentos, expectativas sociais e educativas, maneiras de exercer o cuidado, etc. E isto é assim porque não há possibilidade de viver sem conviver – nós, humanos, somos seres sociais e precisamos dos outros para a própria subsistência. A fragilidade da vida humana é uma das razões que explicam a convivência, ainda que não seja a única. Entretanto, a forma de organizar a convivência em diversos âmbitos (familiar, laboral, político, internacional, etc.) admite diferentes possibilidades que estão cruzadas pelas variáveis já citadas.

Essas questões demonstram que as convivências se constituem em uma forma mais profunda de entender os processos humanos, inclusive nos diferentes espaços educativos. As convivências afetam, segundo Jares (2008), a organização democrática e participativa nas instituições educacionais. Assim, podemos refletir sobre modelos autoritários ou democráticos de gestão da educação na forma como as equipes pedagógicas socializam informações e dão abertura para educadores, ouvem a comunidade e, especialmente, no entendimento das pessoas que constroem a escola sobre a importância de boas convivências como indicador concreto de melhoria do clima escolar. Sabemos que um clima positivo favorece a prevenção das violências, diminui o potencial de conflitos e promove uma cultura de paz.

Além disso, precisamos refletir sobre como os professores situam-se profissionalmente quanto ao aprendizado das convivências, se realmente estão envolvidos com processos de humanização da escola ou se medem sua prática profissional ainda e apenas na dimensão da instrução e da transmissão de conhecimento. Essas perspectivas combinadas criam o cenário das convivências na instituição educacional, na medida em que os diferentes atores posicionam-se, entram em conflito, estabelecem relações de crescimento ou de estagnação. Nessa dimensão reflexiva, continuamos com Jares (*ibidem*, p. 25), quando diz:

> Conflito e convivência são duas realidades sociais inerentes a toda forma de vida em sociedade. Essas diferentes formas de relação e códigos valorativos fazem com que existam diferentes maneiras ou modelos de conviver, não apenas em sociedades diferentes, mas também dentro de uma mesma sociedade e/ou grupo social. E ainda, uma mesma pessoa pode transitar por diversos modelos de convivência ao longo de um dia, em função dos diferentes contextos sociais em que se movimente: família, vizinhança, trabalho, etc.

Com isso, dizemos que a visão integrada na *pedagogia das vivências/ convivências* é um elemento essencial para a discussão da educação para a paz e pertinente à agenda educacional atual. Com isso, não supomos que as vivências/convivências, para que sejam positivas, devam ser "pacíficas" e "harmoniosas" como ideias acabadas. Ao contrário, justamente pela diferença e pela diversidade que compõem a vida e os grupos sociais, é necessário admitirmos que grande parte das convivências humanas se dá na perspectiva de conflitos, já que estes são traços definidores das relações humanas. Dito de outra forma, os conflitos não são situações negativas, como já vimos. Viver situações de conflito nos dá a possibilidade de dialogar, discutir, analisar, entender e perceber outras perspectivas que não havíamos notado. Assim, os conflitos podem oferecer novas formas de vivências/convivências, mais abertas, flexíveis e democráticas, diferentes das relações nas quais, muitas vezes, as convivências são aparentemente positivas, mas carregam internamente questões não resolvidas, ressentimentos, angústias, raiva e falsidade, além de repressão e/ou autoritarismo de regras impostas para conviver.

Temos que reafirmar a importância de estarmos atentos aos processos de vivências/convivências humanas, especialmente os estabelecidos nos espaços escolares, buscando a necessidade de uma construção por meio de práticas de mediação dos conflitos ou baseadas em processos de ressignificação dos valores humanos, ficando alertas quando os discursos tendam para uma "harmonia" total e geral, pois, como sabemos, isso seria praticamente impossível pelas diferenças e enfoques de um mundo plural e multicultural.

Para ampliar a reflexão, sabemos que o limite da prática da *pedagogia das vivências/convivências*, pela nossa discussão, estaria no espaço escolar. Porém, precisamos alongar olhares para outros elementos articulados que estão em jogo ao pensar nas vivências/convivências escolares. Sobre isso, Jares (*ibidem*, pp. 25-29) aponta seis âmbitos para entendermos os espaços de convivência na sociedade que, de certa forma, são potencializadores de uma aprendizagem pelas vivências/convivências. O primeiro ponto trata da *família* como espaço de convivência, entendendo que é onde nos socializamos e exercitamos os primeiros modelos de interação. Nesse caso, a perspectiva conceitual do tema passa a ser relevante. De qual família falamos na escola do século XXI? Famílias tradicionais, novas configurações, arranjos com maior ou menor grau de interações positivas, negativas, enfim, devemos nos aproximar sem preconceitos dessa discussão, se quisermos pensar em vivências/convivências na educação para a paz.

O segundo aspecto é o *sistema educacional*, a partir da ampliação das relações familiares, de sua diversidade e também pelos rituais próprios das escolas como espaços do além-conteúdo, como local de convivência e relação. Aqui, não podemos pensar as vivências/convivências como algo só para os alunos, mas para todos os participantes do dia a dia da escola. O terceiro âmbito elencado é o *grupo de iguais*, ou seja, os grupos de referência – especialmente entre crianças e adolescentes – que determinam e marcam formas de viver e conviver. Trata-se de redimensionar as discussões sobre infância e adolescência no século XXI, com suas possibilidades e angústias, com as violências que se expressam nessa fase, especialmente na realidade brasileira.

Na sequência, o quarto aspecto de socialização e convivência enunciado por Jares (2008) são os *meios de comunicação*, que influenciam em muitos padrões considerados "da moda", que acabam sendo incorporados por um grande número de pessoas sem maior crítica e posicionamento. Nesse caso, violências expressas pela mídia, com a introdução "forçada" de valores não habituais, são pontos a serem discutidos criticamente nas escolas. O quinto marco de socialização são os *espaços e instrumentos de lazer*, onde as convivências também ocorrem. Neste ponto é importante destacarmos a qualidade e a possibilidade de frequentar tais espaços e instrumentos, públicos ou privados, e refletirmos, de forma coerente, sobre o papel do lazer como dimensão social relevante.

Para englobar todas as questões, o último aspecto apontado é o *contexto político, econômico e cultural dominante* de onde emergem todos os pontos anteriores que se relacionam produzindo diferentes formas de conviver. Ditaduras de toda ordem, democracias em diversos aspectos, autoritarismo, autonomia, dependência ou independência são fatores que precisam ser explicitados nesta discussão. Sabemos que toda forma de repressão é violenta, assim como os processos democráticos envolvem conflitos. Porém, os conflitos podem ser equacionados pela não violência e pela autonomia de pensamento e ação, devendo, portanto, ser sempre valorizados e estimulados positivamente nos princípios essenciais das convivências humanas e escolares.

Como vimos até aqui, pensar em vivências/convivências implica aceitar a importância e a complexidade que as relações humanas interpessoais e intergrupais exercem no cotidiano das pessoas e que essas formas de conviver estão diretamente relacionadas aos processos de conflitos, paz e violências. Além disso, precisamos aceitar que as convivências não se dão "ao acaso", elas sempre possuem alguma intenção entre os pares e objetivos a alcançar. Tais objetivos não são necessariamente programados ou oportunistas, apenas apresentam-se no jogo das relações, procurando situar as pessoas dentro de suas perspectivas mais autônomas ou nas adaptações necessárias aos contextos diários de vida, sendo gerados, regenerados ou reproduzidos nas convivências humanas.

Não bastassem os argumentos até aqui, podemos relembrar o estabelecido por Delors (2003) ao tratar dos quatro pilares da educação para o século XXI. Aprender a fazer, aprender a conhecer, aprender a viver juntos e aprender a ser, os quais foram estabelecidos como pontos fundamentais de uma nova educação, inclusive embasando diversos documentos e leis da educação ao longo de mais de uma década, mundialmente e no Brasil. Nessa proposta, o aprender a conviver figura como uma das dimensões relevantes da educação sendo entendida como: "Aprender a viver juntos desenvolvendo a compreensão do outro e a percepção das interdependências – realizar projetos comuns e preparar-se para gerir conflitos – no respeito pelos valores do pluralismo, da compreensão mútua e da paz" (*ibidem*, p. 102).

Ao observarmos os caminhos da educação ao longo da primeira década do século XXI, podemos afirmar com certa razão que muito pouco foi pensado na educação brasileira – em aspectos conceituais ou práticos – que observasse o "aprender a conviver". Podemos ressaltar os temas transversais, propostos pelos Parâmetros Curriculares Nacionais (PCNs) para a educação brasileira, no final dos anos 1990,[14] que não tiveram sustentabilidade e impacto na escola ao longo dos anos posteriores. Podemos dizer que um dos limitadores no entendimento do "aprender a conviver" foi exatamente a falta de clareza sobre os pressupostos da pedagogia da convivência e da educação para a paz. Entender conceitualmente campos de intervenção é contribuir sobremaneira para solidificar ideias e ações. Por isso empreendemos tal reflexão. Como vemos, as questões ligadas à *pedagogia das vivências/convivências*, no contexto da educação para a paz, remetem a uma gama de valores humanos, pensados em função de uma mudança de percepção sobre a qualidade e os objetivos das relações humanas, entre pares ou entre grupos, que favoreçam aspectos relacionados à tolerância como respeito às diferenças e, ao mesmo tempo, à cidadania como forma de fazer tais diferenças tornarem-se aspectos de uma reconstrução coletiva, mais solidária, dialógica e humanizadora. É o que Freire (2004, p. 141) apoia e faz uma crítica ao afirmar que não é correto falar: "Serei tão melhor professor quanto mais severo, mais frio, mais distante e cinzento me ponha na relação com meus alunos".

No cenário descrito, apresentamos perspectivas e argumentos que servem de caminho para ampliar o debate sobre a *pedagogia das vivências/*

---

14. Os PCNs são referenciais de qualidade elaboradas pelo governo federal para nortear as equipes escolares na execução de seus trabalhos. Criados em 1996, são voltados, sobretudo, para a estruturação e a reestruturação dos currículos escolares. Os PCNs são divididos em disciplinas (língua portuguesa, matemática, ciências naturais, história, geografia, arte e educação física) e entre ensino fundamental e médio, abrangendo tanto práticas de organização de conteúdo quanto formas de abordagem das matérias com os alunos. Já os temas transversais estão voltados para a compreensão e para a construção da realidade social e de direitos e responsabilidades relacionados com a vida pessoal e coletiva e com a afirmação do princípio da participação política. Isso significa que devem ser trabalhados, de forma transversal, nas áreas e/ou disciplinas já existentes. Os temas transversais, nesse sentido, correspondem a questões importantes, urgentes e presentes de várias formas na vida cotidiana. Com base nessa ideia, o MEC definiu alguns temas que abordam valores referentes à cidadania: ética, saúde, meio ambiente, orientação sexual, trabalho e consumo e pluralidade cultural.

convivências como dimensão privilegiada nos estudos da educação para a paz. Assim como, ao longo das últimas décadas, as ideias sobre a paz na educação foram discutidas e pesquisadas, igualmente podemos supor que as vivências/convivências ganhem corpo de reflexão e análises mais sérias e comprometidas com mudanças, tanto de ordem teórica e conceitual como de práticas metodológicas que fundamentam com maior rigor a educação para a paz. Fundamentalmente, o foco das mudanças está em aceitar que as relações humanas, interpessoais e intergrupais, são elementos pedagógicos concretos e relevantes no contexto educacional.

Cremos que os fundamentos apresentados aqui servem de baliza para alavancar esse trabalho que estará, inevitavelmente, na agenda educacional nos anos vindouros. Ao relembrar os quatro pilares da educação para o século XXI, o aprender a conviver talvez seja um dos mais relevantes temas para a educação atual, o que remete à perspectiva de transversalidade, tolerância à diversidade, educação em valores humanos, educação para a paz, entre outras formas de redimensionamento da educação e das ações educativas.

Seja nas atividades cooperativas com as crianças pequenas, seja nos debates sobre os problemas sociais com os adolescentes ou sobre práticas pedagógicas inovadoras na formação docente, os elementos conceituais e metodológicos da educação para a paz poderão nos oferecer uma possibilidade especial de humanização, conscientização, tolerância e respeito à diversidade, bem como trazer mais significado, sentido e esperança para a educação no século XXI. Afirma Guimarães (2005, p. 328):

> Também não é proibido anunciar – ou sonhar – que as escolas brasileiras, nos seus esforços de renovação, incluam a paz e a educação para a paz como um dos seus focos ou centros organizadores, a partir dos quais se reestruturam as vivências escolares. Isso traria várias possibilidades, como redesenhar o imaginário da escola como centro irradiador e núcleo polarizador de ações de paz e não-violência; uma escola que, no processo de mudança de uma cultura de violência para uma cultura de paz, seja um sinal denso de que outro mundo é possível.

Para finalizar, explicitamos um duplo aspecto a levar em conta na discussão da *pedagogia das vivências/convivências*, no universo da educação para a paz, que são o corpo e a ludicidade. Como vimos nos argumentos sobre vivências/convivências, elas ocorrem durante todas as nossas relações, algumas fugazes e outras perenes, gerando vínculos de diversas formas e intensidades.

Quando mostramos a intenção de pensar pedagogicamente nessas questões, estamos considerando as perspectivas clássicas de interação, como trabalhos individuais, em grupos, sobre temas de pesquisa, fundamentalmente buscando compor, com essas perspectivas, formas mais inteiras de o ser humano interagir com seus pares e com o mundo.

Neste ponto, reforçamos que o entendimento que temos como base é o do corpo como unidade do ser humano, não esquartejado em dualismos como corpo-mente, corpo-cérebro, corpo-espírito, corpo-alma, como é muito frequente. O corpo é a própria vida, como identidade do ser humano, como emocionalidade, sede dos pensamentos e sentimentos, todos em constante fluxo. Por isso, concordamos com Yus (2002, p. 204) quando afirma: "Nós somos corpos. Nosso corpo é nossa primeira fonte de conhecimento de nós mesmos. Em nosso corpo nos reconhecemos e com ele sentimos". O reconhecimento dessa dimensão corporal, dessa corporeidade como existência, remete a valorizar a *pedagogia das vivências/convivências* como essência dessa valorização, especialmente em relação às posturas corporais, como: "com os braços abraçar, não empurrar", "com as mãos o afago, não o golpe", "com os olhares acolhimento, não reprovação", e assim, com menos fardo e mais leveza na corporeidade da paz. Outro aspecto que define essa percepção é o do corpo como emocionalidade, novamente com Yus (*ibidem*):

> Se nós somos corpos nossas relações com outras pessoas são realizadas por meio de nossos corpos. Nosso corpo não é só um suporte que reflete as emoções e os sentimentos em nossa comunicação com o exterior, mas é uma autêntica comunicação em si mesmo. O medo dos demais e a falta de auto-estima e de aceitação de nosso corpo podem bloquear essa comunicação até torná-la impenetrável.

Portanto, a observação do corpo como essência e existência do humano deve ser atenção, valorização e cuidado dentro da *pedagogia das vivências/ convivências*, para não reduzi-la a práticas, ou técnicas, ou dinâmicas de grupo instrumentais. O corpo é o tudo integrado, da vida, do mundo, da cultura e da transcendência.

Outra perspectiva igualmente importante nesse cenário é a valorização da ludicidade como elemento precioso do universo educacional. O lúdico é bem analisado na sua essência por Huizinga (2000), que estabelece como paralelo que as atividades arquetípicas presentes na vida em sociedade são entrecruzadas pela dimensão do jogo, do lúdico. Isso valoriza em grande medida os mitos, os papéis sociais, o mundo do trabalho e a escola, especialmente por elementos como os jogos, a música, a dança, o relaxamento, a meditação, entre tantos, pois para o mesmo autor o jogo é mais que um fenômeno fisiológico ou um reflexo psicológico, ultrapassando a atividade física ou biológica, mas tem sua função primordial na vida do homem.

Corporalizar e incorporar a ludicidade na *pedagogia das vivências/ convivências* é, no contexto da educação para a paz, percebido na alegria e no prazer dos encontros com os outros, na satisfação da própria vida, nos olhares, abraços e no "jogar com" e não "jogar contra" os outros. Jogar com o outro é cooperar e ser solidário, pacífico, logo não violento. Jogar contra, nessa dimensão ampliada, é favorecer os embates, que quando não são claros, nem mediados, por regras ou pela razão, são o início do processo de violência.

Concordamos, como argumento central da *pedagogia das vivências/ convivências*, para nossa busca pela educação para a paz, com Souza (2010, pp. 160-161) quando pede para irmos além:

> (...) através do reconhecimento das práticas corporais como meio facilitador de autoconhecimento, de melhoria de saúde, de convívio social, da percepção da própria individualidade, do autocrescimento e do compromisso com a vida. Representa também uma ruptura com o imaginário de corpo que permeia a sociedade contemporânea, localizando as relações interpessoais e sociais na realização da plenitude das potencialidades humanas através da vivência de sua corporeidade.

Com essas questões, nos mantemos na caminhada da integração dos elementos que compõem as *cinco pedagogias da paz*.

Educação para a paz e a *pedagogia das vivências/convivências* na perspectiva da complexidade

A *pedagogia das vivências/convivências* faz parte da educação para a paz, como espaço de aproximação das práticas pedagógicas que mostrem o caminho na integração com as outras pedagogias da paz. Nesse sentido, entendemos a unidade vivências/convivências, porém valorizando alguns aspectos de cada uma delas: as vivências, que atuam especialmente na dimensão da corporeidade, da sensação e da emoção como fatores essenciais na prática humana e pedagógica; e as convivências, também mediadas pelo corpo, mas influenciadas por outros fatores (família, amigos, colegas de escola, comunidade, meios de comunicação etc.).

Para entender melhor as relações e qualificar os argumentos, nos aproximamos dos "sete saberes da educação" (Morin 2011b), evidenciando as principais articulações e possibilidades dentro do caminho da educação para a paz. Para isso, utilizamos a Figura 8, que nos acompanhou ao longo da discussão das *cinco pedagogias da paz* neste Capítulo 3, apresentando os "sete saberes da educação", ligados ao anel representado pelo componente da educação para a paz na perspectiva da complexidade.

FIGURA 8. PEDAGOGIA DAS VIVÊNCIAS/CONVIVÊNCIAS EM RELAÇÃO À COMPLEXIDADE

Fonte: Elaboração do autor.

A relação das vivências/convivências com o primeiro dos saberes, que são as "cegueiras do conhecimento", traz uma questão importante ligada ao corpo e à ludicidade. O corpo, tratado pelo paradigma da ciência, esquartejado pela medicina e coisificado pelas análises sociológicas e psicológicas, renasce no contexto das vivências/convivências com base na complexidade. É um corpo/ser humano que não se limita às atividades diárias e nem ao treinamento personalizado. Ao contrário, é um corpo em essência/existência, que ri, chora, sente a vida, emociona-se e pensa. O corpo máquina abre-se ao corpo integrado à mente, à alma, à humanidade. Um corpo leve do fardo científico pode sentir também o movimento lúdico, a alegria, a satisfação e a graça nas questões da vida. Certamente, corpo essência/existência não é a oposição ao corpo máquina, que precisa da ciência, dos medicamentos, dos treinamentos. Porém, na dimensão das vivências/convivências, no universo pedagógico, precisamos considerar a relevância dessa perspectiva ampla e sensível do corpo.

O "conhecimento pertinente", que caminha para dar significado aos saberes construídos na humanidade e sua utilidade para a própria humanidade, encontra nas vivências/convivências uma parceria inestimável. Na medida em que interações entre indivíduos crescem em frequência e qualidade, quando os braços abraçam mais do que empurram, quando as mãos cumprimentam mais do que socam, esfaqueiam ou apertam gatilhos, temos outros padrões de comportamento, padrões pacificados. Esse é o objetivo de refletir sobre vivências/convivências também como conhecimento que seja pertinente. A "condição humana", que é o reencontro com a essência da vida, também é relevante em relação às vivências/convivências, pois, nos estudos das neurociências, o cérebro é integrado, acolhendo tanto a razão quanto a emoção. A condição humana está ligada ao que Maturana (1995) diz: as emoções não são expressas apenas pela fala, mas sim por todo o corpo. Para ele, é o fluir das emoções que modela o nosso cotidiano e todo o nosso viver/conviver, que constitui o fundamento de tudo o que fazemos, de nossa condição de seres humanos.

Em seguida, com o "ensinar a identidade terrena" vemos que as vivências/convivências se articulam com facilidade, pois, ao percebermos nós mesmos, na constatação de que a vida é complexa, mas interligada e não separada, reconhecemos que nossa identidade é da Terra, naquilo que nos faz humanos, a relação intersubjetiva e planetária. Sobre "enfrentar as incertezas", o que podemos refletir é que alterar a forma de viver/conviver, com bases mais solidárias, colaborativas, numa palavra, cooperativas, vai questionar o modelo individualista, competitivo e consumista que é dominante na atualidade. As incertezas consistem em avaliar se novas vivências/convivências podem alterar esses padrões. Os fluxos e refluxos da história humana variam nesses modelos de acordo com mudanças que ocorrem no tempo e na história. Assim, acreditamos que essa recursividade aponta para décadas vindouras com abertura aos modelos solidários, pelo próprio esgotamento dos padrões atuais. Isso não se dará de forma absoluta, uma vez que modelos requerem sempre embates, avanços e recuos, mas estão em gestação e munidos de boas experiências em crescimento.

Os argumentos, até aqui, formam a base da *pedagogia das vivências/convivências*, dentro da educação para a paz, no tocante a "ensinar a compreensão". Para Morin (2012c), a compreensão é uma das bases para a paz. Na compreensão, estão as qualidades inerentes à percepção de ações mais próximas ao bem e ao mal, ao certo e ao errado, à violência ou à paz. Ensinar a compreensão remete ao acolhimento das diferenças, mesmo nos debates e conflitos não violentos, criando novas bases na solidariedade e no coletivismo como forma de viver/conviver. Consequentemente, a "ética do gênero humano" é fundamental para as vivências/convivências humanas, que, ao estarem em curso, requerem um princípio de ética fundante, que Morin (2011a) define como a ética da religação, como compromisso de aproximar as diferenças que separam povos, nações, ideologias, religiões etc.

Considerando as questões que interagem nas vivências/convivências humanas, seguimos na apresentação de elementos que tragam significado no contexto da *pedagogia das vivências/convivências* como elemento da educação para a paz. Basicamente, encaminharemos uma divisão didática a fim de esclarecer as opções feitas quanto às práticas vivenciais, reconhecendo, não obstante, suas complementaridades na vida cotidiana e no desenrolar das práticas pedagógicas. Assim, no sentido das vivências/convivências, evidenciamos duas perspectivas:

1. *Vivências/convivências com foco na individualidade*: referem-se ao conjunto de práticas pedagógicas voltadas à percepção, pelo aluno, de seu próprio corpo em relação à vida e ao planeta. As ações pedagógicas nesta perspectiva são ligadas ao chamado "silêncio interior", com práticas de harmonização, pequenos relaxamentos e meditação, que permitem a projeção do pensamento a partir do que é sentido interiormente, o que definiremos logo adiante;

2. *Vivências/convivências com foco na socialização*: referem-se ao conjunto das práticas pedagógicas voltadas à percepção coletiva, do viver com os outros, a partir das relações humanas. As ações pedagógicas dentro desta perspectiva envolvem debates, rodas de conversa, círculos de diálogo, discussões temáticas, atividades em pequenos, médios e grandes grupos, entre outras, que favoreçam a relação coletiva com intensidade.

Para esclarecer, entenderemos individualidade basicamente como "aquilo que nos diferencia e nos torna únicos, sem por isso abandonar as questões sociais e cooperativas consubstanciais com nossa natureza social"

(Yus 2002, p. 53). Portanto, não se trata de "culto ao individualismo", no sentido egoísta, mas sim no sentido da potência do indivíduo na percepção de si mesmo, do outro e do mundo, partindo de sua própria referência. Como socialização, entenderemos o conjunto de interações do ser humano, das quais ele participa ativamente, tornando-se membro de determinado grupo. Por meio da socialização, o indivíduo internaliza valores, formas de pensar e agir, enquanto desenvolve sua individualidade na relação de interdependência e ao mesmo tempo de conflito com os valores socioculturais que lhe são oferecidos (Grigorowitschs 2008).

Na reflexão sobre as vivências/convivências com foco na individualidade, um ponto importante é a questão do corpo, considerado como caminho da "própria identidade pessoal e a manifestação do sentimento com os demais" (Yus 2002, p. 203). Nisso elencamos algumas possibilidades pedagógicas, que formam a *pedagogia das vivências/convivências* e colaboram na prática da educação para a paz. Podemos observar três níveis relacionados às práticas com foco na individualidade: harmonização, relaxamento e meditação.

a) *Harmonização*: foi apresentada por Puebla (1997) como uma atividade inicial que pode ser utilizada no início de aulas ou como introdução de alguma temática. Trata-se de uma abertura à paz, pois conecta o nível intuitivo que abre caminho para a compreensão e o aprofundamento da concentração no tempo do aqui e agora. A harmonização, como o próprio nome diz, busca uma sensibilização inicial, aprofundando-se mais ao nível da concentração e da mobilização para as demais ações. Na harmonização podem ser utilizadas músicas ou o próprio professor pode utilizar palavras que remetam à sensação de tranquilidade;

b) *Relaxamento*: nos estudos de Yus (2002), os relaxamentos são importantes e se justificam pelo acentuado crescimento das questões de enfrentamento, conflito e violências cotidianas, que causam desequilíbrio corporal, tensão muscular, aceleração do ritmo respiratório e cardíaco, como desdobramento de situações de estresse. O relaxamento contribui para o autocontrole, a conexão mente-corpo e para a saúde psicofísica geral. Também pode contribuir para reorganizar o estado natural, desequilibrado pelas emoções negativas, culpas, medos, raiva etc. Os relaxamentos podem incluir músicas de frequência calma, relacionadas a sons da natureza ou outros, com o mesmo sentido de integração com a totalidade corpo/mente/vida;

c) *Meditação*: de acordo com Rato (2011), a meditação é o aprofundamento do estado de consciência a partir de conexões mais profundas do "eu" com estágios mais elaborados da mente, que trazem benefícios especialmente para a educação emocional. A própria autora aconselha a utilização do termo "meditação laica educacional" com o cuidado de não entrar no debate de algumas religiões, que tratam a meditação como fuga do próprio corpo, não sendo considerada como algo "sagrado". Essa é uma questão a ser discutida nos processos educacionais no sentido do esclarecimento sobre processos de aprendizagem e desenvolvimento do cérebro.

De qualquer modo, podemos observar que o que muda é o aprofundamento entre a harmonização, o relaxamento e a meditação. Todas essas práticas são muito positivas para acessar a dimensão de silêncio interior, que pode estar em conexão com a espiritualidade de base, ou a ancestralidade, ou o planeta. O importante é o exercício de conexão com algo mais que apenas os sentidos e informações habituais, encontrando outras percepções e outra essência na vida.

Já em relação às vivências/convivências com foco na socialização, temos um conjunto complexo de possibilidades pedagógicas que garantem aquilo que Yus (2002, p. 133) chama de "aprendizagem em grupo", considerada importante para o desenvolvimento de habilidades interpessoais e cognitivas. Nesse sentido, estimulam-se hábitos de respeito com as demais pessoas, de colaboração e compromisso com os princípios de cooperação e de democracia, sempre incentivando que as diferenças sejam explicitadas de forma crítica, para que os conflitos surgidos sejam equacionados pelo grupo.

Como possibilidades de socialização, temos uma gama variada que, segundo Jares (2002), pode ser composta de: jogos cooperativos, com a finalidade de promover diálogo e companheirismo; jogos de apresentação, visando conhecer mais sobre o outro; jogos de conhecimento, buscando aprofundamento na relação com os outros; jogos de afirmação, para afirmar as próprias posições e defendê-las; jogos de confiança, para confiar em seus colegas, sejam em duplas, trios ou grupos maiores; jogos de papéis, onde são apresentadas situações (como uma cena de teatro), onde questões de valores e conflitos estarão em jogo; jogos de simulação, onde terão que ser definidas atuações éticas para continuar o jogo; estudos de casos referentes a problemas de violência ou alternativas de pacificação; jogos com dilemas morais, para provocar múltiplas perspectivas no grupo; textos literários. Além dessas, há também as atividades clássicas em grupo, desde duplas ou trios, quando forem temas que mereçam maior aprofundamento ou haja a necessidade de mediadores, até grupos maiores, quando for possível estabelecer os pontos principais.

Nesse mesmo caminho, Nunes (2011) apresenta em seu livro um conjunto de atividades que podem ser encaminhadas como vivências/ convivências da educação para a paz nas escolas. Com algumas adaptações, são elas: criar coletivamente regras de convivência para o grupo logo nos primeiros encontros; ter clareza de que as relações sejam sempre respeitosas e colaborativas, a partir das regras coletivas definidas; planejar atividades cognitivas (reflexões e debates) e vivenciais (dinâmicas de grupo, pequenos relaxamentos) como forma de provocar mais interação; utilizar, sempre que possível, formações circulares, pois favorecem a ligação visual entre as pessoas e tranquilizam para os contatos mais afetivos. Dicas: usar poesia, teatro, dança e demais atividades lúdicas, filmes, músicas, palestras, cartazes, gincanas, jogos cooperativos; promover "semanas da paz" para agregar todo o trabalho desenvolvido durante um período; evitar palestras isoladas, mas valorizar debates com convidados sobre temas como preconceito, drogas, direitos humanos, violência, paz etc. (nesse caso, é importante que os profissionais convidados tenham experiência com as respectivas faixas etárias); criar hábito diário nas reflexões e atitudes não violentas, para mudar aspectos culturais; apoiar jogos, festivais e gincanas cooperativas para favorecer as convivências e o respeito individual e coletivo nas comunidades e grupos; envolver as famílias nas atividades – os pais, os filhos, os avós etc. –, pois o diálogo intergeracional é um dos maiores incentivos para fortalecer grupos comunitários e reorganizar as famílias; convidar pessoas com perspectivas diferentes para dialogar com os grupos – educadores, padres, pastores, jornalistas, promotores, sindicalistas, psicólogos, assistentes sociais, pessoas da comunidade.

Além das práticas citadas, Nunes (*ibidem*) ainda aponta outras possibilidades pedagógicas para o trabalho da educação para a paz, como: valorizar as diferentes experiências positivas para contribuir com os grupos; aprofundar a atenção nas pessoas mais fragilizadas do grupo, que sofram maior grau de violência, como forma de trazê-las para o coletivo; criar mecanismos para avaliação contínua do trabalho, criando caixa de sugestões, fazendo assembleias além de informar através de murais, informativos e jornais próprios; aprimorar as relações humanas através de diálogo e cooperação. Outras atividades sugeridas: dinâmicas de grupo de forma geral, *brainstorming* (tempestade mental), pesquisas individuais ou em grupo de temas conceituais, utilização de filmes (às vezes fragmentos), vídeos da internet, documentários, sempre com roteiros para debate, jogos dramáticos e simulações (relações reais e imaginárias sobre temas cotidianos), narrativas, leituras dirigidas, artes manuais etc. É muito importante: aproveitar todas as possibilidades para criar reflexão e apropriação tanto dos conceitos como das vivências indispensáveis para construir e paz e a não violência e criar uma cultura que desvalorize formas de violência; relacionar-se com qualidade; expressar-se com serenidade e de forma clara; chamar as pessoas pelo nome; equilibrar as emoções em momentos de tensão ou conflito; evitar expressões de desinteresse ou hostilidade; ter postura dialogal; atentar para a linguagem corporal; utilizar mais elogios, mais abraços e menos olhares e palavras destrutivas ou excessivamente críticas; utilizar linguagem e atitudes de empatia e ouvir as pessoas com muita atenção; concentrar-se nos problemas e não nas pessoas. Valores necessários para os trabalhos restaurativos com círculos para solucionar conflitos e reconstruir relacionamentos: participação, respeito, pertencimento, responsabilidade, honestidade, humildade, interconexão, empoderamento e solidariedade.

Um tópico que merece atenção são os círculos restaurativos, que devem ser utilizados quando as formas preventivas, como as convivências, os valores, o diálogo, falharem. De acordo com Nunes (2011, p. 85), o círculo "possibilita mostrar a eles que quando as pessoas não conseguem dialogar e chegar a um acordo, não devem prolongar o conflito; ao contrário, devem pedir o apoio de uma terceira pessoa para que interceda visando ajudá-las a clarificar e solucionar a pendência". Lembramos que a mediação pode ser com o mediador ou em círculo, do qual podem participar mais pessoas capazes de contribuir ao contexto da discordância.

Com a explicitação dessas possibilidades variadas, podemos dizer que as ações pedagógicas de socialização seguem formas que podem ser chamadas de clássicas na educação, porém lembramos o conceito de socialização pelo qual optamos, que requer internalizar novas formas de percepção e de valores. Portanto, em hipótese alguma, em momento de socialização, na *pedagogia das vivências/convivências*, no contexto da educação para a paz, os jogos serão apenas um passatempo; ao contrário, vêm imbuídos de objetivos pedagógicos claros à viabilização das questões relativas aos valores humanos, aos direitos humanos, à conflitologia e à ecoformação. Da mesma forma, atividades de harmonização, relaxamento ou meditação precisam ser conduzidas com objetivos claros no que tange ao autoconhecimento e à religação com a natureza, com a espiritualidade ou com a essência de cada um.

Para evitar o excesso de receitas de atividade, devemos estar atentos para que as ações pedagógicas da educação para a paz observem melhor o cuidado na estruturação e na organização do que a ênfase na atividade em si mesma. Considerando as alternativas pedagógicas elencadas, no sentido da individualidade e da socialização, temos alguns pontos a considerar, bem trabalhados por Pereira e Hannas (1999). A partir desses pontos, faremos adaptações e complementos, inserindo as convivências, para organizar e estruturar caminhos para a *pedagogia das vivências/convivências* como componente da educação para a paz.

Considerações sobre a criação/estruturação/organização das vivências/convivências:

1. *Definição da situação à qual se aplicará a ação pedagógica*: neste caso, se a ação da educação para a paz será realizada em momento de aula, ou nos intervalos, ou em aulas específicas, ou ainda no período de contraturno; no caso do tema transversal "educação para a paz", organizar as ações das diferentes disciplinas ou temáticas envolvidas;

2. *Estabelecer o conhecimento/conteúdo*: informações teóricas do conhecimento/conteúdo que será abordado pela vivência, tanto no aspecto cognitivo (temas relativos a violências, paz, conflitos, ecoformação, valores, comportamentos éticos, sociais etc.). As vivências/convivências abrangem a pessoa inteira, mas, normalmente, há um tema central como propósito da ação pedagógica;

3. *Organizar espaço e material*: a previsão do material e especialmente do espaço é importante, uma vez que as vivências/convivências requerem espaços acolhedores, muitas vezes para formações circulares, práticas no chão (relaxamento) ou atividades com música, pintura etc.;

4. *Propósito das vivências/convivências*: é importante ter bem claro o propósito da vivência antes de criá-la. Sensibilizar para o valor

do conhecimento a ser tratado (ex.: a vida de Mahatma Gandhi), como os valores e comportamentos éticos necessários para a abordagem. Além disso, no desenvolvimento das ações pedagógicas, é importante desenvolver comportamentos sociais como respeito, tolerância, relação de igualdade, que favorecem a coesão grupal. Para os temas, quais as melhores práticas? Dinâmicas de grupo? Desenvolver a habilidade de comunicação, o diálogo? Desfazer a tensão? Vivenciar, de forma simulada, uma realidade de vida, de trabalho, de família, de relações sociais? Desenvolver a habilidade de observação, a resistência à frustração, a paciência etc.? Favorecer o autoconhecimento? Portanto, de acordo com a situação, a demanda pedagógica será diferenciada;

5. *Descrever a vivência, passo a passo, de forma clara*: a situação, o que se deve fazer, o campo de ação, os procedimentos, as normas, a sequência de ações. A descrição da ação indica que, mesmo na forma de tema transversal, o registro das ações será necessário para garantir a confiabilidade nas ações empreendidas;

6. *Desenvolvimento da ação de vivências/convivências*: o momento da aplicabilidade da ação pedagógica da educação para a paz deve ser cercado de atenção, respeito mútuo, corresponsabilidade, solidariedade e cuidado com cada um e com todos do grupo. Muitas vezes, as atividades vivenciais/convivenciais proporcionam situações nas quais algumas pessoas/alunos estarão mais sensíveis e responderão emocionalmente com silêncio, com lágrimas, com riso, ou com a recusa em participar. Por isso, temos que ter clareza de que todas as atividades de vivências/convivências, no âmbito da educação para a paz, são absolutamente pedagógicas. Logo, não devem, jamais, ser confundidas com terapia ou cultos religiosos. Nesses dois pontos, residem os principais problemas em efetivar a paz como elemento educacional;

7. *Fazer comentários finais/fechamento*: nas sínteses, levantar possíveis aplicações à vida diária após as vivências/convivências. Não se trata de avaliação no sentido de "certo ou errado", "bonito ou feio", mas de sínteses e conclusões parciais dos participantes;

8. *Outros aspectos necessários*, conforme a necessidade do registro: determinar o tamanho do grupo, isto é, os números mínimo e máximo de participantes; estabelecer as condições do local da

vivência – organização dos móveis, de grupos ou pessoas, do espaço suficiente (nem muito grande nem muito pequeno), uma ou mais salas (na ausência das condições mínimas necessárias, é preferível não utilizar o espaço, pois o fracasso poderá ter consequências negativas); definir a duração mínima aproximada necessária para que a vivência se realize – algumas vivências podem ser iniciadas em um dia e ter continuação no dia seguinte ou em vários dias, outras já necessitam ser executadas no mesmo momento, inclusive o fechamento (Pereira e Hannas 2001, pp. 28-30);

9. *Na condução das práticas vivenciais/convivenciais*: a) Preparo dos participantes – momento fundamental para focalizar a consciência e a atenção dos participantes no trabalho. Lembrar-se dos tópicos: só iniciar a explicação quando o grupo estiver atento para ouvi-la; dar início à vivência somente quando todos tiverem entendido claramente o que devem fazer; o grupo deve estar informado do tempo aproximado de duração da vivência, se for o caso; explicar aos participantes que não se trata de avaliação de desempenho, portanto nenhum tipo de censura – "está certo ou está errado" – ou julgamento tem sentido. A vivência e os sentimentos de cada participante devem ser aceitos como são, como a experiência de cada um. Todo material necessário deve estar disponível; b) Momento da vivência – quando o responsável coordena, observa e controla o tempo, se for o caso; c) Compartilhamento pessoal – após o término, é importante que o coordenador facilite ao grupo a reflexão sobre as percepções individuais e coletivas durante a vivência. Nessa percepção das próprias reações, são percebidas as questões corporais e emocionais subjacentes à vivência; d) Processamento – conversa com o grupo sobre o processo ocorrido durante a situação vivenciada, padrões de comportamento, interações etc. Poderá ser coletivamente, em subgrupos, com tópicos ou palavras, ou ainda com desenhos, questionários, exemplos ou o próprio silêncio respeitado; e) Semelhanças com a vida diária, aplicações ao cotidiano – analogias com a vida do que ocorreu na vivência, comparações com o cotidiano pessoal, familiar ou profissional. O fundamental é extrair do processo alguns princípios que poderão ser aplicados na vida, como diz a questão norteadora: "O que eu aprendi com essa vivência?" (Pereira e Hannas 2001, p. 35).

Por fim, como ressalva importante sobre as vivências/convivências, citamos Pereira e Hannas (2001, p. 35) que dizem:

> A vivência deve ser considerada parte de uma sequência educativa de aprendizagem do conteúdo de qualquer disciplina, de aprendizagem de valores, comportamentos e princípios éticos em sessões específicas, e não uma atividade isolada feita "por fazer" ou para preencher um buraco da grade horária. O sucesso da vivência depende, primordialmente, de sua localização no contexto de um planejamento pedagógico que tem começo, meio e fim e da condução competente do processo.

Vemos que pensar em vivências/convivências de maneira pedagogicamente estruturada é fundamental para constituir uma *pedagogia das vivências/ convivências* como componente da educação para a paz, que se ocupe em pensar, criar, estruturar ações pedagógicas concretas dentro de grupos específicos. Como síntese das questões discutidas, elencamos os seguintes pontos:

a) A educação para a paz, além das questões reflexivas fundamentais sobre violências, paz, conflitos, valores humanos, direitos humanos, ecoformação entre outras, possui uma dimensão prática, que parte de atividades vivenciais/convivenciais, para encontrar a integração entre discurso e prática social;

b) A educação para a paz reconhece o papel central das ações pedagógicas de vivências/convivências, baseadas especialmente na corporeidade e na ludicidade, como elementos integrativos na construção da cultura de paz;

c) A educação para a paz reconhece que as vivências relacionam-se à subjetividade e as convivências à intersubjetividade, abrindo espaço para a *pedagogia das vivências/convivências* como encontro de pessoas consigo mesmas e com os outros;

d) A educação para a paz, no desenvolvimento da *pedagogia das vivências/convivências*, estabelece duas características das vivências/convivências: as ações com foco na individualidade e as ações com foco na socialização;

e) A educação para a paz, ao estabelecer o componente da *pedagogia das vivências/convivências*, expressa a força das relações humanas corporalizadas como forma de encontrar a pacificação além dos pensamentos e das palavras;

f) A educação para a paz rejeita, dentro da *pedagogia das vivências/convivências*, a utilização de receitas prontas, ou seja, atividades práticas que sejam utilizadas sem discussão sobre o contexto, os grupos e os objetivos a que se destinam;

g) A educação para a paz valoriza a criação e a construção de atividades pedagógicas variadas em estímulos e sensações, acessando o maior número de percepções individuais e coletivas;

h) A educação para a paz, mesmo reconhecendo o valor das atividades de competição, opta por evidenciar, na *pedagogia das vivências/convivências*, atividades lúdicas e de caráter cooperativo, baseadas na lógica do ganha-ganha e não do ganha-perde;

i) A educação para a paz valoriza a expressão corporal, criativa, sensível, reflexiva, como desdobramentos da *pedagogia das vivências/convivências*, devidamente transversalizadas pelas questões dos valores humanos, direitos humanos, conflitologia e ecoformação;

j) A *pedagogia das vivências/convivências* integra e complementa as *cinco pedagogias da paz*, sendo de igual peso em relação à *pedagogia dos valores humanos*, à *pedagogia dos direitos humanos*, à *pedagogia da conflitologia* e à *pedagogia da ecoformação*, completando o anel de integração dos componentes da educação para a paz como dimensão pedagógica do movimento de construção da cultura de paz, na abordagem da complexidade.

Ao percorrer a *pedagogia das vivências/convivências*, elencamos um conjunto de reflexões e possibilidades de discussão metodológica, para conectar a uma discussão ampla com a necessidade pedagógica. Temos clareza de que não são questões que se unem automaticamente, na medida em que estão sujeitas a inúmeras perspectivas e elementos dos processos humanos e sociais. Por outro lado, não queríamos deixar a sensação, após longa discussão teórica, de que simplesmente "algumas atividades" fossem a resposta às tantas questões importantes e necessárias ao século XXI no contexto educacional.

As vivências/convivências escolares, de todo modo, representam o estágio final e inicial, considerando o processo dialógico de toda a situação pedagógica concreta. Porém, se os elementos conceituais não estiverem nesse jogo, e as intenções e percepções não forem claras, continuaremos vendo dezenas/centenas de "projetos de paz" sendo desenvolvidos apenas com uma ou duas "músicas da paz" (sempre as mesmas) e com o mesmo tema (como seria um mundo de paz) reproduzido a cada ano, a cada década, de forma inversamente proporcional ao aumento de intolerância e violências nas escolas.

Elementos integrativos das cinco pedagogias da paz

Conforme argumentamos ao longo deste capítulo, o delineamento das *cinco pedagogias da paz* pretende servir como um quadro de suporte ao pensamento da educação para a paz. São cinco eixos estruturantes, onde cada elemento tem ligação com os demais, criando um cenário complexo e ao mesmo tempo integrador. Com isso, não é nossa intenção apresentar um conjunto de receitas e atividades referentes à educação para a paz, mas, sim, aglutinar um conjunto de ponderações razoáveis para a estruturação de ações pedagógicas que reflitam em mudanças de pensamento e posturas em relação a violência, conflitos e paz, revitalizando as convivências escolares e fornecendo alternativas didático-metodológicas aos educadores.

Ressaltamos que, na discussão específica de cada pedagogia, já foram elencadas alternativas diretas e indiretas, bem como suas possibilidades de integração à educação para a paz. Mesmo assim, neste tópico, retomaremos alguns pontos que podem contribuir para o pensamento integrado entre esses cinco componentes. Faremos isso de maneira sintética, para retomar aspectos relevantes discutidos. Antes disso, é importante reafirmar o caráter transdisciplinar e transversal dessa caminhada, que propõe o pensamento complexo, baseado em uma perspectiva relacional entre microdimensão e macrodimensão, entre objetividade e subjetividade, entre razão e emoção, entre indivíduo-espécie-sociedade-natureza. Como diz Morin (2002, p. 575):

> Quando olhamos os indivíduos, a espécie desaparece, é uma abstração, mas, quando olhamos no tempo, os indivíduos desaparecem, eles desfalecem, como verdadeiros efemerópteros, é a espécie que permanece. O mesmo ocorre no que diz respeito à relação sociedade-indivíduo: quando vemos a sociedade, o indivíduo é uma espécie de instrumento manipulado por ela, mas, quando focalizamos o indivíduo, a sociedade apaga-se e desaparece. Devemos, portanto,

propor a idéia dialógica, que aceita que duas instâncias não redutíveis uma à outra e contraditórias entre elas estejam ligadas intimamente.

Essa é a intenção, encontrar essas complementaridades e entrecruzamentos em cada uma das pedagogias da paz e entre elas.

Observando o quadro, podemos supor inúmeras possibilidades e arranjos nas práticas pedagógicas, que façam o cruzamento entre as pedagogias da paz. Ressaltamos que elas não precisam ser forçadas a integrar uma unidade pedagógica, uma vez que podem ser trabalhadas, em alguns momentos, dentro de sua especificidade. Porém, sua integração ao longo do processo pedagógico é inevitável para que os alunos percebam a dimensão ampliada do fenômeno da cultura de paz.

Com isso, dizemos que os valores humanos podem ter um momento de trabalho específico, assim como os direitos humanos, a mediação de conflitos, a ecoformação e as vivências/convivências. Por outro lado, são expressões parciais da cultura de paz que demandarão, sem dúvida, a integração com as outras dimensões. Como já argumentamos, um trabalho com valores humanos é muito importante, porém, se não tiver relação com os direitos humanos – que são os valores eleitos para toda uma sociedade –, a mobilização coletiva, essencial para a democracia, pode ficar comprometida. Além disso, a sociedade plural e diversa inevitavelmente fará com que existam conflitos pelas diferentes perspectivas, logo, meus valores e direitos serão provocados à discussão e, nesse caso, o entendimento da conflitologia, bem como das formas de mediação não violenta dos conflitos, será fundamental. E, mesmo de posse desse conjunto de ideias e perspectivas, ainda será necessária a sensibilização com a vida e com o planeta, na perspectiva ecológica básica, que prevê uma religação do interior com o exterior, uma revalorização do ser humano, que é transitório, planetário e espiritual. Por isso, a transcendência passa a ser uma noção importante, constituindo o cenário que discutimos dentro da ecoformação humana.

Considerando que a discussão apresentada é pensada para o universo educacional e escolar por meio da educação para a paz como tema transversal, no qual os conhecimentos devem ser tratados de maneira que causem impacto e busquem transformações na forma de pensar, agir, conviver e inovar diante das questões da vida, acreditamos que é necessária uma pedagogia da prática com referência à corporeidade como expressão humana e à ludicidade como fator de motivação. Deverá ser, portanto, uma pedagogia que invista em atividades vivenciais e convivências, que utilize atividades individuais, desde harmonização e pequenos relaxamentos, que vão construir esse olhar interior voltado para a relação com o todo, até atividades coletivas, que ensinarão a importância da cooperação e da solidariedade para mudar realidades sociais.

QUADRO 5. SÍNTESE DOS ELEMENTOS BÁSICOS DAS CINCO PEDAGOGIAS DA PAZ

COMPONENTE DA EDUCAÇÃO PARA A PAZ	ELEMENTOS PEDAGÓGICOS BÁSICOS
Pedagogia dos valores humanos com foco na educação para a paz	Refletir sobre os valores humanos; dialogar sobre valores humanos (intergeracionais, inter-religiosos e interculturais); entender e refletir sobre a relação entre valores universais e cotidianos; questionar os valores sempre na perspectiva das diferenças e aproximações; construir valores adequados à diversidade do século XXI; redimensionar valores relacionados a família, sociedade, espiritualidade, entre outros; perceber que os valores humanos são fundamentais para o estabelecimento da cultura de paz.
Pedagogia dos direitos humanos com foco na educação para a paz	Considerar, mas flexibilizar o campo da educação em direitos humanos; partir da Declaração Universal dos Direitos Humanos e discuti-la diante dos problemas atuais da humanidade e do cotidiano; conceber os direitos humanos na relação com os valores humanos, no sentido da sustentabilidade da vida; perceber na Constituição Federal de 1988 os aspectos fundamentais na busca pela cultura de paz; pensar os direitos humanos em relação a pobreza, miséria, morte, entre outros flagelos da humanidade, olhando para o Brasil, mas também para todos os problemas no mundo que afetam diretamente os direitos fundamentais à vida.
Pedagogia da conflitologia com foco na educação para a paz	Entender o campo da mediação de conflitos e de sua resolução de forma não violenta; perceber o conflito como elemento criativo e de crescimento nas relações; estimular a resolução não violenta dos conflitos pela construção de diálogo, empatia, equilíbrio, tolerância e respeito às diferenças; possibilitar espaços para a construção de boas experiências de mediação, balizados pelas perspectivas dos círculos de paz (restaurativas), comunicação não violenta etc.; reconhecer o papel decisivo da mediação, da conciliação e da solução de conflitos como postura altamente favorecedora da cultura de paz.
Pedagogia da ecoformação com foco na educação para a paz	Afirmar a sustentabilidade como valor fundamental para o século XXI; sair da dicotomia "homem-meio ambiente" para o "ser humano no mundo" e a "cidadania planetária"; entender que "tudo reage sobre tudo", ou seja, as pequenas ações têm repercussão, seja como homem, seja como natureza, planeta, energia etc.; entender a perspectiva da transcendência como a espiritualidade na prática cotidiana, relacionada com os valores, os direitos e a mediação; valorizar a vida plena como ideal e, ao mesmo tempo, construção de novas realidades; entender que a ecoformação lança o indivíduo em sua integralidade rumo à vida, na perspectiva da busca por uma cultura de paz consigo mesmo, com o outro e com o planeta.
Pedagogia das vivências/ convivências com foco na educação para a paz	Reconhecer a corporeidade e a ludicidade como pontos centrais nas práticas pedagógicas; reconhecer dinâmicas de grupo, jogos cooperativos, jogos, harmonização, relaxamento, música, expressão corporal, práticas circulares, diálogos (duplas/trios) etc. como formas de viver e conviver, e não apenas como "instrumentos" de educação; valorizar ações em grupo, na escola e na comunidade etc.; redimensionar o padrão das convivências; aprender/ reaprender a conviver com mais leveza e reencontro nas relações.

Fonte: Elaboração do autor.

Nesse conjunto de possibilidades, julgamos que não é importante apresentar "exemplos didáticos", pois isso pode ter efeito de desprezar toda a construção teórica para considerar apenas um arranjo de atividades que, se reproduzidas fora do contexto discutido, podem manter o senso comum em relação às questões da violência e da paz, tão discutidas ao longo desta pesquisa. Outro fator ao qual precisamos nos atentar são as diferentes faixas etárias nas escolas, pois, em determinados momentos, algumas estratégias e conhecimentos serão mais evidenciados que outros. Podemos dizer que a *pedagogia dos valores humanos*, embora perene ao longo da evolução do aluno e na progressão escolar, tem um peso ampliado nos anos iniciais da escolarização, nos quais a formação das convivências é determinante. Da mesma forma, dizemos que os direitos humanos, embora possam ser perspectivados desde a infância, ganham significado à medida que a criança passa para a adolescência e começa a entender melhor as relações políticas e o sentido dos interesses econômicos entre pessoas, grupos e países. Já a *pedagogia da conflitologia*, mesmo sempre presente, parte de níveis diferentes, dos pequenos conflitos da infância até as idades subsequentes, quando os motivos passam a ser outros e cada vez mais complexos. Já a *pedagogia da ecoformação*, em tempos de esgotamento do planeta, passa pela constância dentro do universo escolar, uma vez que a natureza e a possibilidade de transcender estão presentes em todas as fases da vida. Todas essas questões são mediadas por vivências e convivências, igualmente presentes durante a escolarização, mas com ênfase nos anos iniciais, visto que a qualidade da argumentação ainda está em formação.

Feitas as ressalvas, apresentamos algumas possibilidades pedagógicas envolvendo as *cinco pedagogias da paz* na escola. Insistimos que tratamos de ideias gerais, que precisam ser sempre pensadas de acordo com as diferentes faixas etárias e os contextos escolares, sempre com o olhar na dupla perspectiva, micro e macro.

- *Tema 1: Respeito* (poderíamos trabalhar com qualquer um dos valores humanos, especialmente os descritos pelos programas Vive e Educare).
  Pedagogia dos valores humanos: discutir o respeito em diferentes condições e momentos da vida – respeito como conduta pessoal, profissional e social; respeito a todas as formas de vida e à diversidade que marca a existência; respeito pela natureza como reverência à vida.

Pedagogia dos direitos humanos: mostrar que o "respeito" perante um conjunto mínimo de condições de vida e existência é fundamental para os seres humanos em diferentes países; relacionar questões sobre educação, saúde, emprego, entre outras, como direitos humanos fundamentais, bem como questionar as desigualdades entre os países e no próprio país.

Pedagogia da conflitologia: aprender que o respeito à opinião do outro é fundamental para o encontro de opções equilibradas para todos; através de técnicas de mediação de conflitos, avaliar situações e construir argumentos contrários na busca de complementação.

Pedagogia da ecoformação: falar da importância do respeito a todos os seres vivos e à natureza – o respeito à vida das plantas, dos animais e ao próprio ser humano é o princípio condutor da sustentabilidade; o cuidado com uma planta no coletivo da sala de aula é uma boa forma de entender essa relação.

Pedagogia das vivências/convivências: utilizar poesia ou música que trate do valor "respeito" e, em seguida, elaborar cartazes sobre o tema, mostrando como o respeito é fundamental para a construção de cultura de paz; solicitar aos alunos que dialoguem com a família, procurando entender que respeito é mais que "obedecer", sendo algo construído.

- *Tema 2: Violência contra a mulher* (poderiam ser tematizadas a violência contra crianças, a violência de gênero de forma geral, a violência contra a pessoa idosa, entre tantas).

Pedagogia dos valores humanos: falar sobre o amor por todos os seres humanos e o repúdio à violência; entender a especificidade da violência contra a mulher, de sua origem à reprodução em nosso tempo, na sociedade e nas famílias.

Pedagogia dos direitos humanos: condenar a violência dentro da Constituição brasileira de 1988 e explicar como surgiu e para que serve a Lei Maria da Penha; pensar na situação da mulher no Brasil e em outros países nos quais seus direitos básicos ainda são violados.

Pedagogia da conflitologia: simular debates que contraponham visões machistas e feministas, procurando mediá-los para uma perspectiva de humanidade e igualdade; enfatizar as diferenças de gênero, biológicas e culturais, mas com ênfase ao repúdio às violências de qualquer ordem – simbólica, sexual, verbal, psicológica, física etc.

Pedagogia da ecoformação: discutir sobre o modelo machista e econômico dominante que levou ao esgotamento da natureza; falar da ligação da mulher com a transcendência por meio da maternidade, e como a noção de "Mãe Terra" deve ser percebida; falar do cuidado essencial com cada ser vivo e com a totalidade do planeta, tanto em intenção como em ação.

Pedagogia das vivências/convivências: construir e encenar uma peça de teatro que mostre o processo desenvolvido, valorizando o ser humano e o repúdio à violência contra as mulheres, desde a escola até a vida adulta, entendendo estereótipos e procurando avançar além deles, construindo bases para a cultura de paz.

- *Tema 3: Desastres ambientais* (dar exemplos específicos ocorridos no país ou no exterior).

Pedagogia dos valores humanos: refletir sobre a solidariedade com as vítimas, procurando mobilizar para auxiliar; ao mesmo tempo, pensar que, se ajudamos as pessoas distantes, por que muitas vezes não auxiliamos as pessoas próximas, de nosso bairro ou cidade, que também têm carências?

Pedagogia dos direitos humanos: pensar se determinados desastres ambientais são frutos de uma força da natureza ou resultado da exploração do homem sobre a natureza – existe diferença entre um terremoto e o rompimento de uma barragem por falta de manutenção; se for um desastre natural existe uma dimensão, mas, caso seja evitável, cabe um aprofundamento na negligência ou nas falhas humanas.

Pedagogia da conflitologia: discutir sobre modelos de desenvolvimento, entre desenvolvimento predatório e desenvolvimento sustentável – o ponto-chave é a análise sobre utilizar e esgotar a natureza em função do lucro e do poder ou pensar um desenvolvimento que considere as pessoas. A tensão entre essas duas dimensões ajuda a encontrar outras e novas formas de supor ações futuras em relação à "exploração" da natureza.

Pedagogia da ecoformação: reunir todo o conjunto de informações anteriores e refletir sobre como temos tratado o meio ambiente de maneira superficial, sem nos darmos conta de que é nosso próprio ambiente, no sentido de uma cidadania planetária; utilizar documentos da Unesco que apresentam os objetivos do desenvolvimento sustentável, para redimensionar os entendimentos pessoais e coletivos.

Pedagogia das vivências/convivências: vivenciar uma campanha escolar esclarecendo à comunidade que a cultura de paz é um conjunto de cuidados com a vida e com o planeta; falar também que o desastre ambiental em proporções microdimensionais é como o entupimento de bueiros nas próprias ruas da comunidade, que prejudica os moradores, sendo causado pela falta de preocupação ambiental das pessoas; local e global devem ser sempre pensados em conjunto.

- *Tema 4: Corrupção.*

Pedagogia dos valores humanos: pensar a honestidade como um valor tão evidenciado nos discursos e tão pouco colocado no cotidiano das pessoas; favorecer o entendimento de que a honestidade é a base para a igualdade entre pessoas e países.

Pedagogia dos direitos humanos: discutir como a corrupção afeta decisivamente os direitos básicos das pessoas, seja a corrupção das estruturas (favorecimento de pessoas ou grupos), seja a corrupção econômica, que enriquece pessoas e empobrece a sociedade, desviando recursos que deveriam ser para questões fundamentais, como a distribuição de medicamentos, o funcionamento de estruturas públicas, entre tantas.

Pedagogia da conflitologia: é fundamental, no tema "corrupção", discutir a relação entre a corrupção midiática, ou aquela que acusa os outros, e a corrupção do cidadão comum. Onde fica a legitimidade da cobrança aos políticos, por exemplo, quando as pessoas sonegam seu próprio imposto de renda? Ou quando procuram recorrer no caso de multas de trânsito, quando de fato as mereceram? Ou ainda quando negociam produtos e omitem pequenos defeitos, apenas para "levar vantagem" na venda? Essa relação é fundamental para supor alguma outra forma de agir diante da sociedade e da honestidade.

Pedagogia da ecoformação: o aspecto fundamental da sustentabilidade, neste ponto, é o da desigualdade social – como é possível ficar "em paz" sabendo que muitas crianças e jovens estão morrendo no mesmo instante devido à corrupção, à ganância e à exploração de outros seres humanos? O sofrimento alheio nos faz ser mais atentos às microcorrupções, como, por exemplo, comprar produtos falsificados?

Pedagogia das vivências/convivências: conviver com honestidade, repudiar a corrupção pelo mal que causa às pessoas mais frágeis é valorizar a comunicação e o diálogo verdadeiros, entender o outro como semelhante. Os jogos cooperativos são excelente instrumento para vivenciar as relações solidárias e honestas, com respeito às regras positivas e construídas coletivamente. Além disso, são fundamentais muitas situações de diálogo, em pequenos grupos, sobre temas relacionados à corrupção.

- *Tema 5: Espiritualidade* (como forma de viver, considerando o laicismo).

  Pedagogia dos valores humanos: relacionar valores tratados por diversas religiões, demonstrando que são o pano de fundo das diferentes práticas religiosas; perceber a noção de *religare* não somente como prática religiosa, mas no próprio religar com a transcendência ou com a vida em sua essência. Valores como amor, gentileza, cuidado, colaboração, harmonia, compaixão, sensibilidade, entre outros, estão no conjunto de formas de conceber a espiritualidade como atitudes do ser humano em sua vida diária e cidadã.

  Pedagogia dos direitos humanos: documentos internacionais e a Constituição brasileira garantem o respeito à diversidade de crenças e práticas religiosas. Ao mesmo tempo, cresce no país e no mundo a intolerância religiosa. É importante fortalecer o entendimento dos documentos da ONU, da Unesco, bem como da Constituição Federal, como textos escritos com base em milhões de pessoas que morreram e morrem quando tais princípios não são respeitados.

  Pedagogia da conflitologia: o debate que é sugerido vem de uma questão simples de formular e difícil de responder – se quase todas as religiões pregam um conjunto de valores positivos, a favor das pessoas e da vida, por que a humanidade está tão violenta ainda? Pedagogicamente devemos sair da teoria, neste caso as "doutrinas religiosas", e examinar o conjunto de valores que são subjacentes a elas. Refletindo sobre os valores, encontramos a espiritualidade do dia a dia, como transcendência às questões materiais diretas e valorização das pessoas, na sensibilidade que podem suscitar os encontros para uma vida cada vez mais harmoniosa, com menos situações de agressividade e violência.

Pedagogia da ecoformação: a espiritualidade encontra na ecoformação o princípio de religação com a natureza, fundamental para a busca de sentidos ampliados para a vida. Observar o planeta Terra no Sistema Solar e ir até um formigueiro no quintal de casa, passando por pássaros que insistem em viver na poluição das cidades, serve de mensagem da integração dos seres vivos ao cosmo. Esse cenário do pequeno ao infinito é o que alimenta objetiva e subjetivamente a espiritualidade.

Pedagogia das vivências/convivências: as atividades de harmonização e pequenos relaxamentos, que buscam a sintonia entre respiração e corpo, entre corpo e vida, entre vida e transcendência (seja metafísica ou no próprio entendimento do universo infinito), são importantes nesta relação. Além disso, promover encontros inter-religiosos, com diferentes grupos das comunidades, é fundamental para encontrar equilíbrio diante das diferentes interpretações religiosas, mas pensadas sob a forma de valores de viver e conviver. Esse contexto é necessário para a construção de uma cultura de paz.

Como vimos, a partir desses breves exemplos, existem inúmeras e diferentes possibilidades de articulação e integração das *cinco pedagogias da paz* no cotidiano educacional. Considerando as diferentes faixas etárias, os contextos e a motivação/integração entre escola e comunidade, na gestão de projetos transversais que se alimentam da transdisciplinaridade, podemos supor que a perspectiva da complexidade é altamente contributiva à organização da educação para a paz. Diz Morin (2002, p. 567):

> Hoje podemos dizer: somos filhos do cosmo, trazemos em nós o mundo físico, trazemos em nós o mundo biológico... mas *com* e *em* nossa singularidade própria.

Em outras palavras: para enfrentarmos o desafio da complexidade, precisamos de princípios organizadores do conhecimento.

É essa organização que buscamos ao propor as *cinco pedagogias da paz*, sem a pretensão de um modelo absoluto, mas como uma possibilidade coerente de entender a educação para a paz à luz do pensamento complexo, integrando elementos até então dispersos, porém com caminhos convergentes dentro de suas intenções básicas.

Temos uma situação complexa expressa pelas convivências escolares na segunda década do século XXI, permeadas pela diversidade, que enseja conflitos os quais, sem mediação adequada, se transformam em violências. Alimentando esse cenário, temos a violência social, tanto de forma estrutural (pobreza, desigualdade social) quanto direta (relações humanas violentas). Nesse contexto integram-se os valores humanos como base das ações humanas, os direitos humanos como conjunto de valores desejáveis a toda a sociedade, os conflitos como pontos de convergência entre as diferenças, a ecoformação como dimensão fundamental da sustentabilidade, e as vivências/convivências como forma de ser e estar (individual e coletivamente) em sociedade e no planeta Terra. Como diz Capra (1996, p. 23): "Quanto mais estudamos os problemas de nossa época, mais somos levados a perceber que eles não podem ser entendidos isoladamente. São problemas sistêmicos, o que significa que estão interligados e interdependentes".

Dizemos que, além de problemas sistêmicos, são também complexos, uma vez que consideram o todo como categoria. Portanto, para supor uma cultura de paz como possibilidade educacional, precisamos aprofundar os estudos sobre a educação para a paz como movimento pedagógico concreto. Educar para a paz está no movimento de refletir sobre a sociedade atual, com seu potencial violento e não violento. Também se ancora na discussão sobre o movimento da cultura de paz. Ao mesmo tempo, os estudos da educação para a paz se abrem para a construção/criação de novas perspectivas, como as *cinco pedagogias da paz* (*pedagogia dos valores humanos*, *pedagogia dos direitos humanos*, *pedagogia da conflitologia*, *pedagogia da ecoformação* e *pedagogia das vivências/convivências*). Com essa organização didática "em partes", passamos a repensar em função do todo da cultura de paz, no movimento complexo que nos garante equilíbrio e coerência razoáveis.

CONSIDERAÇÕES FINAIS

Ao empreender a reflexão final, elencamos questões discutidas ao longo dos capítulos, expressas em argumentos, análises e encaminhamentos decorrentes do estudo. A partir do objeto de pesquisa "educação para a paz", procurando seu aprofundamento tanto teórico quanto metodológico, nos aproximamos da teoria da complexidade, especialmente a partir de Edgar Morin, considerando seus estudos fundamentais (2005, 2007, 2011a, 2012a, 2013a), nos quais detalha seu pensamento e constrói seu método, ou a própria epistemologia complexa. Nesse contexto, encontramos, na abordagem da complexidade, uma perspectiva privilegiada para fundamentar as análises da cultura de paz e da educação para a paz.

Sabemos que as questões do mundo não são simples, que possuem múltiplas relações, que realmente estão imersas nas contradições, nas diferenças e nos conflitos. Porém, mesmo reconhecendo tal complexidade, ligada às nossas práticas sociais, educacionais e diárias, seja na vida pessoal, seja no trabalho, na espiritualidade, dos nossos valores humanos, (des)equilibrados entre razão e emoção, parece muito difícil alcançar mudanças em teoria, reflexões, conhecimento e, especialmente, em nossas práticas cotidianas.

Em relação à cultura de paz e à educação para a paz, esse cenário se desvela claramente. Há um imaginário fortemente marcado pelas práticas e vivências relacionadas à paz, particularmente vindas das diferentes religiões, ou dos bons valores, ou ainda de uma harmonia interior que se transmuta em boas atitudes. De outro lado, existem questões amplas, que vêm de conceitos ligados aos organismos internacionais – ONU, Unesco etc. –, que vislumbram a paz dentro de um cenário mundial, onde a garantia dos direitos humanos, a sustentabilidade do planeta, do equilíbrio econômico mundial e da paz entre as nações estruturam as relações entre países, apontam para as necessidades mundiais e embasam políticas públicas e sociais. Essas políticas representam, em grande medida, os avanços conjunturais, mesmo em conflito com a exploração de grupos econômicos que vivem através das mazelas como guerras, desigualdades e injustiças sociais, particularmente relacionadas às diferenças norte e sul do planeta e às populações mais vulneráveis.

Como outra dimensão desse cenário complexo estão os movimentos internacionais relacionados à investigação pela paz, que durante as últimas décadas buscaram respostas, abstraíram conceitos, deram visibilidade às diferentes formas de violência, superando o conceito de violência direta para um entendimento da violência indireta, ligada a grupos, países e a violência contra o próprio planeta, expressa na violação de direitos humanos fundamentais e na destruição dos recursos naturais. Desse panorama, que comporta desde a violência contra a criança, contra a mulher até as guerras entre países, pela miséria que mata de fome e de doenças por todo o globo, extraímos duas questões básicas: que as violências são muitas e precisam ser analisadas efetivamente em seus fragmentos, sejam teóricos ou práticos, e que é necessário pensarmos a violência dentro de um contexto que relacione diferentes dimensões que são articuladas e interdependentes. Considero fundamentais as duas questões e os estudos de ambas. São necessárias análises específicas e a tentativa de soluções pontuais. Também são relevantes as perspectivas ampliadas e inter-relacionadas que deem clareza sobre a importância de movimentos como cultura de paz e educação para a paz, entendidos em sua complementaridade; dito de outra forma, que a mesma paz da espiritualidade se transforme em atitudes individuais e coletivas que compreendam a necessidade dos movimentos sociais, éticos e humanos continuamente em expansão, supondo a ideia sustentável de paz. Ao mesmo tempo em que o repúdio às violências, à pobreza e à miséria deva ser ponto de partida para pensarmos na paz, reconhecemos algumas áreas de conhecimento interconectadas que podem atuar eficazmente na construção da paz, como os valores humanos, os direitos humanos, a conflitologia, a ecoformação e as vivências/convivências, juntas e em transcendência contínua.

Com base nessas reflexões, organizamos o primeiro capítulo da obra, considerando aspectos centrais do pensamento de Edgar Morin, a partir de sua formação humana e teórica que o leva à construção de sua obra *O método* ao longo de mais de três décadas, constituindo uma epistemologia do pensamento complexo. Paralelamente a essa discussão, relacionamos a cultura de paz, encontrando elementos que apontam que as tentativas pertinentes à sua construção, se tomadas como fragmentos, seja na religião, seja pelos movimentos sociais e pela escola, não são vislumbradas como alternativa de mudança efetiva nas práticas sociais. Já um olhar complexo sobre o ser humano, sua vida, a relação com os pares, com o planeta, caminhando para uma cidadania global, confere sentido a novos discursos e possibilidades de mudança.

Com essa clareza, analisamos o amplo estudo desenvolvido por Santomé (2013), que navegou por inúmeras áreas que apontam questões abrangentes, com potencial de conflitos e violências. Tal abordagem, sem tratar especificamente da violência, e sim de cenários da produção de conflitos e prováveis violências, propicia pensar de forma clara os contextos, sem precisar recorrer à fragmentação dos estudos sobre as diferentes violências nem declarar dados ou mecanismos diretos, explicitando os pontos necessários para a caminhada. Em seguida, partimos para questões sobre a paz, elencando características filosóficas e sociológicas gerais, além de entendê-la como um fenômeno político e internacional, que sugere que exista efetivamente uma atenção mundial ao tema. Com tais definições, analisamos a cultura de paz presente em documentos internacionais (ONU e Unesco) que tratam tanto da dimensão política envolvida nas missões de paz da ONU até a discussão de uma agenda positiva construída nos últimos anos e com a perspectiva de construção até 2030. O discurso dos organismos internacionais é de grande relevância, pois tem repercussões efetivas na dinâmica das políticas dos diferentes países. Políticas tais que se transformam em recomendações, diretrizes ou leis que muitas vezes são criticadas, sem que se observe o contexto maior desses movimentos.

Continuando a caminhada, no segundo capítulo estabelecemos as dimensões educacionais do pensamento de Morin (2011b, 2012b e 2012c) através dos "sete saberes da educação" para o século XXI. Dessa discussão, pudemos confirmar que grande parte dos argumentos discutidos na perspectiva da complexidade são os mesmos que permeiam as discussões e práticas relacionadas à cultura de paz e à educação para a paz em suas múltiplos aspectos. Por isso, acreditamos que entender o objeto de pesquisa "educação para a paz" na relação com a complexidade é uma das formas de dar coerência em sua abordagem, particularmente no que está ligado às práticas pedagógicas, passíveis de serem pensadas como elementos de ensino e aprendizagem em diferentes tempos-espaços educacionais.

Pensar sobre as diversas formas de conceber ações de paz no contexto educacional é reconhecer suas relações conceituais com a violência e com o conflito. Isso permite supor uma educação para a paz com fundamentos adequados, uma vez que entender as formas de convivências anteriores e posteriores aos conflitos é essencial para estabelecer os níveis mínimos e possíveis de relações humanas pacíficas. Para isso, argumentamos, ainda no segundo capítulo, sobre contextos complexos e uma educação para a vida, iniciando o caminho mais direto pela educação para a paz. A partir disso, vamos aos pressupostos específicos da educação para a paz, contextualizando autores, e especialmente fazendo um caminho por eles, que propõem abordagens teóricas, como Serrano (2002), Rayo (2004) e Jares (2002 e 2007), do contexto sugerido por Guimarães (2005) e dos aprofundamentos de Galtung (1994 e 2006), entre outros pesquisadores da temática. Desse conjunto, pontos importantes surgem: a conceituação positiva da paz, as relações com a diversidade, os valores humanos, os direitos humanos, a espiritualidade, o meio ambiente, ou seja, dimensões da pluralidade que se articulam em perspectivas pedagógicas. Retomando a complexidade, na sua relação com a cultura de paz, a educação para a paz e possíveis temas/conteúdos nos quais é desdobrada a pedagogia da paz, dimensionamos a construção teórica que traz novas leituras e olhares para o desenvolvimento da área. Dessa discussão ampliada, os temas que mais sugerem a articulação e a conexão ao campo da educação para a paz são delineados a partir da própria abordagem realizada, pela sua relação umbilical com toda a dimensão humana.

Inicialmente colocam-se em evidência os valores humanos, como base de percepção da vida; em seguida, os direitos humanos, como base na qual cria forma e se amplia a dimensão dos valores humanos como direitos de cada pessoa. Na sequência, e ligada diretamente aos valores e aos direitos, está a perspectiva da conflitologia, como campo de construção de possibilidades comuns a partir das diferenças. Os conflitos, como traço inerente aos seres vivendo em comunidade, passam a ser vistos de forma estratégica e positiva, superando a noção frágil de antagonismos. Depois, as questões do meio ambiente e da ecologia vêm associadas à cultura de paz como cuidado essencial a toda forma de vida e ao planeta. Aqui, passa a ser evidenciada a perspectiva de ecoformação como formação ecológica de base, que prevê o ser humano em sua totalidade e em sua relação com o planeta. Por fim, há o reconhecimento de que as vivências/convivências humanas são inerentes à vida e à cultura de paz. Nesse sentido, existe a urgência em pensá-las pedagogicamente, num movimento de educar para a paz, que preveja não só uma mudança no discurso, mas efetivamente mude padrões cotidianos de viver consigo mesmo, com o outro e com o planeta.

A partir desse cenário, organizamos o terceiro capítulo dialogando sobre transversalidade e transdisciplinaridade como elementos inerentes à educação para a paz no contexto educacional. A transversalidade é analisada como possibilidade de gerar um círculo virtuoso de ações na escola; a transdisciplinaridade, como abordagem dentro da complexidade, que encontra as especificidades e as faz dialogar. Nisso, ganham forma as *cinco pedagogias da paz* como componentes significativos de uma proposta de educação para a paz que pretenda ampliar seu potencial de intervenções pedagógicas coerentes, com maior densidade conceitual e rigor nas práticas pedagógicas. As *cinco pedagogias da paz*, intrinsecamente ligadas e resguardadas em seus fundamentos próprios, transitam entre si recursivamente e ganham forma tanto por sua especificidade, quanto por sua interconexão. Portanto, a *pedagogia dos valores humanos*, a *pedagogia dos direitos humanos*, a *pedagogia da conflitologia*, a *pedagogia da ecoformação* e a *pedagogia das vivências/convivências* são estudadas teoricamente e têm suas bases pensadas à luz dos "sete saberes da educação" na complexidade. No último capítulo evidenciamos, de maneira pontual, como as *cinco pedagogias da paz* podem ser elementos fundamentais para o campo da educação para a paz no Brasil, devidamente sintonizadas às questões da complexidade.

Com isso, argumentamos que a grande possibilidade da educação para a paz é estar conectada ao universo da busca por uma cultura de paz, mas que precisa de uma pedagogia da paz ou de processos pedagógicos claros, que avancem para outras e novas possibilidades de entendimento e de estudo, considerando a complexidade na qual se engendram. Reconhecer o contexto amplo, complexo e com incertezas constitui-se no grande avanço, no qual questões como os valores, os direitos, a natureza e o meio ambiente, a espiritualidade caminhem nos encontros necessários entre a razão e a emoção, entre a objetividade e a subjetividade.

Reconhecemos que o movimento proposto neste livro parece muito difícil de ser concretizado nas práticas pedagógicas escolares. Talvez o mais difícil seja sistematizá-las, encontrar os pontos de divergência/convergência entre as muitas experiências escolares em desenvolvimento e gestação em todo o país, que crescem acompanhando a curva da violência, da intolerância e dos conflitos no centro dos processos educacionais do século XXI. Acreditamos que o estudo conceitual, teórico e reflexivo sobre os elementos presentes no contexto complexo de cultura de paz e educação para a paz seja um aspecto fundamental para qualificar estudos nesse campo. Perceber a relação entre microdimensões e macrodimensões ao tratar sobre violências, paz, convivências, valores e direitos humanos, cidadania planetária, entre muitos outros fatores que influenciam a vida, requer uma postura colaborativa, cooperativa e transdisciplinar, somando as "certezas" das especificidades com as "incertezas" de tantas situações críticas de nosso tempo, que afetam a vida em todas as suas formas.

Por fim, dizemos que a busca pela educação para a paz, estruturada pedagogicamente, que tenha robustez na discussão educacional e que permeie o cotidiano escolar, passa por algumas características básicas: entender a cultura de paz e a educação para a paz como elementos entrecruzados e complementares; trazer outras perspectivas aos projetos escolares e práticas pedagógicas relacionadas com a educação para a paz; tornar a educação para a paz um eixo articulador escolar, como tema transversal e com caráter transdisciplinar, que acolhe todas as áreas de conhecimento numa perspectiva de transcendência; formular propostas não isoladas, mas fazendo da paz um valor em construção, por meio do diálogo, da solidariedade e da humanização; fortalecer os componentes da educação para a paz a fim de que sejam vivenciados na dimensão social, com escolas que incorporem seus projetos, pelas demandas da comunidade local; aceitar que os processos educacionais são lentos e demandam discussões, embates e conflitos, logo, a educação para a paz não será a grande estratégia de mudança, e sim a forma de pensar nos pequenos avanços nas relações humanas na escola, com todos os envolvidos, possibilitando alguns alongamentos na comunidade escolar.

Conforme reafirmamos ao longo desta obra, uma cultura de paz se faz com uma educação para a paz. A intenção central foi buscar alternativas e respostas teóricas que subsidiassem a afirmativa desse caminho em construção no século XXI, que, ao lado de todo o desenvolvimento tecnocientífico, ainda apresenta flagelos que apontam que tal modelo se, por um lado, trouxe alguns benefícios, de outro, agudizou um cenário onde as violências, em várias de suas formas, continuam, especialmente as guerras, a pobreza, a injustiça, o ódio, a raiva e tantas outras, que retiram da humanidade a humanidade.

Acreditamos que este livro tenha cumprido seus objetivos na construção de um referencial de análise da educação para a paz, discutindo a cultura de paz e a teoria da complexidade, devidamente relacionadas e articuladas aos "sete saberes da educação", propondo como caminho as *cinco pedagogias da paz*, entendidas em sua especificidade e em seu entrelaçamento, com foco transdisciplinar. A questão central da pesquisa – de encontrar os pressupostos teóricos da educação para a paz dentro da cultura de paz e da complexidade – deu-se diante dos próprios argumentos da pesquisa com olhar complexo, nos princípios da dialogia, da recursividade, da retroação e da auto-eco-organização, supondo que novas dimensões nasceram da própria análise dos problemas.

Se todas essas questões são complexas, as respostas precisam ser densas e ao mesmo tempo ter leveza. A densidade no encontro de campos ou áreas de saber específicos é um exercício de atenção e risco. A leveza que aceita o imprevisível, o afetivo e a alegria. Mas certamente é um caminho que precisa ser feito, com cuidado, atenção e abertura ao novo. É o que nos ensina Morin (2015, p. 16): "Viver é uma aventura!".

REFERÊNCIAS BIBLIOGRÁFICAS

ARNT, R.M. (2010). "Formação de professores em didática transdisciplinar: Aproximações em foco". *In*: MORAES, M.C. e BATALLOSO NAVAS, J.M. (orgs.). *Complexidade e transdisciplinaridade em educação: Teoria e prática docente*. Rio de Janeiro: Wak, pp. 109-135.

ARROYO, M. (2013). *Currículo: Território em disputa*. 5ª ed. Petrópolis: Vozes.

ASSMANN, H. (1998). *Reencantar a educação: Rumo à sociedade aprendente*. Petrópolis: Vozes.

BARROS, P.S. (2009). "Educação, cidadania e espiritualidade: Uma experiência no cotidiano da sala de aula". *In*: BARROS, P.S. e NONATO JR., R. (orgs.). *Educação e valores humanos no Brasil: Trajetórias, caminhos e registros do programa Vivendo Valores na Educação*. São Paulo: Brahma Kumaris, pp. 47-62.

BARROS, P.S. e NONATO JR., R. (orgs.) (2009). *Educação e valores humanos no Brasil: Trajetórias, caminhos e registros do programa Vivendo Valores na Educação*. São Paulo: Brahma Kumaris.

BATALLOSO NAVAS, J.M. (2012). "Educação e condição humana". *In*: MORAES, M.C. e ALMEIDA, M.C. (orgs.). *Os sete saberes necessários à educação do presente: Por uma educação transformadora*. Rio de Janeiro: Wak, pp. 149-184.

BEAUDOIN, M.N. e TAYLOR, M. (2006). *Bullying e desrespeito: Como acabar com essa cultura na escola*. Trad. Sandra Regina Netz. Porto Alegre: Artmed.

BOFF, L. (2002). *Saber cuidar: Ética do humano – Compaixão pela terra*. 2ª ed. Petrópolis: Vozes.

_____ (2015a). *Sustentabilidade: O que é – O que não é.* 4ª ed. Petrópolis: Vozes.

_____ (2015b). *Ecologia, ciência, espiritualidade: A transição do velho para o novo.* Rio de Janeiro: Mar de Ideias.

BRAITHWAITE, V. e BLAMEY, R. (2006). "Consenso, estabilidade e significado nos valores sociais abstratos". *In*: ROS, M. e GOUVEIA, V. (orgs.). *Psicologia social dos valores humanos: Desenvolvimentos teóricos, metodológicos e aplicados.* São Paulo: Senac, pp. 181-206.

BRANCHER, L. (coord.) (2014). *Paz restaurativa: A paz que nasce de uma nova justiça.* Porto Alegre: Tribunal de Justiça do Estado do Rio Grande do Sul.

BRANCO, A.M.C.U.A.; FREIRE, S.F.D. e GONZÁLEZ, A.M.B. (2012). "Ética, desenvolvimento moral e cultura democrática no contexto escolar". *In*: BRANCO, A.M.C.U.A. e OLIVEIRA, M.C.S.L. (orgs.). *Diversidade e cultura de paz na escola: Contribuições da perspectiva sociocultural.* Porto Alegre: Mediação, pp. 21-49.

BRANDENBURG, L.E. (2009). "Práxis educativa no ensino religioso". *In*: KRONBAUER, S. e STRÖHER M. (orgs.). *Educar para a convivência na diversidade: Desafios* à formação de professores. São Paulo: Paulinas, pp. 79-90.

BRASIL (1988). Constituição da República Federativa do Brasil. Brasília: Senado Federal: Centro Gráfico.

_____ (2014). Plano Nacional de Educação 2014-2024. Lei n. 13.005, de 25 de junho de 2014, que aprova o Plano Nacional de Educação (PNE) e dá outras providências. Brasília: Câmara dos Deputados.

CALLADO, C.V. (2004). *Educação para a paz: Promovendo valores humanos na escola através da educação física e dos jogos cooperativos.* Rio de Janeiro: Wak.

CAPRA, F. (1996). *A teia da vida: Uma nova compreensão científica dos sistemas vivos.* Trad. Newton Roberval Eichemberg. São Paulo: Cultrix.

CHARLOT, B. (2002). "A violência na escola: Como os sociólogos franceses abordam essa questão". *Sociologias*, ano 4, n. 8, jul.-dez. Porto Alegre, pp. 432-443.

CHRISPINO, A. e CHRISPINO, R. (2002). *Políticas educacionais de redução da violência: Mediação do conflito escolar.* São Paulo: Biruta. (Política Educacional)

CIIIP – CENTRO INTERNACIONAL DE INVESTIGAÇÃO E INFORMAÇÃO PARA A PAZ (2002). *O estado da paz e a evolução da violência: A situação da América Latina.* Campinas: Unicamp.

COLOMBO, F. (2006). "Será que existe uma cultura de paz?". *In*: AHLMARK, P. *et al.* (orgs.). *Imaginar a paz.* Brasília: Unesco/Paulus, pp. 73-78.

CORRÊA, R.A. (2003). "O que entendemos por educar para a paz?". *In*: MILANI, F.M. e JESUS, R.C.D.P. (orgs.). *Cultura de paz: Estratégias, mapas e bússolas.* Salvador: Inpaz, pp. 105-112.

D'AMBROSIO, U. (1997). *Transdisciplinaridade.* São Paulo: Palas Athena.

DE MASI, D. (2014). *O futuro chegou: Modelos de vida para uma sociedade desorientada*. Trad. Marcelo Costa Sievers. Rio de Janeiro: Casa da Palavra.

DEFOURNY, V. (2006). "Apresentação". *In*: AHLMARK, P. *et al.* (orgs.). *Imaginar a paz*. Brasília: Unesco/Paulus, pp. 11-13.

DELORS, J. (2003). *Educação: Um tesouro a descobrir*. 2ª ed. São Paulo: Cortez; Brasília: MEC/Unesco.

DEMO, P. (2000). *Metodologia do conhecimento científico*. São Paulo: Atlas.

DIAS, R. (2015). *Sustentabilidade: Origem e fundamentos, educação e governança global, modelo e desenvolvimento*. São Paulo: Atlas.

DORFMAN, A. (2006). "O espírito da paz no cotidiano". *In*: AHLMARK, P. *et al.* (orgs.). *Imaginar a paz*. Brasília: Unesco/Paulus, pp. 169-176.

DROIT, R. (2006). "De onde vem a paz?". *In*: AHLMARK, P. *et al.* (orgs.). *Imaginar a paz*. Brasília: Unesco/Paulus, pp. 209- 217.

ECO, U. (2006). "Definições a propósito da paz e da guerra". *In*: AHLMARK, P. *et al.* (orgs.). *Imaginar a paz*. Brasília: Unesco/Paulus, pp. 39-46.

FREIRE, A.M. (2006). "Educação para a paz segundo Paulo Freire". *Revista Educação*, Pontifícia Universidade Católica do Rio Grande do Sul, ano XXIX, n. 2, v. 59, maio-ago. Porto Alegre: PUC/RS, pp. 387-393.

FREIRE, N.M.B. (2011). "Contribuições da psicologia genética na educação para a paz e tolerância". *In*: FREIRE, N.M.B. (org.). *Educação para a paz e a tolerância: Fundamentos teóricos e prática educacional*. Campinas: Mercado de Letras. (Educação e Psicologia em Debate)

FREIRE, P. (1986). "1986: Año Mundial de la Paz". *El Correo de la Unesco*, dez.

_____ (2004). *Pedagogia da autonomia: Saberes necessários à prática docente*. 43ª ed. São Paulo: Paz e Terra.

GALTUNG, J. (1994). *Direitos humanos: Uma nova perspectiva*. Lisboa: Instituto Jean Piaget.

_____ (2006). *Transcender e transformar: Uma introdução ao trabalho de conflitos*. Trad. Antonio Carlos da Silva Rosa. São Paulo: Palas Athena.

GARCÍA, X.M. e PUIG, J.M. (2010). *As sete competências básicas para educar em valores*. Trad. Oscar Curros. São Paulo: Summus.

GENTILINI, J.A. e MATTOS, M.J. (2011). "Violência: Dos sentidos da violência no campo teórico às ações de violência na escola". *In*: MATTOS, M.J. e VALLE, L.E. (orgs.). *Violência e educação: A sociedade criando alternativas*. Rio de Janeiro: Wak, pp. 17-33.

GIL, A.C. (1994). *Métodos e técnicas de pesquisa social*. São Paulo: Atlas.

GRIGOROWITSCHS, T. (2008). "O conceito 'socialização' caiu em desuso? Uma análise dos processos de socialização na infância com base em Georg Simmel e George H. Mead". *Revista Educação e Sociedade*, v. 29, n. 102.

GUIMARÃES, M.R. (2005). *Educação para a paz: Sentidos e dilemas*. Caxias do Sul: Educs.

_____ (2006). *Aprender a educar para a paz*. Goiânia: Rede da Paz.

GUTIÉRREZ, F. e PRADO, C. (2013). *Ecopedagogia e cidadania planetária*. Trad. Sandra Trabucco Valenzuela. 3ª ed. São Paulo: Cortez.

HATHAWAY, M. e BOFF, L. (2012). *O Tao da libertação: Explorando a ecologia e a transformação*. 2ª ed. Trad. Alex Guilherme. Petrópolis: Vozes.

HUIZINGA, J. (2000). *Homo ludens*. 4ª ed. São Paulo: Perspectiva.

JARES, X.R. (2002). *Educação para a paz: Sua teoria e sua prática*. 2ª ed. rev. Trad. Fátima Murad. Porto Alegre: Artmed.

_____ (2007). *Educar para a paz em tempos difíceis*. Trad. Elizabete de Moraes Santana. São Paulo: Palas Athena.

_____ (2008). *Pedagogia da convivência*. Trad. Elisabete de Moraes Santana. São Paulo: Palas Athena.

KRIEGEL, B. (2006). "A violência será um componente do ser humano?". *In*: AHLMARK, P. *et al.* (orgs.). *Imaginar a paz*. Brasília: Unesco/Paulus, pp. 177-182.

LA TAILLE, Y. de (2013). "A escola e os valores: A ação do professor". *In*: LA TAILLE, Y. de; PEDRO-SILVA, N. e JUSTO, J.S. *Indisciplina/disciplina: Ética, moral e ação do professor*. 5ª ed. Porto Alegre: Mediação, pp. 7-28.

LA TORRE, S. de *et al.* (2008). "Decálogo sobre transdisciplinaridade e ecoformação". *In*: LA TORRE, S. de (dir.). *Transdisciplinaridade e ecoformação: Um novo olhar sobre a educação*. Trad. Suzana Vidigal. São Paulo: Triom, pp. 19-59.

LASZLO, E. (2002). *Como viver a macrotransição*. Adaptação de Inty Mendoza. São Paulo: Axis Mundi.

LEFF, E. (2012). *Aventuras da epistemologia ambiental: Da articulação das ciências ao diálogo de saberes*. Trad. Silvana Cobucci Leite. São Paulo: Cortez.

LIMA, P.G. (2003). *Tendências paradigmáticas na pesquisa educacional*. São Paulo: Amil.

LIMA, T.C.S. e MIOTO, R.C.T. (2007). "Procedimentos metodológicos na construção do conhecimento científico: A pesquisa bibliográfica". *Revista Katálysis*, v. 10, n. esp. Florianópolis, pp. 37-45.

LOUREIRO, C.F.B. (2012). *Sustentabilidade e educação: Um olhar da ecologia política*. São Paulo: Cortez.

LUNA, S.V. (2007). *Planejamento de pesquisa: Uma introdução*. São Paulo: Educ.

MACHADO, J.N. (2000). *Educação: Projetos e valores*. São Paulo: Escrituras.

MARIOTTI, H. (2000). *As paixões do ego: Complexidade, política e solidariedade*. São Paulo: Palas Athena.

MARTINELLI, M. (1999). *Conversando sobre a educação em valores humanos*. São Paulo: Peirópolis.

MATURANA, H. (1995). *Emociones y lenguaje en educación y política*. 2ª ed. Santiago: Dolmen.

_____ (1999). *A ontologia da realidade*. Orgs. Cristina Magro, Miriam Graciano e Nelson Vaz. Belo Horizonte: Ed. UFMG.

MAYA, B.M. (2005). "Educar para a administração alternativa de conflitos como via de aprofundamento da democracia". *In*: VINYAMATA, E. (org.). *Aprender a partir do conflito: Conflitologia e educação*. Porto Alegre: Artmed, pp. 75-83.

MENIN, M.S.S.; BATAGLIA, P.U.R. e ZECHI, J.A.M. (orgs.) (2013). *Projetos bem-sucedidos de educação em valores: Relatos de escolas públicas brasileiras*. São Paulo: Cortez.

MESQUITA, M.F.N. (2003). *Valores humanos na educação*. São Paulo: Gente.

MILANI, F.M. (2003). "Cultura de paz *x* violências: Papel e desafios da escola". *In*: MILANI, F.M. e JESUS, R.C.D.P. (orgs.). *Cultura de paz: Estratégias, mapas e bússolas*. Salvador: Inpaz, pp. 63-95.

MINAYO, M.C. (2001). *Pesquisa social: Teoria, método e criatividade*. Petrópolis: Vozes.

MORAES, M.C. (2010). "Ambientes de aprendizagem como expressão de convivência e transformação". *In*: MORAES, M.C. e BATALLOSO NAVAS, J.M. (orgs.). *Complexidade e transdisciplinaridade em educação: Teoria e prática docente*. Rio de Janeiro: Wak, pp. 21-62.

_____ (2012). "Edgar Morin: Peregrino e educador planetário". *In*: MORAES, M.C. e ALMEIDA, M.C. (orgs.). *Os sete saberes necessários à educação do presente: Por uma educação transformadora*. Rio de Janeiro: Wak.

MORAES, M.C. e ALMEIDA, M.C. (orgs.) (2012). *Os sete saberes necessários à educação do presente: Por uma educação transformadora*. Rio de Janeiro: Wak.

MORAES, M.C. e VALENTE, J.A. (2008). *Como pesquisar em educação a partir da complexidade e da transdisciplinaridade?*. São Paulo: Paulus.

MORCHAIN, P. (2015). *Psicologia social dos valores*. São Paulo: Ideias & Letras.

MOREIRA, H. e CALEFFE, L.G. (2008). *Metodologia da pesquisa para o professor pesquisador*. 2ª ed. Rio de Janeiro: Lamparina.

MORIN, E. (2002). "Os desafios da complexidade". *In*: MORIN, E. *Religação de saberes: O desafio do século XXI*. 2ª ed. Trad. e notas de Flávia Nascimento. Rio de Janeiro: Bertrand Brasil, pp. 559-567.

_____ (2005). *O método 2: A vida da vida*. Trad. Marina Lobo. Porto Alegre: Sulina.

_____ (2007). *O método 5: A humanidade da humanidade – A identidade humana.* 4ª ed. Trad. Juremir Machado da Silva. Porto Alegre: Sulina.

_____ (2008). *O método 4: As ideias – Habitat, vida, costumes, organização.* 4ª ed. Trad. Juremir Machado da Silva. Porto Alegre: Sulina.

_____ (2011a). *O método 6: Ética.* 4ª ed. Trad. Juremir Machado da Silva. Porto Alegre: Sulina.

_____ (2011b). *Os sete saberes necessários à educação do futuro.* 2ª ed. rev. Trad. Catarina Eleonora F. da Silva e Jeanne Sawaya; rev. téc. Edgard de Assis Carvalho. São Paulo: Cortez; Brasília: Unesco.

_____ (2012a). *O método 3: O conhecimento do conhecimento.* 4ª ed. Trad. Juremir Machado. Porto Alegre: Sulina.

_____ (2012b). *A cabeça bem-feita: Repensar a reforma, reformar o pensamento.* 4ª ed. Trad. Eloá Jacobina. Rio de Janeiro: Bertrand Brasil.

_____ (2012c). "Os sete saberes necessários à educação do presente". *In*: MORAES, M.C. e ALMEIDA, M.C. (orgs.). *Os sete saberes necessários à educação do presente: Por uma educação transformadora.* Rio de Janeiro: Wak, pp. 47-82.

_____ (2013a). *O método 1: A natureza da natureza.* 3ª ed. Trad. Ilana Heineberg. Porto Alegre: Sulina.

_____ (2013b). *A via para o futuro da humanidade.* Trad. Edgard de Assis Carvalho e Mariza Perassi Bosco. Rio de Janeiro: Bertrand Brasil.

_____ (2014). *Meus filósofos.* 2ª ed. Trad. Edgard de Assis Carvalho e Mariza Perassi Bosco. Porto Alegre: Sulina.

_____ (2015). *Ensinar a viver: Manifesto para mudar a educação.* Trad. Edgard de Assis Carvalho e Mariza Perassi Bosco. Porto Alegre: Sulina.

MULLER, J.-M. (2006). *Não-violência na educação.* Trad. Tônia Van Acker. São Paulo: Palas Athena.

NAVARRA, J.M. (2008). "Ecoformação: Além da educação ambiental". *In*: LA TORRE, S. de (dir.). *Transdisciplinaridade e ecoformação: Um novo olhar sobre a educação.* São Paulo: Triom, pp. 235-260.

NEVES, G.M.S. (2009). *Comissão das Nações Unidas para Consolidação da Paz: Perspectiva brasileira.* Brasília: Funag.

NICOLESCU, B. (1999). *O manifesto da transdisciplinaridade.* Trad. Lúcia Pereira de Souza. São Paulo: Triom.

_____ (2000). "Um novo tipo de conhecimento: Transdisciplinaridade". *In*: NICOLESCU, B. *et al. Educação e transdisciplinaridade.* Brasília: Unesco, pp. 13-19.

_____ (2003). "Para uma educação transdisciplinar". *In*: LINHARES, C. e TRINDADE, M.N. (orgs.). *Compartilhando o mundo com Paulo Freire.* São Paulo: Cortez/Instituto Paulo Freire, pp. 41-56.

NONATO JR., R. (2009). "Caminhos filosóficos da educação contemporânea". *In*: BARROS, P.S. e NONATO JR., R. (orgs.). *Educação e valores humanos no Brasil: Trajetórias, caminhos e registros do programa Vivendo Valores na Educação*. São Paulo: Brahma Kumaris, pp. 29-46.

NUNES, A.O. (2011). *Como restaurar a paz nas escolas: Um guia para educadores*. São Paulo: Contexto.

ODALIA, N. (2004). *O que é violência*. 3ª ed. São Paulo: Brasiliense. (Primeiros Passos)

ONU – ORGANIZAÇÃO DAS NAÇÕES UNIDAS (1948). Declaração Universal dos Direitos Humanos. [Disponível na internet: http: //www.onu-brasil.org.br/ documentos_direitoshumanos.php, acesso em 19/9/2015.]

_____ (1999). Declaração e Programa de Ação sobre uma cultura de paz. Resolução n. 53/243, aprovada pela Assembleia Geral das Nações Unidas em 6 de outubro de 1999.

_____ (2015). *Transformando nosso mundo: A agenda 2030 para o desenvolvimento sustentável*. Trad. Centro de Informação das Nações Unidas para o Brasil (Unic Rio).

_____ (s.d.). Carta da Terra. Documento oficial. Ministério do Meio Ambiente, Brasil. [Disponível na internet: http://www.mma.gov.br/estruturas/agenda21/_arquivos/ carta_terra.pdf, acesso em 19/10/2015.]

ORTEGA, R. e DEL REY, R. (2002). *Estratégias educativas para a prevenção da violência*. Trad. Joaquim Ozório. Brasília: Unesco/UCB.

PADERES, A.; RODRIGUES, R. e GIUSTI, S. (2005). "Teoria da complexidade: Percursos e desafios para a pesquisa em educação". *Revista de Educação da Faculdade Anhanguera*, v. 8, n. 8. São Paulo, pp. 1-13.

PALLÀS, C. (2005). "A conflitologia: Uma perspectiva socioeducativa". *In*: VINYAMATA, E. (org.). *Aprender a partir do conflito: Conflitologia e educação*. Porto Alegre: Artmed, pp. 114-124.

PARRAT-DAYAN, S. (2012). *Como enfrentar a indisciplina na escola*. Trad. Silvia Beatriz Adoue e Augusto Juncal. 2ª ed. São Paulo: Contexto.

PASSOS, A. (2009). *Educação especial: Práticas de aprendizagem, convivências e inclusão*. São Paulo: Centauro.

PEREIRA, I.L.L. e HANNAS, M.A. (2000). *Nova prática pedagógica: Propostas para uma nova abordagem curricular*. São Paulo: Gente.

_____ (2001). *Pedagogia na prática: Propostas para uma educação integral*. São Paulo: Gente.

PERRENOUD, P. (2013). *Desenvolver competências ou ensinar saberes: A escola que prepara para a vida*. Trad. Laura Solange Pereira. Porto Alegre: Penso.

PETRAGLIA, I. (2011). *Edgar Morin: A educação e a complexidade do ser e do saber*. 13ª ed. Petrópolis: Vozes.

_____ (2012). "Educação e complexidade: Os sete saberes na prática pedagógica". *In*: MORAES, M.C. e ALMEIDA, M.C. (orgs.). *Os sete saberes necessários à educação do presente: Por uma educação transformadora*. Rio de Janeiro: Wak, pp. 129-148.

PIZZIMENTI, C. (2013). *Trabalhando valores em sala de aula: Histórias para rodas de conversa*. Petrópolis: Vozes.

PROGRAMA DO SÉCULO XXI PELA PAZ E JUSTIÇA (1999). Conferência do Apelo pela Paz em Haia: 12 a 15 de maio de 1999. [Disponível na internet: http://www.comitepaz.org.br/haia_1.htm, acesso em 17/9/2015.]

PUEBLA, E. (1997). *Educar com o coração*. Rio de Janeiro: Peirópolis.

RABBANI, M.J. (2003). "Educação para a paz: Desenvolvimento histórico, objetivos e metodologia". *In*: MILANI, F.M. e JESUS, R.C.D.P. (orgs.). *Cultura de paz: Estratégias, mapas e bússolas*. Salvador: Inpaz, pp. 63-95.

RATO, C. (2011). *Meditação laica educacional: Para uma educação emocional*. Jundiaí: Paco.

RAYO, J.T. (2004). *Educação em direitos humanos: Rumo a uma perspectiva global*. Trad. Jussara Haubert Rodrigues. Porto Alegre: Artmed.

RICOEUR, P. e WIESEL, E. (2006). "Introdução". *In*: AHLMARK, P. *et al.* (orgs.). *Imaginar a paz*. Brasília: Unesco/Paulus, pp. 27-35.

ROS, M. (2006). "Psicologia social dos valores: Uma perspectiva histórica". *In*: ROS, M. e GOUVEIA, V. (orgs.). *Psicologia social dos valores humanos: Desenvolvimentos teóricos, metodológicos e aplicados*. São Paulo: Senac-SP, pp. 23-54.

SALLES FILHO, N.A. (2008). "Educação para a paz (EP): Saberes necessários para a formação continuada de professores". *In*: MATOS, K.S.L.; NASCIMENTO, V.S. e NONATO JR., R. (orgs.). *Cultura de paz: Do conhecimento à sabedoria*. Fortaleza: UFC.

SANTOMÉ, J.T. (2013). *Currículo escolar e justiça social: O cavalo de troia da educação*. Trad. Alexandre Salvaterra. Porto Alegre: Penso.

SANTOS, A.C.S. e SANTOS, A. (2015). "Hibridismo nas práticas inter/transdisciplinares: Reducionismo ou articulação". *In*: BEHRENS, M.A. e ENS, R.T. (orgs.). *Complexidade e transdisciplinaridade: Novas perspectivas teóricas e práticas para a formação de professores*. Curitiba: Appris, pp. 123-142.

SASTRE VILARRASA, G. e MORENO MARIMÓN, M. (2002). *Resolução de conflitos e aprendizagem emocional: Gênero e transversalidade*. Trad. Ana Venite Fuzatto. São Paulo: Moderna.

SCHILLING, F. (2014). *Educação e direitos humanos: Percepções sobre a escola justa*. São Paulo: Cortez.

SCHMIDT NETO, A.A. (2014). "A metáfora na perspectiva da didática interdisciplinar". *In*: MORAES, M.C. e SUANNO, J.H. (orgs.). *O pensar complexo na educação: Sustentabilidade, transdisciplinaridade e criatividade*. Rio de Janeiro: Wak, pp. 205-210.

SCHNITMAN, D.F. (1999). "Novos paradigmas na resolução de conflitos". *In*: LITTLEJOHN, S. e SCHNITMAN, D.F. (orgs.). *Novos paradigmas em mediação*. Trad. Jussara Haubert Rodrigues e Marcos A.G. Domingues. Porto Alegre: Artes Médicas Sul, pp. 17-28.

SERRANO, G.P. (2002). *Educação em valores: Como educar para a democracia*. Trad. Fátima Murad. Porto Alegre: Artmed.

SILVA, A.M.M. (org.) (2013). *Educação superior: Espaço de formação em direitos humanos*. São Paulo: Cortez. (Educação em Direitos Humanos)

SOUZA, H.A.G. (2010). "Vivendo com Aids e o sentipensar nas práticas corporais ludopoiéticas". *In*: CAVALCANTI, K.B. (org.). *Pedagogia vivencial humanescente: Para sentipensar os sete saberes na educação*. Curitiba: CRV.

STRECK, D.; REDIN, E. e ZITKOSKI, J.J. (orgs.) (2008). *Dicionário Paulo Freire*. Belo Horizonte: Autêntica.

SUANNO, J.H. (2014). "Ecoformação, transdisciplinaridade e criatividade: A escola e a formação do cidadão no século XXI". *In*: MORAES, M.C. e SUANNO, J.H. (orgs.). *O pensar complexo na educação: Sustentabilidade, transdisciplinaridade e criatividade*. Rio de Janeiro: Wak, pp. 205-210.

_____ (2015). "Transdisciplinaridade, criatividade e o terceiro incluído na formação de professores". *In*: BEHRENS, M.A. e ENS, R.T. (orgs.). *Complexidade e transdisciplinaridade: Novas perspectivas teóricas e práticas na formação de professores*. Curitiba: Appris, pp. 107-122.

SUANNO, M.V.R. (2015). "Educar em prol da macrotransição: Emerge uma didática complexa e transdisciplinar". *In*: BEHRENS, M.A. e ENS, R.T. (orgs.). *Complexidade e transdisciplinaridade: Novas perspectivas teóricas e práticas na formação de professores*. Curitiba: Appris, pp. 199-214.

TAROZZI, M. (2011). *O que é a Grounded Theory? Metodologia de pesquisa e de teoria fundamentada nos dados*. Trad. Carmen Lucci. Petrópolis: Vozes.

TILMAN, D. (2004). *Guia do facilitador para grupos de pais*. Trad. Sandra Costa. São Paulo: Confluência.

_____ (2005). *Atividades com valores para jovens*. 2ª ed. Lisboa: Confluência.

_____ (2009). "Com nossos corações: A necessidade da educação em valores". *In*: BARROS, P.S. e NONATO JR., R. (orgs.). *Educação e valores humanos no Brasil: Trajetórias, caminhos e registros do programa Vivendo Valores na Educação*. São Paulo: Brahma Kumaris, pp. 15-28.

UNESCO – ORGANIZAÇÃO DAS NAÇÕES UNIDAS PARA A EDUCAÇÃO, A CIÊNCIA E A CULTURA (2000). *Manifesto 2000 por uma cultura de paz e não-violência*. Brasília: Unesco.

_____ (2015). *Educação para a cidadania global: Preparando alunos para os desafios do século XXI*. Brasília: Unesco.

VASCONCELOS, E.M. (2002). *Complexidade e pesquisa interdisciplinar: Epistemologia e metodologia operativa.* Petrópolis: Vozes.

VEIGA-NETO, A. (2002). "Paradigmas? Cuidado com eles!". *In*: COSTA, M.V. (org.). *Caminhos investigativos II: Outros modos de pensar e fazer pesquisa em educação.* Rio de Janeiro: Lamparina, pp. 35-47.

VINYAMATA, E. (2005). "Compreender o conflito e agir educativamente". *In*: VINYAMATA, E. e colabs. *Aprender a partir do conflito: Conflitologia e educação.* Porto Alegre: Artmed, pp. 14-32.

VOSS, R.R. (2013). *A pedagogia da felicidade de Makiguti.* Campinas: Papirus.

YUS, R. (2002). *Educação integral: Uma educação holística para o século XXI.* Trad. Daisy Vaz de Moraes. Porto Alegre: Artmed.

Especificações técnicas

Fonte: Times New Roman 11,5 p
Entrelinha: 14,5 p
Papel (miolo): Offset 75 g
Papel (capa): Cartão 250 g
Impressão e acabamento: Paym